ein Ullstein Buch

»Was beim Lesen der Erinnerungen von Tilla Durieux fast noch mehr auffällt als Glanz und Gloria von Karriere, Ruhm und Erfolg, ist das kaum faßbare Volumen von Unglück und Schicksalsschlägen, das die ›gefeierte Diva‹ wieder und wieder überfiel. Dieser Lebens- oder Überlebensbericht einer in die Zerreißmaschinerie der Weltgeschichte Hineingeratenen unterscheidet die Durieux-Memoiren von den üblichen Schauspielerbiographien. Das Buch ist nur zur einen Hälfte Bericht und Bekenntnis eines Theaterlebens, zur anderen gehört es zur Emigrantenliteratur, zur Schicksals- und Erlebnischronik der großen Vertriebenen. Solch schillerndes Hin und Her zwischen den unausweichlich als ›golden‹ abgestempelten Theaterzeiten der zwanziger und dreißiger Jahre und den grauen Kulissen von Flucht, Verschollensein und Einsamkeit geben dem Buch den singulären Akzent, der als Bestandteil des Unergründlichen und Unberechenbaren auch so sehr ein Persönlichkeitselement der Durieux gewesen ist. Sie gehörte zu den interessantesten und verführerischsten Frauen, die je auf einer Bühne gestanden haben... Auf den eigenen Kollegenkreis blickt sie ohne die branchenübliche Wehmut gütiger Erinnerungsseligkeit zurück. Aber Max Reinhardt war ihre Liebe wie vorher Brahm und nachher Piscator, wie Wegener, Moissi, Steinrück, wie andererseits Orlik, Corinth, Slevogt, Renoir, wie Hasenclever und Werfel und Brecht und all die anderen geflügelten Namen der Kunst, Wirtschaft und Politik, die durch das dicke Erinnerungsbuch geistern, das nach Tilla Durieux' Tod Joachim Werner Preuß mit glücklicherweise nicht kritikloser Verehrung zu Ende geführt hat.« *(Süddeutsche Zeitung)*

Tilla Durieux

Meine ersten neunzig Jahre

ERINNERUNGEN

Die Jahre 1952–1971 nacherzählt
von Joachim Werner Preuß

ein Ullstein Buch

ein Ullstein Buch
Nr. 22380
im Verlag Ullstein GmbH,
Frankfurt/M – Berlin

Ungekürzte Ausgabe

Umschlagentwurf:
Elżbieta Woźniewska-Krüger
Foto: Ullstein – Harry Croner
Alle Rechte vorbehalten
Taschenbuchausgabe mit Genehmigung
der F.A. Herbig Verlagsbuchhandlung
© 1971 by F. A. Herbig Verlags-
buchhandlung, München · Berlin
Printed in Germany 1990
Druck und Verarbeitung:
Clausen & Bosse, Leck
ISBN 3 548 22380 X

Januar 1991

CIP-Titelaufnahme
der Deutschen Bibliothek

Durieux, Tilla:
Meine ersten neunzig Jahre :
Erinnerungen/Tilla Durieux.
Die Jahre 1952–1971 nacherzählt
von Joachim Werner Preuß. –
Ungekürzte Ausg. – Frankfurt/M ;
Berlin : Ullstein, 1991
    (Ullstein-Buch ; Nr. 22380)
    ISBN 3-548-22380-X
NE: GT

Inhalt

Ihr, die ihr leben dürft, hört ihr im Lärm der Welt noch meinen
        leisen Schritt?
Im Schatten jeder Sommerwolke wandert mein Schatten mit
Und legt sich auf blühende Täler, auf Flüsse,
Auf spielende Kinder, auf Gräber und auf Kanonen. —
Ihr, die ihr leben dürft, werdet ihr Leben und Frieden
Und Freiheit der Anderen schonen?

. . .

Ihr, die ihr leben dürft, dankt ihr dem Himmel dafür?
Öffnet ihr manchmal den Stimmen der Toten die Tür?
Viele sind nur ein Blatt, das im fallenden Laub rasch
        vermodert . . .
Ich aber will Flamme sein!
Feuer und Licht!
Das im Herzen der Lebenden lodert!! —

                                    Janne Furch-Allers

Spielen und Träumen

Um das Haus meiner Eltern in Wien lag ein Garten. Ich fand ihn groß und geheimnisvoll und lernte erst spät sehen, daß er klein und fast nüchtern war. Aber da gab es eine Schaukel, die man ganz allein beherrschte, weil man keinen Spielkameraden hatte, also nicht zu teilen brauchte. Es war ein einfaches Brett, das an starken Seilen hing. Wenn es regnete, krochen die Seile in sich zusammen, und man mußte erst, wenn man auf der Schaukel stand, tüchtig hopsen, um sie wieder in die richtige Länge zu ziehen. Das Brett war dann naß und glitschig, aber was machte das, man stand doch fest und »hutschte« stehend hoch, ganz hoch, bis in den Himmel hinein; dann hinunter zur Erde und wieder hinauf ins Blaue, in den Akazienbaum, ganz nahe dabei, gerade mit dem Gesicht immer in die weißen duftenden Dolden! Dann war das Gesicht gebadet von Duft und Regentropfen. Die »Hutsche« war der Alp meiner Mutter, die manchmal von den Fenstern des Hauses aus meinen kühnen Sprüngen schaudernd zusah und auch böse Risse in meinen Kleidern nicht so leicht nahm wie ich. Aber stürzen konnte ich nicht, und wenn ich in sausendem Schwung, stehend, ohne mich anzuhalten, absprang, so war es doch natürlich, daß die berühmte Zirkusreiterin alle diese Evolutionen sicher und gewandt ausführte.

Als ich so klein war, daß ich mit meiner Nase auf die Tasten des Klaviers stoßen konnte, nahm man mich mit in die Oper. Meine Eltern waren damals auf eine Loge in der Wiener Oper abonniert; sie teilten dieses Abonnement aber mit einigen anderen Familien, und nur alle drei Wochen war ein Abend der ihre. Dabei hatten sie das Mißvergnügen, öfters dieselbe Oper oder dasselbe Ballett sehen zu müssen, und so nahmen sie mich damals wahrscheinlich mit, um sich solch einen enttäuschenden Abend zu erheitern.

Man gab »Excelsior«, ein beliebtes Ballett dieser Zeit, und wie in einen Abgrund stürzten alle Eindrücke in mich hinein, um dort für ewig und entscheidend zu bleiben. Noch heute sehe ich die Sprünge der Tänzer und Tänzerinnen vor mir, dann kam ein böser Dämon, schlank und schwarz, und in mir war ein Zittern, ein Krampf und ein Würgen in der Kehle, das ich heute noch in manchen Sekunden erleide. Eine der Tänzerinnen war ganz zart. Sie schien nicht zu tanzen, sondern nur über den Boden hinzuzittern, und sie erinnerte mich an die süßeste Freundin meiner Kindheit, an die Birke in unserem Garten. Ich weiß noch, wie ich am Morgen nach diesem verhängnisvollen Abend gleich zu ihr hinrannte, sie umarmte und lange Gespräche mit ihr hielt. Ich muß damals ein ganz kleines Kind gewesen sein, denn ich erinnere mich aus dieser Zeit an nichts anderes als an den Ballettabend und an den darauffolgenden aufgeregten Morgen.

Die Birke, die stumme und lange Zeit einzige Freundin meiner einsamen Kindheit, stand im Garten vor unseren Schlafzimmerfenstern und ihre Rinde war wie Atlas. Man konnte so gut die Wangen an ihren weißen Stamm legen, der so kühl und sanft war, und ihr alles erzählen. Sie kannte meine Streiche, erfuhr, was ich in der Schule verbrochen hatte, und plauderte nichts aus. Sie war meine Beraterin bei allen wichtigen Fragen. Ihre Blätter hatten im Frühling solch lustiges Grün, sie schrien förmlich von Sonne und Wärme, die kommen mußten, und im Sommer waren sie dunkel und gut. Eine große heiße Liebe, wie sie Kinder nur zu Menschen fühlen, die gleichmäßig ruhig und freundlich sind, erfüllte mich so stark, daß noch heute bei der Frage nach meinem Geburtshaus nur allein strahlend die Birke vor mir steht. So oft ich auch als reifer Mensch nach Wien kam, — ich habe nie den Mut besessen, in den Garten hineinzusehen, ob meine Birke noch lebt. Sicher haben fremde praktische Menschen den Baum fällen lassen; denn er verdunkelte im Sommer die Zimmer.

Noch mehr aber als die Birke liebte ich meinen Vater. Ja, ich liebte ihn über alle Maßen, und stundenlang saß ich ruhig neben ihm, um einen Blick von ihm aufzufangen. Ich fühlte seine Augen wie einen tiefen, tiefen, ganz kalten geheimnisvollen See, in den hineinzuspringen Glück und Schmerz zugleich war. Mein Vater hatte als junger Mensch ein seltsames Geschick zu erleiden. Aus großem Luxus und Reichtum war er plötzlich mit sechzehn Jahren durch die Verschwendung seiner Familie als armer Junge aufgewacht und hatte sich durch seine Energie und Intelligenz in eine angenehme Bürgerlichkeit hineingearbeitet, die ihn aber, glaube ich, schwerer als wirkliche Armut drückte. Seine Vorlesungen, seine Beschäftigung als Professor der Chemie entfernten ihn fast den ganzen Tag vom Hause, aber wenn er bei uns saß, war er von uns weiter fort denn je. Er beteiligte sich an keinem unserer Gespräche, auf Fragen antwortete er höflich und liebenswürdig. Nie ist er den begreiflichen und verzeihlichen Anstürmen meiner Mutter anders begegnet als mit der allergrößten Höflichkeit, die natürlich meine Mutter erst recht zu höchstem Zorn erglühen ließ. Fast täglich war ich Zeuge solcher Kämpfe; zitternd hörte ich auf den Klang böser und glatter Worte und kroch erst aus meiner Ecke, wenn meine Mutter sich entfernte.

Meine Erziehung, Geldfragen, alles regierte meine Mutter; mein Vater schien ein Toter zu sein, der an diesem Leben keinen Teil mehr hatte. Oft habe ich vergebens gegrübelt, was die beiden zueinander geführt, ich habe es nie erraten können. Auch meine Mutter, die meinen Vater lange Jahre überlebte, gestand mir, daß sie niemals die Gefährtin eines seiner Gedanken sein durfte und daß ihre 15jährige Ehe ein unlösbares trauriges Rätsel für sie geblieben sei. Es war, als ob ein großer Schmerz die Seele meines Vaters einmal gefressen hätte; und seinem Körper schien es gleich zu sein, was mit ihm geschah. Nicht nur Liebe war es, mit der ich an ihm hing; ein grenzenloses

Mitleid erfüllte mich, und als er mit 46 Jahren an einem furchtbaren, schmerzhaften Übel, an Krebs, starb, da habe ich seine Schreie Tag und Nacht nur als die Erlösung aus langer, langer Qual empfunden. Erst an diesem Krankenlager kam er uns menschlich ein klein wenig näher.

Meine Mutter, temperamentvoll und eigensinnig, hatte mit dem Rätsel ihrer Ehe und mit ihren Kindern aus erster Ehe genug zu tun, und so kam es, daß ich einsam und unbeaufsichtigt aufwuchs, denn meine Geschwister, bedeutend älter als ich, heirateten früh, und den Luxus eines »Fräuleins« konnten meine Eltern sich nicht leisten. So bevölkerte ich nun den Garten in meiner Phantasie mit allerlei Kindern, erfand seltsame Namen und verteilte sie unter gute und böse Freunde. Oft verspätete ich mich zu den Mahlzeiten durch einen Streit mit einem imaginären Feind und war dann unempfindlich gegen alle Vorwürfe. In die Schule ging ich sehr unregelmäßig, den Grund dazu weiß ich nicht mehr. Meistens wurde ich zu Hause von einer Lehrerin unterrichtet, der ich sicher die Stunden nicht sehr erfreulich machte. War ich mit anderen Kindern zusammen, so bettelte ich heiß um deren Freundschaft; ich dachte mir seltsame feierliche Sätze aus, die nach meiner Meinung das schönste waren, was man sagen konnte und die ich zitternd vor Erregung herunterstotterte. Mit neidischen Augen sah ich den fröhlichen Schulmädchen nach, die mir als Antwort auf mein Werben den Rücken drehten und davonliefen. Da zog ich mich wieder beschämt in meine Traumwelt zurück und las, was mir in die Hände fiel, und das Ungeeignetste schluckte ich ebenso rasch wie die erlaubten Kinderbücher.

Doch gab es für mich auch köstliche Tröstungen. Meine Mutter, eine ausgezeichnete Pianistin, verbrachte mehrere Stunden des Tages am Klavier. Kaum hörte ich sie spielen, stürzte ich zum großen Spiegel im Zimmer nebenan, bedeckte mir den Kopf mit irgendeinem Lappen, der gerade zur Hand lag, und fing an zu tanzen. Es kümmerte mich nicht, ob sie Etüden, Liszt oder Beethoven spielte; der Rhythmus berauschte mich, ich tauchte hinein in ein Meer von Tönen, die mich trugen, die meinen Körper bogen, die mich glückselig machten, und alle meine kleinen Kinderleiden waren in dieser schmerzlichen Wonne vergessen. Die romantischen Brocken, die mir von meiner ungeeigneten Lektüre im Gedächtnis blieben, verwendete ich, um schauerlich rührende Stücke zu erfinden, und gewöhnlich endete solch ein phantastischer Tanz mit einem Verzicht auf alle Freuden der Welt und dem Eintritt in ein Kloster. Der Mystizismus der von mir heißgeliebten katholischen Kirche mischte sich in mir mit meiner Liebe zu Musik und Tanz, und so führte ich wohl vor dem Spiegel die ungeheuerlichsten Dramen auf, die ich heute ebenso gut als Gebete bezeichnen könnte; ich empfand sie als tiefsten, ernstesten Ausdruck meiner stärksten Gefühle. Nie ließ ich mich dabei belauschen, nie konnte ich davon erzählen. Es waren Ekstasen, die mich mit frühreifen Schauern beglückten.

Als ich älter wurde, besuchte mich manchmal ein kleines Mädchen, die Tochter einer Freundin meiner Mutter. Gretel hieß sie, war weiß und rosig, mit langen blonden Locken, ein Musterkind, artig und brav. Das zärtliche Verhältnis zwischen Gretel und ihrer Mutter erregte mein höchstes Erstaunen. Eine Mutter, die Zeit hatte, mit ihrem Kinde zu spielen? Die sogar vernünftige Antworten gab, wenn man sie um Rat in Puppenangelegenheiten bat? Meine verträumte Verschlossenheit hatte wohl ein unliebenswürdiges Kind aus mir gemacht. Wenn meine Mutter alle Annäherungsversuche, die ich machte, sie für meine kleinen Sorgen zu interessieren, etwas ungeduldig und erstaunt abwies, so lag die Schuld auch bei mir und meiner seltsamen Art, mich auszudrücken. Mit meiner grünen Baumfreundin hatte ich zu dieser Zeit lange Gespräche und kam so frühzeitig zu der Erkenntnis, daß das Wohltuende einer Freundschaft im geduldigen Zuhören besteht.

Meine Mutter wünschte meine musikalische Begabung auszunützen. Ich fing an Klavier zu lernen, es ergab sich, daß ich Talent hatte, und bald mußte ich zu meiner Qual täglich stun-

denlang üben. Was half es! Meine Mutter war streng und ich
mußte schon früh hören, daß ich mir beizeiten einen »standesgemäßen« Beruf zu erwählen habe, und daß dies der Beruf
einer Klavierlehrerin sei. Mein Wunsch, tanzen zu lernen,
wurde selbstverständlich mit großer Heiterkeit aufgenommen
und als Kuriosität den Freunden des Hauses weitererzählt. Ich
mußte also vier Stunden täglich üben, und bald rief ich meine
Phantasie zu Hilfe, um mir diese trockene Arbeit zu erleich-
tern. Das waren eben keine Finger, die auf- und abzuticken
hatten, das waren Zwerge, die manchmal gravitätisch, paarweise marschieren mußten; manchmal in langen Reihen ab- und
aufrutschten, dann wieder mühsame Klettertouren auf schwarzen und weißen Tasten unternahmen. Bei den langweiligsten
Übungen fing ich nun manchmal herzlich zu lachen an, wenn
die Zwerge trotz aller Mühe sich nicht einfangen ließen.
Auf die Dauer aber war das Verschweigen aller dieser köst-
lichen Heimlichkeiten doch drückend; auch hatte ich ein Spiel
erfunden, zu dem ich eine Gefährtin brauchte. Ich überwand
also meine Scheu, vergaß alle meine Enttäuschungen und schloß
mich näher an Gretel an und hatte sie bald gewonnen für ein
Spiel, das uns nicht nur viele Stunden beschäftigte, sondern
diesen Reiz auch jahrelang für uns behielt. Wir waren Feen!
Wir hatten die Macht zu fliegen und durch Mauern zu sehen,
mit einem Wink Wünsche zu erfüllen und Böse zu bestrafen.
Meine Lesewut, die sich mit den Jahren immer mehr steigerte,
gab mir reichlich Stoff, die wunderlichsten Abenteuer zu erfinden. Mit zehn Jahren hatte ich begonnen, Shakespeare zu
lesen, Homer, Marlitt, Goethe, Hackländer, ernste Geschichts-
werke und vielen unnützen Kram. Dieser trübe Wirrwarr, der
sich in meinem Kopfe staute, war unerschöpflich für unser Spiel
und stundenlang hockten wir in versteckten Winkeln, um erst
dann, wenn wir energische Rufe nicht gut länger überhören
konnten, mit hochroten Köpfen verlegen aufzutauchen. Alle
Fragen beantworteten wir mit auffällig harmlosen Gesichtern;
denn ich hatte Brav-Gretel schon zu meiner Verschlossenheit

bekehrt mit den Worten: »Wenn du was sagst, meiner Sell und Gott, dann ist alles aus. Die Erwachsenen sind dumm, sie sehen hier nur eine Waschküche mit einem alten Wasserfaß darin und wissen nicht, daß es unser Palast ist mit dem goldenen Thron, vor dem die Angeklagten zu erscheinen haben und vor dem die Guten belohnt werden. Unser Wunderfernrohr, das uns in weiter Ferne Hilfesuchende sehen läßt, ist dann nur eine Papprolle und Allidor, unser weißer Schimmel, eine weiße Hutsche. Den Ambrosia aber würden sie uns einfach wegnehmen.« »Der Ambrosia« war ein Vorrat an Würfelzuckerstückchen, und nach anstrengenden Bestrafungen oder Belohnungen spießten wir uns je eines dieser Stückchen auf eine Haarnadel und brieten es feierlichst über einer Kerze. Dieser Leckerbissen schmeckte köstlich, wenn man sich auch manchmal schmerzhaft die Zunge verbrannte.

Die Sommermonate unterbrachen unser Spiel und brachten uns eine schmerzliche Trennung. Meine Mutter mietete im Sommer meistens ein kleines Haus mit Garten irgendwo im oberen Nieder-Österreich oder in Tirol. Dahin zogen wir mit Sack und Pack, mit Kücheneinrichtung und mit Betten, eine kleine Auswanderung, bei der die Nervosität der Hausfrau ihren höchsten Grad erreichte. Es wurde gefährlich, in die Nähe der Bettballen zu kommen, die, in feste Packleinwand genäht, wie schlafende Riesen an den Wänden lehnten. Ein altes böhmisches Dienstmädchen, das eine besondere Fertigkeit darin besaß, mit einer Schusterahle diese Ballen zuzunähen, scheuchte mich dann aus der verlockenden Nähe dieser Walfische mit den Worten: »Geh Sie, Tilla, sonst kommt Mammitschku und gibt Sie eine Watsche.«

Der Abschied war schwer. In dem Obstgarten des kleinen Landhäuschens liegend, arbeiteten meine Gedanken an neuen Plänen, an neuen Abenteuern in unserem Feenreich. Das Objekt zur Erlernung des standesgemäßen Berufes kam leider auch mit; denn der Sommer war nach dem Ausspruch meiner Mutter die rechte Zeit, um tüchtig zu lernen, und sie selbst übernahm den Unterricht sehr zu beiderseitigem Mißvergnügen.

Das Obst fiel im Garten von den Bäumen; ich hörte es fallen, klatschend zersprangen die gelben Birnen, während die müden schmutzigen Zwerge ihre Beine mühsam hoben und »bim bim« machen mußten. Die schwarzen Spuren meiner Finger auf den weißen Tasten mischten sich mit meinen heißen Tränen zu einem Brei. Aber man konnte nachher doch unter den schwerbeladenen Bäumen liegen und die Birnen, die Äpfel, die Pflaumen fielen von oben in den Mund. Köstliche Stunden im Grase zusammen mit rotbackigen Äpfeln, gefährliche Rutsche auf dem Dach des alten Schweinestalls, Dorfkinder, mit denen man stundenlang »Mariechen saß auf einem Stein« sang. Wenn es zur Strophe kam »Da zog der Karl 's Messer 'raus«, erschauerte ich; ich mochte Karl sein, der stach, oder noch lieber Mariechen, die starb und gleich nachher ein Engelein wurde. — In solchen Stunden war ich glücklich und frei von der quälenden Unrast, frei von dem ekstatischen Grübeln über mich und meine vermeintlichen Sünden.

Nach der Stadt zurückgekehrt, wurden Gretel und ich stark beobachtet und eines Tages, als uns das Schicksal eines von uns geretteten Mohrenmädchens gerade zu Tränen rührte, kam der Gerichtshof, bestehend aus Müttern und Tanten. Tagelang waren wir gelähmt durch die nüchtern lächelnden Mienen unserer Quälgeister, aber nach und nach versteckten wir uns wieder und fingen von neuem die alten Träume ein. Zu Weihnachten aber schenkte uns meine Mutter, vielleicht bereuend, daß sie uns verstört, Feenkleider, deren rosa und blaue Pracht mir den Atem benahm. Gretel und ich, behangen mit diesem glitzernden Prunk, drehten uns selbstgefällig vor Müttern und Tanten. Das beifällige Lächeln, das Gretel traf, verwandelte sich bei mir in Verlegenheit. Durch diese Blicke aufmerksam gemacht, zog ich meine hübsche blonde Freundin vor den Spiegel im Nebenzimmer, der so oft Zeuge meiner Tanzgebete war.

Familienfoto um 1886. Links der Großvater, Hofrat Hrdlicka, Tilla Durieux zwischen seinen Knien, rechts die Mutter, neben ihr stehend Onkel Karl Siegel, sitzend ungarische Verwandte.

Tilla Durieux 1885.

In ihrer ersten Rolle als Tiroler Knabe in der Operette Der
Vogelhändler *(Zeller), 1901 in Olmütz.*

Die Rassenverschiedenheit meiner Eltern, der eine Slawe, der andere Romane, hatte in mir einen sonderbaren Ausdruck gefunden, und fremd und seltsam starrte mir ein wildes Geschöpf entgegen, das rote große Hände zu den tränenstürzenden Augen führte. Ein Flammenbündel von Erkenntnissen erleuchtete mich. Ich sah in diesem Spiegelbild die Ursache meiner Ruhelosigkeit und Einsamkeit; die Schulmädchen drehten mir wieder den Rücken zu und meine Stiefgeschwister gingen ihre Wege fern von mir. Wild riß ich Gretel in den winterlichen Garten und bald hatten wir eine Schar von Gassenjungen am Gartengitter stehen, die beim Anblick der maskierten Kinder erstarrten.

Schon wieder ganz in meinen Träumen befangen, flüsterte ich Gretel zu: »Siehst du, wie sie sich vor uns fürchten!« Und ich sprang die Treppen hinauf auf einen kleinen Balkon des Hauses, streckte den Arm gebieterisch aus und rief: »Also geht's jetzt von hinnen!« Dem darauf antwortenden höhnischen Gejohle entzog ich mich durch die Flucht in unseren Palast — die Waschküche — und vergaß über einem neuen kühnen Abenteuer, daß der Blick in den Spiegel mir ein Problem gezeigt hatte, dessen Schwere ich mein ganzes Leben zu fühlen haben sollte.

Die Erinnerung an diese Szene aber lebt unbewußt noch so stark in mir, daß ich auf einer Probe der Josephs-Legende, als ich die Potiphar zu verkörpern hatte, fühlte, wie meine Gestalt plötzlich zusammenschrumpfte. Mein ausgestreckter Arm deutete nicht mehr auf die Sklaven, die den Joseph fesseln sollten, sondern auf eine Schar Gassenjungen, und ich mußte meine Lippen fest aufeinanderpressen, um mir nicht die Worte entschlüpfen zu lassen: »Also geht's jetzt von hinnen!«

Die Stunden, in denen Gretel und ich Feen sein durften, wurden immer seltener. Die Zwerge hatten fleißig, fleißig zu arbeiten und außer der Schule kam noch häusliche Arbeit, Nähen, Sticken, Kochen und als Erholung schöne Stunden, in denen ich mit drei alten Herren Kammermusik machen durfte. Nur die

Nacht sah mich noch tanzend vor dem Spiegel und die Birke bekam von mir nur mehr stummen Besuch.

Die Zeit von meinem vierzehnten bis zu meinem sechzehnten Lebensjahr kam düster und traurig über mich. Die Krankheit meines Vaters, sein Tod; Großvater, der, von demselben Übel befallen, ein halbes Jahr später uns verließ, Geldsorgen, hervorgerufen durch den plötzlichen Verlust dieser beiden, meine Mutter durch den Kummer fast irrsinnig geworden, alles stürmte auf mich ein und drückte mich nieder. Der Garten, das Haus wurden verkauft, wir bezogen eine kleine Mietwohnung und Mutter und Tochter saßen darin, starrten sich an und wußten sich nichts zu sagen, es war kein Weg da, der zueinanderführte. Wie ein düsteres Gewitter lasteten die letzten Jahre über mir. Wenn ich an die Stunden vor dem Tode meines Vaters dachte, wo ich verzweifelt auf den Straßen umherirrte, um unseren Arzt zu finden, und wo zwangsmäßig in mir ein Gassenhauer ableierte, wo ich verstört auftaumelte, um wieder in den Singsang des Gassenhauers zu verfallen, da hatte ich die Empfindung, eine Hand umkrallt mein Gehirn und läßt mich Dinge tun, die mich mit Abscheu erfüllen. Nur ein Gedanke lebte in mir: Der Wunsch, herauszufinden aus allem, was sich bisher Freunde und Familie nannte, hinein in eine andere Welt, die es geben mußte, und die vielleicht Wissen, Befreiung und Ruhe bringen konnte.

Die Zwerge sollten nun ihre Tüchtigkeit beweisen und für Geld arbeiten. Man wollte mir aber vorher noch eine Frist gönnen, um in härterer Arbeit eine höhere Fertigkeit zu erlangen. Aber auf der obersten Galerie des Burgtheaters, wo der Atem der Jungen wehte, war mir an seltenen feierlichen Abenden die stürmische Gewißheit geworden, daß ich dort unten alles, was ich ersehnte, finden könne. Ein kleines Lied, zufällig gesungen vor einer beliebten Gesanglehrerin, machte diese auf mich aufmerksam und nach kurzer Zeit ermöglichte mir diese Frau eine Prüfung bei einem Burgschauspieler. Ich gefiel ihm, und mit erlösenden Worten beladen nach Hause stürmend, warnte mich diesmal keine freundliche Dienstmagd: »Tilla, geh' Sie, sonst kommt Mammitschku.«

Ich sprach und meine Mutter schlug mir ins Gesicht. Die fassungslose Frau brach unter diesem neuen, harten Schicksalsschlag zusammen. Mein bleiches Erstarren aber mußte ihr Mitleid und Angst eingeflößt haben.

1898

Theaterschule in Wien

Zur Bühne wollen ist ein Ding, der Weg dahin ein anderes. Nicht nur der Kreis meiner Eltern, sondern die ganze Welt hatte zu dieser Zeit andere Ansichten über die Erziehung junger Mädchen als heute. Daß jede sexuelle Frage verpönt war, versteht sich von selbst. Der Storch oder der Engel, je nach Wahl, brachte die Kinder, so lange, bis man sich in der Ehe überzeugen konnte, daß dem nicht so ist. Zur Zeit der Königin Victoria gab es am englischen Hof einen Ausspruch: »Ein anständiges Mädchen hat einen Kopf und zwei Hände und sonst nichts — nichts.« Nach diesem Prinzip wurden wir alle erzogen.

Mein Fall machte viel Kopfzerbrechen, konnte aber nicht anders gelöst werden, als daß man sich entschloß, mich in die Theaterschule meines Prüfers, des Hofschauspielers Arnau, zu schicken. Das Herz meiner Mutter schlug etwas ruhiger, als bei meiner Anmeldung ein älteres Fräulein als sogenannte Anstandsdame der Theaterschule erschien. Das wurde zu Hause auch der Familie sofort lobend berichtet.

Ich wurde nun viermal in der Woche an die Brüste Thaliens gelegt. Die Nahrung war recht armselig, aber wir wußten es nicht besser, und für uns war die kleine Bühne, die zur Verfügung stand, schon ein Vorhof der Seligkeit. Aber, was für Elemente hatten sich hier zusammengefunden! Wenn einen Beruf auszuüben an sich schon damals für ein Mädchen eine Degradierung bedeutete, wieviel mehr stellte sich eine werdende Schauspielerin abseits von allem Erlaubten und Hergebrachten. Ein junges Mädchen durfte wohl malen, Klavier spielen, singen, nur Gott behüte nicht mit künstlerischem Anspruch, das sah schon wieder verdächtig nach Beruf aus. Sie hatte auf den Mann zu warten, dem sie, liebend oder nicht, beglückt in eine Ehe folgte, der dann wieder solche »Wartemädchen« entsprangen, die dann wieder... und so fort in alle Ewigkeit. Wir hatten schon zwei solche »glückliche« Ehen in der Familie, die meiner viel älteren Stiefschwestern. Nach dem Fehlschlag mit diesen Töchtern war meine Mutter doppelt bestrebt, mich auf die »richtige« Bahn zu bringen.

Meinen Namen mußte ich ablegen; ich nahm den Mädchennamen der Mutter meines Vaters an, und aus der Tilla Godeffroy wurde Tilla Durieux. Damit tat ich meinen ersten Schritt auf der steinigen Straße, die wandern zu dürfen ich mir als das höchste Glück vom Schicksal erbeten hatte.

Noch durch ein Nadelöhr hatte ich armes Kamel zu gehen, bevor mir das Himmelreich der Bühne erschlossen werden sollte. Ein Cousin meines Vaters, der berühmt-berüchtigte Jauner des noch berühmteren Opernbrandes, der Direktor des Kgl. Opernhauses, Entdecker der Geistinger, lebte noch in Wien, und zu ihm mußte ich also auf Mamas Verlangen mit ihr pilgern. Er empfing uns wie ein mürrischer Fürst, sah mich mißbilligend an, und mit den Worten: »Keine Erscheinung für die Bühne« wischte er uns mit einer großartigen Handbewegung zur Tür hinaus. Das war aber meiner Mutter doch zu oberflächlich beurteilt, und sie gab meiner Empörung recht, weil der alte Großtuer mich nicht einmal vorsprechen ließ. So blieb es also bei der schon getroffenen Entscheidung, daß ich zur Probe ein Jahr Unterricht bekommen sollte, wonach man das weitere Urteil fällen wollte.

In der Theaterschule aber fühlte ich mich nicht so ganz sicher. Mein Talent und mein Gesicht waren nicht das, was man »gefällig« zu nennen pflegte. Da gab es hübsche, junge Mädchen, deren Erscheinung sofort alle Welt entzückte, andere wieder, Freundinnen reicher Männer, in eleganten, seidenrauschenden Kleidern. (Behüte, daß meine Mutter davon gewußt hätte!) Sie hatten sichere Allüren und zeigten Lebenserfahrung. Dies alles fehlte mir. Dazu kam noch, daß ich mich natürlich bestrebte, genau so wie die anderen zu sein, und mich damit auf ein Seil wagte, auf dem ich nicht zu balancieren verstand. Immerhin muß doch meine Begabung schon damals spürbar gewesen sein, denn ich bekam bald kleine Szenen mit männlichen Partnern zu spielen, und wir studierten eifrigst drauflos, um uns bei den öffentlichen Vorführungen der Schulen zeigen zu können. Außer dem Hofschauspieler Arnau, der das Rollenstudium überwachte, gab es noch einen Lehrer für Sprache und Stimmbildung und einen Franzosen, der uns Grazie und Benehmen beibringen sollte. Der Unterricht der Sprachbildung war so primitiv wie möglich. Unser Wiener Dialekt wurde kaum verbessert, er hat mir in späteren Jahren noch viel Verdruß bereitet. Die Stimme wurde auf drollige Weise gepflegt; entweder mußte man flüstern oder brüllen, wer es im letzteren Fall am lautesten konnte, war der Sieger. Dagegen hatte unser Franzose sich für Benehmen und Grazie Dinge ausgedacht, die wohl einzigartig dastanden. Das kleine Männchen baute sich gravitätisch in unserer Mitte auf und rief, indem es heftig die Hände schüttelte: »Meine 'errschaften, macken Sie immer mannigfaltige Finger.« Dabei spreizte er den kleinen und Zeigefinger aus und bog die beiden Mittelfinger ein. Damit wurde dann die Stellung einer Griechin exerziert: Linke mannigfaltige Hand langgestreckt, rechte hinter den Kopf gelegt. Dann »Junges Mädchen«: beide Mannigfaltige über die Brust gekreuzt. »Nachdenklicher Jüngling«: eine Mannigfaltige an die Backe gelegt, die andere als Unterstützung unter den Ellbogen. Zwischen jeder Pose immer noch einmal heftiges Schütteln und neue mannigfaltige Finger. Auch, wie man möglichst kompliziert eine Tür öffnet oder sich möglichst unnatürlich auf einen Stuhl setzt, lernten wir. Die Skala begann mit Schüchternheit, ging über Dreistigkeit und Verwegenheit zur Hoheit. Die Phantasie dieses guten Männchens hatte keine Grenzen, was Unnatur anbelangte. Wo in aller Welt hatte er Menschen gesehen, die solche widersinnigen Bewegungen machten! Mit Gottes Hilfe vergaßen wir aber nachher bei unseren öffentlichen Aufführungen das meiste und bewegten uns einigermaßen natürlich.

Arnau war kein schlechter Lehrer. Selbstverständlich war er in dem damaligen Geschmack befangen, und wir mußten deklamieren und uns pathetisch gebärden, jedoch das Publikum erwartete das, und es gefiel. Die Empfindung, als zum erstenmal der Vorhang unseres winzigen Bühnchens aufging und mich den Zuschauern preisgab, behielt ich mein Leben lang, sobald es sich um eine wichtige Vorstellung handelte. Der aufrollende Vorhang hakte sich in mein Herz und zog es mit in die Höhe, und diese Sekunde, bis ich den Flüchtling wieder eingefangen hatte, war stets atemberaubend. Meine erste Rolle hatte ich in einem kleinen Einakter »Die Ballschuhe«. Zu meinem und aller Erstaunen ging ich mit Erfolg aus diesem ersten Bühnenwagnis hervor.

Der Stolz, als ich meinen neuen Namen zum erstenmal in der Zeitung las, füllte mich zum Bersten. Die Stücke, die zu diesen Schüleraufführungen gewählt wurden — falls es nicht Einakter waren, kamen natürlich nur Szenen in Betracht — waren ein trauriges Zeugnis des geistigen Niveaus, das übrigens damals auch das meinige war, denn sie gefielen mir allesamt prächtig. Blättere ich in den von meiner Mutter sorgfältig gesammelten Kritiken jener Tage, so finde ich immer wieder lobende Worte, aber auch den Hinweis auf mein »schlichtes Äußere« und meine eigenartige Begabung. Diese Beurteilung brachte mich in Wut, denn ebenso wie ein Schulkind nicht ein grünes Kleid tragen will, wenn Lieschen, Hannchen und alle anderen rot angezogen sind, so wollte ich durchaus wie die anderen sein und wurde darin von meiner Mutter unterstützt. Ihr Ideal war ein holdseliges Töchterlein, sittsam und zuckerig romantisch. Diesen Wunsch konnte ich ihr allerdings mein ganzes Leben lang nicht erfüllen.

Die Agenten kamen in unser Institut, um sich nach den begabtesten Anfängern umzusehen, und so bekam ich einen Vertrag nach Olmütz, der Hauptstadt Mährens. Meine Mutter, stets

Karl Arnau's
concession. Theater=Vorbereitungsschule
I. Wipplingerstraße Nr. 21.

Samstag den 14. October 1899

Erste Eleven-Vorstellung
in der Saison 1899/1900.

Deborah.
Von Mosenthal. I. Act, Verwandlung.

Deborah	Frl. Lejeune.
Josef	Hr. Böhm.

Monolog
aus „Die Jungfrau von Orleans". Von Schiller.

Johanna	Frl. Ostheim.

Uriel Acosta.
Von Gutzkow. V. Act, Verwandlung.

Uriel	Hr. Walden.
Spinoza	Frl. Bayr.

Der Sohn der Wildnis.
Von Halm. II. Act, letzte Scene.

Ingomar	Hr. Klitsch.
Parthenia	Frl. Orlando.

Die Waise von Lowood.
Von Ch. Birch-Pfeiffer. Vorspiel, 5. Scene.

Mistreß Reed	Frl. Förster.
Jane Eyre	Frl. Hesse.
Blathorst	Hr. Klötzel.

Schuldig!
Von R. Voß. Scene des II. Actes.

Julie	Frl. Steinthal.
Martha, deren Mutter	Frl. Lejeune.
Berger	Hr. Böhm.

Kurmärker und Picarde.
Genrebild mit Gesang in einem Act von Louis Schneider.

Marie, Pächterin in einem Dorfe der Picardie	Frl. Durieux.
Friedrich Wilhelm Schulze, Landwehrmann	Hr. Burian.

Preise der Plätze: Cercle=Sitz fl. 1.50, I. Platz fl. 1, II. Platz 60 kr., Stehplatz 30 kr.

Cassa-Eröffnung halb 7 Uhr.   **Beginn präcise 7 Uhr.**

K. k. Hoftheater-Druckerei, Wien, I., Wollzeile 17.

schwankenden Gemüts, was meinen Beruf anlangte, kletterte mit ihren Wünschen bisweilen himmelhochjauchzend bis ins Burgtheater, um ein anderes Mal unter den Meeresspiegel zu sinken. Dieses Angebot schien sie bei den Tiefseefischen einzuordnen. Erst als Arnau, der es gut mit mir meinte, an Beispielen auf die kleinen Anfänge mancher Burgtheatergrößen hingewiesen hatte, gab sie ihre Zustimmung, trug aber von diesem Tage an eine Duldermiene zur Schau. Man konnte es ihr nicht verdenken, ihr Leben war bis dahin nicht leicht gewesen, und nun hieß es, alles verlassen, ihr geliebtes Wien, alles Gewohnte, alle Freunde, und sich einer ungewissen und verhaßten Zukunft anvertrauen, denn daß sie mich allein gehen lassen wollte, davon war natürlich nicht die Rede.

Unsere Wohnung wurde aufgelöst, denn bei Tante Otti, der Schwester meiner Mutter, würden wir jederzeit für einige Wochen Platz finden. Als alles verpackt war, ging ich nochmals an das Gartengitter unseres Hauses, in dem ich geboren worden war und meine Kindheit verlebt hatte, und lehnte meinen Kopf an das Gitter, voll schwerer Ahnungen. Hatte ich richtig gewählt, wenn ich auch Fritz aufgab?

Mit fünfzehn Jahren hatte ich ihn kennengelernt. Wir fanden uns bei der Musik. Fritz spielte ausgezeichnet Klavier und damals war das Vierhändigspielen sehr beliebt. Allerdings war jungen Leuten das gemeinsame Paarlaufen auf den Tasten nur unter Aufsicht erlaubt. Mütter, Erzieherinnen oder Hausmädchen achteten beim Musizieren vom Nebenzimmer aus, daß nichts Unschickliches geschehe, und so blieb uns nur ein bißchen Arm-an-Arm-Drücken.

Das Merkwürdige aber war, daß mein Herz erst berührt wurde, als Fritz begann, von Dingen zu reden, die mir noch fremd waren, nämlich von Literatur, Malerei und ähnlichem. Er hatte Freude an meiner Lernbegier, versorgte mich mit guter Lektüre und warf Marlitt, Eschstruth, und wie alle Lieblinge der Backfische hießen, in eine Ecke. Meine Mutter, die wohl Ahnung von meiner Neigung hatte, aber lieber sicher gehen wollte, versuchte, mir noch andere männliche Exemplare zuzuführen. Sie benutzte dazu Tanzabende, die man in Wien je nach ihrer Ausdehnung Bälle oder Kränzchen nannte. So gab es ein Juristen- und ein Rotes-Kreuz-Kränzchen, einen Ball der Stadt Wien, einen Weißen-Kreuz-Ball und andere. Die richtige Bezeichnung wäre wohl Heiratsmarkt gewesen. Ein großer Ball bot ein wunderschönes Bild, wenn in den hellerleuchteten festlichen Saal zur bestimmten Stunde die Paare feierlich eintraten, um die Eröffnungspolonäse zu tanzen. Bei den sogenannten Kränzchen ging es weniger feierlich zu. Die Mütter, die wie Spalierobst an den Wänden entlang saßen und scharf aufpaßten, welche Fliege in das Netz gehen würde, brachten mich zum Lachen. Die jungen Männer, die auf der Hut sein mußten vor den Rosenketten, die an allen Ecken für sie geflochten wurden und ihrer harrten, tanzten gern mit mir, denn ich machte aus meiner Gleichgültigkeit gegen die Ehe kein Hehl, und so sah meine Mutter-Henne überrascht und stolzgeschwellt ihr häßliches Entlein munter treiben. Doch ich haßte das alles.

So war es denn kein heimliches Liebesgeflüster, das in mir das erste große Gefühl entfachte, sondern Hunger nach einer anderen Welt. Ich wurde meinem Mentor fast hörig und zitterte den Stunden entgegen, die wir zusammen verbringen konnten.

Mit der Zeit gelang es, uns der lästigen Aufsicht zu entziehen. Wir gingen ins Theater und nannten als Begleitung jeweils die Mutter des anderen, die dann natürlich auf den Schutz der Ahnungslosen vertraute. Was waren das für Abende!

Wagner war zu jener Zeit bei der älteren Generation noch verpönt, doch wir waren begeistert und kamen durch diese Musik und die ungestörte körperliche Nähe in eine Stimmung, die uns beide reif machte das zu tun, was junge Menschen endgültig darüber aufklärt, daß der »Storch« eben doch nicht der richtige Überbringer der Babys ist. Heute weiß ich — ich wußte es wohl damals schon —, daß ich zu allem bereit gewesen wäre — auch meinen Wunsch Schauspielerin zu werden, aufzugeben.

Und warum taten wir es nicht? War es die strenge Zucht, in der wir aufwuchsen? War es der Mangel an passender Gelegenheit? Was ließ die jungen Männer der bürgerlichen Familien den damaligen Sittengesetzen so ergeben sein? Was für ein moralischer Druck muß sie gehemmt haben.

Dessen ungeachtet, dachten wir ans Heiraten, das heißt, zunächst an Verlobung bis zum Ende seiner Studien. Seine Mutter, die nur lose Verbindung zu meiner Mutter hatte, wollte unser Haus aufsuchen. Wahrscheinlich um zu erkunden, ob ich die »Richtige« sei. In unserem Speisezimmer, neben dem Salon, stand ein schöner antiker Tisch, das einzige wertvolle Möbel in unserem nach damaligen Geschmack modern eingerichteten, verplüschten Zimmer. Dieser Tisch war beladen mit Silberzeug; da stand ein silberner Wagen, von Engelchen kutschiert, schwere silberne Becher, Salzfässer, von Silberwiesen flankiert.

Fritzens Mutter erschien. Ich saß artig im Nebenzimmer, als ein fürchterlicher Krach das Gespräch unterbrach: der Silbertisch war zusammengebrochen und strömte klappernd seine Schätze über das Parkett aus. Allgemeiner Schrecken, hastiger Aufbruch und Flucht der Schwiegermutter in spe waren die Folge.

Eine Untersuchung gab keine Klarheit, ob unser Personal, die Köchin, das Stubenmädchen oder die Altersschwäche der dünnen Tischbeinchen, vereint mit Geistern, die für mich eine andere Zukunft sahen, die Schuld trugen.

Fritzens Mutter jedenfalls war zweifelnd geworden, ob ein Mädchen aus diesem »fürchterlichen« Hause die richtige Schwiegertochter für sie sei. Kurzum: Fritz wurde nach Prag geschickt, um in der Ferne sein Studium abzuschließen.

So verging ein Jahr, bis Fritz und ich uns wiedersahen. Nach einem bösen Abenteuer mit dem Blinddarm hatte meine Mutter mich zur Erholung in ein Bad geschickt. Dort besuchte mich Fritz für einen Tag. Zum ersten Mal waren wir, fern von Wien, allein und unbeobachtet; denn die Dame, die von meiner Mutter als Aufpasserin vereidigt worden war, verliebte sich in

spätem Alter in ihren Arzt, und ihr Eid flatterte in die Lüfte.
Ich hatte inzwischen auf der Theaterschule einiges gehört, was
»Störche« betraf, aber Fritz, korrekt wie immer, litt maßlos
unter meinen Verführungsversuchen; denn ich stellte an jenem
Tage die Frage an meine Zukunft: Fritz oder die Bühne. Hätte
Fritz mir nachgegeben, hieße ich heute nicht Tilla Durieux —
aber er blieb stark! Ich ahnte schon damals, daß seine strenge
Tugend, sein Gebundensein an gesellschaftliche Formen, meinem
Temperament, meinem Drang nach einem freien, ungebundenen
Leben immer in Spannung gegenüber gestanden hätten. Es
dauerte lange, bis ich einen Mann fand, den ich mit gleicher
Stärke lieben konnte wie Fritz.

Punkt für Punkt wog ich alles gegeneinander ab und kam
zum Ende doch wieder auf die Richtigkeit meines Entschlusses
zurück. Selbst die stillschweigend anerkannte Verlobung mit
meiner Jugendliebe konnte mich nicht halten. Ich hatte mir
bei seiner Familie ein Probejahr ausbedungen, das mußte
durchlebt werden, wenn Fritzens Eltern darüber noch so
sauer dreinblickten. Meine Mutter, die sich an diese Verlobung als letzten Rettungsanker geklammert hatte, tat mir
leid, mein Verlobter tat mir leid, der mich nun wirklich liebte
und nur sehr traurig ziehen ließ.

mußte. Einer Welt voller Geheimnis und zugleich voller Wahrheit, einer Welt, die ich nicht hätte beschreiben können, die aber erreicht werden mußte, und sollte ich an meinem Ziel verhungert und in Fetzen ankommen. »Der Charakter und die Natur eines jeden Menschen ist sein Schicksal oder Gott«, sagt Demokrit, und wahrlich, ich hatte mir einen harten Gott erwählt. Oder hatte Gott mich dazu ersehen, einen Weg über Steine und Geröll gehen zu müssen, so daß meine Füße blutig wurden? Eines jedenfalls hatte er mir geschenkt, trotz seiner Härte: eine feste Binde um die Augen, die mich blind werden ließ, wenn der Weg an gefährlichen Abgründen vorbeiführte.

Hochgemut äußerlich, schüchtern und zitternd im Innern, stand ich also vor dem Allgewaltigen, der mein nächstes Schicksal in seinen feisten Händen halten würde. Sein mißbilligender Blick ließ mich Schlimmes ahnen: »Mit dem Ponem[1] wollen Sie zur Bühne? Lernen Sie lieber kochen!« Das war sein Willkommensgruß. Merkwürdigerweise war ich dadurch nicht allzu entmutigt. Heute weiß ich, daß nur ein Narr oder ein Talent solche Worte hören kann und doch überzeugt davon bleibt, eines Tages zu siegen. Der Direktor beschloß nun, mir zu beweisen, daß er ein richtiges Urteil gefällt hatte und gab mir eine Rolle, die für den noch abwesenden »Star« bestimmt war, ohne mir diese Tatsache zu verraten. Mit welch glühendem Eifer stürzte ich mich auf diese Rolle! Das Stück war ein elendes Machwerk. Das Repertoire jener Zeit kannte nur Klassiker und simples Brot mit Sirup beträufelt. Damals gab es kein Kino und keine Detektivromane. So hatte also das Theater die Pflicht, die huschenden graziösen Rehe oder die herrlichen junonischen Gestalten zu liefern, alle mit strahlenden Augen, Kirschenmündchen und wogendem Busen. Wie bestrebt war ich, aus der papiernen Gestalt meiner Rolle einen Menschen zu formen, und wie tief war mein Sturz, als ich auf der Probe erkennen mußte, daß man mich genarrt hatte. Als ich mich

---

[1] Jüdischer Ausdruck für Gesicht

mit dem Brief, der in dieser Rolle zu schreiben war, an den Tisch setzte und ihn so schreiben wollte, wie ein normaler Mensch, kam es an den Tag. Der »Star« hatte mit Stanislaus in einer Kulisse gelauert und konnte nun das Lachen nicht mehr zurückhalten: Da kommt eine Anfängerin, häßlich wie die Nacht, setzt sich hin und schreibt einfach darauf los, als sei das nichts! Hat man so etwas schon gesehen?! Die Kollegen nahmen die höhnischen Bemerkungen gierig auf, und das Theater dröhnte vor Lachen. Nun, und dann kam sie, der Star, dicklich und etwas blatternarbig, aber hübsch, wie aus einer Seifenreklame, und zeigte, wie es zu machen sei. Seht, wie der Busen dabei wogt, wie sich der kleine Finger spreizt, wenn zugleich der Zeigefinger an das spitze Mündchen geführt wird! Sie setzte an, um zu schreiben, nein, nochmals schelmisch den Finger ans Kinn, dann schrumm-schrumm über das Papier gefahren, und fertig war ein vier Seiten langer Brief. So sollte es sein, so mußte es sein, nach den damals ungeschriebenen Gesetzen. Stanislaus grunzte befriedigt und blinzelte nach mir, die ich fassungslos der Vorführung zugesehen hatte. So sollte man spielen? Nein, das konnte ich nicht, ich wollte es auch nicht. Verbissen und voller Trotz lief ich nach Hause. Meiner Mutter konnte ich meine bösen Erfahrungen auf der Probe nicht mitteilen, sie hätte nur gejammert und am Ende dem Direktor recht gegeben, denn sie hatte denselben Geschmack wie er.

Es war für mich kein Trost in meiner Not, als mich der Theaterbote zur Operette »Der Vogelhändler« holte, und ich als »erstes Auftreten« — wie glanzvoll hatte ich es mir gedacht — einen Tiroler Knaben im Chor darstellen mußte. Und bei diesen Chorrollen blieb es für Wochen und Monate. Edeldamen, Sklavinnen, Knaben, kurzgeschürzte Mädchen, gefangene Germaninnen, das alles hatte ich zu verkörpern und dabei stumm zu bleiben. Als man gar meine Eignung zum Tanz bemerkte, durfte ich mich mit der Frau des Ballettmeisters, der Primaballerina, im Tanze drehen. Wo sie hinsprang, zitterte das Gebälk. Entweder hüpfte ich im Bauernreigen oder als Sirene —

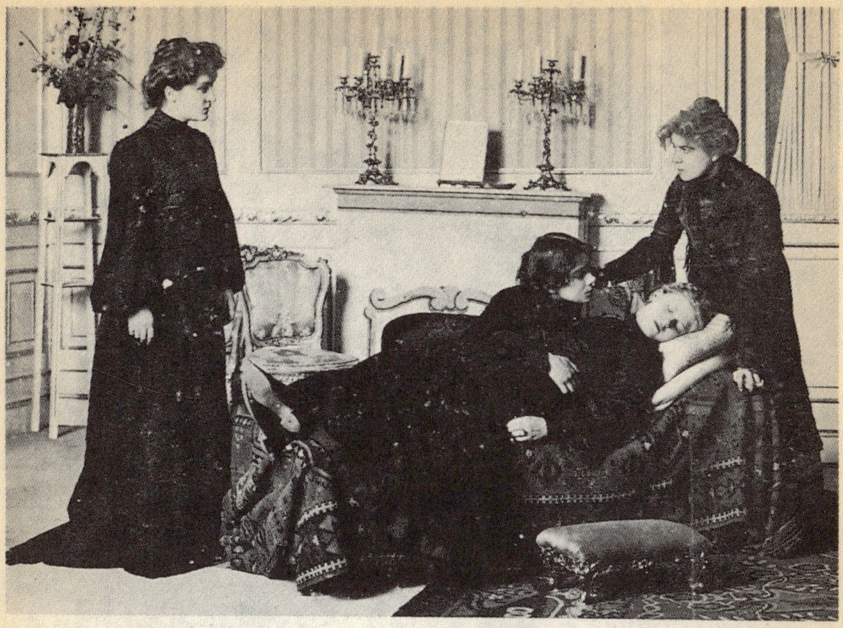

In einer kleinen Rolle in Die Raben (Becque) wird Tilla Durieux zum erstenmal lobend in der Berliner Presse erwähnt. Von links: Hedwig Wangel, Lucie Höflich, Tilla Durieux. Elsa Heims.

Salome (Wilde), *Kleines Theater und Neues Thea-ter, Berlin 1903, Regie Max Reinhardt.*

Als Lady Milford in Kabale und Liebe *(Schiller), Neues Theater in Berlin 1903.*

»eins-zwei-drei Fissindhe« — im Venusberg. In dieser Opernlandschaft kam ich auch zum erstenmal mit der Mutter von Clemens Krauß in Berührung, die der leichtgeschürzten Muse an der Hofoper entsagt und sich dem Gesang zugewendet hatte. Einst eine berühmte Schönheit, wurde sie für ihr Metier zu stark. Hier als Venus sah sie berückend aus. Beinah hätte sie an diesem Abend einen Unfall erlitten, denn das Ruhebett der Venus, geschmückt mit einem falschen Perserteppich, stand auf einer Versenkung, die für die große Gestalt der Krauß zu kurz war. Als der Kopf verschwand, blieben die Beine oben hängen. Ich sprang helfend hinzu, und dies führte zu einer Freundschaft, die mir meine niederdrückende Stellung erleichterte.

»Außenseiter!« Ich bin es mein Leben lang unter meinen Kollegen geblieben, aber bis heute ist mir der eigentliche Grund dazu verborgen geblieben. Clementine Krauß habe ich es zu danken, daß ich im »Eingebildeten Kranken« von Molière, in der »Dame vom Maxim« von Feydeau, im »Hüttenbesitzer« von Ohnet, Rollen bekam. Doch meine Haupttätigkeit war und blieb im Chor.

»Es war einmal«, so fängt jedes Märchen an, und auch das Märchen meines ersten Erfolges beginnt so. Da kam einmal der Wiener Schauspieler Jensen zu einem Gastspiel an unser Theater, und Stanislaus, wild gemacht durch den Druck einiger Honoratiorenfamilien, in deren Kreis sich meine Mutter eingeschmuggelt hatte, beschloß, mich einem Fiasko durch eine rasch zu übernehmende Rolle auszusetzen. In den Sklavenverträgen jener Zeit gab es unter anderem einen Passus, der bestimmte, daß man eine im schriftlich niedergelegten Repertoire eines Schauspielers angeführte Rolle jederzeit binnen vierundzwanzig Stunden zu spielen hatte. Das Repertoire mußte natürlich möglichst reichhaltig sein. Also war einer Schikane Tür und Tor geöffnet. Abgesehen davon, daß die angeführten Rollen nicht alle sorgfältig gelernt sind, ist es für eine Anfängerin in jedem Fall eine große Schwierigkeit, eine große

Rolle nach nur einer Probe zu spielen. Ein mitleidiger Jüngling aus dem Büro des Tyrannen verriet mir jedoch rechtzeitig den schwarzen Plan, und so hielt ich, gut ausgerüstet, als »Cyprienne« von Sardou meinem Partner aus Wien stand und — hatte meinen ersten großen Erfolg.

Ich war im siebenten Himmel: Olmütz war plötzlich eine schöne, große Stadt geworden, die Katzenköpfe Eiderdaunen, die Kollegen lauter Engel, der Direktor ein lieber, guter Papa! Bekannte wurden mit falscher Bescheidenheit gegrüßt, man wollte doch nicht zeigen, wie hoch man jetzt über ihnen stand! Ob man nicht wie Magda in der »Heimat« zum Frühstück jetzt täglich Kaffee mit Schokolade verlangen sollte?

Ein bis zwei Tage hielt diese Stimmung an, bis sie mit einem Wehlaut, wie ein sterbendes Gummischweinchen, vor der leidigen Wirklichkeit zusammenbrach. Aber es blieb ein Erfolg, eine Bestätigung, wenn auch nur ein winziges Steinchen im großen Mosaikbild, das darauf harrte, in jahrelanger Arbeit vollendet zu werden. Ich hatte also meinen Sieg und konnte zuversichtlicher meinen Entschluß festigen, bei der Bühne zu bleiben. Er brachte mir auch andere Rollen ein, so die Kriemhild in Hebbels »Nibelungen«.

Meine Mutter war teils geschmeichelt, teils unglücklich; sie hatte sich von meiner unbefriedigenden Beschäftigung eine Änderung meines Planes erhofft. Wie sollte sie, die Arme, deren Leben stets von einer behaglichen Bürgerlichkeit umgeben war, an diesem Hexensabbat Gefallen finden? Die Kostüme, die meine Mutter mit Mühe heranschaffte, denn zu dieser Zeit mußte man alles selbst beistellen, waren Ungeheuer an Geschmacklosigkeit. Beherrscht von dem Wunsch, aus mir ein hübsches, niedliches Wesen zu machen, schwelgte sie in knalligem Rosa und Blau. Statt meinen wirklichen Reiz, meinen schlanken, biegsamen Körper durch weiche Stoffe zu unterstreichen, mußte alles steif und zackig von mir wegstreben. Und unter welchen Vorwürfen wurde diese gräßliche Pracht angefertigt! Der ganze Zorn der enttäuschten Henne, die ihr Entlein nicht einem Enterich unter

Königlich städtisches Theater in Olmütz.

Direction: Stanislaus Lesser.

Donnerstag, den 13. Februar 1902.

117. Vorstellung.   Im Abonnement.   Ungerader Tag.

Zweites und letztes Gastspiel des Herrn

Eugen Jensen vom Raimundtheater in Wien.

CYPRIENNE.

Lustspiel in 3 Aufzügen von Sardou und E. von Najac, bearbeitet von Oskar Blumenthal.

Regie: Karl Friedau.

Personen:

Herr von Prunelles —	—	—
Cyprienne, seine Gattin —	—	Tilla Durieux.
Adhémar von Gratignan, ihr Cousin —	—	Gustav d'Olbert.
Herr von Clavignac —	—	Ernst L. Schön.
Frau von Brionne, Witwe —	—	Helene Staffay.
Frau von Valfontaine —	—	Käthe Hüter.
Fräulein von Lufignan —	—	Ernestine Burg.
Bafourdin —	—	Theodor Clement.
Bastien, Kammerdiener ⎱ bei Prunelles	—	M. D. Schiller.
Josepha, Kammermädchen ⎰	—	Sophie Waldow.
Ein Portier —	—	Arthur Schreiber.
Joseph, Oberkellner —	—	Max Brod.
Jean, Servierkellner —	—	Josef Stagl.

Ort der Handlung: Reims.

• • • Herr von Prunelles — — — Herr Eugen Jensen.

☛ Dutzendbillets haben heute keine Giltigkeit. ☚

Preise der Plätze wie gewöhnlich.

Cassa Eröffnung ½7 Uhr. Anfang 7 Uhr. Ende ½10 Uhr.

Freitag, den 14. Februar 1902.

36. Vorstellung.   Abonnement suspendu.   Gerader Tag.

Zum Benefice der Schauspielerin ERNESTINE BURG.

Das Spitzentuch der Königin.

die Flügel schieben durfte, wurde dabei fühlbar, und bei jedem fertigen Stück, das in einen Schließkorb gelegt wurde, hörte ich: »Um diesen Preis hättest du schöne Matratzen bekommen, für dieses Geld ein Sofa, für dieses ein Eßservice.« Heimlich nannte ich danach meine verhaßten Ungeheuer: die Bratpfanne, die Matratze, den Wasserkrug und so weiter und war glücklich, wenn meine Rolle es erlaubte, mich nur mit einem einfachen Bettlaken zu behelfen, das ich geschickt zu drapieren wußte.

Die Saison neigte sich dem Ende zu, und Stanislaus schien meinen Vertrag für eine zweite Spielzeit verlängern zu wollen; da erhielt ich einen Kontrakt für Breslau — ein gewaltiger Fortschritt. Den Theatergesetzen jener Zeit nach hatte man entweder am neuen Theater dreimal zu gastieren oder schon in der Spielzeit einen Probemonat zu absolvieren, bevor man, je nach der Laune des Direktors, wieder auf die Straße gesetzt werden konnte. Solche unverbindlichen Verträge wurden an mehrere Kandidatinnen des gleichen Rollenfaches zu gleicher Zeit hinausgeschickt. Mein Entschluß, lieber den kurzen dreimaligen Sprung zu wagen, statt vier Wochen als Halbgehenkter herumzuschleichen, stand fest. Der Abschied von Stanislaus wurde mir nicht schwer, die Stadt Olmütz wollte ich so schnell wie möglich vergessen; außer mit Clemi Krauß hatte ich keinerlei Freundschaft geschlossen. Vorher aber gab es für mich noch einen Schmerz zu überwinden, denn ich entschloß mich, meiner Kinderliebe endgültig Valet zu sagen, sie war verblaßt gegenüber der Gewißheit, daß ich meinen Weg als Schauspielerin nicht verlassen würde.

Die Schließkörbe wurden hervorgeholt und meine rosa und blaue Herrlichkeit hineingestopft. Bratpfanne, Sofa, Teppich hatten in Olmütz ihre Schuldigkeit getan, sie würden in Breslau wieder auferstehen, so Gott und der neue Direktor es wollten.

1902

Breslau

Wir fanden Breslau eine hübsche und weitläufige Stadt; allerdings mit Wien konnte es nicht verglichen werden, wie meine Mutter aufseufzend feststellte. Aber gegen Olmütz waren die breiten, sauberen Straßen mit ihren hübschen, hellen Geschäften ein gewaltiger Fortschritt. Drei Theater wurden hier von meinem künftigen Sklavenhalter, Konrad Loewe, regiert, wovon eines, das Stadttheater, einen imponierenden Eindruck machte. Auch meine Mutter war damit zufrieden und rief mir zu: »Halt dich gerade!«, was sie immer tat, wenn sie mit mir Staat machen wollte.

Schon in Olmütz hatte ich durch meine Kolleginnen von dem Ruf des Direktors Loewe erfahren, der an seine weiblichen Mitglieder die Rollen erst nach eingehendem Studium unter vier Augen vergab. Aber das hielt ich erstens für Übertreibung und zweitens mich selbst für zuwenig hübsch; außerdem hätte ich sogar mit dem Teufel den Kampf aufgenommen, um in eine größere Stadt zu kommen. Als ich mich rüstete, zur festgelegten Stunde vor dem Antlitz des Allgewaltigen zu erscheinen, klopfte mir doch das Herz. In meinem dünnen Kostüm fror ich jämmerlich in der frühlingshaften Kühle, so daß mir die Zähne klapperten. An allen Gliedern vor Kälte und Angst schlotternd, stand ich vor der Tür mit der Aufschrift: »Direktion.« Mir war, als flögen meine Arme und Beine in alle Ecken, und mit großer Energie zwang ich mich, ein paar Turnübungen zu machen, um mein erstarrtes Blut wieder kreisen zu fühlen. Gerade als ich meinen rechten Arm weit ausholend vorwärts schwenkte, öffnete sich die Tür — und ein Herr erschien auf der Schwelle, der beinahe von meiner Hand getroffen worden wäre.

Er sah mich wütend an, aber wie ein Pfeil schoß ich an ihm vorbei und landete knapp vor dem Schreibtisch einer tippenden Sekretärin. Auch sie warf mir einen wütenden Blick zu; so hatte ich es schon mit zweien verdorben, und halb von Sinnen nannte ich ihr meinen Namen und folgte ihr in das Allerheiligste, wo ein kleiner Mann mit Ziegenbart, den er fortwährend liebkoste, mich lange wortlos musterte. Noch eine Minute länger, und ich wäre in lautes Weinen ausgebrochen, da unterbrach er mit einigen quarrenden Worten die drückende Stille, sah mich schief und mißbilligend von unten herauf an, griff in die Lade und zog mein Repertoire mit den vielen geschwindelten Rollen ans Tageslicht. Dann schlug er mir mit hoher, etwas meckernder Stimme vor, am Sonntagnachmittag — es war Freitag früh — in Sudermanns »Sodoms Ende« die Rolle der Ada zu spielen. Ich starrte ihn an. Was war das für ein Stück? Ich hatte es weder gesehen noch gelesen. Was für eine Rolle, groß, klein, jung, alt? Ich holte tief Atem und versicherte ihm begeistert, gerade diese Rolle wäre herrlich gewählt für mich, und ich freute mich und bedankte mich sehr. Mit einem Brummen war ich entlassen, und draußen drückte man mir eine zerlesene Rolle in die Hand. Auf der Straße tobte sich die ganze böse Laune der ersten Apriltage mit Schnee, Regen und kaltem Wind aus, ich aber fühlte nichts, denn nur eine Buchhandlung konnte mich jetzt retten. Ich fand sie zum Glück in der Nähe und auch das Buch, denn ich hatte ja nur meine Rolle und die Stichworte meiner Partner in der Hand, und ich mußte doch wissen, was in diesem Stück eigentlich vorging. Naß wie eine Katze kam ich nach Hause, wurde von meiner Mutter ins Bett gesteckt, bekam heißen Tee zu trinken und lernte, lernte, daß mir der Kopf krachte. Fieber? Ich muß die Rolle bis morgen zur Probe können. Hunger? — Ich muß die Rolle bis morgen können. Schlaf? — Ich muß die Rolle ...

Mit völlig leerem Gehirn stand ich am nächsten Tag auf der Probe, kein Wort fand den Weg in mein Bewußtsein. Dazu war der wütende Herr von gestern mein Regisseur von heute. Eine Weile ließ er sich mein Stottern gefallen, dann aber riet er mir entschieden und böse davon ab, am nächsten Tag aufzutreten. Wie, hatte ich recht gehört? — Nicht spielen? — Unmöglich! Und mit brechender Stimme versicherte ich ihm, daß ich diese Rolle gut beherrsche, diese Rolle speziell und besonders gut und besser als alle anderen Rollen, daß ich sie spielen werde unter allen Umständen. Dabei fühlte ich, wie meine Knie nachgaben vor Angst, ich könnte schon hier am Anfang meines Weges straucheln, und da lag ich schon vor ihm auf den Knien und stammelte immer wieder, daß ich spielen müsse, und er solle mich um Gottes willen spielen lassen. Wahrscheinlich hatte er genug von der Szene und ließ mich weiterproben. Seine Gesten den anderen gegenüber aber deuteten an, daß er mich für halb wahnsinnig halte. Siehe da, die Angst hatte mich aufgerüttelt, und mein Gehirn funktionierte wieder, so daß mein Auftreten am nächsten Tag durchaus im Bereich der Möglichkeit lag.

Die Rolle der Ada verlangte eine reife, erfahrene Frau. Dafür war ich noch viel zu jung. Mein Partner war Viktor Barnowsky, unter dessen Direktion ich viele Jahre später spielte. Aber Loewe mußte ein guter Kenner von Anfängertalenten sein, denn zu meinem Erstaunen kam er nach der Vorstellung mit der kurzen Bemerkung auf mich zu, ich sei für fünf Jahre engagiert, und die zwei anderen Probegastspiele seien nicht mehr nötig. Dabei streifte mich ein Blick, der mir sagte, daß sich seine Meinung über mein Äußeres bedeutend geändert habe. Meine Aufregung war unbeschreiblich. Kaum konnte ich zusammenhängend reden, als ich meiner Mutter das Ergebnis mitteilte. Ich schluchzte vor Freude und Glück und war selig, weiteren Probevorstellungen entgangen zu sein, denn ein zweites Mal wäre mir ein solcher »Ritt über den Bodensee« nicht geglückt. Mit meinem fünfjährigen Vertrag in der Hand

sah die Welt nun anders aus. Mama machte sofort Pläne, eine
Wohnung zu mieten und unsere Möbel aus Wien kommen zu
lassen, denn auf ein Leben wie in Olmütz wollte sie sich nicht
wieder einlassen. Sie fand auch bald, was sie suchte, und wir
fuhren nach Wien zurück, wo der Agent, der mir das Engagement verschafft hatte, mich vergnügt empfing, mir aber zugleich ans Herz legte, zur Erlangung größerer Routine ein Engagement in einem Sommertheater anzunehmen. Er brauchte
nicht lange, um mich davon zu überzeugen, denn ich hätte am
liebsten vierundzwanzig Stunden am Tage auf der Bühne gestanden und alles, was es gab, verkörpert, gleich Shakespeares
Zettel: »Laßt mich den Löwen auch spielen.«
So saßen wir nach einigen Wochen wieder im Zug, der uns
diesmal nach Stuttgart-Cannstatt führte. Professor Skraup —
er sah von oben bis unten skraupelig aus, wie sein Name —
war der glücklich-unglückliche Pächter dreier Sommerbühnen:
des Kgl. Wilhelma-Theaters in Cannstatt, das für die Operette
bestimmt war, dazu im Garten dieses Gebäudes eine Kabarett-
Bühne unter freiem Himmel. Im »Zuschauerraum« Tische, die
auf Bier, Kaffee und Kuchen warteten. Der dritte Kunsttempel
stand in Berg, eine gute halbe Stunde weit entfernt. Die Aufgaben, die man uns Schauspielern hier stellte, waren beinahe
nicht zu lösen. Je mehr das Unternehmen durch ungünstiges
Wetter und Streik der elektrischen Bahnen litt, desto mehr Vorstellungen wurden angesetzt. Jeden Nachmittag im Garten zwei
Einakter, dazwischen das damals gerade in Mode gekommene
Überbrettl mit Gesang und Tanz, abends Vorstellung in Berg
und ebenda noch eine Nachtaufführung. Das Programm wechselte jede Woche. Proben am Morgen, spielen nachmittags,
abends und nachts, dazu Kleider nähen. Wie habe ich das nur
alles bewältigen können? An den Nachmittagen, wenn wir Bier-
baums und Wolzogens Gedichte plünderten, kam ich mir wirklich wie eine Lebedame vor, wenn ich mit den raschelnden
Röcken über den Boden fegte, ganz verrucht mein Bein bis
zum Anfang der Wade zeigte und dazu sang:

»Je suis Adèle, la reine blonde,
On me connaît, messieurs, parbleu?«

Müde, mit stolpernden Füßen aber zog ich dann nach der letzten Vorstellung in Berg den langen Weg nach Cannstatt, wo die Nähmaschine und das Heft mit der neuen Rolle meiner warteten. Alles dies wäre mit meiner Jugendkraft und meiner wilden Begeisterung zu schaffen gewesen, wenn sich nicht ein böses Gespenst in meinen vier Wänden eingenistet hätte.
Die Natur in ihrer Grausamkeit hat den Frauen zuviel auferlegt. An dem Wendepunkt des Lebens, wo die Jugend endgültig Abschied nimmt und das Alter sich leise meldet, verwandelt sie manche Geschöpfe so endgültig, daß sie sich und den Mitlebenden zur Last werden und schließlich in nicht gar seltenen Fällen im Irrenhaus enden. Meine Mutter war nie ein sanfter Mensch gewesen und hatte von ihrem Vater ein Gutteil Despotismus geerbt. Sie fing schon vor Olmütz an, wunderlich zu werden, in Cannstatt verschlimmerte sich ihr Zustand zusehends, und ich stand ihren hysterischen Ausbrüchen völlig wehrlos gegenüber. Hatte sie mir in rührender Weise am Morgen in allem und jedem geholfen, beschuldigte sie mich nachmittags in unsinnigster Weise und war taub für alle vernünftigen Antworten. Sie hätte in ihrer Güte alles entbehrt, um es mir zu geben, aber als eines Tages ihre Ausgabenrechnung nicht stimmte, beschuldigte sie mich, sie bestohlen zu haben, und ließ nicht ab, bis ich mich bis aufs Hemd ausgezogen und gezeigt hatte, daß ich das vermißte Geld nicht bei mir trug. Diese Szene war so erschütternd für mich, daß ich aus dem Hause lief und mich in den Parkanlagen des Neckars, weit vom Hause entfernt, auf eine versteckte Bank setzte. Die Empörung hatte mir die Kehle zugeschnürt, ich konnte kaum atmen, und ohne Tränen, mit brennenden Augen starrte ich in den Fluß, Stunde um Stunde. Der Blick auf das große fließende Wasser beruhigte mich nicht nur, er brachte auch meine Gedanken zu einer gewissen Ordnung.

An diesem Nachmittag hatte ich zufällig keine Vorstellung gehabt, also war mir kein Versäumnis vorzuwerfen. Nun aber war es Zeit für die Abendvorstellung. Als ich in die Nähe des Theaters kam, gewahrte ich einen Menschenauflauf, in dessen Mitte meine Mutter stand. Sie schrie und weinte, weil sie mich ertrunken glaubte. Als sie mich sah, stürzte sie auf mich zu, kniete vor mir nieder und bat mir vor allen Leuten ihr Unrecht ab. Mir war das unsagbar peinlich. Was half auch ihre Reue, in ein paar Tagen würden die Quälereien von neuem beginnen, ich mußte es eben ertragen lernen.

Der Sommer ging zu Ende. Die Zeit für Breslau rückte heran. Wir trafen zugleich mit dem Möbelwagen ein, der unser Hab und Gut nach Breslau gebracht hatte. Da wurde es wieder aufgestellt, das große Büfett mit den geschnitzten toten Rebhühnern, um die sich selbstverständlich ein Kranz von Früchten wand. Die Stühle zeigten ihre Drachenköpfe oder was es sonst vorstellen sollte, die auf gedrehten Stäben saßen und den gepreßten Plüsch umrahmten, mit dem sie bezogen waren. »Schön« war auch der Salon mit rotem Plüsch und schwarzem Holz. Und unsere »Skulpturen«! Da standen sie: ein dreiviertellebensgroßes schelmisches Mädchen aus Gips mit zwei Tauben auf der Schulter, die ihr ins Ohr flüsterten, und der betende Tiroler, Sense bei Fuß, Hut darauf, Hände gefaltet darüber, etwas kleiner zwar als die Taubenbraut, aber auch recht schmuck.

Meine erste Rolle bekam ich in »Goldene Eva«, einem oft gespielten Stück, für mich aber ohne Erfolg, denn die dafür verlangte holde Lieblichkeit hatte ich nicht zu bieten. Aber meine zweite Rolle wurde wieder ein kühner Sprung. Nachdem man mir in »Wallensteins Tod« die Neubrunn gegeben hatte, die mit ihren zwei Sätzen als »Wurzen« bekannt war, wurde ich zum Direktor gerufen. Einer seiner Lieblinge, eine bildhübsche Person, war von ihm mit der Rolle der Terzky betraut worden. Ihre Leistung in der Liebe war wohl stärker gewesen als auf der Bühne. Loewe, der trotz aller seiner Fehler ein ausgezeichneter Theaterdirektor war, musterte mich wieder einmal

von oben bis unten, strich sein Bärtchen und meckerte: »Was
für eine Rolle würden Sie in ›Wallenstein‹ wählen, wenn man
Ihnen die Wahl ließe?« Wie der Blitz fuhr es durch mein Hirn,
am Ende bekommst du die Terzky, und so rief ich mit un-
nötigem Stimmaufwand: »Selbstverständlich die Gräfin Terzky.« — »Haben Sie sie studiert?« — »Aber natürlich.« —
»Gehen Sie zu Mason, und sprechen Sie ihm daraus vor.«
Von der Rolle der Terzky hatte ich ebensowenig Ahnung wie
von der Rolle der Ada seinerzeit, nur mit dem günstigen Unterschied, daß ich hier wenigstens das Stück kannte. Ich nahm einfach das Buch und las Mason, dem Regisseur, eine Stelle daraus
vor, die ich vorher im Gang rasch durchgenommen hatte, und
— bekam die Rolle. In der Presse wurde zwar meine Jugend
gerügt, aber mein Talent gelobt. Ich konnte zufrieden sein. In
der Folge spielte ich nun wirklich »auch den Löwen«. Vom jungen Knappen in »Götz von Berlichingen« angefangen bis zur
achtzigjährigen fluchenden Margaretha von Anjou in »Richard
III.«, die Traute in »Rosenmontag«, die Athenais in »Hüttenbesitzer«, die »Jüdin von Toledo«, die Ottogebe im »Armen
Heinrich« und in vielen modernen Stücken, deren Namen mir
entfallen sind. Kurz, ich durchraste das Repertoire, und vieles
mag herzlich schlecht gewesen sein, denn ich hatte damals noch
keine Ahnung von einer wirklich guten Leistung, aber das
Publikum hatte sie auch nicht, und so waren alle zufrieden.
Mit meiner Mutter gestaltete sich das Zusammenleben immer
schlechter. Die fixe Idee, mich bei einem lockeren Lebenswandel
überraschen zu können, erfüllte mich mit solcher Wut, daß ich
ganz töricht beschloß, meinen Körper an jeden, der ihn wollte,
wegzuwerfen, um damit meine Mutter zu bestrafen. Vor diesem
kindischen, albernen Vorsatz rettete mich der Maler Eugen
Spiro und seine mütterliche Freundin, die Malerin Klara Sachs.
Die beiden Menschen, deren Bekanntschaft ich zufällig machte,
bemerkten meine Verstörtheit und verbissene Verschlossenheit.
Im Atelier Spiros, der damals unter den jungen Malern schon
einen Ruf hatte, fand ich nach einer langen Beichte Verständnis

und seelische Hilfe. Wenn Klara Sachsens malerische Begabung so groß wie ihre Herzensgüte gewesen wäre, dann hätte ihr Name unter den größten Künstlern seinen Platz gefunden. Besser kann ich den Dank nicht aussprechen, den ich heute noch für sie empfinde, daß sie mich armes, verbittertes, verschrecktes Wesen ein wenig zurechtrückte. Leider konnte mein Zufluchtsort auf die Dauer meiner Mutter nicht verborgen bleiben. Der unbeschreibliche Triumph, mich endlich ertappt zu haben, nahm groteske Formen an.

Aber alle diese Aufregungen im Hause konnten mich nicht davon abhalten, mit jeder Rolle mein Bestes oder vielmehr das, was ich damals für mein Bestes hielt, zu geben. Überraschenderweise flog mir eines Tages ein Telegramm ins Haus, das mir ein Angebot von Reinhardt brachte. Der Name Reinhardt war damals schon in allen Schauspielerkreisen ein Begriff. Obwohl mein Breslauer Vertrag unkündbar auf fünf Jahre lautete, entschloß ich mich, sofort nach Berlin zu fahren und, wie verlangt, vorzusprechen. In Berlin begeisterte gerade Gorkis »Nachtasyl« das kunstverständige Publikum. Eine Ausrede erwarb mir zwei Tage Urlaub »für Wien«, und darüber nachgrübelnd, wer mich empfohlen haben könnte, fuhr ich in die entgegengesetzte Richtung, nach Berlin. Als ich in das Büro des »Kleinen Theaters Unter den Linden«, halb ohnmächtig vor Aufregung, eintrat, fand mein Blick sofort Max Reinhardt unter den Anwesenden heraus, obgleich ich noch kein Bild von ihm gesehen hatte. Er fand den Winkel in meiner Seele, wo ich die Gedanken an die Unzulänglichkeit meiner bisherigen Leistungen verschlossen hielt. Gleichzeitig kam sonderbarerweise eine große Ruhe über mich, denn ich fühlte, daß dieser Mann mich und meine Begabung, trotz aller vorhandenen Mängel, erkennen würde. Zum Vorsprechen wählte ich die Margaretha von Anjou und die Magda in Sudermanns »Heimat«, denn sie boten beide Gelegenheit »loszulegen«, wie man es am Theater nennt. Die Wahl war im Hinblick auf meine Jugend etwas sonderbar, aber, obwohl Reinhardt Sudermann damals mit allen Literaten zusammen ablehnte, schien er mit meiner Leistung zufrieden. Ohne zu wissen, was ich tat, hatte ich einen Vertrag auf fünf Jahre unterschrieben, mit dem ich wie betrunken zur Tür hinaustolperte. Ein Schauspieler, den ich flüchtig in Breslau kennengelernt hatte, traf mich auf der Straße und führte mich in ein Restaurant, wo wir gemeinsam feststellten, daß meine Gage winzig klein, kleiner als in Breslau war, und daß mein Breslauer Vertrag ein noch zu nehmendes Hindernis bedeutete. Ich mußte es zugeben, aber ich wußte auch, daß ich diese Hindernisse überwinden würde — unbedingt, denn Berlin und die Persönlichkeit Max Reinhardts hatten mich taub und blind gemacht. In meiner Aufregung versäumte ich den Zug, und meine leere Geldbörse erlaubte mir nur, auf einer Bank im Tiergarten zu übernachten.

Es wurde eine merkwürdige Nacht. Ich fror, aber die Kälte drang nicht ins Bewußtsein. Vielleicht empfand ich sie sogar als angenehm bei meinem heißen Kopf, in dem sich die Gedanken jagten. Mein Eindruck von Reinhardt war überwältigend. Aus den wenigen Worten, die er mit mir und seiner Umgebung gewechselt hatte, spürte ich schon einen Zipfel der anderen Welt, die ich seit der Kindheit suchte. Ein blasser Mond sah auf mich herab, ich sah zu ihm empor und zu den Bäumen, die ihre ersten Blätter vorsichtig wie Händchen in die Frühlingsnacht vorstreckten. — Noch hatte ich wenig von der Stadt gesehen und war nur durch ein paar Straßen gerannt, aber der Unterschied zwischen meiner Heimatstadt und Berlin war deutlich fühlbar, und hier in der Stille der Nacht, inmitten des großen, schönen Tiergartens, empfand ich plötzlich eine unbeschreibliche Fremdheit. Der Geruch der Erde — in Wien schwer und dunkel —, hier die sandigen Wege, kalt, sauber, korrekt und ohne den Duft der Fruchtbarkeit. Würde ich es besiegen können, dieses harte, blankgeputzte Ungeheuer?

Es wurde lichter und lichter um mich herum, kleine rosa Wölkchen fingen an, mir zuzuwinken, und ich erhob mich von meiner Bank und schritt langsam die Tiergartenstraße hinauf. Gepflegte

Villen mit schönen Gärten boten sich meinen Augen, und vereinzelte Nachtschwärmer fuhren in Droschken an mir vorbei. Immer mehr Wagen trugen übernächtig aussehende Menschen ihren Wohnungen zu, und ich hatte den später bestätigten Eindruck, daß sich die Berliner durch die Nacht nicht zur Ruhe zwingen ließen. Langsam vergingen diese frühen Morgenstunden, viel zu langsam für meinen revoltierenden Magen, der energisch seinen Teil forderte. Der erste offene Bäckerladen in der Stadt wurde von mir mit Enthusiasmus begrüßt, und mit einigen Brötchen in der Hand bestieg ich meinen Zug. Wie jung war ich, und wie leicht kam mir die Erfüllung dieses Vertrages in der Tasche, das Leben und die Zukunft vor.

Meine Mutter war nun doch über diesen raschen Aufstieg überrascht, obwohl sie immer noch eine behagliche Bürgerlichkeit in einer Ehe für mich herbeiwünschte. Außerdem schreckten sie die juristischen Schwierigkeiten, die sich aus den beiden Verträgen ergeben würden. Ein befreundeter Anwalt erkannte aber die Lücke in meinem Breslauer Vertrag: meine Mutter hatte nicht mitunterschrieben, und ich war dem Gesetz nach noch nicht mündig. Rascher als zu erwarten, stand mir im Herbst der Weg nach Berlin offen.

Direktor Loewes wachsendes Interesse für mich schrumpfte auf Haselnußgröße ein, und beinahe hätte er mir am Ende der Saison den Urlaub zu einem Gastspiel verweigert, das eine kleine Anzahl meiner Kollegen plante. Gastreisen waren damals ungewöhnlich, und noch ungewöhnlicher waren die Stücke, die wir erwählt hatten: »Die Hochzeit der Sobeide« von Hofmannsthal und die kürzlich in Berlin in einer geschlossenen Aufführung zu Gehör gebrachte »Salome« von Wilde. Stücke wie das letztere waren im Jahre 1902 streng verboten. Man hielt das Banner der Moral hoch und tat darunter genau das, was man auch heute tut und immer getan hat. Wieso wir auf dem Standpunkt standen, daß Posen — unser Ziel — eine mildere Zensur ausübte als der Berliner Kunstpapst, Baron Glasenapp, weiß ich nicht, kurz, wir wollten es wagen. Unser erstes Geld,

Apollo-Theater.

Ensemble-Gastspiel
von Mitgliedern der vereinigten Bühnen in Breslau

Mittwoch, den 20. Mai 1903:

Novität! **Novität!**

Salome

Drama in 1 Aufzuge von Oscar Wilde. Regie: Robert Müller.

Personen:

Herodes, Tetrarch von Judaea	Robert Müller.	Der Page der Herodias	Alexander Strial.
Jokanaan, der Prophet	Alfred Bernau.	Herodias, Gattin des Tetrarchen	Martha Santen.
Der junge Syrier, Hauptmann der Leibgarde	Eduard Strauss.	Salome, die Tochter der Herodias	Tilla Durieux.
Tigellinus, ein junger Römer	Myrtill Schwarz.	Soldaten, Juden, Nazarener, Naaman — der Henker.	

Novität! Hierauf **Novität!**
Die

Hochzeit der Sobeïde

Dramatisches Gedicht in 3 Aufzügen von Hugo von Hofmannsthal. Regie: Arnold Stange.

Personen:

Ein reicher Kaufmann	Arnold Stange.	Gülistane, eines Schiffshauptmanns Wittwe	im Hause Schalnassars
Sobeïde, seine junge Frau	Martha Santen.		Tilla Durieux.
Schalnassar, der Teppichhändler	Guido Lehrmann.	Ein alter Kameeltreiber	Robert Müller.
Ganem, sein Sohn	Alfred Bernau.	Ein Schuldner des Schalnassar	Myrtill Schwarz.
Bachtjar — der Juwelier — Sobeïdens Vater, Sobeïdens Mutter, ein Gärtner, seine Frau.			
In einer alten Stadt im Königreich Persien. Die Zeit ist der Abend und die Nacht nach dem Hochzeitsfest des reichen Kaufmanns.			

Anfang 8 Uhr. **Ende 10¼ Uhr.**

Preise der Plätze:
Saalplätze Reihe 1—5 à 2,50 M., Reihe 6—15 à 2,00 M., Reihe 16—25 à 1,00 M., Balkonplätze à 3 M.
in der Buch- und Musikalien-Handlung von Ed. Bote & G. Bock.

Morgen, Donnerstag, den 21. Mai 1903:

Novität! # Nachtasyl **Novität!**

Scenen aus der Tiefe in 4 Acten von Maxim Gorkij.

Hofbuchdruckerei W. Decker & Co. Posen.

das wir zusammenbrachten, reiste mit einem ungetreuen Kollegen in unbekannte Fernen. Unterstützt von einem Mäzen, der sich überraschend fand, nahmen wir den Plan wieder auf. Der Kollege Robert Müller, den wir, um ihn aus der großen Müller-Familie hervorzuheben, »Maulmüller« nannten, im Hinblick auf seinen Riesenrachen, hatte die ganze Idee ausgeheckt und wollte den Herodes spielen. Mir fiel die Salome zu. Er begab sich vor uns nach Posen, um den dortigen Polizeichef weichzustimmen. Nach ihm trafen wir ein, glühend vor Tatendrang, und wurden von einem gebrochenen Maulmüller empfangen, der uns mitteilte, das Stück sei verboten. Traurig schlichen wir in ein Hotel, als Maulmüller die Tür aufriß und hineinschrie: »Erlaubt.«

Wir nun rasch ins Theater, um alles vorzubereiten.

Nicht das hübsche Stadttheater war zu unserer Verfügung, sondern ein Varietétheater, dessen Einrichtung für unseren Zweck vollkommen ungeeignet war. Die Leuchtkörper konnten nur strahlend aufflammen oder gelöscht werden. Wie sollten wir damit Mondschein produzieren? Endlich kam ich auf die Idee, grünes Seidenpapier zu kaufen und es auf die Lampen zu legen, und eben waren wir damit beschäftigt, meine Erfindung durchzuführen, als Maulmüller hereinstürzte, »Verboten« rief und gleich wieder verschwunden war. Auf jeden Fall beschlossen wir, die Dekoration fertigzumachen, und stellten zu diesem Zweck eine Anzahl verstaubter Buchsbaumbüsche im Halbkreis auf. Die Versenkung, die Jochanaan brauchte, befand sich ganz vorn an der Rampe und war damit unbrauchbar. Jochanaan würde also hinter den Büschen kauern müssen, bis sein Stichwort fiel. Dann schmückten wir die Szene noch mit zwei Ohrenstühlen für Herodes und Herodias. Alles war bereit, nur die Erlaubnis fehlte noch. Sehr verstimmt gingen wir in unseren Gasthof und setzten uns zu Tisch, um ein verspätetes Mittagessen einzunehmen, da öffnete sich die Tür, und herein kam Maulmüller. Seine Lefzen, ich kann es nicht anders nennen, zitterten, und die Zunge hing ihm heraus, wie bei einem gehetzten Hund. Mit heiserer Stimme stieß er nur das Wort »Erlaubt« hervor. Nach einem Trunk erzählte er uns, er habe den Polizeigewaltigen einfach überfallen, ihn in einen Sessel gedrückt und ihm das ganze Stück vorgelesen. Darauf sei die Erlaubnis erfolgt.

Wir stürmten in unsere Garderoben, die sich in unbeschreiblichem Zustand befanden. Wir Frauen hatten für uns einen einzigen Raum, an dessen gekalkten Wänden die Namen von Varietésternen mit Kohle geschrieben standen, bei meinem Platz: Little Pip. Der Boden war mit Wasser bedeckt, das von den schlecht schließenden Wasserhähnen unablässig tropfte. Ich hatte Tag und Nacht an meinem Kostüm gearbeitet und mir unter anderem ein wirklich schönes Leibchen in Goldstickerei angefertigt, das ich bis heute aufgehoben habe und manchmal mit Bewunderung und Rührung betrachte.

Das Haus war ausverkauft, und alles ging wie am Schnürchen. Der kauernde Jochanaan erhob sich rechtzeitig und verschwand wieder in seinem grünen Versteck, und mein Tanz sollte beginnen. Auf den Proben hatte ich wiederholt gerügt, daß mein Tanz nicht wenigstens mit einer Andeutung von Musik untermalt wurde, aber Maulmüller beschwichtigte mich stets mit den Worten:

»Heben Sie abends das Bein, und die Musik wird da sein.«

Der Moment war gekommen, ich hob das Bein — keine Musik, ich hob es höher — keine Musik. Höher ging's nimmer — und das versprochene Musikwunder trat nicht ein. Da ich aber mit dem Bein in der Luft nicht stehen bleiben konnte, fing ich an, mir selbst etwas zu summen, klatschte rhythmisch in die Hände und stampfte mit den Füßen. Damit wäre ich zur Not ausgekommen, aber ich hatte nicht mit den tückischen Buchsbaumbüschen gerechnet. Der Raum, der mir zur Verfügung stand, war eng, und meine Schleier blieben bei jeder Drehung an diesem teuflischen Buchs hängen. Ich konnte nichts anderes tun, als sie »graziös« abzupflücken und auch diese Bewegung in meinen Tanz einzubeziehen. Als ich das nun eine Weile betrieben, dachte ich, es sei nun genug, und ließ mich erleichtert hinsinken.

Wie wurde mir aber, als ich sah, daß mein Herodes bei seinen Beschwörungen langsam anfing, sich ein Stück seines stattlichen Bartes abzurupfen und in die Nase zu stecken.

Er bot mir, um das Haupt Jochanaans zu retten, weiße Pfauen an mit vergoldeten Schnäbeln und mit purpurn gefärbten Füßen, er bot mir einen großen Smaragd an, ein Halsband von Perlen, Amethyste, Topase, Opale, Chrysolithe, Rubine, Hyazinthsteine und Kalcedone, drei wundertätige Türkise und den Mantel des Hohepriesters. Dabei wurde der Bart kleiner und kleiner, jedes Stückchen verschwand in der großen Nase. Dadurch aber wurde auch der Schnurrbart aus seiner Befestigung gelöst; auch er verschwand wie die anderen Bartteile, und aus jedem Nasenloch starrte nun ein Büschel Haare. Erst dachte ich, meine erregten Nerven hätten mir einen Streich gespielt, denn daß ein Herodes die Erregung über den geforderten Tod des Propheten so weit treibt, daß er sich den Bart ausreißt, um ihn sich in die Nase zu stopfen und plötzlich glattrasiert dazustehen, schien mir etwas übertrieben. Aber mal mußte schließlich der geforderte Kopf mir gewährt und auf einer silbernen Schüssel überreicht werden. Nun streckte sich aus dem Gebüsch ein nackter Arm hervor, und auf einer weißen Porzellanschüssel, auf der ich den Aufdruck »Hotel zum Roß« deutlich erkennen konnte, lag eine Faschingslarve über einem bißchen dunklen Werg. Dieses Werg hatte nun auch einen Weg durch die Nasenlöcher der Maske gefunden, und jetzt glaubte ich endgültig, daß meine Sinne gestört seien. Für die letzten Worte schreibt der Dichter eine Verdunkelung des Mondes vor. Der Inspizient hatte uns für diesen Augenblick eine Überraschung versprochen.

Sie kam. Er drehte alle Lichter aus und entzündete, um die Szene magisch zu beleuchten, ein bengalisches Streichholz. Gott sei Dank fiel endlich der Vorhang. Im Saal herrschte Stille. Wir sahen uns betreten an. Plötzlich brach ein wahrer Orkan von

Applaus los. Wir hatten dem Posener Publikum über alle Maßen gefallen. Während wir uns erstaunt und entzückt wieder und wieder verbeugten, streifte mein Blick öfters scheu meinen rasierten Herodes, und als alles vorüber war, forderte ich eine Erklärung. Er erzählte, daß er durch die heftigen Aufregungen des Tages und die Anstrengung beim Vorlesen des Stückes plötzlich auf der Bühne Nasenbluten bekommen habe und sich keinen anderen Rat gewußt, als seinen Bart dazu zu verwenden, das Blut zu stillen. »Sehen Sie«, sagte er hoheitsvoll zu mir Anfängerin und ließ seine Weisheitszähne blinken, »man kann alles überzeugend machen, das Publikum dachte eben, ich risse mir aus Verzweiflung die Haare aus, das nennt man Schauspielkunst!«

Wir hätten die Vorstellung mindestens eine Woche lang wiederholen können, aber der Polizeipräsident war durch den starken Erfolg dieses »unmoralischen Stückes« erschreckt und fand sein Verbot gerechtfertigt. »Die Hochzeit der Sobeide«, die wir am gleichen Abend brachten, ging ohne besonderen Zwischenfall vorbei, und stolz kehrten wir nach Breslau zurück.

Ich ahnte damals nicht, daß mir diese Aufführung später in Berlin zu meinem ersten wirklich großen Erfolg verhelfen sollte.

Wieder standen unsere Koffer gepackt, da provozierte meine Mutter, die bis dahin Spiro nur flüchtig kannte, einen Skandal, und zwar im Foyer des Theaters während einer Vorstellung. Es war so schlimm, daß mir Klara Sachs mitleidig anbot, sie in Paris als ihr Gast aufzusuchen, sobald sie dort studienhalber eintreffen würde. Sie hatte die Absicht, in einigen Wochen mit Spiro dahin zu reisen.

Die Wut meiner Mutter entlud sich auch noch zu Hause über mein schuldiges Haupt, selbst in der Bahn verfolgte sie mich mit bösen Blicken und hingeworfenen harten Worten. Vollständig gebrochen von der Aufregung kam ich in Wien bei meiner Tante an. Ich konnte keine Nahrung mehr bei mir behalten, und als sich der Zustand auch nach einigen Tagen nicht besserte, wurde ein Arzt gerufen. Nach dem er seine Blicke zwischen mir und meiner tobenden Mutter, die sich durch seine Anwesenheit nicht abschrecken ließ, mich mit Vorwürfen zu überschütten, hin und her pendeln ließ, erklärte er mich für ernstlich krank und riet zu einer Reise in irgendeinen stillen, kleinen Ort, aber allein. Er muß ein guter Menschenkenner gewesen sein.

Paris

Also Flinsberg sollte es sein, und Mama richtete meine Sommergarderobe, war wieder aufopfernd, versagte sich selbst hundert Dinge, um mich auszustatten. »Deine Mutter ist ein Pelikan«, sagte Tante Otti; aber ich dachte mir, was nützt mir ein Pelikan, wenn er beißt.

Je näher die Abreise rückte, desto gereizter wurde wieder die Stimmung, bis sie sich am Abend vor meiner Abfahrt in einem Sturm entlud, der mich rüttelte und schüttelte. Verwünschungen prasselten auf Spiro und Klara Sachs herunter. Vollständig apathisch saß ich am anderen Morgen im Kupee und hatte nur den einen Wunsch, möglichst rasch von dieser grellen, aufgeregten Stimme, die mich peinigte, wegzukommen. Endlich entfernte mich der Zug von meinem Quälgeist, und ich sah als nächstes Ziel Görlitz vor mir, wo ich übernachten mußte, um am nächsten Morgen Anschluß nach Flinsberg zu bekommen. In dem Hotel, in dem ich die Nacht zubrachte, ging das Fenster meines bescheidenen Zimmers auf einen weiten Hof hinaus, in dem gerade ein Zirkus seine Käfige untergestellt hatte. In der Nacht fingen aus irgendeinem Grunde die Löwen zu brüllen an, und das erweckte in mir seltsamerweise die Erinnerung an meine Mutter und solche Furcht vor ihr, daß ich beschloß, ohne ein Wort zu sagen, meine Schritte nach Paris zu Klara Sachs zu lenken. Ich stand am Morgen zeitig auf, überzählte mein schmales Reisegeld und fuhr, da eine andere Verbindung noch umständlicher gewesen wäre, nach Berlin. Hier setzte ich mich in eine Pferdedroschke zweiter Güte. Erster Güte war zwar weniger klapprig, aber teurer, und ich mußte mit meinem Geld haushalten. Mit dieser Droschke strebte ich dem Potsdamer Bahnhof zu. Von nun an begann eine Reihe Kopflosigkeiten, die ich nur begreifen kann, wenn ich mich erinnere, daß ich sehr erschöpft war, und daß ich zum erstenmal allein eine weite Reise machen sollte. Auch war ich über meinen schnellen Entschluß eigentlich aufs tiefste erschrocken, wußte aber zugleich, daß ich so handeln mußte. Um mich mit Proviant zu versorgen und den teuren Speisewagen zu ersparen, ließ ich bei einem Delikatessengeschäft halten. Ich wollte ein wenig Wurst kaufen, aber der Verkäufer hatte wohl meine schüchterne Forderung nicht verstanden und packte mir eine ganze Wurst ein, die zwar nicht groß war, aber mir nachher noch viel Kopfzerbrechen verursachte. Einige Brötchen vervollständigten meinen Reisevorrat. Dann telegrafierte ich nach Paris, gab in meiner Unkenntnis aber nur die Ankunftszeit und nicht den Bahnhof an. Endlich bestieg ich sehr aufgeregt den Zug nach Paris. Anfangs verlief alles gut, aber als die Mittagszeit kam, merkte ich, daß ich kein Messer bei mir hatte, ließ also in meiner Verlegenheit die Wurst in Frieden (denn wie sollte ich ihr ohne Messer beikommen) und aß nur mein Brot. Ein paar gutmütige Leute, die im Kupee saßen, glaubten, sich eines so jungen Mädchens annehmen zu müssen und wollten mich in den Speisewagen mitnehmen. Ich aber scheute die Geldausgabe und hatte mir doch deswegen die Wurst gekauft, aber essen konnte ich sie nicht. Da fiel auch noch das Wort »Grenze«, und siedendheiß stieg es in mir auf, daß diese unaufgeschnittene Wurst vielleicht zollpflichtig sei. Ich erkundigte mich so ängstlich nach dieser gefürchteten Grenze, daß jeder überzeugt sein mußte, ich hätte einen Berg Schmuggelware bei mir. Meine Mitreisenden suchten nun auch zu erfahren, was der Zweck meiner Reise nach Paris sei, ob ich zu Verwandten oder in Stellung führe. Meine Antwort war so verworren, daß man mich wahrscheinlich schließlich für das Opfer eines Mädchenhändlers hielt, denn sie erzählten mir dahinzielende warnende Geschichten. Daß ich die Grenze ohne Zwischenfall passierte, kam mir wie ein Wunder vor, denn auf den

Gedanken, diese verteufelte Wurst einfach zum Fenster hinaus-
zuwerfen, wenn ich sie schon nicht essen konnte, war ich nicht
gekommen. Ich hatte sie unter meinen Sitz gestopft und saß
darauf. Unser Zug traf mit zweistündiger Verspätung in Paris
ein, und auf dem Bahnhof starrte mein Auge nur in fremde
Gesichter. Ich wartete und versteckte mich vor meinen Mitreisenden, die sich besorgt nach mir umsahen, ob ich in die richtigen Hände gelangt sei. Nach langem Warten entschloß ich
mich, einen Wagen zu nehmen, dem ich die Adresse meiner
Freunde angab. Klara Sachs und Spiro wohnten natürlich nicht
in einem der bekannten Hotels, sondern in einer kleinen Bude
am Montmartre. Der Kutscher kannte die Straße nicht und sah
mich fragend an. Damit aber war auch mein letztes Restchen
Mut dahin, und selbst meine französischen Sprachkenntnisse
fingen an zu schmelzen, denn unter Tränen bat ich ihn: »Cher
monsieur Cochon, aidez-moi donc.« Der Kutscher starrte mich
eine Sekunde wütend an, bevor er in ein brüllendes Gelächter
ausbrach, und damit war ich gerettet. Sofort umringten mich die
anderen »Cochons« und halfen ihm und seinem tränenüber-
strömten Fahrgast die Straße zu finden, wobei sie mich zu
trösten versuchten. Als ich am Ort meiner Bestimmung ankam,
war niemand da, um mich in Empfang zu nehmen, jedoch sagte
mir die Hausbesitzerin, ich werde erwartet. Ich setzte mich auf
die Treppe. Spiro und Klara waren durch die Zugverspätung
und mein ungenaues Telegramm irritiert worden. Weder auf
dem einen noch auf einem anderen Bahnhof hatten sie mich
vorgefunden, und als sie mich dann auf der Treppe sahen, war
ich inzwischen ein von Tränen aufgeweichtes Häuflein Unglück
geworden. Klara brachte mich in ein winziges Zimmerchen, das
ich als ihr Gast bewohnen sollte, und ich glaubte mich geborgen
und wie im Himmel, aber am nächsten Tag zeigte es sich, daß
alle diese Aufregungen nicht spurlos an mir vorbeigegangen
waren. Niemand konnte mich bewegen, aus dem Zimmer, geschweige denn auf die Treppe oder gar auf die Straße zu gehen.
Ich bat himmelhoch, mich in der Wohnung zu lassen. Alles Zu-

reden und alle Vernunftgründe, daß meine Mutter ja doch gar
nicht wisse, wo ich sei, und man es ihr auch nicht mitteilen
würde, halfen nichts. Inständig bat ich, Türen und Fenster fest
zu verschließen. Dieser Zustand dauerte ungefähr zwei Wochen,
in denen man mich mit rührender Sorgfalt umgab. Beim ersten
Ausgang verschwand ich plötzlich hin und wieder in einem
Haustor, um mich vor meiner Mutter zu verstecken. Aber die
Stadt Paris nahm mich bald so gefangen, daß ich langsam anfing, alle Schönheit, die sich mir auftat, zu genießen. Klara,
deren Revenuen ein behagliches Leben erlaubten, kannte die
Stadt schon von vielen Besuchen her, und so zogen wir kreuz
und quer durch alle Straßen und Plätze. Da stand ich vor der
Masse des Louvre und glaubte, die prächtigen Könige mit ihren
Frauen zu sehen, die dort gewohnt hatten, die Bartholomäus-
nacht, Katharina von Medici, die Hugenotten, in deren Reihen
die Vorfahren meines Vaters, die Godeffroy de la Rochelle,
kämpften. Drinnen aber empfing uns der Reichtum der Bilder,
und ich glaubte zu bersten vor Glück über soviel Schönheit,
die mit einem Male auf mich einströmte.
Wir zogen täglich am frühen Morgen nach dem Luxembourg,
wo damals die Olympia von Manet hing. Spiro hatte den Auftrag erhalten, dieses Bild zu kopieren. Klara und ich begleiteten ihn und blieben entweder dort oder besuchten den Louvre,
das Musée Cluny oder was sonst sehenswert war. Spiro, lang,
dünn, mit einem Spitzbart und Augengläsern, ich in bescheidenen Kleidern und mit hungrigem Blick, und Klara, ihre dicke,
kleine Figur stets in helle, duftige Farben gehüllt, auf dem
mächtigen Römerkopf einen Florentiner mit kleinem wehendem
Schleierchen, wir drei müssen schon komisch gewirkt haben.
Daß Spiro und ich nicht so recht zueinander paßten, konnten
wir damals noch nicht merken. Ich war jung und Spiro ein
guter, lieber Mensch und in seinem Fach tüchtig, sein Name
hatte schon einen kleinen Platz in der Liste der jungen Talente,
das imponierte mir.
Auch mit dem damals schon bekannten Kunstschriftsteller

Meier-Graefe verbrachten wir öfters unsere Abende. Er war Geschäftsführer in einer Kunsthandlung, wo man Kunstgegenstände, Schmuck und Laliquegläser verkaufte. Später stieß zu unserem Kreis der zartbesaitete Klossowsky, der sich als Illustrator einen Namen machte und Spiros Schwester heiratete. Er wohnte mit in unserer Bude. Nachdem Klara und Spiro tagelang die Köpfe tuschelnd zusammengesteckt hatten, wurde mir plötzlich eröffnet, daß sie den Plan gefaßt hatten, ans Meer zu gehen, um der drückenden Augusthitze zu entfliehen. Man kann sich denken, wie begeistert ich war, denn das Meer zu sehen, war seit langem meine Sehnsucht. Mit dem Bescheidensten ausgerüstet, wie es sich für unsere Geldbeutel geziemte, zogen wir also nach einem kleinen Ort an der See, der, wie ich mich zu erinnern glaube, Menilvale hieß und in der Nähe von Dieppe lag. Spiro arbeitete fleißig, und ich half ihm, indem ich in der Landschaft Modell stand. Das war nicht leicht. Stundenlang die gleiche Haltung einzunehmen, ermüdete sehr, aber wenn ich Klara und Spiro so fleißig bei der Arbeit sah, wollte ich auch meinen Teil beisteuern. Seine Kopie der Olympia stand fertig in Paris, und die jetzt entstehenden Landschaften sollten die Reise mitbezahlen helfen.

Bald schlug jedoch für mich die Trennungsstunde, denn mein Vertrag rief mich nach Berlin. Der Gedanke, meine Mutter eventuell wiederzusehen, der ich mein Versteck nicht mitgeteilt, bedrückte mich sehr, aber die zukünftige Arbeit bei Reinhardt erschien mir in so verlockendem Licht, daß ich die peinlichen Gedanken beiseite schob.

1903

Berlin

Es war in der Nähe des Lützowplatzes, wo ich ein kleines bescheidenes Zimmer fand, das mit Frühstück — eine Schale Kaffee, zwei trockene Schrippen — zwanzig Mark kostete. Zwar war der Weg in das Theater weit, aber in seiner Nähe fand ich alles trostlos, unsauber und finster.

Im »Kleinen Theater Unter den Linden« wurde mir die Rolle der Wassilissa in Gorkis »Nachtasyl« übertragen, die bis dahin Rosa Bertens gespielt hatte. Da das Stück schon über hundertmal Berlin begeistert hatte, ging mein Auftreten ohne Beachtung vorüber. Vor die Berliner Presse trat ich zum erstenmal in einer kleineren Rolle in den »Raben« von Henri Becque und wurde lobend erwähnt. Meine Freude darüber wurde nur durch meinen ewig knurrenden Magen gestört, denn meine sechzig Mark, die mir nach Paris verblieben waren, schmolzen für Fahrgeld, Miete und einige notwendige Kleinigkeiten dahin, und als meine Mutter mir ohne ein Wort meine Koffer schickte, verschlangen die Kosten des Transportes den Rest. Die Frühstücksbrötchen aß ich ganz langsam und tippte jedes Krümelchen mit dem Zeigefinger auf. Ein Stückchen Brot mittags mit einer Handvoll Pflaumen und abends dasselbe Menü war für einen jungen Menschen, der den ganzen Tag und einen Teil der Nacht arbeiten mußte, nicht genügend. Auf den Gedanken, einen Vorschuß auf meine Gage zu nehmen, kam ich nicht in meiner Schüchternheit, und so erwartete ich sehnsüchtig den Ersten des folgenden Monats. Reinhardt übernahm zum »Kleinen Theater« noch das »Neue Theater«, und damit erhielt sein Ensemble weiteren Zuwachs. Unter seinen Kräften waren Emanuel Reicher, sehr würdig, mit viel Pathos, ewig textlich unsicher in seinen Rollen, jedoch beim Publikum beliebt; Viktor Arnold und Hans Wassmann, zwei ausgezeichnete Komiker, der ersterer mit der Fähigkeit, in ernsten Rollen durch seine Schlichtheit zu Tränen zu rühren, der zweite mit krächzender Stimme und einem dummdreisten Gebaren, dem keiner standhalten konnte; Giampietro, ein ehemaliger österreichischer Offizier, häßlich wie die Nacht, aber das Vorbild aller eleganten Männer; Eduard von Winterstein, guter Schauspieler und prachtvoller Kamerad; Kayßler, so moralisch und ehrenfest, daß ich stets in seiner Nähe eine Gänsehaut bekam; Richard Valentin, weniger Schauspieler als ausgezeichneter Regisseur, und schließlich Max Reinhardt selbst. Max, wie wir ihn alle nannten, sträubte sich stets, aufzutreten, obwohl er ein glänzender Schauspieler war, weil, wie er ironisch meinte, es ihm unwürdig erscheine, sich als erwachsener Mann eine Nase oder einen Bart anzukleben.

Zu den Frauen des Ensembles gehörten Lucie Höflich, zu jener Zeit bezaubernd und erschütternd mit ihren grüngoldenen Zöpfen, die bis in die Kniekehlen hingen; die schöne aber etwas derbe Else Heims, Reinhardts Freundin; die urwüchsige Hedwig Wangel und schließlich der Star, der alle anderen tyrannisierte: Gertrud Eysoldt, — von mir selbst, der Kleinen und Farblosen, ganz zu schweigen. Die Eysoldt ausgenommen, die uns jederzeit ihr Übergewicht und ihre Launen fühlen ließ, hielten wir alle gute Kameradschaft, denn uns einte ein gemeinsames Gefühl: die Liebe und Verehrung für Max Reinhardt.

Unsere Proben nahmen oft kein Ende. Immer und immer wieder wurde eine Szene versucht, und oft war es nur eine Geste, die zehnmal wiederholt werden mußte, bevor sie Reinhardt gefiel. Wir empfanden keinen Hunger, keinen Durst, keine Müdigkeit.

In Berlin gab es damals nur einen ernstzunehmenden Konkurrenten für Reinhardt, das war Otto Brahm. Brahms Bestreben hatte viel Ähnlichkeit mit Stanislawskijs Regie. Er fing auch ungefähr zur selben Zeit damit an. Das Deutsche Theater, das er seit Jahren leitete, war für Berlin ein Begriff geworden. Sein Ensemble vereinigte die besten Kräfte: außer den bereits genannten Reinhardt, Kayßler, Reicher noch Bassermann, Sauer, Else Lehmann und Irene Triesch. Er spielte als erster Ibsen, Björnson, Hauptmann, Schnitzler und Hofmannsthal. Das Publikum sträubte sich bei vielen dieser Stücke mitzugehen, aber Brahm hatte sein Budget so klug ausbalanciert, daß er es sich erlauben konnte, Ibsen, zum Beispiel, so lange vor leeren Bänken zu spielen, bis sich langsam eine Ibsengemeinde bildete, die schließlich das Theater zu füllen begann. Aber Brahms ruhige, trockene Regie, die einen wohltuenden Gegensatz zu dem Schlendrian an anderen Bühnen bildete, verknöcherte langsam mit den Jahren. Der Naturalismus, der erst so erfrischend gewirkt hatte, wurde bei ihm bis zum äußersten getrieben; auch in den Klassikern, die darin ein gewisses Maß verlangen. Es ging so weit, daß Rittner (den ich vorhin zu erwähnen vergaß) als Major Walter in »Kabale und Liebe« sich bei den Worten »Ich verachte dich, ein deutscher Jüngling —« die Handschuhe anzog und zuknöpfte.

Damals begann Reinhardt, während er noch Schauspieler unter Brahm war, einige Schauspieler um sich zu versammeln und mit ihnen unter dem Titel »Schall und Rauch« Abende außerhalb der Brahmschen Direktion zu veranstalten und gelegentlich auch kleine Gastspielreisen mit selbstgeschaffenen Einaktern durchzuführen. Das Repertoire bestand aus Parodien und Satiren. Serenissimus und sein Adjutant Kindermann wurden auf die Bühne gebracht und Variationen über »Don Carlos von der Schmiere« von Hauptmann bis Maeterlinck.

Dazwischen wagten sie sich mit großem Erfolg auch an ernste literarische Stücke.

Kaiser Wilhelm II., der Brahm und das Deutsche Theater wegen der Aufführung von Hauptmanns »Weber« in Acht und Bann getan hatte, leistete sich in seinem eigenen Theater, dem Kgl. Schauspielhaus, den allergrößten Kitsch. So kam es, daß ein Künstler wie Matkowsky in der Schar der anderen mittelmäßigen Kräfte unterging und dem literarisch interessierten Berlin nicht bekannt wurde.

Reinhardt hatte also nur eine Konkurrenz zu fürchten, und, will man Brahm als Naturalisten bezeichnen, so Reinhardt als naturalistischen Phantasten. Nachdem er 1900 die »Brille« gegründet hatte, einen lustigen Kreis, dem unter anderen auch Christian Morgenstern und der Maler Emil Orlik angehörten, übernahm er 1902, noch bei Brahm als Schauspieler verpflichtet, das »Kleine Theater Unter den Linden«, mit Oberländer und Berthold Held als Konzessionären. Hier aber hatte er zunächst um seine Existenz zu kämpfen, denn das Publikum, das »Schall und Rauch« füllte, mußte erst an die schwere Kost gewöhnt werden, die ihm nun geboten wurde.

Seinem Bruder Edmund oblag die finanzielle Verantwortung. Er tat in der Folge alles, was in seiner Macht stand, um den Ausgleich zwischen den Einnahmen und Reinhardts Verschwendungssucht zu finden. Er konnte wohl unsere Gagen drücken, nicht aber die Anschaffung kostspieliger Dekorationen verhindern, die Max für seine Stücke forderte. Außerdem umgab er seine eigene Person mit mehr Luxus, als es der Etat jemals vertragen konnte. Nun war 1903 zum »Kleinen Haus« noch das »Theater am Schiffbauerdamm« hinzugekommen, und dort wurde nun die endlich freigegebene »Salome« von Wilde gespielt. Gertrud Eysoldt hatte als Salome einen unbeschreiblichen Erfolg. Die Karten waren bereits für eine Woche vorausverkauft, als sie sich am dritten Abend krank meldete.

Ihre Krankheit jedoch wurde mein Glück. Ich stand im »Kleinen Theater« auf der Probe zu einem neuen Stück, als plötzlich der Regisseur Oberländer an mich herantrat: »Können Sie heute abend die Salome spielen?« Meine Knie versagten mir wieder einmal, und ich setzte mich auf einen Haufen Vorhänge, die gerade neben mir lagen und brüllte begeistert »Ja«. Was nun folgte, war wie ein toller Traum. Hin zum »Neuen Theater«, rasche Text- und Tanzprobe. Dieser Tanz, der wochenlang mit der Eysoldt durchdacht und geprobt worden war, sollte nun in fünfzehn Minuten gekonnt sein. Der Magen leer, schwindlig im Kopf, zu Fuß nach Hause, um das Geld für die Elektrische zu sparen, Kostüm zusammensuchen — denn auch hier mußte man damals noch die Kostüme selbst stellen —, erschöpft die Rolle wiederholt, zurück ins Theater mit dem schweren Paket und endlich, halbtot, in der Garderobe. Der Maler Ernst Stern, der damals alle Dekorationen schuf, kam zu mir herein, brachte mir noch ein paar Tücher und Schleier, aber ich wußte nichts mehr von mir und meiner Umgebung und setzte mich schließlich wie im Traum hinter die Bühne, hörte, wie aus weiter, weiter Ferne Berthold Held dem Publikum die Umbesetzung mitteilte, die von einem unwilligen Gemurmel quittiert wurde, und dann war es Nacht für mich geworden.

Neues Theater

Schiffbauerdamm 4a.

Sonnabend, den 10. Oktober 1903.

Salome.

Tragödie in einem Act von Oscar Wilde.

Deutsch von Hedwig Lachmann.

Regie: Max Reinhardt.

Vorher: **Der Kammersänger.**

Drei Scenen von Frank Wedekind.

Regie: Richard Vallentin.

Kasseneröffnung 6½ Uhr.   Anfang 7½ Uhr.   Ende 10 Uhr.

Spielplan:

Sonntag, den 11. Oktober: Salome. — Vorher: Der Kammersänger.
Montag, den 12. Oktober: Salome. — Vorher: Der Kammersänger.
Dienstag, den 13. Oktober: Salome. — Vorher: Der Kammersänger.

Mittwoch, den 14. Oktober: Salome. — Vorher: Der Kammersänger.
Donnerstag, den 15. Oktober: Eine Frau ohne Bedeutung.

Diese Vorstellung habe ich tatsächlich mit vollständigem Aussetzen meines Bewußtseins gespielt, und ich erwachte erst, als der Vorhang fiel, und der jubelnde Applaus mich wieder und immer wieder rief. Reinhardt kam auf mich zu und sagte: »Sie sind ja ein großes Talent, wir werden Ihren Vertrag revidieren müssen.« Alles umringte mich, und ich taumelte vor Freude. Wie gerne hätte ich jetzt etwas Tüchtiges gegessen und ein Glas Bier getrunken, wie gerne mit jemandem über den Abend geschwatzt. So aber tappte ich schüchterner, einsamer Tropf wieder nach Hause und aß als Belohnung ein Stückchen Wurst, das ich mir nachmittags schon gekauft hatte. Trotzdem hätte ich an diesem Abend nicht mit einem König getauscht.

Von da ab spielte ich abwechselnd mit der Eysoldt und bei der fünfzigsten Vorstellung auch vor der Presse, und von diesem Tage an war ich in Berlin bekannt. Die »Salome« wurde nun in dieser und der nächsten Saison unendlich oft gegeben. Geht ein Stück täglich über die Bühne, werden die Schauspieler übermütig, hauptsächlich die Inhaber der kleinen Rollen. Die Hauptdarsteller lassen sich seltener zu Scherzen verleiten, denn das heißt, seinen Ruf aufs Spiel setzen, und heimliches Gelächter auf der Bühne macht das Publikum böse. Die kleineren Schauspieler aber sind nicht zu halten, was menschlich begreiflich ist, denn wer erträgt es schon, an zweihundert aufeinanderfolgenden Abenden einen Akt lang stumm dazustehen und nur etwa zu sagen: »Königin, Ihr seid heute schön!«

Um das Ärgste zu verhindern, stand Reinhardt damals noch selbst als Aufpasser in der Kulisse, — aber er hatte nicht mit den »drei Juden am Brunnen« gerechnet. Unter Anführung von Viktor Arnold heckten sie jeden Abend einen neuen Streich aus, da half kein Zürnen und kein Bitten. Eines Abends, es war in der zweiten Hälfte des Monats, verlangten die Soldaten, die den jungen toten Syrer forttragen sollten, Vorschuß. Sie erklärten, wenn man ihn nicht gewährte, würden sie den Toten auf der Bühne liegen lassen. Diese Forderung wurde während der Vorstellung erhoben, und die »drei Juden am Brunnen« übernahmen mit großem Eifer und viel Liebe die Vermittlung zwischen Reinhardt, der wutbebend hinter der Bühne stand, und den Soldaten, die trotzig vorne an der Rampe weilten. Während wir vorne weiterspielten, ging hinten der Kampf auf Tod und Leben. Die Juden, die Gebete zu murmeln hatten, flüsterten statt dessen: »O Reinhardt, gib uns Vorschuß, sonst bleibt der junge Syrer auf der Bühne liegen.« Nach Reinhardts Weigerung blieben die Soldaten unbeweglich stehen. Weiter sangen die Juden: »O Reinhardt, der Leichnam bleibt bis morgen liegen.« Reinhardt gab noch immer nicht nach, aber die Juden sangen: »O Reinhardt, der junge Syrer fängt schon an zu stinken.« Da gab Max endlich nach, und wie der Blitz faßten die Soldaten den Toten und schleiften ihn in die Kulisse; für den Syrer gerade noch im letzten Augenblick, denn im vollen Rampenlicht liegend mußte er die Verhandlung mit anhören und stand vor einem Lachkrampf.

Meine Beziehungen zu Gertrud Eysoldt waren nach meinem Erfolg sehr schlecht geworden. Sie war für mich ein Stern, in dessen Nähe ich mich aus lauter Bescheidenheit und Schüchternheit gar nicht wagte. Verehrungsvoll sah ich zu ihr auf und war mir meiner Stellung ihr gegenüber als kleine Anfängerin wohl bewußt. Sie aber schien mich jetzt geradezu zu hassen, was mich tief schmerzte, denn ich war jung und wollte verehren. Sie war eine merkwürdige und interessante Erscheinung. Nur vom Verstand ausgehend bei ihren Leistungen, war sie ein Exponent ihrer Zeit.

Die Perversität, das Zeichen dieser Epoche, die schon in den Zeichnungen von Aubrey Beardsley so stark zutage tritt, löste damals den sogenannten Jugendstil ab. Saturierte suchten Emotionen und suchten sie auf einem falschen Weg. Immerhin, der Weg war amüsant, und Dinge, die uns heute natürlich erscheinen, bekamen auch damals nur durch strenge Verbote der Polizei ein lüsternes Mäntelchen umgehängt. So war es zum Beispiel verboten, Füße nackt ohne Trikot zu zeigen. Mußte man, wie in »Salome«, die Illusion nackter Füße geben, zog man Trikots mit angewirkten Zehen an, die wie Handschuhe aussahen. Ich wagte als Salome eine Handbreit meiner Haut vom Gürtel aufwärts bis zum Leibchen sehen zu lassen, sofort erschien ein Herr von der Zensur, der mir in ernsten freundlichen Worten das Unschickliche meines Aussehens vorhielt. Man muß bedenken, daß es zu einer Anklage kam, weil ein Schriftsteller geschrieben hatte: »Und starrte verschlafen auf die weißen, wie Weiberbusen schimmernden Hügel.« Ferner stieß sich der Staatsanwalt in dieser dreitägigen Verhandlung daran, daß bei der Schauspielerin das Weiße des Spitzenbesatzes durch die oberste Öffnung der Robe geschimmert habe. Frauen in Hosen wären damals wahrscheinlich ins Gefängnis gewandert. Hinter jedem Wort suchte man nach einer Zweideutigkeit.

Gertrud Eysoldt, deren Körper dem eines Kindes glich, verstand es, diese Zweideutigkeit zu unterstreichen, ohne jedoch die Zensur auf sich zu lenken. Ihr seltsam girrender Ton entfachte in dem trüben Dunkel der Seelenspießer ein wohliges Gruseln. Es wäre falsch, hier die Meinung aufkommen zu lassen, daß sich darin ihr Talent erschöpft hätte; sie war eine wirkliche Künstlerin, die die deutsche Sprache vorbildlich beherrschte. Aber sie war mit ihrer Darstellungsweise so sehr mit den Erscheinungen einer bestimmten Epoche verknüpft, daß diese Schauspielerin in Vergessenheit geriet, als eine andere Zeit anbrach. 1903 jedenfalls war sie auf der Höhe ihrer Triumphe.

Der neue Kontrakt wurde zwar mit einer bedeutend höheren Gage, zweihundertfünfzig Mark, abgeschlossen, aber erst vom Jahreswechsel an. So blieb ich zunächst weiter vom Hunger geplagt. Als ich hundemüde nach der Vorstellung mit der Straßenbahn heimfuhr, kam ein Herr auf mich zu, der meine abwehrende Miene nicht beachten wollte und sich als Rechtsanwalt Lubschinski, Rechtsberater der Reinhardtbühnen, vorstellte. Nach einigen freundlichen Worten, die er für meine Leistung auf der Bühne fand, lud er mich zu sich und seiner Frau für Sonntag zum Mittagessen ein. Das Wort »Essen« bezauberte mich derart, daß sich mein Gesicht verklärte, und gern sagte ich

zu, ohne zu bedenken, was ich eigentlich zu diesem Essen an-
ziehen sollte. Ich besaß nämlich für »gut« nur einen schwarzen
Rock und zwei Blusen, von denen die eine durch häufiges
Waschen zu einem kurzen Bolero zusammengeschrumpft war.
Bei der anderen 'aber schauten bereits meine Ellbogen durch die
Ärmel. Ich entschied mich für die letztere, stopfte sie, so gut
es ging, und preßte während des Essens meine Arme fest an den
Körper, um die schadhaften Stellen nicht zu zeigen. Dazu sagte
ich mir bei jedem Bissen: Nur keine Hast, nur nicht den Hunger merken lassen. Meinen erstaunten Wirten bot ich das Bild
eines steifen Automaten. Viele Jahre später haben sie erst den
Grund meines sonderbaren Benehmens erfahren und darüber
herzlich gelacht.

Auf den Proben war ich jetzt immer schwach und müde, manchmal drehte sich alles vor mir im Kreis, und bei raschen Bewegungen wurde mir dunkel vor den Augen. In dieser Verfassung
hatte meine Mutter leichtes Spiel, als sie eines Tages vor mir
stand, alles begraben sein lassen wollte und mir anbot, eine
Wohnung in Berlin zu nehmen. Sie schien vernünftiger geworden zu sein, und ich ging auf ihre Angebote ein. Allerdings
mußte sie mir vorher das feste Versprechen geben, daß ich ein
Zimmer für mich allein haben könnte, selbstverständlich mit
einem Schrank, der nicht von ihr versperrt werden sollte. Darauf ging sie ein. Das »Taubenmädchen« und der »Betende
Tiroler« reisten also nach Berlin und wurden in der Uhland-
straße in einer hübschen Gartenhauswohnung als Prachtstücke
neu aufgestellt. Unter meine Bedingungen fiel auch, daß ich
Spiro ungestört sehen durfte, sollte er nach Berlin kommen. Dies
wurde sehr zögernd bewilligt. Spiro war inzwischen nach Breslau zurückgekehrt, seine »Olympia« hatte gefallen, ebenso hatten seine Landschaften rasch Käufer gefunden; sein Besuch stand
in Aussicht. Als er kam, hatten wir uns beide über unsere Erfolge viel zu erzählen, aber der Kampf mit meiner Mutter begann aufs neue. Immerhin aber konnte ich mich jetzt zu Hause
satt essen, ein Mädchen sorgte für uns, hielt meine Wäsche

sauber und putzte meine Schuhe und ersparte mir dadurch kostbare Zeit. Ich konnte lernen und schlafen, das alles mußte ich bedenken, kurz, ich beschloß, möglichst taub und blind zu sein.

Als jedoch Spiro Aufträge in Berlin bekommen hatte und meine Gage sich wieder erhöhen sollte, beredete er mich, ihn zu heiraten, damit ich ein für allemal aus der »Hölle« befreit würde. Mir schien es auch der einzige Ausweg zu sein, und so willigte ich ein. Wir bereiteten alles in größter Stille vor, und zur Überraschung meiner Mutter war ich eines Tages Frau Spiro. Einesteils befriedigte es meine Mutter, daß der illegale Zustand, den sie nicht ertrug, ein Ende hatte, andererseits war sie von ihrem antisemitischen Standpunkt aus empört über diese Ehe. Doch schickte sie sich in das Unvermeidliche und ließ es sich nicht nehmen, mir eine nette Aussteuer zu kaufen. Spiro und ich aber fuhren im Juli in die mörderische Hitze Venedigs, um dort, trunken von Sonne und Kunst, in den Gäßchen der Stadt herumzutaumeln. Solange unser Geld reichte, sogen wir gierig auf, was Kunst und Romantik boten.

Wieder in Berlin, verschafften wir uns eine Wohnung in Halensee, die Spiro mit geringen Mitteln reizend einrichtete. Die Miete war niedrig, denn Halensee lag damals abseits, »vor der Stadt«. Der Kurfürstendamm war noch nicht bis zur Halenseer Brücke bebaut. In der Umgebung unserer Wohnung sah man nur niedrige Häuser und Gartenrestaurants, in denen sich nur Dienstmädchen, Arbeiter und kleine Angestellte beim Tanz oft recht ausgelassen vergnügten.

Die Saison begann, und wir stürzten uns in die Arbeit. Spiro hatte Aufträge, meine Gage war zwar nicht groß, bedeutete aber ein sicheres Einkommen. Mit Sparsamkeit konnten wir ein nettes Leben führen; zudem waren wir beide nicht verwöhnt. Im Theater bekam ich mancherlei Rollen, aber ich war nicht recht zufrieden mit mir. Ich kam nicht recht weiter, irgend etwas fehlte mir, und trotz der wunderbaren Regie Reinhardts blieb mir noch vieles verschlossen, was ich nur ahnte. Warum fand erst der Regisseur den Ton, den ich in einer bestimmten Rolle brauchte, warum konnte ich ihn nicht selbst finden? Was ich mit seiner Hilfe fand, mußte doch in mir vorhanden sein. Spiro wußte keinen Rat, und bei diesen Gesprächen stellte sich langsam heraus, daß wir uns nichts zu sagen hatten, wenn es sich um Probleme des Theaters handelte. Das störte unser Einvernehmen aber noch nicht; denn erstens war ich zu glücklich, in einer gleichmäßigen, guten, freundlichen Atmosphäre leben zu können, und zweitens hatte jeder für sich so viel zu tun, daß wir selten dazu kamen, solche Gespräche zu führen.

Im Januar 1905 plante Reinhardt die Aufführung von Shakespeares »Sommernachtstraum« auf einer Drehbühne, die erste, die man in Berlin sehen sollte. Die Proben dauerten von morgens zehn Uhr bis fast zur Abendvorstellung, und in der Nacht wurden sie fortgesetzt. Gertrud Eysoldt als Puck war nicht der neckische Elf, den man bisher in dieser Rolle gesehen, als drolliger Waldkobold tollte und purzelte sie jetzt über die Bühne und schreckte die Liebespaare. Mir gab man den Oberon, mit dem ich nicht ganz glücklich war. Die besten Kräfte hatte man eingesetzt, und die Vorstellung, die sich nur etwas zu sehr in die Länge zog, wurde eine neuer Triumph für Max und seine Schar. Viele Jahre später sah ich »Ein Sommernachtstraum« im Film unter Reinhardts Regie. Tieftraurig kehrte ich nach Hause zurück, denn was war aus all der Frische und dem heiteren Glanz von damals geworden. Hier lag die Entwicklung eines Lebens zwischen diesen beiden Leistungen, und der Weg hatte nach der falschen Seite geführt. Das war nicht mehr derselbe Reinhardt, dem wir blindlings begeistert folgten, aus dessen Kopf die neuen Ideen wie ein Springbrunnen hervorsprudelten. Durch den zu reich und zu überladen bestickten Schleier der Regie lächelte ein satter Generaldirektor von Kunstfabriken sein sorgenvolles Lächeln.

Unter den Dramaturgen, die in den ersten Jahren Reinhardt berieten, von denen Kahane ein stiller, fleißiger Schriftsteller und Efraim Frisch ein richtiger Gelehrter war, ragte Felix

Holländer hervor, der Typus des talentvollen fanatischen Juden. Er war es, der Reinhardts große Allüren unterstützte, und er war es, der ihn als Fürsten auf einen Thron setzen wollte. Aber er machte ihn zum Industriellen. Felix Holländer schrieb in seiner Jugend Romane, die großen und berechtigten Erfolg hatten. Äußerlich war er klein und häßlich. Er sah aus wie ein verkümmerter Mephisto. Seine Intelligenz aber war bedeutend. Er führte mit guter Witterung Max eine Menge fähiger Maler und Musiker zu, die für das »Deutsche Theater« arbeiteten; darunter waren Slevogt, Lovis Corinth, Karl Walser und Emil Orlik.

Reinhardt selbst stammte aus armer Familie, seine Manieren waren nicht immer die besten, bis auch hier Holländer manches zu mildern vermochte. Das alles aber hinderte nicht, daß wir zu Reinhardt wie zu einem Gott aufsahen und mit ihm unsere Kräfte und unser Talent aufs Äußerste anspannten.

Neben unseren voranstürmenden Vorstellungen spielte Brahm im »Deutschen Theater« ruhig seinen Stil weiter, den er für sich und sein Theater für richtig befunden hatte. Seine Hauptdarstellerin Irene Triesch, die ungefähr die Rollen spielte, die auch ich erstrebte, war, wie die Eysoldt, ganz in der Gedankenwelt der Jahrhundertwende geblieben. Um 1900 wußte die Frau nichts von Sport, Wasser und Sonne, sie saß am liebsten elegisch und müde im sorgfältig verdunkelten Zimmer, das mit schweren Vorhängen Licht und Luft ausschloß. Vom Manne unverstanden und gelangweilt von der Umwelt hütete sie sich vor jedem Sonnenstrahl. Ein gebräunter Körper war eine Unmöglichkeit. Von morgens bis abends beschäftigte sie sich mit seelischen Qualen, die sie abends beim Souper zwischen Braten und Käse dann mit dem Tischherrn zerpflückte. Diese Art Frauen verkörperte die Triesch, und sie traf es ausgezeichnet. Als ich sie zum erstenmal in einer Ibsen-Rolle sah, fand ich diese Auffassung so fremd, daß alles in mir revoltierte. Dieses tränenreiche Stammeln und weichliche Jammern waren mir in tiefster Seele verhaßt, obwohl ich zugeben mußte, daß ich eine große

Leistung sah. Ich wußte, ich würde jede dieser Rollen anders anpacken, denn dieses Hingeben ohne Abwehr, diese Trauer der schwachen Untätigen erschien mir verächtlich. Ich fühlte genau, daß ich mit dieser Ansicht allein stand. Ich konnte mir auch gar nicht genau darüber klarwerden, was ich eigentlich wollte. Das Leben mußte mir erst Gelegenheit geben, einen bitteren Kampf zu kämpfen, und der Mann mußte erst erscheinen, der mir den Weg zeigte, wie man seine Gedanken in Kunst umsetzt.

Brahms Stern war im Sinken, Reinhardt war wie ein Pfeil an ihm vorbeigeschossen, und als in der Saison 1904/05 Brahms Vertrag mit L'Arronge, dem Besitzer des »Deutschen Theaters«, ablief, mußte er sich ins »Lessingtheater« zurückziehen, und das »Deutsche Theater« hatte einen neuen Herrn: Max Reinhardt. Berlins Publikum war gefürchtet wegen seiner Heftigkeit, mit der man bei der Premiere ein neues Stück, das nicht gefiel, ablehnte. Ein berühmter Skandal war die Aufführung von Hauptmanns »Vor Sonnenaufgang« 1889 in einer Vorstellung der »Freien Bühne« gewesen, wo man auf Hausschlüsseln pfiff, sich prügelte und ein Zuschauer die Geschmacklosigkeit gehabt hatte, eine Geburtszange mitzubringen, mit der er aufgeregt herumfuchtelte, um seinen Abscheu gegen den Inhalt des Stückes zu beweisen, weil eine Frau — hinter der Bühne! — ein Kind bekam.

Meinen ersten Theaterskandal erlebte ich in dieser Saison bei einem Stück von Hermann Bahr. Das Publikum des »Kleinen Theaters« war an diesem Abend sehr heiter aufgelegt, was für das Trauerspiel »Sanna« nicht gerade paßte. Allerlei Zurufe flogen auf die Bühne, und bei einer Szene, die besonders traurig war, brach ein geradezu frenetischer Jubel aus, während ich auf der Bühne stand. Der Protest richtete sich nicht gegen meine Person, sondern gegen meine Rolle, aber ich empfand es so peinlich und war so verwirrt, daß ich, statt weiterzuspielen, unter den Tisch kroch und die Tischdecke herunterzog, um vom Publikum nicht mehr gesehen zu werden. Es blieb

nichts anderes übrig, als den Vorhang unter schallendem Gelächter fallen zu lassen.

Meine erste Ibsen-Rolle bekam ich in dieser Spielzeit als Partnerin von Ludwig Wüllner, und zwar die Rebekka West in
»Rosmersholm«. Ludwig Wüllner war eine einmalige Erscheinung. Auf einer übergroßen, schlanken Gestalt saß ein edler
Kopf, der wie aus einem rauhen Felsen gehauen schien und
den ein mächtiger weißblonder Haarschopf krönte. Eigentlich
von Beruf Sänger, führten ihn seine Erfolge in Melodramen
zum Schauspiel hin. Da er nur in sorgfältig ausgesuchten Rollen
auftrat, wirkte seine machtvolle Persönlichkeit so stark, daß
man kleine Unbeholfenheiten vollständig übersah und sich ganz
seinem Zauber hingab.

Mein Leben wurde bereichert durch Freunde, die ich Spiro verdankte, nämlich Arthur Schnabel und Therese Beer. Schnabel
war damals noch nicht der berühmte Interpret von Beethoven
und Schubert, der er später wurde. Therese Beer, seine spätere
Frau, besaß eine Stimme, die weder sehr groß noch sehr schön
war, aber durch ihren Vortrag und ihr großes Können verschwanden diese Mängel, und wenn sie zu Schnabels Begleitung
sang, war ich überaus glücklich. Später gehörten diese Abende
in Berlin zu den schönsten Ereignissen der Konzertsaison.

Trotz der Erfolge, die Spiro hatte, gelang es ihm nicht, in die
Kreise der anerkannten Berliner Maler zu kommen. So war er
auf das freudigste überrascht, als eines Tages unser Mädchen
mit einer Karte in der Hand eintrat, auf der stand: Max
Liebermann. Der Besuch galt aber nicht meinem Mann, sondern mir. Ich sollte meinen Kopf einer Dalila leihen, die Liebermann gerade auf der Staffelei hatte.

Liebermanns Art, sich zu benehmen, mißfiel mir gründlich. Er
stammte aus einer alten angesehenen Berliner Familie, die schon
lange in großem Wohlstand lebte. Sein harter betonter Berliner
Jargon war wohl geeignet, um Witze zu erzählen, wenn er
aber, wie hier, ein gewöhnliches Gespräch führte, so störte er.
Außerdem wußte ich aus Erfahrung, wie Modellstehen anstren-

gen kann, und hatte keine Lust, mir diese ermüdende Arbeit noch neben meinen Proben aufzuladen. So gab ich also erst meine Einwilligung, als ich durch Spiros heimliche Zeichen vermutete, daß es für ihn von großer Bedeutung sei, mit diesem großen Maler in Verbindung zu kommen. Liebermanns Haus am Pariser Platz, das anschließend an das Brandenburger Tor die Linden vom Tiergarten abschloß, betrat ich mit Herzklopfen und fand ein wahres Museum. Zum erstenmal in meinem Leben sah ich ein solches Interieur, und mein Blick konnte sich kaum losreißen von den schönen, alten Möbeln, den Kunstwerken, die herumstanden, und den herrlichen Bildern, die an der Wand hingen. Im Atelier blieb ich zuerst eine Weile mit offenem Munde stehen. Ich hatte nie geahnt, daß ein Privatmann diese Fülle von Impressionisten besitzen konnte, darunter das berühmte »Bund Spargel« von Manet. Er führte mich nun zu einem Divan, auf dem ich knien mußte. Mein Kopf sollte einem üppigen, rotblonden Frauenkörper aufgesetzt werden. Ich fand die Idee nicht ganz glücklich. Es war eine Dalila, die eben triumphierend Samson das Haar abgeschnitten hatte. Die Bilder an den Wänden, die ich bei meiner Pose betrachten konnte, verschönten mir die Zeit, aber Liebermann selbst wurde mir immer unangenehmer. In seinem Berliner Dialekt fing er allmählich an, gegen Spiro, den er doch kaum kannte, loszulegen, ja er redete mir zuletzt zu, mich von ihm scheiden zu lassen, und wollte mir beweisen, daß wir ein zu ungleiches Paar seien. Ich war über diese Einmischung empört und merkte erst später, daß das eine Art sein sollte, mir den Hof zu machen.

Da meine freie Zeit sehr beschränkt war, dauerten die wenigen Sitzungen sehr lange, und so wurde ich einige Male aufgefordert, zum Frühstück zu bleiben, wobei ich die schöne Hausfrau und die reizende Tochter kennenlernte. Auch Frau Liebermann entstammte einer alten angesehenen Berliner Familie. Sie kam mir mit betonter Liebenswürdigkeit entgegen, die mit so viel Herablassung getränkt war, daß ich am liebsten gleich fortgelaufen wäre. Ich hatte die Empfindung, man warte nur auf den Moment, wo diese »vom Theater« und Frau eines armen Malers das Messer in den Mund stecken und sich mit der Gabel den Kopf kratzen würde, was mich aber nicht hinderte, die wundervoll garnierten Speisen in den silbernen Schüsseln aufmerksam zu beäugen, etwa die Art, wie serviert wurde, wie der Tisch gedeckt war, und ich wünschte sehnlichst, einmal an einem eigenen gleich gepflegten und geschmückten Tisch sitzen zu können, was mir damals natürlich unerreichbar schien, wenn wir auch unser einfaches Mahl zu Hause immer so nett wie möglich gestalteten.

Ich war froh und glücklich, als die Sitzungen ein Ende nahmen und ich als Dank für die Sitzungen ein Bild des Malers, eine Studie der Judengasse in Amsterdam, in Empfang nehmen durfte.

Zu den Gästen unseres bescheidenen Hauses gehörten auch Meier-Graefe und seine Frau, die von Paris jetzt nach Berlin übergesiedelt waren, wo sich Meier-Graefe ausschließlich mit dem Schreiben kunsthistorischer Artikel und Vorbereitungen zu seinen Büchern beschäftigte.

Diese Bekanntschaft sollte zu einem Zusammentreffen führen, das mein Leben entscheidend beeinflußte und in andere Bahnen lenkte. Meier-Graefes, die am Lützowplatz wohnten, luden uns zu einer kleinen Gesellschaft ein, die nach dem Abendessen stattfand. Ich hatte an dem Abend zu spielen. Spiro holte mich vom Theater ab, und wir stiegen etwas verspätet die Treppen hinauf, die zu der Wohnung unserer Gastgeber führte. Wieder einmal war für diese Gelegenheit die Kleiderfrage nicht leicht zu lösen gewesen, denn mein ganzes Geld ging für Bühnenkostüme auf, die noch immer von uns Schauspielern gefordert wurden, mindestens für die modernen Rollen. Man war allerdings damals in Berlin nicht verwöhnt, und ich konnte mit meinen selbstgeschneiderten Fähnchen recht gut bestehen, aber für Privatgarderobe blieb herzlich wenig übrig. Schließlich wählte ich meinen einzigen Staat, eine Bluse, die als Geschenk meiner Mutter natürlich die beliebte impertinente knallrosa

Farbe zeigte. Weder Spiro noch ich konnten dieses Scheusal leiden, aber was half es?

Wir stiegen also die Treppe hinauf, und als ich auf halber Höhe war, hörte ich, wie hinter mir das Haustor geöffnet wurde und das Geräusch von Schritten, die mich derart erschreckten, daß ich einen Schrei ausstieß und rief: »Wer kommt hinter uns?« Spiro sah sich rasch um, zog mich weiter die Treppe hinauf und flüsterte mir zu, daß es der Kunsthändler Paul Cassirer sei, der außerordentlich wichtig für seine Zukunft wäre und den Meier-Graefe wahrscheinlich freundschaftlicherweise heute eingeladen hätte, um es ihm, Spiro, zu ermöglichen, ihn kennenzulernen. Dabei bat er mich, möglichst liebenswürdig zu diesem Herrn zu sein. Ich war so verwirrt, daß ich kaum hörte, was er sprach. Während ich im Vorzimmer meinen Mantel ablegte, stand ich dem Mann gegenüber, der mein Schicksal sein und einen Einfluß auf mich haben sollte, der bis heute noch fortdauert, bis heute, da ich eine alte Frau und am Ende meines Lebens angekommen bin.

Ich verdanke Paul Cassirer die schönsten und die bittersten Stunden, meine geistige Entwicklung, meine wachsenden Erfolge an der Bühne, eine unendliche innere Bereicherung, aber auch den tiefsten Kummer. Meine Augen haben durch ihn die Herrlichkeit der Welt gesehen, aber auch die verzweifeltsten Tränen geweint.

Paul Cassirer

Ernst Barlach schreibt in seinen Erinnerungen »Ein selbster-
zähltes Leben«:
»Paul Cassirer saß mir an einem Tage in seinem Zimmer gegenüber und befragte mich um den Grund meines zurückhal-
tenden Benehmens. Ich offenbarte ihm den Gemütszustand eines
besessenen Wilden gegenüber seiner vielfach verknoteten und
geschichteten Wesenheit. Darauf öffnete er den Mund und forderte mit natürlich heiterer Feierlichkeit mein Vertrauen, in
einer geraden Unverhohlenheit, gegen die ein Widerspruch der
letzten Instanz aus der Tiefe in mir nicht erfolgte.
Und wir wurden ein seltsames Freundespaar. Nichts von ›Paulchen‹ und ›Gaulchen‹, wie zwischen ihm und Gaul, keinerlei
restlos bequemes Hausen unterm Freundschaftsdach und doch
immer wieder freie Rückkehr zu unbedenklicher Offenheit.
Ich bin gewiß, daß ein Dorn an meinem Wesen in Cassirer all-
zeit geeitert hat, aber der Spieler Cassirer hatte doch wohl ein
wenig Bedarf nach der Verstocktheit in Abseitigkeit, Menschen-
flucht und Ruhe im Herrn der Herrlichkeit, der da preislich
und pomadig waltet und seiner Kinder keines verkümmern läßt.
Der Spieler Cassirer, der Händler, der Herr über ein Heer
Paroleglaubiger, der Sturmbock im Gewühl und Austrag der
Meinungen, der erfolgreichste Perlenfischer und schlaueste Ein-
fädler und Anstifter bei der Heimführung von Überschüssen,
der Preisgeber und Bewahrer seines Selbst in großem Format,
war zugleich der böse Bruder des Künstlers Cassirer und des
so leicht zu beglückenden, sich selbst seligpreisenden großen Kindes Cassirer, der den Bösen-Buben-Streichen so arg zugetan war

und dionysisch durch die Welt zu brausen begehrte. Sein eigener böser, auftrumpfender und beinstellender Bruder zu sein, war Paul Cassirers tragisches Geschick.

Er baute und redete mit Zungen; zu schreiben, behauptete er, vermöge er nicht. Er sprudelte und schwamm am liebsten im Strom seiner siedenden Rede, und es würde eines dicken Bandes bedürfen, um seine Berliner Späße, seine Kriegsgeschichten, seine Händlerromane, seine erlebten Kostbarkeiten im Verkehr mit Wedekind, Liebermann, Corinth und — ein Dutzend der besten Namen müßten folgen — vor dem Vergessenwerden zu behüten. Zweierlei muß ich unterstreichen, einmal, daß er darunter litt, Nutznießer von Künstlern genannt zu werden, die ihm so verwandt waren, mit denen er, wie der Hamburger sagt, aus einer Buddel trank, und weiter, daß er verwegen war, wie nur selten einer. Seine Tapferkeit dürstete nach der Nähe der Gefahr, da, wo er die bestmögliche Unmittelbarkeit der Entscheidung witterte, wo kein Schild deckte, keine Anonymität schäbig schützte, nicht wo im bombensicheren Unterstand das grobe und klare Abmachen verschlossen werden konnte, fühlte er sich wohl. Gewiß hat er sein Recht nach eigenem Befund zugerichtet, aber zum Kneifen war er nicht geschaffen, und mit unmäßiger Risikofreudigkeit stellte er sich in den Brennpunkt der Entscheidungen. Er trieb meine Lämmer auf die Weide, meine erbärmlichen frierenden plastischen Erstlinge, und da er einmal die Hände rührte, so klinkte er zugleich ein Pförtchen für etwas anderes von mir auf. Als er mich aufforderte, ein lithographisches Werk für die Panpresse beizusteuern, erwähnte ich ein ›Drama‹, das man vielleicht als Gerüst zur Aufreihung von Motiven benutzen könne. Er zuckte weder mit der Wimper, noch zögerte er einen Augenblick mit der Antwort: ›Na, ja, also zeichnen Sie.‹

Ich lithographierte, und die Mappe wurde eine regelrechte viereckige, normale und einstweilen unverkäufliche Mappe, einschließlich eines Textbandes zum ›Toten Tag‹. Dieser Band sah aus, als wäre er gefunden und der Finder hätte ihm in der geräumigen Mappe einen vorläufigen Unterschlupf angewiesen. Cassirer, sonder Mitschuld an dem ›Drama‹, das er nicht gelesen, begann ein generöses Herumschenken in Stadt und Land; und der Textband, warm geworden im Nest, gab sich drein.«

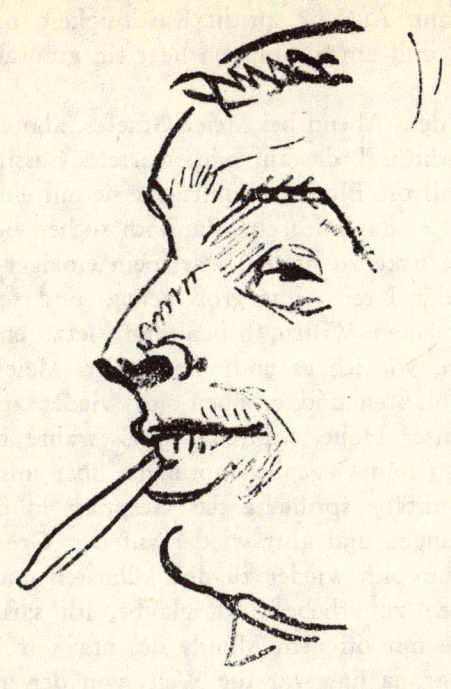

Paul Cassirer mit der unvermeidlichen Zigarre und
dem Ausdruck, den er hatte, wenn er eine faustdicke Lüge erzählte.
Nach einer Zeichnung von Emil Orlik.

Vor mir, während ich schreibe, steht die Totenmaske Paul Cassirers, die Professor Kolbe sorgfältig abgenommen hat. Der Kopf mit den kleinen anliegenden Ohren zeigt eine gewölbte Stirn. Die geschwungenen Bogen der Augenbrauen, in denen die geschlossenen Augen wie Vögel nisten, führen zu einer geraden Nase, deren Nüstern stark und kräftig sind, als ob sie

das Leben einsaugen wollten. Der Mund mit den vollen sinn-
lichen Lippen ist schmerzlich verzogen, über das ganze Antlitz
ist eine unendliche Traurigkeit gebreitet.

Der gute Bruder.

Im Nebenzimmer steht noch eine andere Büste von Kolbe, nach
dem Leben geformt. Aus ihr spricht Rastlosigkeit, die Augen
forschen unruhig, und um die Lippen liegt ein grausamer Zug.

Der böse Bruder.

Damals aber, an dem Abend bei Meier-Graefes, ahnte ich noch
nichts von dem Schicksal, das auf mich wartete. Cassirers Blick
fiel auf meine knallrosa Bluse und quittierte sie mit einem lang-
gezogenen »Ah...«, das mich ein Mausloch suchen ließ. Möglichst eine dunkle Ecke zu finden, war mein einziger Wunsch,
aber dazu war der Kreis nicht groß genug, und so saß ich
plötzlich, ohne meinen Willen, neben ihm. Jetzt entwickelte
sich ein Gespräch, wie ich es noch nie gehört. Meier-Graefes
kluge Reden verblaßten und erhoben sich wieder zu gleicher
Zeit zu ungekannter Höhe, während P. C. wahre Kaskaden
von Behauptungen und Gegenbehauptungen über uns sprühen
ließ. Wie eine Fontäne sprudelte das Gespräch in die Höhe
witziger Bemerkungen und glitt wieder auf den Grund tiefen
Wissens zurück, um sich wieder zu den kühnsten und gewag-
testen Folgerungen zu erheben. Ich glaube, ich saß wie ein
Kind vom Lande mit offenem Munde da, um kein Wort zu
verlieren. Das war, ja das war die Welt, von der ich immer
schon geträumt hatte, daß sie irgendwo verborgen sei! Glänzend, heiter, witzig, jeden Augenblick einen anderen Blickpunkt
erschließend, Wahrheit-Dichtung-Lüge, die im nächsten Augenblick Wirklichkeit sein konnte, Scharaden-Märchen-Tausend-
undeinenacht. Plötzlich aber drehte sich dieses Feuerwerk in
meine Richtung, und mein knallrosa Bonbon gab den Tummelplatz für einen witzigen Gedankenreigen. Mir stiegen die
Tränen auf. Aber ich hätte mir lieber die Augen ausgerissen,
als zu weinen, und als unter dem gutmütigen Gelächter der
anderen die Frage P. C.s geflogen kam, ob ich noch mehr solcher

Kostbarkeiten besäße, antwortete ich ganz ruhig: »Mein Mann und ich sind nicht so geschmacklos, diese Farbe zu lieben, aber es ist ein Geschenk, und ich habe nicht genug Geld, um mir das zu kaufen, was mir gefällt.« In Cassirers Gesicht trat sofort der Ausdruck eines kleinen Schuljungen, der bei einem bösen Streich ertappt wurde. Seine braunen Augen wurden traurig, er entschuldigte sich heftig und tadelte sich selbst auf das schärfste. Spiro aber strahlte vor Glück, er erwartete durch dieses Gespräch die Beachtung des Mannes, der damals die Macht hatte und es als seinen Beruf ansah, junge Künstler zu fördern.

P. C. entstammte einer wohlhabenden Familie, sein Elternhaus in Görlitz war ein schönes, behagliches Heim, von dem aus er erst nach München zum Studium ging und dann später nach Berlin zog. Er war verheiratet gewesen, der Ehe entstammten ein Sohn Peter und eine Tochter Suse. Der Sohn war der Mutter belassen, die Tochter wohnte mit ihm in dem schönen, alten Tiergartenviertel nahe dem Potsdamer Platz in der Margarethenstraße. Sein Kunstsalon befand sich nahebei in der Viktoriastraße 35 im Erdgeschoß eines hübschen alten Hauses. Zwei seiner Brüder besaßen die große Kabelfabrik Dr. Cassirer & Co., der älteste Bruder, Professor Dr. Richard Cassirer, war ein renommierter Nervenarzt, die Schwester verheiratet mit dem Vetter Bruno Cassirer, dem Besitzer des gleichnamigen Verlages. Ein anderer Vetter, Professor Ernst Cassirer, war bekannt als Philosoph und wurde im Jahre 1933 sofort nach England an eine Universität berufen.

Bruno und Paul hatten als ganz junge Leute zusammen eine Verlags- und Kunsthandlung gegründet, sie entzweiten sich, und Bruno übernahm den Verlag, Paul die Kunsthandlung, jeder mit der vertraglich festgelegten Verpflichtung, nicht im Gehege des anderen zu wildern.

Schon im Jahre 1901 besaß Paul Cassirer den Mut, eine Ausstellung des in Deutschland unbekannten Cézanne zu machen; diese Tat wurde mit einer Flut von Angriffen belohnt. Der

Weg von Gabriel Max, Piloty, Stuck und Lenbach bis Cézanne war allerdings ein weiter, und die kühne, aufregende Farbgebung seiner Bilder reizte die Menschen bis zu Wutausbrüchen. Wilhelm II. äußerte sich darüber in einer Rede ungefähr folgendermaßen: »Paul Cassirer, der die Dreckkunst aus Paris zu uns bringen möchte...« Die Ausstellung war ein absoluter Mißerfolg pekuniär und ideell, worauf P. C. einige Monate später noch einmal Cézanne ausstellte und diesmal noch andere Impressionisten dazunahm. Die Pariser Kunsthändler unterstützten den jungen Feuerkopf, und besonders der alte Durand-Ruel war ihm freundschaftlich gesinnt. Immerhin wäre es P. C. unangenehm gewesen, wenn diese zweite Ausstellung wieder ganz ohne Resultat verlaufen wäre, und so überredete er die Frau des Begründers der I. G. Farbenwerke, Franz Oppenheim, ein Blumenstück von Cézanne für zweihundertfünfzig Mark zu kaufen, nur um den Zettel »Verkauft« an eines der Bilder hängen zu können. Inzwischen waren auch Meier-Graefe und Dr. Julius Elias als Kämpfer für Cézanne und van Gogh auf dem Platz erschienen. Die Viktoriastraße 35 war aber nicht nur den Franzosen und den schon berühmten Malern geöffnet, auch die Jugend hatte dort ihren Platz, wo sie Bilder zeigen konnte, allerdings erst, nachdem sie von P. C. und Max Liebermann gewogen und würdig befunden waren. Der junge Künstler fand in der Viktoriastraße außer dem Nagel, um sein Bild aufzuhängen, auch einen Förderer, der die trägen Geister der geldkräftigen Berliner so lange mit glänzenden Worten betäubte, bis sie kauften und noch stolz darauf waren. Deshalb war eine Ausstellung bei P. C. nicht nur eine Ehre, sondern auch eine materielle Förderung, und das Drängen Spiros, in die Schar der Bevorzugten aufgenommen zu werden, war begreiflich.

Als ich an diesem Abend nach Hause kam, konnte ich auf die Fragen Spiros keine Antworten finden, ich brauchte Zeit, um wieder zu mir zurückzukehren. Der Ausflug in die andere Welt war zu weit gewesen, aber ich würde P. C. wohl nicht so bald wiedersehen, und das war gut so — sehr gut.

Max Reinhardt hatte inzwischen das »Deutsche Theater« ge-
pachtet. Das »Kleine Theater« mußte er daher vertragsgemäß
abgeben, und mein Kollege aus Breslau, der Schauspieler Viktor
Barnowsky, bewarb sich darum und erhielt es auch. Der ausgezeichnete Regisseur Richard Vallentin trennte sich von Max
und ging nach Wien an das »Deutsche Volkstheater«. Das
»Hebbel-Theater«, dessen Gründung er später mit Eugen Robert
vorbereitete, sollte er nicht mehr eröffnen, der Tod rief ihn
ab.

Das »Deutsche Theater« wollte man durch eine großartige Vorstellung einweihen, Reinhardt wählte dazu Kleists »Käthchen
von Heilbronn«, mit Lucie Höflich und Friedrich Kayßler in
den Hauptrollen. In den kleineren Rollen: Max Reinhardt:
Friedborn, Georg Engels: Gottschalk, Durieux: Kunigunde.
Diese Rolle war mir sehr unerwünscht, aber gegen Max gab es
keine Auflehnung. Trotz ausgezeichneter Regie und Darstellung
war das Stück kein Erfolg. Nur der Zufall brachte einen Applaus, und zwar auf offener Szene, und der galt einem in der
Eile liegengelassenen roten Mantel, der als Farbfleck auf einer
Wiese das Publikum entzückte, was aber von der Regie nicht
beabsichtigt war.

Nach »Tartuffe« von Molière, in dem ich die Elmire spielte,
kam ein Abend mit Wildes »Florentinischer Tragödie« (Durieux,
Moissi und Schildkraut) und dem Einakter »Der Herr Kommissär« von Courteline, in dem ich auch eine Rolle hatte.
Dieser Abend sollte mich wieder in Verbindung mit Paul Cassirer bringen. Nach der Vorstellung wurde uns mitgeteilt, daß
»Der Herr Kommissär« beim »Ball der Sezession« in den Räumen der Sezession gespielt werden sollte.

P. C. war mit der Sezession auf das engste verbunden. Sie war
von den Berliner jungen Künstlern gegründet worden, die sich
gegen die offizielle Ausstellung wandten, die jedes Jahr unter
dem Protektorat der Regierung veranstaltet wurde und nur
»Kitsch und Schinken« zeigte. Ohne P. C.s treibende Kraft und
seine kaufmännische Tüchtigkeit, die vor keinem Wagnis und

Opfer aus eigener Tasche zurückscheute, wäre diese Vereinigung nicht so leicht aufrecht zu erhalten gewesen, denn die Regierung, gegen die Moderne eingestellt, hatte für sie statt Förderung nur Hemmungen.

Der »Ball der Sezession« fand zwar erst seit wenigen Jahren statt, trotzdem war er bekannt durch die schönen Frauen der Künstler und durch die originellen Kostüme, die man dabei sehen konnte, außerdem ließen es sich die jungen Maler nicht nehmen, in wochenlanger Arbeit die Wände der Festsäle auf das originellste zu bemalen. Für mich war es ein Ereignis, weil ich mir das erste Ballkleid meines Lebens machen ließ, abgesehen von den rosa und blauen Fähnchen meiner Wiener Zeit. Sonst war der Abend für mich nur ein einziges Spiel: »Klapperschlange und Kaninchen.« Ich konnte nur mit den Löffeln wakkeln und hie und da die Nase lüpfen, meine schillernde Schlange ging mir nicht von der Seite, alle anderen Menschen, inklusive Spiro, wurden aus meiner Nähe fortgezischt, und so war ich wehrlos einem Sturm ausgeliefert, der gegen mich anbrauste. Schließlich wäre ich am liebsten, so wie ich war, gleich mit P. C. auf und davon gerannt, aber ein letzter Rest von Vernunft hinderte mich daran. Ich versprach alles, was er wollte: Mit ihm spazieren zu gehen, ihn im Büro zu besuchen, besinnungslos sagte ich zu allem ja, bis plötzlich Spiro auftauchte und zum Aufbruch mahnte.

Der Saal hatte sich inzwischen geleert, ich hatte es nicht bemerkt, hatte Raum und Zeit vergessen; erst Spiros Anblick brachte mich zur Wirklichkeit zurück. Anderntags wußte ich, daß ich keine von allen Versprechungen halten würde und daß ich nichts anderes tun konnte, als P. C. möglichst nicht mehr wiederzusehen. Aber eine Einladung zu S. Fischer machte alle meine guten Vorsätze zuschanden.

S. Fischer war ein kleiner, unerhört befähigter Mann mit einer kleinen, nur auf den geistigen Höhen wandelnden Frau. Sie hatten im Grunewald eine Villa und empfingen dort alles, was in der Literatur Namen hatte. Das Paradepferd des Hauses war Gerhart Hauptmann, für den S. Fischer jedes geforderte Opfer brachte. Die Zeit der fürstlichen Einnahmen war noch nicht gekommen, der Film mit seinen großen Honoraren existierte noch nicht, man war im großen und ganzen noch recht bescheiden. Gerhart Hauptmann aber liebte den Luxus, und da hatte der kleine S. Fischer tüchtig zu schaffen, um alle Wünsche seines Gottes zu erfüllen. Diese Vergötterung ging so weit, daß ich einmal später bei Fischers folgende drollige Szene erlebte: Der Hausherr führte die Gäste behutsam und leise, Finger an den Lippen, in ein Zimmer, von wo aus man den angebeteten Hauptmann mit Lovis Corinth und P. C. sehen konnte, wie sie eine Flasche Cognac gemeinsam austranken. Alle Gäste standen nun selig lächelnd da und besahen dieses Schauspiel in tiefem Schweigen: der große Dichter trinkt Cognac. Es war jedenfalls eine große Auszeichnung, in dieses Haus eingeladen zu werden, wo Schnitzler, Hofmannsthal, Hermann Bahr und alles, was Namen hatte, sich von Zeit zu Zeit versammelte.

Mein Tischherr war natürlich Paul Cassirer. Nicht genug, daß er mir Vorwürfe über meine nicht eingehaltenen Verabredungen machte, er verstand es auch, Spiro dazu zu bringen, daß er zusagte, mich in den Kunstsalon in die Viktoriastraße zu schikken. Er versprach sich wohl gute geschäftliche Verbindungen durch diese Annäherung. Nun wußte ich, daß es keinen Zweck hatte, gegen mein Schicksal zu kämpfen, ging hin und war für alles andere verloren.

Eugen Spiro war mir in schlimmer Zeit ein Halt gewesen, er war fleißig und tüchtig, und nie gab es ein böses oder ungeduldiges Wort. Aber was halfen all diese Vorzüge gegen das, was nun über mich gekommen war. Gerade aus Dankbarkeit gegen unser gutes Zusammenleben war es mir auf die Dauer nicht möglich, ihm meine Gefühle zu verbergen. Nach langen und sorgfältigen Überlegungen entschloß ich mich daher zu einer Handlung, die mir die einzig würdige erschien: ich wollte ihm die Wahrheit sagen.

Heute, nach einem langen, ereignisreichen Leben weiß ich, daß die »Wahrheit« eine gefährliche Sache ist. Sie scheint, so wie die Gerechtigkeit, ein Fisch zu sein, den man nicht so leicht fängt, sondern der wegglitscht, wenn man ihn gefaßt zu haben glaubt. Niemand hat noch gefunden, welches Mittel das richtige ist, um in Ruhe von seinem Ehepartner zu scheiden, und ob die Wahrheit nicht ein sehr grausames Mittel ist, um eine Ehe zu trennen. Immerhin wird die Lüge als Verrat empfunden, die Wahrheit wiederum als Grausamkeit, und so liegt der richtige Weg im Dunkel. Genug, ich hatte den meinen gewählt. Eines Abends, als wir von einer Gesellschaft nach Hause kamen, in der sich auch P. C. befunden hatte, faßte ich Mut. Ich holte tief Atem und zählte bis drei, dann sagte ich: »Ich muß dich verlassen, denn ich liebe einen anderen.« Dabei kam ich mir wie eine Heldin vor. Spiro brach nach dieser Erklärung fassungslos zusammen. Das bißchen Romantik, das ich im Augenblick zuvor noch empfunden hatte, war verweht, und nur Schreck und Jammer blieben übrig. Hier hatte ich einen treuen Menschen, den ich mit meinem Geständnis böse traf, was mich dagegen dort erwartete, war mir unbekannt. Und so versprach ich ihm nach einer langen Nacht, in der er mich beschwor, ihn nicht zu verlassen, zu bleiben, und nahm mir vor, P. C. nicht wiederzusehen.

Klara Sachs wurde aus Breslau gerufen, um in dieser Situation zu helfen. Sie kam, und ich versuchte ehrlich, den Bann abzuschütteln und hielt brav und tapfer das Wort, das ich mir selbst gegeben. Doch als ich eines Tages, sehr spät von der Probe kommend, Spiro auf der Straße vor dem Hause meiner wartend fand, erkannte ich die Unmöglichkeit des augenblicklichen Zustandes. Meine Nerven waren durch alle Vorkommnisse, den inneren Kampf und die Arbeit im Theater so irritiert, daß ich in eine tiefe Ohnmacht fiel, nachdem ich ihm und Klara Sachs gesagt hatte, daß ich nicht bleiben könne.

Unser Arzt, den ich beim Erwachen an meinem Bett fand, teilte mir Spiros Ultimatum mit. Ich solle mich auf einige Wochen in ein Sanatorium zurückziehen, um ruhig überlegen zu können. Mein Entschluß würde dann für Spiro entscheidend sein. Man wolle mir aber den Ort nicht nennen, wohin mich Klara Sachs begleiten sollte, damit der zu fürchtende Konkurrent mich nicht brieflich beeinflussen könne. Ich müsse auch versprechen, ihm nicht zu schreiben. Ich war vollständig abgekämpft und empfand das Anerbieten als höchst ehrenhaft und vernünftig, denn ich wünschte mir ja selbst Klarheit. Mir kam mein Zustand wie eine Krankheit vor, die mich plötzlich überfallen hatte. Zuerst ging ich zu Reinhardt, um mir einen Urlaub zu erbitten, den er mir auch gab und mir sagte, er sei in der letzten Zeit über mein Aussehen erschrocken gewesen. Dann reisten Klara und ich einem mir unbekannten und mir auch völlig gleichgültigen Ziel entgegen.

Die gute Klara hatte wieder einmal ihre Börse weit geöffnet, denn Spiro wäre nicht in der Lage gewesen, den Aufenthalt in einem Sanatorium zu bestreiten, das sich als die Heilanstalt Binswanger in Kreuzlingen herausstellte. Gleich nach der Ankunft zog sich Klara mit dem Arzt zurück und kam verweint wieder. Hielt man mich denn wirklich für so krank? Noch am selben Abend verließ sie mich, um nach Berlin zurückzukehren. Wir nahmen Abschied, ich wußte nicht, daß er fürs Leben sein sollte. Bei Tisch bemerkte ich mir gegenüber einen Mann, der sich mit der rechten Hand an das rechte Ohr fuhr, ihm einen Klaps gab und dann, sich verbeugend, »Gogl-gogl« murmelte; wie sonderbar! Nach drei Minuten wiederholte er diese Geste und so fort, während des ganzen Abendessens. Ich besah mir die anderen Tischgäste an der langen Tafel, sie waren teils uninteressant, teils recht eigenartig. Etwas beunruhigt ging ich in mein Zimmer zur Ruhe.

Am anderen Morgen ging ich in die Sprechstunde des Arztes und sah aus den betont milden Fragen des Arztes und seinem betont sanften Wesen, daß man mich als verrückt oder wenigstens stark irritiert eingeliefert hatte. Mein Benehmen daraufhin konnte den Arzt sicher nicht vom Gegenteil überzeugen, und ich wurde weiter beruhigt, sanft, so sanft, daß ich vor Wut beinahe platzte. Nun wurden mir Massagen, Duschen, Bettruhe und, weiß der Kuckuck, was alles verordnet. Ich wußte, wieder in meinem Zimmer, nicht, ob ich weinen oder lachen sollte.

Armer Spiro! Er hatte sicher an meine geistige Erkrankung geglaubt, denn mit bösen Hintergedanken war der Aufenthalt in einer Nervenheilanstalt nicht gewählt worden. Wie aber sollte ich mich aus dieser Affäre ziehen? Ich beschloß das einzig Richtige, mir die Duschen, Massagen und alle Pflege ruhig gefallen zu lassen und den Arzt nicht durch Beteuerungen über meinen normalen Zustand gegen mich aufzubringen. Er glaubte natürlich den aufgeregten Schilderungen Klaras und würde sicher langsam erkennen, daß ich vollständig normal sei, das mußte eben abgewartet werden. So langweilte ich mich vierzehn Tage, machte Spaziergänge, bei denen ich allerdings nie allein gelassen wurde; immer wollte eine nette, gefällige Pflegerin oder ein Arzt gerade auch spazieren gehen. Die übrigen Patienten bekam ich nur zu den Mahlzeiten zu Gesicht, aber das war mir vollständig genug. Schließlich jedoch bekam ich es satt. Ich machte einen leisen Versuch, von Abreise zu sprechen, merkte aber, daß dies die Sanftmut des Arztes nur steigerte, und so beschloß ich, heimlich fortzulaufen. Mit großer Schlauheit und Vorsicht verschaffte ich mir die Kenntnis der Zugverbindungen, wählte eine Zeitspanne, in der die Beaufsichtigung der Kranken weniger sorgsam war und verließ harmlos, ohne Hut, nur mit einem kleinen Handtäschchen, das ich in der Hand munter schwenkte, das Haus.

Am Bahnhof angekommen, erreichte ich, wie ich gehofft, den Zug nach Berlin und saß aufatmend im Kupee einem einzelnen Herrn gegenüber. Wie wurde mir aber, als dieser Reisende, der Aussprache nach Amerikaner, sich mit der Frage an mich wandte, ob mir die »Prophezeiungen Daniels« bekannt seien. Sollte ich nicht lieber gleich umkehren und in die Anstalt zurück, wohin ich doch vielleicht gehörte? Der Mann schwatzte

drauflos, und ich hatte Mühe, mich zu überzeugen, daß sein
Geschwätz über den Propheten Daniel nicht nur meinem kranken Hirn entsprang. Endlich erreichten wir Berlin, und ich stieg
frühmorgens am Bahnhof Friedrichstraße aus. Mir waren die
Hotels unbekannt; meine Geldmittel waren gering, und so bat
ich einen Droschkenkutscher, mich in ein billiges Hotel zu führen. Nachdem er mich gemustert hatte, fuhr er zum Hotel
»Roter Adler« in der Jägerstraße, das nicht sehr vertrauenswürdig aussah. Der Portier besah mich von oben bis unten; es
war sechs Uhr früh, und ich stand vor ihm ohne Hut und ohne
Gepäck. Das Aussehen des schmutzigen Zimmers, in das er mich
endlich führte, zeigte mir deutlich, wofür ich gehalten wurde.
Einerlei, ich brauchte nur bis zehn Uhr zu warten, um in der
Viktoriastraße anzurufen, und dann würde sich alles klären.
Das Gerücht von meiner Erkrankung war auch zu P. C. ge-
drungen, er war in Sorge gewesen und holte mich sofort aus
meinem Quartier. Ich suchte einen Anwalt auf, und meine Scheidung wurde nun ohne viel Lärm vollzogen, denn, wie ich es
nicht anders erwartete, ging Spiro, nachdem er meine Entschlos-
senheit erkannte, anständig und korrekt vor. Er verschwand
aus meinem Leben, und erst im Jahre 1913 habe ich ihn zufällig auf der Straße wiedergesehen, und im Jahre 1950 schickte
ich ihm einen Gruß nach New York und bekam eine reizende
Antwort. Ich suchte mir nun eine kleine Wohnung, die ich in
der Lennéstraße, dem Tiergarten gegenüber, fand. Im Theater
wartete schon die Arbeit auf mich; ich stürzte mich darauf und
beschloß mit den »Neuvermählten« von Björnson die Saison,
trat selbstverständlich nebenbei auch in den schon gespielten
Stücken auf. Meine Erlebnisse hatten mich reifer werden lassen,
denn unter der Maske der Rolle wird jede geheimste Regung
dem Publikum enthüllt. Nur der Schauspieler reißt sich vor der
Öffentlichkeit jede Maske ab, bis zuletzt nur das zuckende
Fleisch übrigbleibt, er tut es unbewußt, weil ihn eine unbekannte Macht dazu zwingt. Dies gilt allerdings nicht für diejenigen, die sich auf die Schaukel des Pathos schwingen, die

»Wehe, Wehe« rufen und dabei ins Publikum schielen, ob es auch seine Wirkung tut. Der Künstler ist ein Exhibitionist aus Demut vor der Wahrheit. Nur diese gilt es zu suchen, und nur das Einfachste ist das Letzte, aber auch das Schwerste. Es braucht ein ganzes langes Leben und die Überwindung von Eitelkeit und Ehrgeiz, um zur Einfachheit zu gelangen und damit zur Wahrheit. Nicht jeder hat den gleichen Weg zu gehen, nicht jeder die gleiche Art, die Wahrheit zu verkünden, aber, ob es ein Musiker, ein Dichter, ein Schauspieler sei, nach wenigen Worten erkennt der Bruder den Bruder.

Damals war ich freilich erst am Anfang und wußte nicht, daß mein ganzes Leben nur dem Suchen dieses Weges galt. Aber, da Sehnsucht die stärkste Kraft ist, so trieb es mich zu ihr, die ich jetzt am Ende meines Lebens noch nicht erreicht habe, obwohl ich ihr nähergekommen bin. Welchen hohen Preis ich auch bezahlen mußte, wie sehr ich mich bemühte, ich bin auch heute nur erst im äußeren Ring der Wollenden und nicht im inneren Ring der Wissenden und Könnenden. Vielleicht ist man das erst kurz vor dem Tod.

Von der Presse belobt für meine Leistungen, erwachte ich zum erstenmal aus meiner selbstgefälligen Zufriedenheit, als P. C. mich eines Tages fragte, ob ich schon gehört hätte, daß es so etwas wie eine deutsche Sprache gäbe. Ich war fassungslos, er aber machte mir klar, daß ich den Dialekt meiner Heimatstadt noch nicht ganz abgelegt, daß ich von Stimme und Atem keine Ahnung hätte und daß es nun Zeit sei, daran zu denken, wenn ich wirklich ein Künstler werden wollte.

Inzwischen war der Sommer gekommen, die Theater wurden geschlossen, und ich fuhr mit Paul in den kleinen Badeort Noordwijk in Holland. Dieser Ort wurde später groß und elegant, aber damals war er noch ganz primitiv. P. C. hatte ihn durch Zufall entdeckt und sich ein kleines, reizendes Haus oben auf der Düne gebaut. Gerade war es fertig geworden, und wir zogen ein. Das rote Dach reichte bis tief herunter, in der Halle war der Kamin mit alten blaubunten Kacheln ausgelegt, eine breite Veranda sah nach dem grau-silbernen Meer, so stand das Häuschen in den Farben Gelb, Blau und Weiß in den grau-grünen Dünen ganz einsam da.

Wir fuhren in Holland umher und gingen in alle Museen. Hatte ich schon in Paris die alten Meister bewundern gelernt, wie-viel mehr drang ich bei einem Führer wie Paul Cassirer ein in die traurig-prächtige Weise eines Rembrandt und den stolzen Prunk der Bilder von Frans Hals aus seiner frühen und mittle-ren Zeit. Paul wurde vor diesen Bildern von einem solchen Feuer ergriffen, er fand solch begeisternde Worte, daß wir beide vor Glück uns wie Kinder an den Händen faßten und von einem Lieblingsbild zum anderen liefen.

In Haarlem im Rathaus (heute im Hl. Geistspital) aber war es, wo ich bis ins Innerste erschrak vor den letzten Bildern, die der verschollen gewesene Frans Hals als alter armer Mann gemalt hatte. Die Vorsteherinnen des Altfrauenhauses in Haarlem, fünf Frauen um einen Tisch vereint, fünf Darstellungen von Bosheit, Geiz, Kleinlichkeit, Härte und Dummheit. Dann die Vorsteher des Altmännerhauses zu Haarlem, dessen Insasse Frans Hals war, dumm, versoffen sehen sie uns an, das Stück-chen eines ziegelroten Strumpfes des einen leuchtet tückisch auf. Welche Summe von Welterfahrung, Schmerz und Enttäuschung geht von diesen Bildern aus. Im Baedeker jener Zeit stand dar-über: »Schwache, unvollendete Werke des alten Meisters.« Wo hat der Schreiber seine Augen gehabt und wo sein Herz? Ich stand zitternd lange davor, und ein leises Ahnen von einer Kunst, die mir noch weit, weit entfernt war, beschlich mich. Wie oft ich auch später diese Bilder gesehen, nie haben sie die Größe für mich verloren, nie wurde der Eindruck abgeschwächt. Vor diesen Bildern war es auch, wo Paul mir klarmachte, daß mein Leben ein einziges Streben sein müsse, zu lernen, soviel ich nur immer konnte.

Die Abende waren mit Büchern ausgefüllt. Da zeigte mir Paul die tiefe Menschlichkeit Dostojewskis, warb bei mir um den verhinderten heiligen Büßer Tolstoi, um den vom Norddeutschen nie zu begreifenden »Oblomow« des Gontscharow, und wieder wurde damit ein neues Fenster aufgetan und mein Blickfeld erweitert.

Entfernt von unserem stillen Winkel, zu dem wir uns damals noch durch tiefen Dünensand kämpfen mußten, lag das Fischerdorf, und auf der anderen Seite, wo es schon langsam vornehm wurde, stand das hübsche Hotel Huis ter Duin. Dort zog nun Liebermann ein, wie alle Jahre. Mit ihm war eine drollige Geschichte passiert, während ich mich in Binswanger mit dem »Gogelmann« unterhielt. Er, dem Böswillige nachsagten, er sei die größte Klatschbase von Berlin, stürzte zu P. C., um ihm mitzuteilen, ich sei verschwunden, und zwar wahrscheinlich einer Liebe wegen. Von P. C.s unbeweglichem Gesicht konnte er nichts ablesen, aber als er in der Folge erfuhr, wer der Grund meiner Scheidung war, faßte er gegen mich sonderbarerweise einen solchen Zorn, daß er mein Feind wurde. Außerdem war er, der sich nicht genug tun konnte mit zweideutigen, ja manchmal sogar sehr eindeutigen Reden, vor der Öffentlichkeit außerordentlich moralisch und verurteilte unser freies Zusammenleben so sehr, daß er mich nicht mehr grüßte. Vor P. C. nahm er sich allerdings in acht, denn mit ihm wollte er sich nicht entzweien. Aber ich machte dieser Lächerlichkeit ein kurzes Ende, indem ich ihm, als er mich in Gegenwart P. C.s übertrieben höflich grüßen wollte, einfach den Rücken drehte. Da dies vor einer Gruppe von Bekannten geschah, war der Eklat nicht gering, aber ich hatte eine klare Situation geschaffen, und fünf Jahre haben wir uns gemieden.

Mit dem scheidenden Sommer kehrte ich in meine winzige Wohnung zurück und sah statt auf das Meer auf die grünen Bäume des Tiergartens, und P. C. war wieder in der Viktoriastraße zu finden.

Der Teil Berlins, in dem sich nun die eine Hälfte meines Lebens abspielte — die andere gehörte dem »Deutschen Theater« —, war damals eine stille Ecke. Fast wäre man versucht, ihn eine Kleinstadt in der Großstadt zu nennen. Ein paar Minuten vom lärmenden Potsdamer Platz entfernt, lagen die stillen Straßen, die Häuser, deren Mieter und Besitzer kaum wechselten, in kleine grüne Gärten eingebettet. Man kannte also seine Nachbarn und deren Gewohnheiten genau.

Die Kunsthandlung lag im Erdgeschoß, der erste und zweite Stock, damals noch vermietet, wurde später zu Büro- und Wohnräumen umgewandelt, und im Parterre bebaute man den kleinen Garten zum Teil mit einem schönen Oberlichtsaal. Gegenüber wohnte die Familie Rathenau, deren Haus später zu einem prächtigen Palais umgewandelt wurde.

Jetzt kann man dort nur mehr Ruinen, Schutt und Asche finden, und nie, nie mehr kann ich die Häuser wiedersehen, die mir in den entscheidenden Jahren meines Lebens täglich vor Augen waren.

Die Wohnung P. C.s in der Margarethenstraße lag fünfzig Schritte vom Geschäft entfernt in einem der fünfzehn Häuser, die sich beiderseits der sie schneidenden Viktoriastraße aufreihten und mit dieser einen winzigen Platz bildeten, auf dem eine Linde stand. Diese Linde war der Schauplatz von vielen Streichen, die die ausgelassene Künstlerschar, die P. C. umgab, ersann. Ich lernte sie alle im Herbst kennen, mit ihren fast ausnahmslos schönen Frauen. Da waren Klimsch, von Kardorff, Rhein, Mosson, die beiden Hübner, die beiden Walser, Brockhusen, Großmann, von König und andere. Zur älteren Generation gehörten Slevogt, Leistikow, Liebermann, Lovis Corinth; sie hielten sich von den jungen Tollköpfen etwas fern. — Unter dieser Linde nun wurden mitten in der Nacht P. C. greuliche Ständchen dargebracht, und einmal stand er vor der Ausquartierung, als man bei Verlassen der Wohnung eine Rolle Klosettpapier als Teppichschoner unter alle Messingstangen schob und diese Rolle bis zur Linde über die Straße führte. Die Lieferanten versammelten sich in der Frühe mit großem Hallo um diese Merkwürdigkeit, der Hausbesitzer fand sich in seiner Ehre gekränkt, und es bedurfte langen Verhandelns, um ihn zu versöhnen.

Ich arbeitete eifrig zu Hause, und kein noch so leiser Anklang an den Wiener Dialekt wurde ungerügt gelassen. Sätze aus meinen Rollen mußte ich wieder und wieder sprechen, bis sie tadellos von meinen Lippen perlten. Eines Tages legte P. C. Goethes Gedichte vor mich hin und forderte mich auf, seine Lieblingsgedichte zu lesen. Er hielt mir einen langen Vortrag, daß eine Schauspielerin verpflichtet sei, nicht nur ihre Rollen zu lernen, sondern auch die deutsche Literatur zu kennen, deren Sprachrohr sie doch sein wolle. Sie habe in die Schönheit der Sprache einzudringen, und wo könne sie dies besser als im Gedicht. Nie würde einem Menschen sich das Geheimnis des Klanges und des Rhythmus entschleiern, wenn er nicht unablässig im Reim danach suche. »Den Franzosen ist es angeboren«, rief er, »jedes Kind und jeder Bauer weiß dort um seine Sprache, wir Deutschen sind noch nicht so weit; nur unsere Lyriker können uns den Weg zeigen. Auf ihren Spuren mußt du gehen, du mußt Hunderte von Gedichten lesen, dann wird eines Tages etwas in dir zu schwingen anfangen, und die Menschen werden plötzlich aufhorchen und sagen: ›Die deutsche Sprache ist doch schön.‹« Dann fing er an, mir mit einer krähenden Stimme Gedichte vorzulesen. Zuerst lachte ich über seine seltsame Art, bis ich plötzlich verstummte und aus dem unmusikalischen Krächzen genau und deutlich das heraushörte, was zutiefst in den Reimen verborgen war. Goethe, Stefan George, Rilke, Verlaine, Baudelaire, für all diese sprach die rauhe Stimme mit heißer Liebe und erschloß mir neue Freuden, und wenn wir uns wie Kinder vor den großen Malern gebärdet hatten, so konnten wir uns jetzt nicht genugtun an der Schönheit der Verse.

Das waren die schönen Stunden, die schweren rückten heran.

Der Winkel mit dem Stammtisch bei Frederich in der Potsdamer Straße war mein Feind. In dem kleinen Restaurant, dem Stammlokal von Adolf Menzel, den ich dort übrigens kurz vor seinem Tode noch sitzen sah, versammelte sich eine trinkfeste Runde. Corinth, Mosson, auch Slevogt und von Kardorff, manchmal sogar Liebermann, kamen dort zusammen. Man trank und debattierte, und die Sitzungen dauerten oft bis in die Morgenstunden. Um Mitternacht lief der Sage nach eine weiße Maus auf einer der Gardinenstangen entlang, aber es ist möglich, daß sie nur den vielen Rotweinflaschen entstieg, die da leer um den Tisch standen. Herr Frederich, der Besitzer, klein mit roten Bäckchen und Spitzbärtchen, ging von Zeit zu Zeit durch die Räume, verbeugte sich höflich und murmelte ein Sprüchlein, das man nicht verstehen konnte. Einmal hochnotpeinlich von einem der Stammrunde befragt, erwies es sich als ein Zitat aus Götz von Berlichingen. In diesem Winkel wurde ich vergessen, gründlich, ganz und gar, als sei ich nicht auf der Welt. Verabredungen, Lieblingsspeisen, die eigens zubereitet, nun verpruzzelt warteten, eine sehr traurige Frau, die vergebens eine Stunde nach der anderen harrte und schließlich weinend zu Bett ging. Alles verschluckte dieser Winkel, sie saßen und tranken.

Das war das kleinere Übel, das auch mit den Jahren verschwand. Im Theater spielte ich zum erstenmal mit Paul Wegener in »Der Liebeskönig« von Greiner; dann folgte eine Rolle in »Gott der Rache« von Schalom Asch. In »Elektra« von Hofmannsthal spielte ich die Klytämnestra, im »Friedensfest« von Hauptmann eine säuerliche, ältliche Tochter. Hier verschaffte mir meine Maske einen Extraerfolg. Schließlich gab es auch eine Rolle für mich in »Gyges und sein Ring« von Hebbel. Das waren meine Aufgaben in der Saison 1906/07.

Was hilft es einem jungen Menschen, von Lebensklugheit und Weisheit zu reden, wenn er liebt, und der andere seine Augen zu begehrlich auf fremde Weiden schickt. Meine Naivität war nicht zu überbieten. Ich dachte, Untreue gäbe es nur in der Ehe. Ich glaubte bei einer wirklichen Liebe an Monogamie und war so töricht, von mir auf andere zu schließen. Die Erkenntnis, daß ich mich täuschte, war ein vernichtender Schlag für mich, und meine Erfahrung in der Behandlung eines solchen Falles gleich Null.

Ich entschloß mich schweren Herzens zu einer Aussprache und kam mir dabei elend genug vor. Wie zu erwarten, war der

Erfolg nicht nachhaltig, denn trotz kräftigster Beteuerungen stand ich nach einiger Zeit vor derselben Verwicklung. Ich beschloß nun, es auf eine Probe ankommen zu lassen. Vielleicht war meine Zeit abgelaufen, dann war es besser, den Tatsachen in die Augen zu sehen, statt eine so tiefe Neigung, wie sie das Schicksal über mich verhängte, eines langsamen Todes sterben zu lassen. Ich schrieb ein paar Zeilen an Paul, daß ich beschlossen hätte, nicht mehr ins Büro zu kommen, wo wir uns täglich trafen. Ich vergrub mich in meine kleine Wohnung und ließ das Telefon vergebens rufen, denn nach einer Auseinandersetzung mit Hilfe eines gefühllosen Apparates war mir nicht zumute. Da eilten gegen Abend Schritte die Treppen herauf, die mich teils freudig, teils angstvoll erschrecken ließen. Noch aber wollte ich stark bleiben und öffnete nicht die Wohnungstür. Das Haus war alt, die Tür nur schwach befestigt, und die Riegel waren ausgewetzt. Plötzlich wurden sie mit einem Krach gestürmt, die Tür ächzte, flog auf und herein stürzte P. C. Jedoch, statt sich mir zuzuwenden, war er mit einem Sprung bei dem an der Wand hängenden Telefonapparat, riß und zerrte so lange daran, bis er nachgab und ein Stück alter Mauer mit abbröckelte. Trotz allen Kummers mußte ich wegen der Ermordung dieses unschuldigen Gegenstandes lachen, und der wilde Stürmer hatte nun mit mir ein leichtes Spiel. Mir wurde nun in einer Rede, die nicht enden wollte, klargelegt, daß ein Leben ohne mich für ihn undenkbar wäre, daß ich ihm notwendiger sei, als ich es fassen könne und so fort. Wahrscheinlich dieselben Worte, die durch Jahrhunderte in denselben Fällen gesprochen werden, und die immer und auch durch Jahrhunderte dieselben willigen Ohren finden. Die Versöhnung wurde vollständig. Aber nach einiger Zeit war alles vergessen, und alles fing von vorne an.

Nun war ich wirklich ratlos. Alles hatte ich versucht, und alles hatte sich als vergeblich erwiesen. Ich konnte, wenn ich wollte, dieses Spiel zwanzig Jahre fortsetzen, und es würde immer das gleiche bleiben. Dauernde Szenen und Sensationen aber erschie-

Tilla Durieux · Nach einer Zeichnung von Emil Orlik

nen untragbar, und P. C. würde sich nicht ändern lassen. Ihm schien diese Art zu leben ein Bedürfnis zu sein, das sah ich deutlich. Ich hatte mich damit abzufinden oder mich vollständig von ihm zu trennen, und vor dieser Wahl stand ich nun.

Kein Freund nah und fern, mit dem ich mich hätte beraten können. Wenn auch in solchen Fällen ein Rat ungern gegeben wird, so genügt es oft schon, seine Angelegenheit laut vor einem anderen Menschen in alle Einzelheiten zu zerlegen, um sich eine gewisse Klarheit zu verschaffen.

Ich ging zu meinem Ofen und setzte mich zu ihm hin. Man sage, was man wolle, ein Ofen ist vertrauenswürdig, er schluckt seine schwarzen Mahlzeiten und sendet sie als Rauch zum Himmel; so würde er meine Worte schlucken und sie zu den Sternen schicken und, wie die Prinzessin im Märchen, die zum Pferdekopf sagt: »O, Fallada, da du hangest!« so hockte ich mich vor meinen stummen Freund, labte mich an seiner Wärme und fing meine Beichte an.

Ich stellte zwei Personen vor ihm auf. Mich, die Eine, und meinen inneren Widerpart, die Andere.

Die Eine: »Nun bin ich wieder da, wo ich vor Monaten war.«

Die Andere: »Das wußtest du doch gleich beim ersten Male.«

D. E.: »Nein, das wußte ich nicht, ich glaubte —«

D. A.: »Schweig, du wußtest es.«

D. E.: »Nun gut, wenn du es so haben willst. Was aber nun?«

D. A.: »Du mußt dich trennen.«

D. E.: »Warum gleich so hart?«

D. A.: »Mach keine Ausflüchte vor mir!«

D. E.: »Wenn aber doch . . .«

D. A.: »Nie!«

D. E.: »Man wird doch älter . . .«

D. A.: »Wie lange kennt ihr euch?«

D. E.: »Ein Jahr.«

D. A.: »Ein Jahr, und du meinst, in fünf, in zehn Jahren wird er dir treuer sein als jetzt?«

D. E.: »Nein!«

Als Klytämnestra in Elektra *(Hofmannsthal), Neues Theater in Berlin 1906/1907.*

*Tilla Durieux
Büste von Ernst
Barlach (1912),
Gips.*

*Paul Cassirer
Bronzebüste von Georg
Kolbe.*

D. A.: »Du siehst, entschließe dich und mache einen tiefen Schnitt!«

D. E.: »Das kann ich nicht.«

D. A.: »Dann erlebe alle vier Wochen die gleiche Anklage, die gleiche Versöhnung, mache dann die Rechnung darüber für ein Jahr, für fünf Jahre —«

D. E.: »Unmöglich!«

D. A.: »Du siehst...«

D. E.: »Wenn ich es gar nicht bemerken würde?«

D. A.: »Zu schwer!«

D. E.: »Nicht schwerer als Trennung.«

D. A.: »Du wirst es nicht können.«

D. E.: »Ich muß. Soll ich alles wieder verlieren, was mein Leben schön und reich macht? Ein Jahr nur, und wie hat sich alles für mich verwandelt. Die Erde ist größer, der Himmel ist weiter und tiefer.«

D. A.: »Das wichtigste verschweigst du und willst es dir nicht eingestehen.«

D. E.: »Was meinst du?«

D. A.: »Du liebst ihn, du liebst ihn so über die Maßen, so über den Schmerz und den Tod hinaus, so wie ein Mensch nur einmal lieben kann, mit allen Kräften, mit dem Guten und dem Bösen in dir, bereit, das Letzte zu geben und nichts dafür zu fordern. Du liebst ihn, wie das dumme Meermädchen, das für zwei kleine Füße ihre Stimme gab, nur um dem Prinzen zu gefallen, und die nun immer wie auf Messern gehen mußte. So wirst auch du wie auf Messern gehen und wirst nicht darüber klagen, denn du liebst ihn und wirst ihn lieben bis an dein Ende, du Narr!«

D. E.: »Wenn du weißt, wie närrisch ich bin, warum quälst du mich?«

Die Andere schnitt mir ein Gesicht und kroch wieder langsam in sich hinein, der Ofen knisterte und hüllte mich mitleidig in seine Wärme.

So hatte ich also meine Schwäche erkannt und einen feierlichen
Pakt mit mir geschlossen, blind zu sein, und ich habe ihn gehalten. Ich kann heute nicht entscheiden, wie mein Leben geworden wäre, wenn ich auf die Andere gehört hätte.
Wahrscheinlich aber wäre eine andere Wahl nicht möglich gewesen.
Frank Wedekind kam nach Berlin, und P. C. wurde sein leiden-
schaftlichster Anhänger. Wie soll man Wedekind schildern, wie
dieser Gestalt mit dem Januskopf beikommen? Er war ein er-
habener Clown, ein moralischer Zyniker, ein teuflischer armer
Teufel. Sein Leben bestand lange aus Erniedrigungen, Hunger
und Hohn. Ich erinnere mich an Geschichten aus dem Gefängnis,
darin er wegen Majestätsbeleidigung saß, bei denen man immer
die Wahl zwischen Lachen und Weinen hatte, und die er mit
verbissenem Humor vortrug. Eine davon handelte von seinen
Zähnen, die ihm durch die Gefängniskost ausgefallen waren.
Sein Gebiß zerbrach, er wollte es mit Nadel und Zwirn repa-
rieren, da kam ein hoher Herr zur Kontrolle, und Wedekind
schob das Gebiß rasch in den Mund, in der Eile blieben Faden
und Nadel draußen hängen. Der erstaunte Blick der hohen
Persönlichkeit sah, daß bei den knappen Antworten auf die
üblichen Fragen eine Nadel zum Munde heraushing und hin
und her schwankte. — Am meisten beeindruckte sein Leben
der Verleger Albert Langen und der Gentlemanschwindler
Grétor. Über den ersteren ist es wohl unnötig, Worte zu verlieren, der letztere aber war eine merkwürdige Erscheinung der
großen Welt. Mitglied von allen exklusiven Klubs, in allen
Kreisen beliebt, war er ein Hochstapler ganz großen Formates,
ein Schwindler, der auch bei der berüchtigten Affaire mit
der Flora-Büste im Kaiser-Friedrich-Museum im Hintergrund
steckte. Sie wurde erst Leonardo da Vinci zugeschrieben, von
Exzellenz Bode für das Kaiser-Friedrich-Museum gekauft.
Schließlich durch einen Hosenknopf, den man im Kern fand,
als falsch befunden. Wedekind hat ihm in seinem »Marquis von
Keith« ein Denkmal gesetzt. Sein wahrhaft prophetischer Geist

eilte weit voraus, und als seine Vorhersagungen eingetroffen waren, rümpfte man über seine veralteten Weisheiten die Nase.

Aber die Zeit für dieses Genie kommt wieder.

Als Wedekind in einer Privatgesellschaft, ungefähr im Jahre 1898, den »Erdgeist« vorlas, brach Professor Liebermann in Gelächter aus, in das die übrigen einstimmten. Später aber, als dieses Stück mit großem Erfolg über alle Bühnen ging, leugnete die ganze Gesellschaft ihre Meinung von damals und erklärte, stets seine Förderer gewesen zu sein.

Im Jahre 1906 aber stieß er das Fenster einer dumpfen Stube auf und ließ unter dem Gezeter der Moralisten und der Geistlichkeit Licht auf einen versteckten Schmutzhaufen fallen. »Frühlings Erwachen«, geschrieben 1891, sollte von Reinhardt aufgeführt werden. Paul Cassirer erwartete einen Serienerfolg, während Edmund Reinhardt höchstens an acht Tage glaubte. Karl Walser schuf entzückende Dekorationen, das Stück wurde sehr gut besetzt. Moissi, damals noch sehr umstritten, spielte den Moritz und die reizende Camilla Eibenschütz die Wendla. Dem Erfolg der Premiere hing noch ein Fragezeichen an, aber da erhob sich in der Presse ein wahrer Sturm gegen dieses Stück. Ich glaube, es war der Hofprediger Stoecker, der die Kampagne eröffnete. Der Kampf ging hin und her, und P. C. gewann, denn das Stück ging Hunderte von Malen über alle Bühnen Deutschlands. Wedekind war allerdings schon früher mit »Erdgeist« vor das Berliner Publikum getreten. Die Eysoldt war eine faszinierende Lulu gewesen. Er konnte aber mit anderen Stücken bei den Bühnen kein Interesse erwecken, und so spielte er es selbst mit Tilly Newes, seiner späteren Frau, an allen Bühnen in Deutschland ohne nennenswerten Erfolg. Erst »Frühlings Erwachen« schuf ihm ein breites Publikum. Es war nicht der amüsante Theaterabend, der die Menschen anzog. Der Januskopf hatte sein Clowngesicht gewendet, und diesmal wiesen bitterernste Züge auf ein Problem, das die Grundfesten der Erziehung erschütterte.

Im »Stein der Weisen« sagt Basil:

> »Was im Geheimsten kein Christ und kein Heide
> Sich seit Äonen zu denken getraut,
> Ich zeig's lebendig, der Menschheit zur Freude,
> Meine Geschöpfe verkünden es laut.«

Im Sommer wieder in Noordwijk, bekam ich große Lust, reiten zu lernen, und da im nahen Leyden ein ganz guter Tattersall und ein bekannter Reitlehrer zu finden waren, wurde ich aufs Pferd gesetzt. Vorher hielt mir aber P. C., der selbst gut zu Pferde saß, einen Vortrag, daß er ein Feind allen Gejammers sei, er mache mich aufmerksam, daß der Unterricht sofort eingestellt würde, wenn ich anfinge, über Muskelschmerzen oder anderes zu klagen. Ich nahm mir nicht die Zeit, die nötige Bekleidung abzuwarten und setzte mich in meinen gewöhnlichen Kleidern auf die Rosinante; natürlich im Damensattel. Herrensattel wäre damals unschicklich gewesen. Und was kommen mußte, kam, ich war gleich so aufgeritten, daß ich mich kaum bewegen konnte, denn ich hatte die erste Stunde auf einem Knopf gesessen. Lieber aber wäre ich auf der Stelle gestorben, als zu klagen und meinen Reitunterricht aufzugeben, und so zockelte ich mit herunterrutschenden Zöpfen und tropfender Nase durch die Dünen und verbiß meine Schmerzen.
Die Folgen einer Blinddarmerkrankung, die mich als ganz junges Ding fast umgebracht hatte, meldeten sich öfter als mir lieb war. Wie bissige Hunde überfielen mich die bösen Narbenschmerzen, und ich gebrauchte meine ganze Willenskraft, um sie mir nicht anmerken zu lassen. Ich nahm mir ein Vorbild an den Fakiren, die sich Nadeln durch die Backen stoßen konnten.
Und wirklich, es gelang mir, wenigstens bis zu einem gewissen Grade.
So wurde ich auch mit dieser weit harmloseren Reitangelegenheit fertig. Meine Ausdauer wurde belohnt; nach kurzer Zeit konnte ich kleine Ausflüge machen, die sich später zu herrlichen Touren

über Land erweiterten. So durchstreiften wir zu Pferd und Rad die smaragdgrünen Wiesen mit dem friedlich weidenden Vieh. Bei Ebbe lag der Strand wie ein Sammetteppich in der Morgensonne, die Hufe der Pferde federten auf dem elastischen Boden. Große, dicke Möwen stolzierten umher und ließen uns ganz nahe heran kommen. Die täglichen Morgenritte waren von unbeschreiblicher Schönheit.

Neben den Kulissen

Dem »Deutschen Theater« waren am 8. November 1906 die »Kammerspiele« zugefügt worden. Der neben dem »Deutschen Theater« liegende Altberliner Tanzsaal Emberg wurde in ein schönes, neues Röcklein gesteckt und zu einem eleganten Theater umgewandelt mit tiefen, weichen Fauteuils und mahagoniverkleideten Wänden. Die erste Aufführung von Ibsens »Gespenstern« fand hier mit Sorma und Moissi statt. Der Abend wurde mit großer Feierlichkeit begangen, und die roten Samtsessel trugen geschmückte Frauen in großer Toilette und Herren im Frack. Es war wie auf einer Gesellschaft in einem Privathaus. Das geistige Berlin kannte sich untereinander und versäumte keine Gelegenheit, um zu sehen und gesehen zu werden. Die Vorstellung war an diesem großen Tag ganz auf Andacht eingestellt, sie wurde sozusagen zelebriert, und Agnes Sorma entfaltete soviel Mütterlichkeit, Weisheit, Sanftmut, Sirup, Honig als nur immer möglich war. Sie weinte die bewußte Träne, die der Kritiker damals forderte und legte sie glitzernd auf den Tisch, jeder Laut verstummte, als der schwere Samtvorhang auseinanderrauschte und der Kirchendienst begann. Da, welch gräßlicher Ton? Es schnarchte, es schnarchte ganz deutlich und ohne Pause, wer konnte der Frevler sein? Reinhardt erschien lautlos und entsetzt im Zuschauerraum, aber nur feierlich erhobene Köpfe starrten zur Bühne. Sollte die Heizung der Störenfried sein? Auf Katzensohlen schlichen Inspizient und Hilfspersonal umher, man suchte — suchte, aber der Frevler blieb unentdeckt. Verzweiflung, Empörung! Die Künstler waren aus der Stimmung gebracht. Im Zwischenakt klärte es sich auf. Fritz Stahl, der Kunstkritiker des »Berliner Tageblattes«, saß wegen seiner Taubheit in der ersten Reihe. Die erste Reihe hatte vor sich das Bühnenpodest aus Mahagoni. Da hinauf hatte nun Fritz Stahl in aller Unschuld seinen neuen Hörapparat gelegt, der in dem Mahagoniholz eine treffliche Resonanz fand.

Damals gab es noch an allen Theatern ein wechselndes Repertoire, die Serienvorstellungen waren noch nicht an der Tagesordnung. Nur bei einem ganz großen Erfolg, wie zum Beispiel »Salome«, wagte man das Stück täglich anzusetzen.

So kam auch als Wiederholung das reizende Stück von Björnson »Die Neuvermählten« an die Reihe, in dem Gertrud Eysoldt, Hedwig Wangel, ich und der alte ausgezeichnete Georg Engels nebst anderen mitwirkten. Wir waren alle an diesem Abend zu bösen Streichen aufgelegt und konnten nur mit Mühe ernst bleiben. Meine Rolle war klein, und so stand ich müßig hinter der Kulisse, an der vorn auf der Bühne ein Sofa stand, auf dem Engels und die Wangel, das Elternpaar, saßen. Da entdeckten wir in der Kulisse ein Loch, und nach kurzer Überlegung steckten wir einen dünnen Draht durch, an dessen Ende sich ein Häkchen befand, und hakten es fest an Engels' Perücke, ohne daß er es bemerkte. Als er aufstehen mußte, fühlte er, daß die Perücke hängenblieb, er sank also zurück und in die Hände der Wangel, deren unstillbares Gelächter bei solchen Späßen bekannt war. Alle Anstrengungen, seine Perücke von dem Häkchen zu befreien, blieben nutzlos, und so hielten sich beide fest umschlungen und konnten kein Wort mehr sprechen. Der Vorhang mußte fallen. Zum Glück war der Akt fast zu Ende. Als nun die Bühnenarbeiter kamen, um die Szenerie zu wechseln, wollte sich die Wangel durchaus nicht erheben. Sie blieb und blieb sitzen. Endlich kam der Regisseur, und ihm erzählte die immer noch hilflos Lachende, daß sie sich nicht erheben könne, weil ... Kurz, das Sofa mußte durch ein anderes ersetzt werden.

Unsere Abende verbrachten wir fast ausschließlich mit Wedekind. Um acht Uhr traf sich Paul mit ihm in einem Restaurant am Kurfürstendamm, ich folgte nach der Vorstellung, und dann trennte man sich um drei oder vier Uhr morgens. Hatte ich nicht zu spielen, war ich mit Tilly Wedekind von acht Uhr abends an Zuhörer eines Wortduells, das zwischen P. C. und Wedekind ausgefochten wurde. Die Diskussionen begannen meistens in freundschaftlicher, ruhiger Weise, aber je weiter der Abend vorrückte, je mehr Getränke konsumiert wurden, desto hitziger wurden die beiden. P. C. knurrte, zischte, fauchte; Wedekind brummte, fing mit der Oberlippe sein klapperndes Gebiß und spritzte Gift. Sein Ehrgeiz war es, schlagfertig zu sein, den Gegner sofort mit einer Bemerkung mundtot zu machen, aber dies war ihm leider nicht gegeben. In die Enge getrieben, entfernte er sich auf die Toilette und kam nach einer Weile triumphierend lächelnd mit der passenden Antwort zurück, die aber meistens dann ihre Aktualität eingebüßt hatte.

Nach seiner Heirat richtete er sich eine Wohnung in der Kurfürstenstraße ein, tapezierte sein Arbeitszimmer mit einem dämonisch drohenden Rot und hängte an der Wand Peitschen auf. Die Möbel, sehr einfach und sehr gut-bürgerlich, ergaben einen komischen Zusammenklang mit den grausamen Knuten.

Seine Frau, Tilly, war sehr hübsch, anmutig und schüchtern. Ein reizender Schatz, den Wedekind gern, jedoch nur für Stunden, zum Vamp gemacht hätte. Er belehrte sie oft vor anderen Leuten, indem er sich plötzlich, sein Gespräch abbrechend, an sie wandte und zum Beispiel sagte: »Goethe, weißt du, Tilly, Goethe war ein Dichter, der in Weimar lebte und den ›Faust‹ schrieb« — und, schnapp, wurde dabei das Gebiß gefangen. Tilly, die keineswegs ungebildet war, quittierte dann mit einem schüchternen: »Ja, Frank.« Wagte P. C. Tilly in den Mantel zu helfen, markierte Wedekind Eifersucht, stürzte hinzu, riß ihm den Mantel aus der Hand und sagte: »Nun, das ist doch, denke ich, meine Sache, Herr Cassirer.« Schnapp, das Gebiß.

Dafür wurde aber jeder Besucher seiner Wohnung in einen tiefen Sessel genötigt, wo er gerade vor seinen Augen die Aktfotos von Tilly Wedekind hängen hatte. Trotz aller Freundschaft waren beide Männer gegeneinander von einer großartigen Förmlichkeit. Manchmal versuchte Wedekind in einem sentimentalen Augenblick P. C. das »Du« anzutragen, aber P. C. duzte sich mit niemandem.

Reinhardt hatte nun »Marquis von Keith« gewählt mit Wegener in der Titelrolle, Wedekind als Konsul Kasimir, Tilly als dessen Sohn und mir als Gräfin Werdenfels. Die Aufführung wurde kühl aufgenommen, die Kritik war ablehnend.

Als Schauspieler ist Wedekind schwer zu beschreiben, denn, obwohl seine Gestalten auf der Bühne unbeholfen umherschwankten, obwohl er einen dilettantischen Eindruck machte, war er so eindrucksvoll, zerlegte seine Ideen in so klarer Weise, bohrte seine glühenden Augen derart fanatisch in den Zuschauerraum, daß alle berühmten Schauspieler neben ihm verblaßten. Tilly dagegen sah immer reizend aus und machte ihre Sache gut. Für ihren Mann hatte sie eine grenzenlose Verehrung und quittierte all seine Bosheit mit einem lieben Lächeln.

In dieser Zeit regierten zwei Journalistenkönige in Berlin, die Wedekinds unbedingte Anhänger waren: Alfred Kerr und Maximilian Harden. Kerrs literarische Kritiken waren wie Rasiermesser. Um ein blendendes Bonmot anbringen zu können, verkaufte er sein Seelenheil, auch wenn er damit eine Schauspielerexistenz erschweren oder vernichten konnte. Er sah mit seinem Bart wie eine frisierte Wanze aus und fühlte sich unter einem breiten Atlasplastron jean-paulisch. Sein Tätigkeitsfeld war »Der Tag« und das »Berliner Tageblatt«. Es sei ihm gutgeschrieben, daß er hier viele Lanzen für Wedekind brach, und, immerhin, wenn ich heute seine Bücher lese, bewundere ich seinen Geist und sein Wissen.

Maximilian Harden, der Herausgeber und Hauptschriftsteller der Zeitschrift »Die Zukunft«, war eigentlich nur an der politischen Seite der Zeit interessiert, selten nur befaßte er sich mit Theater, wenn er es aber tat, dann trat er energisch für seine Ansicht ein, er wurde scharf, aber nicht höhnisch. Er war klein, zierlich, trug Schuhe mit hohen Absätzen und war stets tadellos gekleidet. Sein etwas weichliches Gesicht krönte eine Locke, die ihm wohlfrisiert in die Stirne hing und die er mit seinen stets weiß behandschuhten Händen sorgfältig in Ordnung hielt. Seine Locke erschien nicht als etwas Genialisches, sondern eher als kühle Konzession an den Schriftstellerberuf.

Einer der größten Wünsche Wedekinds war es, in das reiche Bürgertum einzudringen und dort seinen Platz zu behaupten. Dieser unverbesserliche Phantast und tragische Vagabund erstrebte heimlich, ein »Spießer« zu sein und in den Kreis der »Spießer« aufgenommen zu werden. Sein erstes Eindringen in die ersehnte Sphäre geschah im Hause der Schwester Walter Rathenaus, der Frau des Bankiers André. Er wurde zu einem offiziellen Frühstück in die schöne Grunewaldvilla geladen, und seine Tischdame, eine entzückende, elegante, nicht mehr ganz junge Frau, bekannt durch ihren Witz, freute sich auf den damals noch mehr berüchtigten als berühmten Dichter. Aber keine ihrer Fragen konnte ihn zu einer Antwort bewegen, die über »ja« und »nein« hinausgegangen wäre. Schließlich wandte sich die Dame ermüdet zu ihrem anderen Nachbarn. Am Ende des Essens öffnete Wedekind mit einem Male den Mund und fragte mit lauter Stimme, wie immer jedes Wort stark akzentuierend: »Darf ich mir eine Frage erlauben, gnädige Frau?« — »Gewiß«, antwortete die Dame, glücklich darüber, daß er, wenn auch spät, das Wort an sie richtete. An der Tischrunde herrschte sofort atemlose Stille, denn wer Wedekinds Namen noch nicht gekannt hatte, war durch die Hausfrau auf ihn aufmerksam gemacht worden. In diese Stille hinein nun klang die überdeutliche Frage: »Wie oft schläft Ihr Herr Gemahl bei Ihnen?« Einen Augenblick stockte jeder Herzschlag. Die schöne Frau Ida H. faßte sich rasch und antwortete kühl: »Zweimal in der Woche, Herr Wedekind, scheint Ihnen das genügend?«

Worauf Herr Wedekind verstummte, kein Wort mehr sprach und sich gleich nach Tisch entfernte. Das Rätsel, welchen Zweck diese Frage haben sollte, konnte keiner lösen.

Im Jahre 1907, als Wedekind noch in Berlin war, bevor er nach München übersiedelte, erlebte ich ein tragikomisches Weihnachtsfest mit ihm. In meine kleine Bude hatte ich Wedekind, den Bildhauer Nikolaus Friedrich, Kles genannt, Tilly Wedekind und die beiden riesenlangen Brüder Walser eingeladen. Paul sorgte für Getränke, und so war es gegen Mitternacht schon recht munter geworden. Der Maler Karl Walser sah wie eine Sonnenblume aus, mit seinem flachen, breiten, von blondem Haar umrahmten Gesicht. Er vertrug viel, aber, wenn es zuviel wurde, verübte er mit lächelnd sturer Miene ganz still die tollsten Dinge, sekundiert von seinem Bruder Robert, dem Schriftsteller. Plötzlich kam Karl Walser an diesem Abend auf die Idee, mit Wedekind, seinem halben Landsmann, »Hoselupfe« zu probieren. Das ist ein Schweizer Ringen, bei dem sich die Burschen am Hosenbund packen und versuchen, den Gegner auf die Erde zu werfen. Abgesehen davon, daß Wedekind keineswegs sportlich veranlagt war, betrachtete er diese Aufforderung als Entwürdigung und Hohn. Er lehnte schroff ab. Kles aber fand die Idee köstlich und ließ nicht ab, zu diesem Ringen zuzureden. Daraufhin wurde die Stimmung so drohend, daß Wedekind abrupt aufstand und mit »Tilly, komm, wir gehen«, die Wohnung verließ. Ich hatte nun genug, nahm meinen Mantel, um aus meinen eigenen vier Wänden und vor meinen rabiaten Gästen zu fliehen, doch kam es dabei zum allgemeinen Aufbruch.

Die beiden langen Walser wollten wir, um sie unschädlich zu machen, in eine Droschke setzen. Waren sie jedoch von der einen Seite hineingestopft, stiegen sie beide zu der anderen Seite wieder aus, alles ohne ein Wort und ruhig lächelnd. Endlich gelang uns das schwere Werk, die Türen wurden fest zugehalten, der Kutscher trieb an und die Fuhre setzte sich in Gang. P. C. und ich strebten in die Potsdamer Straße zum Café

Austria, wo wir Wedekind zu treffen hofften. Wir fanden ihn und hatten ihn gerade soweit versöhnt, daß er wieder ziemlich ruhig sein Bier trank, als die Drehtüre des Cafés die beiden Walser hereinzog, die sich nahe unserem Tisch niederließen und grinsend herüberstarrten. Wedekind klopfte sofort nervös den Kellner herbei, und trotz unserer Beschwichtigungsversuche bestand er darauf, aus dem Lokal zu verschwinden. Als er an dem Tisch der beiden Walser vorbeiging, erhob sich der Schriftsteller und rief ihm freundlich grinsend zu: »Schafskopf.« Wedekind stürmte derart rasch zur Drehtüre hinaus, daß sie ihn wieder hereindrehte und er abermals vor dem Tisch der Walser zu stehen kam. Nun erhob sich der Maler freundlich und ruhig und lächelte ihm zu: »Schafskopf.« Diesmal gelang die Flucht aus dem Café. Die beiden langen Walser waren aber für immer in Ungnade gefallen. Sie hatten es nicht bös gemeint, denn auch sie verehrten Wedekind.

Einer unserer liebsten Freunde war und blieb der Bildhauer August Gaul, der seine Tiere mit unendlicher Liebe schuf, mit einer Bescheidenheit und Demut an ihnen herumfeilte, wie der Meister in Goethes »Die Diana der Epheser«. Er arbeitete mit zähem Fleiß und Verbissenheit und sagte mir einmal: »Wenn ich erst auf Stimmung warten wollte, dann würde ich vielleicht nur vier Tage im Monat arbeiten. Meistens gehe ich mutlos und unlustig am frühen Morgen ins Atelier und bastle ein wenig, und schon ist die Zeit des Mittagessens da; nach Tisch kann ich es kaum erwarten, wieder im Atelier zu stehen.« Er war ein großer Goethekenner und überhaupt in der Literatur sehr bewandert. Seine Frau, eine mächtige Gestalt mit wildem schwarzem Haar und glühenden Augen, die Kolossalstatue einer Römerin, stammte aus dem Norden Berlins, wo sie Verkäuferin in einem Zigarrenkiosk gewesen war. Gaul hatte sie sehr jung geheiratet, es ging ihm damals dauernd schlecht. Drei Kinder entstammten dieser Ehe.

Als P. C. ihn entdeckte, war die Familie in so ärmlichen Verhältnissen, daß Gaul, um das tägliche Leben zu ermöglichen, allerlei Gelegenheitsarbeiten übernehmen mußte, während sein wundervolles Talent brachlag. Paul schlug ihm nun vor, dies alles aufzugeben und Arbeiten zu beginnen, die ihm am Herzen lägen. Für eine Rente, die ihm dazu die Freiheit geben sollte, würde er sorgen, wären dann genügend Plastiken vorhanden, käme eine Ausstellung in der Viktoriastraße in Betracht. Ein Vertrag wurde zwischen den beiden nicht gemacht, denn P. C. hielt jeden Vertrag für Unsinn. »Entweder, jemand will den Vertrag halten, wozu dann das Papier? Oder er will ihn nicht halten, dann gibt es hundert Wege, um ihn zu brechen«, sagte er stets. Gaul war ein wunderbar ausgeglichener Mensch, er wollte nie mehr als er konnte. Verstand und Talent hielten sich bei ihm die Waage. So entstanden die entzückenden Schöpfungen, die über Zeit und Mode triumphieren. Die kleinen Tiere, die in einem Zimmer ein köstlicher Schmuck sind, und die großen Werke: in Hamburg die Schafe am Klepperhaus, in Königsberg die Auerochsen, im ehemaligen Kaufhaus Wertheim der Bärenbrunnen und in Charlottenburg der Entenbrunnen. Trotz der harten Bronze scheint das Fell der Löwen und Bären so weich und schmiegsam, daß man es streicheln und liebkosen möchte. Die Enten am Charlottenburger Entenbrunnen — dem »Streichelbrunnen«, — wurden so lange von Kinderhänden geliebkost, bis sie ganz blank wurden.

Fast alles ist nun wohl vernichtet, aber um mich herum tummelt sich noch eine ganze Menagerie des Meisters in meiner Wohnung. Gaulchen und Paulchen waren unzertrennlich, und im Grunewald am Roseneck wurde mit der Zeit ein hübsches, kleines Haus gebaut mit einem großen Atelier gegenüber und einem Garten ringsumher, von dem Frau Gaul gleich eine Ecke zum Gemüsegarten bestimmte, den sie dann auch selbst bearbeitete. Ja, sie war tüchtig. Der Haushalt war tadellos gehalten und das Essen berühmt, wenn auch derb. Ob ein Gießergehilfe, ein Minister, ein Graf oder wer es auch sei, an ihrem Tisch saß —, sie kam in der Küchenschürze herein, knallte mit einem lauten »da, Kinder« die übervollen Schüsseln auf den Tisch und klebte selbst jedem Gast eine Riesenportion auf den Teller. Sie nannte mich Tante Tilla, obwohl sie viel älter war als ich und mich mit ihrer Leibesfülle zum Streichholz zusammenschrumpfen ließ.

Rückte das Weihnachtsfest heran, kamen telefonische Anrufe, die ungefähr so lauteten: »Tante Tilla, Mäuschen hat jeträumt, daß ihr Onkel Paule eine Armbanduhr schenkt, und Petern hat jeträumt, daß er 'n Fahrrad kriegt.« P. C. wünschte, daß alle diese Träume erfüllt würden, natürlich durch mich. Eine kleine Bronze, ein Eselchen, das einen Knaben trägt, steht hier in meinem Zimmer und erinnert mich an ein Fest, wo »Petern von 'nem lebendichen Esel jeträumt hatte«. Der war nicht so leicht zu beschaffen, aber endlich hatte ich das Grautierchen aufgetrieben, und es wurde am Weihnachtstag in aller Morgenfrühe vom Berliner Osten nach dem Westen geführt, wo es dann abends endlich eintraf.

Zu unserem intimeren Kreis gehörte auch Professor Tuaillon, der seufzend immer an irgendeinem Kaiserstandbild herumarbeitete: Kaiser zu Pferd, noch einmal Kaiser zu Pferd und immer wieder Kaiser zu Pferd, wie sie auf der Kölner Brücke stehen. Eine wundervolle Statue von ihm, die Amazone, stand im Tiergarten. Tuaillon hatte nicht den Mut, diese gutbezahlten Kaiseraufträge abzuweisen. Bisweilen erzählte er mir einiges von seinem hohen Auftraggeber. Obwohl S. M. den Bildhauer besonders auszeichnete, war er unleidlich während der Sitzungen, wo er es sich auf seinem Sattel bequem machte, seinen Adjutanten aber nie erlaubte, sich hinzusetzen oder in den Pausen eine Zigarette zu rauchen.

Noch einen kleinen Ausschnitt von unserem Leben im intimen Kreis: Lovis Corinth, einer aus der Runde bei Frederich, wo die Rotweinflasche unermüdlich kreiste, verheiratete sich. Seine Frau, die später bekannte Malerin Charlotte Behrend, sah diese Runde mit scheelen Augen an. Sie wollte ihren Mann diesem Einfluß entziehen, vergaß aber, daß hier Menschen beisammen saßen, mit denen er unbedingt, seines Berufes wegen, zusammenkommen mußte. Kurz, sie beschloß, eine Gesellschaft zu geben, ohne seine Freunde einzuladen, und verbot ihm streng, etwas davon zu erwähnen. Lovis konnte aber den Mund nicht halten und verriet den Plan. Paul und ich und zwei Maler beschlossen nun, an dieser Gesellschaft teilzunehmen, nur in einer anderen Form. Da sein Atelier nebst Wohnung im letzten Stock des Hauses lag und vor der Türe einen großen, breiten Treppenabsatz hatte, schaffte unser Diener einen Tisch und Stühle dort hinauf. In aller Stille, als man schon drinnen beim Essen saß, wurde dies mit Hilfe des bestochenen Portiers bewerkstelligt. Wir hatten uns in große Toilette geworfen und setzten uns also auf der Treppe an den blumengeschmückten Tisch. Vorher hatte ich in einem der großen Geschäfte ein üppiges Souper bestellt, mit dem dazugehörigen Wein und Sekt. Wir ließen es uns gut schmecken, und erst beim Dessert veranlaßten wir den Diener, an die Wohnungstüre zu klopfen und um einen Korkenzieher zu bitten. Das Mädchen öffnete, schlug aber gleich die Türe zu, denn sie glaubte, Geister zu sehen. Drinnen verstummte plötzlich das Gespräch, langsam und vorsichtig wurde die Tür geöffnet, und Herr und Frau Corinth, hinter ihnen der Schwarm der Gäste, spähten ängstlich heraus. Wir ließen uns nicht stören und tranken uns zu. Ein allgemeines Hallo erscholl, und von da an saßen die meisten Gäste mit uns auf der Treppe, denn es waren ja ohnehin nur lauter gute Bekannte von uns.

In den ersten Jahren meines Zusammenlebens mit Paul lernte ich Leo Kestenberg kennen. Er war ein Schüler von Busoni, gab aber seine Konzertlaufbahn auf zu Gunsten anderer Interessen. Er beschäftigte sich viel mit Arbeiterfragen. Ich wollte damals mein Klavierspiel noch nicht aufgeben und erbat von ihm Stunden. Im Verlauf dieses Unterrichts fragte er mich, ob ich ihn bei Vorträgen für Arbeiter unterstützen wollte, und ich sagte sofort zu. Der einzige probenfreie Vormittag war Sonntag. Ich fuhr mit ihm nun Sonntagvormittags in die Hasenheide, eine Arbeitergegend, und nach anderen Vororten Berlins, wo sich die großen Versammlungssäle befanden. Das Programm stellten wir sehr sorgfältig zusammen, in dem Bestreben, nur das Beste zu bieten.

Zuerst war ich sehr befangen, mehr als im Theater, als ich aber sah, mit welcher Dankbarkeit und mit welchem Interesse die Arbeiter unsere Leistungen aufnahmen, machte es mir bald ein großes Vergnügen. Kaum einen Sonntag ließ ich ohne einen Aus-

Tilla Durieux am Klavier mit Paul Cassirer, auf einer Kinderflöte blasend »Fuchs, du hast die Gans gestohlen« oder »Hänschen klein« · Nach einer Zeichnung von Emil Orlik

Das Friedensfest *(Hauptmann), Kammerspiele Berlin 1907,*
(v. l. n. r. Max Reinhardt, Tilla Durieux, Friedrich Kayßler,
Else Heims) Regie Max Reinhardt.

Als Gräfin in Der Graf
von Gleichen *(Schmidt-*
bonn), Kammerspiele
Berlin 1908, Regie Felix
Hollaender.

Die Zensur, *Uraufführung im Kleinen Theater, Berlin mit Tilly und Frank Wedekind.*

flug in die Arbeiterviertel vergehen. Das dauerte an, bis der Krieg diese Veranstaltungen unterbrach. Paul war mit diesen Vorträgen sehr einverstanden, aber seine Familie war außer sich. Wir wählten Melodramen, und Kerstenberg begleitete mich, ich rezitierte Goethe, Schiller, Dehmel, Herwegh, Chamisso. Dazwischen spielte Kestenberg klassische Musik. Nach einem solchen Vortrag kam eine unscheinbare Frau auf mich zu und fragte mich: »Warum tun Sie das?« — Ich war erschrocken, denn meine Kollegen ließen es nicht an bissigen Bemerkungen fehlen, so daß ich wieder Vorwürfe befürchtete. Als ich sagte, daß es mir eben Spaß mache, lächelte sie mich an und sagte: »Ich bin Rosa Luxemburg.« Das war der Anfang einer Reihe von Zusammenkünften mit dieser großen Frau, die ich allerdings geheimhielt, um nicht noch mehr auf mein schuldiges Haupt zu laden. Einmal lernte ich durch sie auf einer Versammlung flüchtig Karl Liebknecht kennen. Während des Krieges konnte ich sie im Gefängnis über Kestenberg unterstützen, und ihr schreckliches Ende war ein großer Schmerz für mich.

Russisches Ballett

In der Saison 1907 und 1908 hatte ich sehr wenig neue Aufgaben bekommen. Allerdings gab es alle Abende Wiederholungen von schon gespielten Stücken, aber ich war doch von meiner Kaltstellung etwas bedrückt und machte bei der Direktion Versuche, mich wieder in den Vordergrund zu schieben.

Ich bot an, meinen Vertrag zu lösen, um andere günstige Angebote, die man mir gemacht, anzunehmen, aber mein Ansinnen wies man entrüstet zurück.

Vormittags ging ich meistens in die Viktoriastraße; dort traf ich Pauls Freunde und hörte ihren langen Gesprächen zu über Bilder und Bilderpreise, über diesen oder jenen Maler. Eines Tages gab mir Paul eine Karte für die »Komische Oper« in der Friedrichstraße. Hier sollte ein russisches Ballett auftreten. Er selbst hatte keine Lust, hinzugehen. Ich war sehr neugierig, denn, was ich bisher vom klassischen Ballett in Wien und Berlin gesehen hatte, war nicht gut.

Der Zufall wollte es, daß ich abends neben dem Kritiker und Musikschriftsteller Oscar Bie saß, der mir vor dem Anfang ein Langes und Breites über die Wiesenthals erzählte, die Wiener Tänzerinnen, die damals mit Wiener Walzern viele entzückten, und der auch für Isadora Duncan begeisterte Worte fand.

Unser Gespräch wurde durch den aufgehenden Vorhang unterbrochen. Von diesem Augenblick an war alles, was je das Bein zum Tanzen hob, für mich tief unter die Erde verschwunden. Was da oben geschah, war die Aufhebung allen Schwergewichtes, die Verwandlung des Menschen in Schmetterlinge und Blumen, die Verkörperung allen Liebreizes und aller Schönheit.

Was hatte sich aber auch damals alles zusammengefunden! Die Pawlowa allen voran mit ihrer unwahrscheinlichen Grazie und ihrem unerreichten Können. Nijinskij, der durch keinen Tänzer mehr ersetzt werden konnte, nachdem er später unheilbar geistig erkrankte, die Eduardowa, glühend vor Temperament, die beiden Fokins, Else Will, zierlich wie eine Puppe, Adolf Bolm, schön in seiner männlichen Kraft, wie ein antiker Gott. An das Programm dieser ersten Aufführung kann ich mich nicht mehr erinnern, ich habe später an zu vielen Abenden das Glück gehabt, sie alle zu sehen, ich weiß nur, daß ich nach dem ersten Fallen des Vorhanges toll vor Freude Oscar Bie ansah und rief: »Haben Sie je soviel Schönheit gesehen?« Aber Oscar Bie war sich noch nicht klar darüber. Er hat sich nachher, als er über das russische Ballett Hymnen sang, nie mehr an diesen Streit erinnern wollen und leugnete seine damalige Kälte. Er meinte schließlich, die Wiesenthals wären doch natürlicher und die steifen Röckchen von den weichen Gewändern überholt und — da verlor ich die Geduld und machte ihm erregt klar, daß dies ein Können sei, das weit über alles hinausgehe, was wir bis jetzt erlebt hätten, und daß die Wiesenthals, verglichen mit diesen Tänzerinnen, nette Kindergärtnerinnen seien. Andere Bekannte kamen dazu, und bald bildete sich ein Kreis von Kritikern um uns, und zu meinem Erstaunen mußte ich merken, daß die Kunstpäpste sich recht zurückhaltend äußerten. Das Theater war halb gefüllt, und ich setzte mich jetzt auf einen leeren Platz, weit weg von Oscar Bies zweifelnder Miene, und genoß bis zuletzt diesen unbeschreiblichen Abend. Der Beifall klang nicht übermäßig stark; man merkte überall die abwartende Haltung des Publikums. Vielleicht kam es zum Teil auch daher, daß in Berlin das Ballett nur eine sehr untergeordnete Rolle spielte. Wenn es in einer Oper auftrat, wurde es herzlich schlecht repräsentiert, man war also nicht gewohnt, Spitzentänze zu sehen, und daher fehlte das Verständnis dafür. In Wien mochte man schon mehr dafür empfinden, denn dort war noch ein Rest einer alten Tradition vorhanden.

Ich stürmte nach Hause, und am nächsten Vormittag erstattete ich begeisterten Bericht, und zwar so gründlich, daß Paul gleich eine ganze Schar von Künstlern veranlaßte, abends hinzugehen. Slevogt, von Kardorff, Hübner, Gaul, Tuaillon, Oppler, König und wie sie alle hießen, saßen erwartungsvoll im Theater, um zu prüfen, ob meine überschwenglichen Schilderungen auf Wahrheit beruhten. Die Begeisterung war allgemein und groß. Ganz deutlich erinnere ich mich noch an den »Sterbenden Schwan« der Pawlowa und den Fenstersprung des Nijinskij im »Geist der Rose«, der alles je Gesehene übertraf.

Das Theater war wieder mäßig gefüllt, und Paul und die Maler faßten sofort den Plan, die ganze Sache richtig in die Wege zu bringen. Er suchte die Bekanntschaft des Managers zu machen (ob es damals schon Diagilew war, kann ich nicht mehr feststellen) und schlug ihm vor, das Gastspiel, das augenblicklich nur Defizite brachte, abzubrechen und nach ordentlicher Vorbereitung und Bearbeitung der Presse wiederzukommen. Durch die schlechten Einnahmen überzeugt, ging man darauf ein und beendete die Vorstellungen. Im Herbst sollten sie wiederkommen, und da P. C. damals für kurze Zeit Präsident der Sezession war — er nahm diese Würde, die eigentlich nur einem Künstler gebührt, aushilfsweise und besonderer Umstände wegen an — so benutzte er seine Stellung, um im Namen der Berliner Sezession vor dem ersten öffentlichen Auftreten der Russen eine Vorstellung vor geladenen Gästen zu geben. Daran sollte sich ein Bankett schließen, zu dem nur Mitglieder der Sezession, Kritiker, große Schriftsteller und das gesamte russische Ballett geladen waren. Es ging alles über Erwarten gut aus. Im Publikum saß, von Gerhart Hauptmann und Max Liebermann angefangen, alles, was schrieb, malte und in Stein hieb. Bei dem »Sterbenden Schwan« rollte Hauptmann eine Träne über die Wange, die nachher in allen Zeitungen erwähnt wurde. Der Applaus war wie ein Orkan, man schrie, jubelte und klappte mit den Stühlen.

Alles dies berichteten die Zeitungen in langen Artikeln, sie beschrieben auch das nachfolgende Bankett und wie die Unterhaltung mit den reizenden Russinnen nur durch Gesten und Handküsse zustande kam, denn außer der Pawlowa, die auch französisch sprach, verstand keine ein Wort deutsch. Zur nächsten Vorstellung wurden die Kassen gestürmt, das Gastspiel mußte verlängert werden.

Ich habe die Pawlowa, sooft sie nach Berlin kam, bei mir gesehen. Als Slevogt sie malte, habe ich sie über die Langeweile der Sitzungen hinweggeplaudert. Sie war eine sehr ernsthafte Künstlerin, die nie aufhörte, an sich zu arbeiten, privat ein guter Mensch, der in dem schönen, schmalen Kopf gescheite Gedanken barg. Ich habe sie sehr verehrt und ihren plötzlichen Tod tief bedauert, obwohl es für sie vielleicht der glücklichste Schluß ihrer großartigen Laufbahn war. Für einen Künstler ist es eine Gnade, wenn er auf der Höhe seines Könnens stirbt, denn wieviel Selbstbeherrschung, Resignation und Weisheit gehört dazu, sich selbst langsam abbröckeln zu sehen. Jung gestorben hat noch keinen gereut.

Arbeit und Hochzeit

Nach einer Aufführung von Schillers »Fiesco« in der ich die Gräfin Imperiali mit großem Erfolg spielte, war P. C. mit meiner Leistung sehr unzufrieden. Ich sollte sofort singen lernen, um meine Stimme zu kräftigen. Mir Unterricht zu erteilen, hatte sich Francisco d'Andrade, der weltberühmte »Don Juan«, erboten, der Freund Slevogts. Slevogt interessierte sich sehr für meine Laufbahn. Er hatte mich im Jahr zuvor als sterbende Kleopatra, die Schlange abwehrend, gemalt. Das Bild kam in die Dresdner Galerie. Er hatte mit P. C. den Plan ausgeheckt, meine Stimme ausbilden zu lassen. So kam ich also zu diesem wunderbaren Sänger, dessen »Don Juan« Slevogt in einem großen Bild verewigte.

Mit klopfendem Herzen betrat ich d'Andrades Wohnung. Das Zimmer war geschmückt mit einem Zelt, das aus den Bändern der vielen Kränze gebildet war, die er bei seinen Triumphen einheimste. Diese Geschmacklosigkeit stimmte mich so heiter, daß meine Befangenheit verschwand, und ich leidlich gut seinen Ausführungen folgen konnte. Eher klein als groß, war seine Gestalt von einem wundervollen Ebenmaß, und sein Spitzbart gab dem dunklen Gesicht mit den blitzenden Zähnen den südlichen Ausdruck, den es mit Recht — er war Portugiese — tragen konnte. Deutsch sprach er fließend, aber mit einer drolligen Aussprache. Nun ergriff er mit beiden Händen meine Schultern, hieß mich einen einzelnen Ton singen und schüttelte mich dabei wie einen leeren Sack, indem er mehrmals »fääst-locher« rief. Dann, um mir zu zeigen, wie »fääst« bei ihm die Töne säßen, hielt er einen Ton und sprang dabei über Stühle, kroch im Zimmer über Tische, legte sich hin, stand wieder auf, und zum Schluß machte er, immer noch singend, einen Handstand. Der Ton, den er so unglaublich lange aushielt, erlitt dabei keine Veränderung. Ich war überwältigt. Immerhin war er damals schon über fünfzig, und die Turnübungen allein hätten einem anderen in seinem Alter genügt, um ihn außer Atem zu bringen. Das war also »fääst«. Um nun »locher« (locker) zu demonstrieren, mußte ich seinen Hals abtasten, während er seine Stimme anschwellen ließ, und fühlte, daß alles weich und geschmeidig blieb. Ich selbst bekam bis jetzt bei jedem lauten Satz einen Krampf im Hals. Er hat sich im Laufe von eineinhalb Jahren sehr mit mir geplagt, aber der Erfolg blieb nicht aus. Ich verdanke ihm unendlich viel. Meine Kehle ermüdet nicht mehr, und wie oft habe ich durch seine Lehren über Heiserkeit hinwegtäuschen können; wie unabhängig ist mein Körper von meiner Stimme geworden. Er hat viel Geduld mit mir gehabt, ich werde es ihm nie vergessen. Er starb nach dem Krieg 1921.

Nun wurde von Reinhardt ein Stück in das Repertoire genommen, das einer der größten Serienerfolge werden sollte: Shaws »Arzt am Scheidewege«. Die Ärzte Wegener, Diegelmann, von Winterstein, Wassmann, Kühne; den Dubedat spielte Moissi und ich seine Frau. Es war sofort ein großer Erfolg. In dieser Saison wurde es über achtzigmal gespielt.

Der Erfolg hatte Reinhardt übermütig und nachlässig gemacht. Die Theater waren voll, aber um die Aufführungen nach der Premiere kümmerte sich kein Teufel. So wurden sie schlechter und schlechter. Der Betrieb mit zwei Theatern: »Kammerspiele« und »Deutsches Theater« brachte manchmal Komplikationen, und so ließ man gelegentlich ganze Szenen weg. Es geschah zum Beispiel, daß Camilla Eibenschütz im »Deutschen Theater« als Gretchen und nebenan in den »Kammerspielen« als Wendla in »Frühlings Erwachen« am selben Abend auf dem Zettel zu lesen war. Es war zu spät, als man es bemerkte, um eine andere Kraft herbeizuschaffen, und so mußte sie tatsächlich beide Rollen spielen. Da dies aber mit der Zeit nicht klappte und das Publikum der Kammerspiele durch zu lange Pausen ungeduldig wurde, ging die Szene an Wendlas Grab vor sich, bevor sie noch verführt war. Die Verführung bekamen die verblüfften Zuschauer erst nach ihrem Tod zu sehen. Die Schauspieler, ermüdet durch tägliches Auftreten, trieben oft den tollsten Unsinn, und das Publikum, das damals zwanzig Mark für den Platz zahlte — einen Preis, den kein anderes Theater verlangte — schluckte alles, denn es war »Reinhardt«.

Einmal gastierte die Duse in den »Kammerspielen«. Wir atmeten auf, denn es winkte ein freier Abend. Wegener und ich standen bis dahin täglich abends auf der Bühne, denn außer in den Premieren, hatte ich auch noch die alten Rollen zu spielen. Für diesen freien Tag hatte ich nun eine Einladung zu S. Fischer angenommen und freute mich darauf, dort einige Menschen zu treffen, die für mich von großem Interesse waren. Die Duse aber fühlte sich plötzlich nicht wohl und sagte ab. So teilte mir nachmittags Edmund Reinhardt telefonisch mit, daß abends wieder »Arzt am Scheidewege« angesetzt sei. Ich entgegnete sofort ärgerlich, ich könne nicht kommen, aber auf seine Frage, warum, fand ich keine vernünftige Antwort und sagte das Dümmste, was ich finden konnte, nämlich, daß meine Kleider bei der Reinigung seien. Auf seine Bemerkung, es könnten doch nicht alle Kleider dieser Prozedur unterzogen sein, mußte ich gestehen, daß es sich nur um das Kleid des letzten Aktes handle. »Na, dann lassen wir den letzten Akt weg«, war die generöse Antwort, die mich nicht wenig verblüffte. Allerdings ist der fünfte Akt nur ein Nachspiel und kann bei dem Stück durchaus fehlen; auf dem Programm standen aber fünf Akte, und das Publikum würde sie auch zu sehen verlangen. Das war jedoch nicht meine Angelegenheit, und mir war der kleine Zeitgewinn erwünscht. Ich konnte mich nun nicht länger weigern, zu spielen, denn in jedem Kontrakt ist die Möglichkeit einer plötzlichen Umbesetzung vorgesehen.

Mein erster Auftritt kam um ein Viertel vor neun an die Reihe, und um ein Viertel nach acht war ich stets pünktlich in der Gar-

derobe, um mich umzukleiden. Der erste Auftritt der Frau Dubedat ist in einer reizenden Szene zwischen dem Arzt und der
Malersfrau, die ihn bittet, ihren Mann zu behandeln, dargestellt.
Um ihn für den Patienten zu interessieren, bringt sie die Zeichnungen ihres Mannes in einer großen Mappe mit. Durch ihren
persönlichen Charme bezwungen, mehr als durch das Talent des
Malers, sagt dann der große Arzt die Behandlung zu.
Als ich an diesem Abend das Theater zur gewohnten Stunde betrat, fand ich Garderobiere und Inspizienten schon nervös meiner wartend, man ließ mir keine Zeit, mich umzukleiden, schob
mir nur die Zeichenmappe unter den Arm und schon hörte ich
mein Stichwort fallen. Verblüfft stand ich auf der Bühne und
wurde von Wegener mit den Worten empfangen: »Aha, Sie sind
Frau Dubedat, Sie wollen, daß ich Ihren Mann behandle? Reden
Sie kein Wort, lassen Sie die Zeichnungen in Ruhe, die kenne ich
schon von den anderen Abenden her.« Und dann kamen noch
die Worte, die zum Fallen des Vorhangs nötig waren, und der
erste Akt war aus. Das war ein abgekürztes Verfahren gewesen,
und meine verblüfften Augen begegneten den vergnügten der
Schauspieler, die sich schon zum zweiten Akt eingefunden hatten, um diesen in demselben Eiltempo zu erledigen.
Der Zuschauerraum war wenig gefüllt, denn die meisten hatten
das Gastspiel der Duse erwartet und ließen ihre Karten umtau-
schen. Nur einige, die unser Stück noch nicht kannten, hatten
sich bereit gefunden, mit der Ersatzvorstellung vorliebzuneh-
men.
Nach dem dritten Akt machte ich Moissi scherzhaft den Vorschlag, heute nicht zu sterben, ahnte natürlich nicht, daß diese
Anregung auf fruchtbaren Boden fallen würde. Der vierte Akt
bringt nämlich Moissi (Dubedat) sterbend im Rollstuhl sitzend,
nur mit einem Hemd bekleidet und einer Decke über den Beinen auf die Bühne. Alle Ärzte erwarten seinen Tod und um-
stehen ihn. Seine Frau beobachtet trostlos und angstvoll seine
Miene. Da erklärte Moissi plötzlich energisch, er wolle nicht
sterben. Die Ärzte verbissen das Lachen, umringten ihn und flü-

sterten leise: »Moissi, um Gottes willen, du mußt doch sterben.«
— »Ich will nicht«, schrie Moissi und schrie es immer wieder in
das erregte Zureden der Kollegen hinein. Zuletzt sagte er: »Hier
sterbe ich auf keinen Fall, bringt mich ins Nebenzimmer, vielleicht sterbe ich dort.« Allgemeine Ratlosigkeit. Aber ich verließ
hurtig die Szene und lief hinter die Kulissen, denn ich konnte
nicht mehr ernst bleiben, und als sich nach einer kleinen Weile
die Tür auftat und die vor Lachen beinahe sterbenden Doktoren
Moissi hinter die Kulissen schoben, da dachte ich an die gänzlich
leere Bühne und daß der Akt doch schließlich ein Ende haben
müsse, und so schrie ich mit aller Kraft, damit man es draußen
im Publikum hören konnte: »Mein armer Mann, er stirbt, er
stirbt!« Moissi aber stand aus dem Rollstuhl auf, warf die Decke
ab, lief zur Tür, öffnete sie, zeigte sich dem Publikum im Nachthemd und rief: »Nein, ich bin nicht tot!« — Inzwischen war
einer der Kollegen zum Vorhangzieher gelaufen und veranlaßte
ihn, der Geschichte ein Ende zu machen.

Ob wir Applaus hatten, bezweifle ich, jedenfalls saß ich brül-
lend vor Lachen in der Garderobe und zog mich rasch um, um
zu S. Fischer zu gehen. Der fünfte Akt war mir erlassen, ich war
also fertig. Wir hatten aber in einem solchen Tempo das Stück
abgetan, daß ich reichlich früh als Gast bei S. Fischer erschien. —
Ein Bekannter, der zufälligerweise im Theater war und das
Stück schon gesehen hatte, erzählte mir nun das Nachspiel. Das
Publikum wartete geduldig auf den letzten Akt —, er fing nicht
an. Der Portier ließ das Licht löschen, um die Menschen hinaus-
zutreiben. Die aber dachten, es ginge nun wieder los. Es blieb
nichts anderes übrig, als wieder hell zu machen und die Zuschauer aufzufordern, nach Hause zu gehen. Man wies auf den
Zettel, auf dem fünf Akte verzeichnet waren. Nun behauptete
der verlegene Portier, es sei jemand krank geworden, aber einige Leute, die das Stück kannten und wußten, daß nur Wegener
und ich im letzten Akt aufzutreten hatten, erkundigten sich erschreckt, wer denn von uns beiden erkrankt sei. In die Enge getrieben, gestand nun der Portier, daß Frau Durieux' Kleider zur

Reinigung getragen worden seien. Nun lief das Faß über. Wütend und protestierend zog das Publikum zum »Deutschen Theater« und verlangte sein Geld zurück.

Am nächsten Tag sollte es ein großes Strafgericht geben, wozu es aber bei mir nicht kam, weil ich völlig mit Erlaubnis der Direktion gehandelt hatte. Moissi dagegen drohte zu veröffentlichen, daß man seinen Namen während einer ganzen Tournee auf den Zettel gesetzt hatte, obwohl er zu dieser Zeit ganz woanders war. So löste sich alles auf.

Im Winter führte Reinhardt in den Kammerspielen »Graf von Gleichen« von Wilhelm Schmidt-Bonn auf. Der Graf: Wegener, die Türkin: Camilla Eibenschütz, die Gräfin: Durieux. Diese Rolle war in Versen geschrieben und sehr schwer.

Paul studierte mit mir und sprach mir mit seiner Stimme, die so seltsam klang, derart eindrucksvoll die schwierigsten Stellen vor, daß ich sie endlich bezwang. Nur an einem Satz scheiterte ich immer wieder, und das war der Schlußsatz des Stückes: »Und sollt es noch einmal geschehen, ich tät es noch einmal.« Nach meiner Abendvorstellung quälte mich Paul bis vier Uhr morgens mit diesem einzigen Satz. Ich weinte, wollte die Rolle abgeben, schrie, aber alles half nichts. Dabei konnte ich genau erfassen, was er wollte, aber es war mir nicht gegeben, es auszudrücken. Bis ich endlich gegen Morgen den richtigen Ton gefunden hatte und bei der Erstaufführung auch mit diesem Satz den Erfolg des Stückes festigte.

Wir spielten nun abwechselnd »Arzt am Scheidewege« und »Graf von Gleichen«, und ich kam oft recht müde nach Hause, denn die Rolle der Gräfin war groß und anstrengend.

Ich wohnte noch immer in meiner kleinen Wohnung in der Lennéstraße, mit der Aussicht auf die schönen grünen Bäume des Tiergartens. Ein Mädchen kochte für mich und hielt die Wohnung in Ordnung. Nach der Vorstellung saß ich meist mit Paul noch bei Frederich in der Weinstube und trank ein Glas Wein, aber nicht mehr. Ich betone meine Mäßigkeit, weil man mir unter anderen schönen Dingen im Laufe der Jahre auch Trunk-

sucht andichtete. Dabei hatte ich eine kindische Angst vor zuviel
Alkohol. Ich vertrug vor oder während der Vorstellung nicht
einen Tropfen, denn mein Gedächtnis versagte sofort.
Am Morgen stand ich früh auf und ritt mit P. C. von acht bis
neun Uhr im Tiergarten, nur am Sonntag wurde ein größerer
Ausflug zu Pferde in die Umgebung von Berlin gemacht. Um
zehn Uhr begannen meistens die Proben, das heißt, wir Schau-
spieler hatten anwesend zu sein, aber Max Reinhardt, der den
Morgenschlaf liebte, erschien stets viel später. Die Proben dauer-
ten manchmal bis drei oder vier Uhr, und um sieben Uhr hieß
es wieder im Theater sein für die Abendvorstellung. Viel freie
Zeit blieb mir also nicht übrig.
Ich verkehrte viel bei S. Fischer, bei Slevogt und noch ein paar
anderen Familien, wie zum Beispiel Max Osborn und Julius
Elias, bei denen wir immer zusammen eingeladen wurden.
Der Sommer rückte heran, und wir erfuhren, daß Reinhardt das
»Künstlertheater« in München für den Sommer übernommen
hatte. Ich war begeistert, denn er hatte mir die Titelrolle in
»Judith« von Hebbel zugedacht. Wegener sollte den Holofernes
spielen.
Schon allein in München zu sein, dieser lieben, lustigen Stadt,
war ein vergnüglicher Gedanke, und noch dazu diese herrliche
Rolle! Ich schwamm in Glück. In München nahm ich mir ein
Zimmer im Hotel »Marienbad«, Barer Straße, dessen Eigentümer, Herr Aumüller, mir viele Jahre später sein Leben verdanken sollte. Das Hotel war damals noch ganz unmodern. Nur
einstöckig, hatte es nette, altmodische Zimmer, die auf den schönen Garten hinausgingen. Unten im Erdgeschoß war es noch, mit
vielen Kabinen und Bädern, wie ein richtiges Badehotel eingerichtet. Sehr gemütlich und günstig nahe dem Zentrum, war es
der Treffpunkt von Galeriedirektoren und Kunsthistorikern.
Die Proben waren wunderbar, wie zu dieser Zeit Reinhardts
Proben eben sein konnten. Ernst Stern entwarf die Ausstattung
und die Kostüme. Es wurde ein Erfolg, nur befremdete ich durch
zu große »Natürlichkeit«. Die klassischen Rollen mußten eben

noch mit wogendem Busen dargestellt werden, und so war man
erstaunt, eine einfache Frau auf der Bühne zu sehen, die allerdings doch durch den Sturm ihrer Gefühle die Leute mitriß. Publikum und Kritik blinzelten und wußten nicht recht, was sie
daraus machen sollten, aber man lief in die Vorstellung, und das
war es ja, was wir wünschten. Wegener war einer der besten
Gegenspieler für mich. Sein Gesicht ähnelte in großen Zügen
dem meinigen, obwohl wir aus ganz verschiedenen Gegenden
stammten, er aus Ostpreußen und ich — ja, woher komme ich
eigentlich? Mein Vater stammt aus einer Hugenotten-Familie.
Als die Godeffroy de la Rochelle nach dem Edikt von Nantes
auswanderten, verstreuten sie sich allmählich über die ganze
Erde; in Natal, Samoa, Amerika und auf den Fidschiinseln setz-
ten sie sich fest. Der Hauptstamm aber lebt bis heute in Ham-
burg und spielte dort im Laufe der Zeit eine große Rolle. Mein
Urgroßvater zog 1812 nach Wien und nahm den katholischen
Glauben an. Von dieser Linie bin ich die letzte. Mein Vater,
Professor Dr. Dr. Richard Godeffroy, war Chemiker. Es ist viel-
leicht nicht ohne Interesse, daß er uns oft von seiner Arbeit, aus
Holz Seide zu machen, erzählte. Nach seinem Tode fand meine
Mutter sein Pult im Labor erbrochen und alle Schriften entfernt.
Der Vater meiner Mutter stammt aus Semlin, einer kleinen, Bel-
grad gegenüberliegenden Stadt. Als Militärbeamter der k. u. k.
Monarchie war er zu einem wenig seßhaften Leben gezwungen,
bis er in Wien als Hofrat im Kriegsministerium landete. Im
Währinger Cottage baute er sich ein Haus, in dem ich zur Welt
kam, und in dessen Garten ich die wunderbaren Erlebnisse
träumte.
Nun, wie dem auch sei, Wegener und ich paßten ausgezeichnet
zusammen. Er war einer der Schauspieler, die ihr Ohr auch dem
Partner leihen und nicht nur für sich allein dastehen und glän-
zen wollen. Wir unterstützten einander, nahmen gegenseitig
auf jeden Wunsch Rücksicht, und unsere Dialoge waren bis ins
Letzte abgestimmt. Wie sehr habe ich dies bei manchen anderen
berühmten Partnern vermißt, die einen leisen Satz allzu laut er-

widerten und ihn dadurch töteten, oder in Augenblicken, da man die höchste Aufmerksamkeit beim Publikum beanspruchte, durch überbetontes stummes Spiel ihre Person vordrängten.

Am 11. Juli 1908 eröffnete die »ILA« (Internationale Luftfahrtausstellung) in Frankfurt am Main ihre Tore. Ein Teil unseres Ensembles wurde nach Frankfurt geschickt und spielte dort in einem provisorischen Theater auf dem Ausstellungsgelände. Die Geräusche der Ausstellung drangen ungehindert in diesen leichten Bau. Man gab »Kabale und Liebe«. In die große Erzählung der Lady Milford — meine Rolle — tönte Negermusik. Schillers Worte klangen etwas sonderbar zu dem »Bum-Bum, Tra-ra« und eintönigen Beckenschlag der Gruppe von Negern, die einen Umzug veranstaltete.

Hier war es auch, wo meine Bekanntschaft mit Adele Sandrock begann. Ich hatte sie schon in München bei einer »Judith«-Vorstellung in der Kulisse bemerkt und gehört, wie sie zu Reinhardt äußerte: »An einem Theater, wo Säuglinge die Judith spielen, habe ich nichts zu suchen.« Mit dem Säugling war ich gemeint. Sie hatte aber dann doch ein Engagement zu Reinhardt angenommen, und nun mußte ich in die Garderobe eindringen, die für die Hauptdarsteller abwechselnd zur Verfügung stand, um meine Kostüme zu überprüfen. Es war Sonntagnachmittag; sie spielte die Rolle der Medea, hatte ihre pompöse Figur eng in Tücher gewickelt und stand vor einem kleinen Spiegel, der in Kniehöhe auf einem Stuhl stand. Prüfend betrachtete sie ihre enggewickelten Beine und rief mir zu: »Ich weiß nicht, warum man findet, ich sei stark, ich sehe mich hier im Spiegel schlank. Was meinen Sie?« Dies alles mit einem grollenden Ton, als riefe sie: »Mein Königreich ist verloren, nun schlachte ich meine Kinder.« Ihre Mutter, die dabeisaß, fing an, die Rollen aufzuzählen, die ihr Adelchen eigentlich spielen sollte, und die man ihr aus Neid nicht gab. Es waren alles nur für junge Mädchen geeignete Rollen, die sie da aufmarschieren ließ. Wie alt Adelchen damals war, weiß ich nicht, leider sah sie aber wie ein zerklüfteter Felsen aus.

Was mich gefangen nahm bei diesem etwas mißratenen Gastspiel unseres Ensembles, waren die Versuche der Flieger. Stundenlang stand ich vor dem abgegrenzten Platz, auf dem die Flugzeuge gezeigt wurden. Es war das Jahr 1909, und schwerfällige, plumpe Maschinen hopsten in großen Sprüngen auf, und wenn es ihnen gelang, dreißig Meter hoch einige Minuten in der Luft zu bleiben, war der Jubel groß. Dann gab es noch einen Fesselballon zu sehen, und eines Tages stieg sogar ein Freiballon auf. Ich hätte alles darum gegeben, in der Gondel mitfliegen zu können, und ahnte nicht, daß mein Wunsch bald in Erfüllung gehen sollte. Den ganzen Tag trieb ich mich mit einer Kollegin am Flugplatz umher und sah jedem Flieger mit hungrigen Augen nach.

Pauls Tochter war zu ihrer Mutter gezogen, und das ergab eine große Veränderung in seinem Leben. Er beschloß, seine Wohnung, die ihm ohnehin schon des mürrischen Hausbesitzers wegen leid war, aufzugeben und in meine Räume zu ziehen. Ich aber sollte eine größere Wohnung in der Margarethenstraße Ecke Matthäikirchplatz nehmen.
Zuerst war ich wegen der hohen Miete nicht damit einverstanden, dann aber ließ ich mich doch bereden, und es kam natürlich dahin, daß P. C. nun bei mir wohnte und meine alte Wohnung nur pro forma für ihn existierte. Ich übernahm seine ausgezeichnete Köchin Martha Hoppe und engagierte Helene Wachsmut als Wirtschafterin und Reisebegleiterin. Zusammen mit diesen beiden treuen Seelen habe ich manchen Kampf gegen P. C. ausgekämpft, sie waren immer auf meiner Seite.
So hatte ich mit einem Male einen regelrechten Haushalt. Paul engagierte für mich einen Diener, der Emil hieß und furchtbar fein war. Emil wohnte nun in meiner alten Wohnung, lag im Zimmer auf dem Sofa, trank P. C.s Liköre und rauchte P. C.s Zigarren. Er servierte bei Tisch und mißbilligte alles, was wir taten. Wir hatten beide große Angst vor ihm und wären ihn gern losgeworden, aber seine Untadeligkeit gab kei-

nen Anlaß zur Kündigung. Endlich kam der Bildhauer Kles auf einen guten Gedanken. Nach vorheriger Verständigung mit P. C. fing er bei Tisch Streit an und hackte mit ganz gemeinen Berliner Redensarten auf P. C. los, der nicht faul im Erwidern war. Ich konnte nicht ernst bleiben und flüchtete ins Nebenzimmer. Kles erhob sich schließlich drohend, als ob er auf P. C. losstürzen wollte, das aber war für den sanften Emil zuviel.

Kreidebleich setzte er die Schüsseln hin, entfernte sich und kam nicht wieder ins Zimmer. Am Abend kündigte er wegen Erkrankung seiner Mutter, und zu Helene sagte er, in einem so ordinären Hause könne er nicht länger bleiben, das würde seine guten Manieren verderben, aber alles das käme eben von der wilden Ehe, »da sei kein Segen bei«.

Die »wilde Ehe« schien aber auch Paul gestört zu haben, denn er fing an, mit Heiratsgedanken zu spielen, jammerte aber gleichzeitig darüber und hielt es für ein Zeichen des Altwerdens. Ich stand im Theater vor neuen Aufgaben und hatte nun auch mit dem Haushalt viel zu tun, denn mein Ehrgeiz war es, zu vermeiden, daß es dort »wie bei Künstlern« zuging. Paul, kaum in die Wohnung eingezogen, wollte sie einer größeren wegen gleich wieder verlassen. Im gleichen Hause wurde im ersten Stock eine herrliche Wohnung frei, die sowohl nach der Straße als auch nach dem reizenden alten Matthäikirchplatz mit seiner kleinen Kirche hinausging. Besonderen Reiz bekam sie durch ein großes Eckzimmer mit Fenstern, die im Halbrund liefen. Der Tausch kam zustande, und man fing an, in der neuen Wohnung zu arbeiten.

Ich aber stürzte mich in meine neue Rolle: die Eboli in »Don Carlos«. Diese Vorstellung ist viel besprochen worden; man warf ihr vor, der Stil sei nicht einheitlich gewesen. Dennoch lief »ganz Berlin« ins Theater. Die Besetzung war folgende: Bassermann (Philipp), Heims (Königin), Walden (Carlos), Moissi (Posa), Wegener (Alba), Durieux (Eboli). Man wählte die Velásquez-Zeit für die Kostüme; das war eigentlich eine Ge-

Judith *(Hebbel), Tilla Durieux als Judith, Paul Wegener als Holofernes, Deutsches Theater Berlin 1910, Regie Max Reinhardt.*

Tilla Durieux und Paul Wegener.

Der Arzt am Scheidewege (Shaw), Tilla Durieux als Jennifer mit Paul Wegener als Ridgeon. Kammerspiele Berlin 1908, Regie Felix von Hollaender.

schichtsfälschung, unterstützte aber sehr dekorativ die Aufführung.

Nach diesem für mich wundervollen Erfolg kam der »Gute König Dagobert« von Rivoire. Die kapriziöse Königin, meine Rolle, machte mir viel Spaß als Gegensatz zu meinen ernsten Rollen. Schließlich kam auch die Berliner Aufführung von »Judith«
heran. Ich wählte für den ersten Akt ein schlichtes, dunkelbrau-
nes Gewand, das zeitlos war, und behielt mein eigenes Haar bei,
das mit seinen dicken, langen Zöpfen gerade recht dazu paßte.
Für die weiteren Akte aber suchte ich nach alten echten orientalischen Stoffen in dunklen Farben und Gold, die ich einfach
um mich wickelte. Der Erfolg war für Reinhardt, Wegener und
mich viel größer als in München, denn wir hatten nun manches
gestrichen und manches verändert. Kerrs Kritik bezeichnete mich
als »Hirschkuh, die Paprika gegessen hatte«. Zwischen die endlosen Wiederholungen der beiden »großen Schlager« fielen noch
zwei Premieren: »Die Zuflucht« von Nicodemi und »Das Heim«
von Mirbeau. Wegener war überall mein Partner.

Wenn man nun die Stücke des vergangenen Jahres, wie »Arzt
am Scheidewege«, »Graf von Gleichen«, »Gyges und sein Ring«
dazurechnet, so kann man sich leicht ausrechnen, daß ich auch
nicht einen freien Abend hatte.

Die Unterbringung meiner Kostüme war in der primitiven Garderobe stets ein Problem; sie fanden einen unwürdigen Aufenthalt an einem Haken an der Wand. Waren im Zuschauerraum
die Sitze breit und gepolstert und mit Samt überzogen, die
Wände mit Mahagoni verkleidet und alles mit dicken Tep-
pichen belegt, so herrschte in unseren Garderoben eine spartani-
sche Einfachheit. Ein Waschbecken mit fließendem Wasser, ein
Tisch mit Lade für Schminken, darüber ein Spiegel, zwei, drei
Rohrstühle, das war die ganze Pracht. Meine schönen Kleider
hingen also ungeschützt an der Wand, die Putzfrauen wirbelten
am Morgen den Staub auf, und die Fliegen krochen darauf
herum. Schließlich ging ich zu Edmund Reinhardt und bat um
einen Schrank. Er wurde mir sofort zugesagt, was aber noch

nicht hieß, daß er kam. Am Abend vor der Premiere von »Heim« war »Gyges« in den »Kammerspielen« angesetzt, und als ich noch immer nicht den Schrank erblickte, den man mir nach wiederholtem Mahnen für diesen Abend bestimmt versprochen hatte, zog ich mich fertig an, setzte mich auf die Treppe und erklärte dem Inspizienten, ich würde hier solange sitzen bleiben, bis der Schrank da sei. Er telefonierte erschrocken mit dem »Deutschen Theater«, das dicht neben den »Kammerspielen« liegt und den Schrank liefern sollte. Er kam mit der Antwort zurück, ich möge ruhig anfangen zu spielen, der Schrank würde inzwischen eintreffen. Ich erklärte jedoch, das sei mir zu unsicher, und ich bliebe sitzen, bis er eingetroffen sei. Das Publikum wurde unruhig. Der Inspizient kam mit einer neuen Meldung, der Schrank sei schon unterwegs. Dann wolle ich sein Eintreffen abwarten, erwiderte ich, es könne ja bei der geringen Entfernung nur zwei Minuten dauern. Als man im »Deutschen Theater« erkannte, daß mein Eigensinn nicht zu brechen sei, schickte man endlich einen Schrank in meine Garderobe, und die Vorstellung begann statt um acht um dreiviertel neun.

Aber das Abenteuer mit dem Schrank hatte damit noch nicht sein Ende gefunden. Obwohl ich ihn mit eigenen Augen jeden Abend sehen konnte und auch beobachtete, wie man meine Kostüme hineinhängte, war er, als ich unerwartet eines Vormittags meine Garderobe betrat, nicht da. Die Kleider hingen wieder auf dem Haken. Die Arbeiter schwiegen betreten auf meine Fragen. Endlich verriet man mir, daß dieser Schrank nur abends hereingestellt würde, wenn ich in den »Kammerspielen« zu tun hätte. Sei ich aber im »Deutschen Theater«, würde der Schrank in anderen Stücken gebraucht und meine Kleider hinausgehängt.

Auf meine energische Beschwerde kam aber nun ein großer weißer Schrank, ein wahrer Staatsschrank angefahren, der auch eine Tür besaß, die man verschließen konnte. Mit Stolz verwahrte ich außer meinen Kleidern auch andere Kleinigkeiten darin. Aber auch dieses Glück sollte trügerisch sein. Eines Nachmittags benötigte ich dringend einen Gürtel, der sich zufällig im Schrank befand, konnte aber zu dieser außergewöhnlichen Stunde die Garderobiere, die den Schlüssel verwahrte, nicht auffinden. Mit Mühe gelang es mir endlich, einen Schlosser aufzustöbern, der das Schloß öffnete. Als ich abends in die Garderobe kam, rief mir meine tschechische Garderobiere entgegen: »Aba gnä Frau, hams Mih habt, mit Schliesel! Hat sich Kastl kein vierte Wand, nur abricken — hams schon alles.« Ich war zwar enttäuscht, aber dennoch froh, wenigstens einen Schrank mit drei Wänden in der Garderobe zu besitzen.

Inzwischen wurde in der Wohnung im ersten Stock fleißig gearbeitet, und sie versprach sehr schön zu werden. Das große Eckzimmer mit der runden Fensterwand hatte Karl Walser mit einer tiefblauen Tapete versehen, auf die er oben Girlanden von Blumen malte, die Musikinstrumente hielten, denn es sollte als Musikzimmer benutzt werden. Alte, hohe, dunkle Mahagonistühle aus Holland, ein großer, runder Tisch, auf dem Barlachs Plastik »Die singenden Frauen« stand, bildeten mit dem Steinway-Flügel die Einrichtung. Das Speisezimmer mit lichtgrünen Wänden wurde mit den herrlichsten Bildern der Impressionisten geschmückt: »Der Reiter und die Reiterin« von Manet, »Die rote Frau und der Mann mit dem schiefen Hut« von Cézanne, das große Bild »Mole mit Leuchtturm« von Manet, »Zwei Kinder am Klavier« von Renoir hoben sich prächtig von dem hellen Grün ab. Mein Zimmer mit der großen Bibliothek, die bis zur halben Höhe die Wände bekleidete, enthielt unter anderem alle Kunstbücher, die P. C. als Nachschlagewerke brauchte, und war über den Bücherregalen mit einer feurigblauen Tapete beklebt. Dann schloß sich noch ein Raum an, in dem man bügeln und schneidern konnte. Auf der anderen Seite bildete ein sehr großes Schlaf- und ein Ankleidezimmer nebst Bad ein abgeschlossenes Appartement. Die Räume waren alle groß und hell, und auch die Küche und das Mädchenzimmer zeigten die Raumverschwendung alter Häuser der Tiergartengegend. Ich war jedenfalls vollständig befangen von soviel Luxus, ging manchmal ganz allein hinunter in die Wohnung, die erst später bezogen werden sollte, um mich an all das zu gewöhnen. Vor der »Arlésienne« und der »Bahnunterführung« von van Gogh, dem »Château Noir« von Cézanne, die in meinem Zimmer hingen, stellte ich mich auf und sagte mir hundertmal vor, daß dies nun mein Eigentum sei, aber ich konnte es noch nicht glauben. Wie kam ich kleine Professorentochter, die eigentlich Klavierlehrerin werden sollte, zu all dieser Schönheit? Gewiß, es mußte ein Traum sein, aus dem ich eines Tages erwachen würde.

Im späten Frühling hatten Wegener und ich einen Urlaub erbeten, um das sehr gute Angebot für eine Tournee am Rhein akzeptieren zu können. Wir reisten mit »Graf von Gleichen« und »Gyges« und hatten noch Jakob Tiedtke hinzugewonnen und Elisabeth Weihrauch, eine sehr hübsche Erscheinung, die als ein Phänomen im Auswendiglernen sich zu einer sehr geschätzten Kraft des Reinhardt-Ensembles hinaufgearbeitet hatte. Später wurde sie Schriftstellerin. Die Tournee sollte so enden, daß ich am letzten Abend in Bochum noch reichlich Zeit hatte, den Nachtzug nach Berlin zu nehmen, um am nächsten Morgen zu meiner Hochzeit im Standesamt zurecht zu kommen.

Meine Kollegen hielten es in Anbetracht der bevorstehenden Hochzeit für angebracht, in Bochum einen Polterabend zu feiern. Sie trafen Vorbereitungen und taten sehr geheimnisvoll. Ich aber war in einer merkwürdigen seelischen Verfassung. Natürlich war ich glücklich, Pauls Frau zu werden und dadurch so vielen kleinen Unannehmlichkeiten, die ein Zusammenleben ohne Ehe mit sich bringt, nunmehr zu entgehen. Aber andererseits wußte ich, daß diese Ehe nicht bequem und leicht sein würde. In meine erste Ehe war ich mit dem großen Leichtsinn der Jugend und ohne viel Nachdenken getreten; hier aber war es anders. Als reiferer Mensch erkannte ich, daß das Zusammenleben zweier Menschen nur durch gegenseitige Zugeständnisse an die Eigenarten des Partners von Dauer sein konnte.

Der Polterabend wurde nach der Vorstellung mit einem großen Souper eingeleitet, zu dem ich eingeladen war. Dann erschien Elisabeth Weihrauch, ein Kopfkissen tragend, worauf unter einem schmutzigweißen Schleier verdeckt ein blutroter verstaubter Kranz von Rosen lag. Sie überreichte ihn mir mit einem schwungvollen, hochpoetischen Gedicht, das uns alle vor Lachen zu Tränen rührte, und das mit den Worten schloß: »Heute bist du Jungfrau, morgen junge Frau.«

Nach vielen Trinksprüchen war es Zeit zum Aufbruch, und während sich meine Kollegen schlafen legten, drehte ich mir im Schlafwagen mein sehr zerrauftes Haar über Lockenwickel, um zur Hochzeit »schön« auszusehen. Aber die Lockenwickel waren so hart und ließen es nicht zu, daß ich auch nur eine Viertelstunde schlief. Ich rückte das steife Schlafwagenkissen hin und her, aber immer wieder bohrte sich ein Wickel schmerzhaft in meinen Kopf. Endlich gab ich es auf und dachte lieber an den morgigen Tag und versuchte mir auszumalen, wie alles sein würde.

Nach dem Standesamt würden wir sicher mit den Zeugen zu einem Frühstück gehen. Ich hatte mir dafür ein schönes Kleid machen lassen, ein Jackenkostüm aus schwerer gelblicher Shantungseide, das würde mich gut kleiden. Zeugen waren der jüngste Bruder Pauls, der zusammen mit Hugo die Kabelfabrik leitete, und unser lieber Freund August Gaul, zu dem wir an jedem Sonntagnachmittag pilgerten, um im Garten Boccia zu spielen; denn dieses Spiel liebten wir leidenschaftlich. Dann dachte ich auch noch an die übrige Familie Cassirer. Die Männer machten mir weniger Sorge, der Professor Richard Cassirer hatte einen sympathischen trockenen Humor, und Ernst Cassirer, der Philosoph, mit seinem jungen, hübschen Gesicht unter schneeweißem Haar imponierte mir durch seine große Klugheit. Hugo Cassirer war schweigsam und nicht zu durchschauen, und Alfred, der mein Zeuge sein sollte, sah immer kränklich aus.

Aber die Frauen! Sie waren weit schwieriger. Am nächsten stand mir noch Else Schiffer, die Frau eines blassen, blonden

Vetters, die manchmal so drollig unverschämt frech war wie ein junger Spatz und von mir dafür den Spitznamen »Piep« erhielt, der ihr auch blieb. Zu Hedwig, der Frau des Arztes, konnte ich keine Verbindung finden; klein und zierlich, lebte sie nur für ihren Mann, der zugleich ihr Vetter war. Das gleiche war der Fall bei der Frau des Philosophen, die schön genannt werden konnte. Jedenfalls waren beide sehr hochmütig, sahen auf mich herab, und ich konnte mich in ihrer Gesellschaft nicht wohl fühlen. Schließlich muß ich noch Hugos Frau, Lotte, erwähnen, das enfant terrible der ganzen Familie. Sie war schlank, elegant, das Gesicht wäre hübsch gewesen ohne die eng beieinander stehenden Augen. Sie vereinigte den frechen amüsanten Witz eines Lausejungen mit der Taktlosigkeit einer im Reichtum aufgewachsenen Frau. Jeder, der sie zum erstenmal sah, war eine Viertelstunde lang entzückt, um sich in der nächsten zu ärgern.

Der blasse Morgen schaute durch die Fenster, und ich fühlte mich, je heller es wurde, um so stärker, die Probe zu bestehen, die mir die Zukunft auferlegen würde. In Berlin erwartete mich niemand an der Bahn. Das habe nichts zu sagen, meinte Helene, man würde mich dafür um so schöner und feierlicher in der neuen Wohnung empfangen. Aber in der neuen Wohnung trat mir ein mürrischer Paul entgegen, der, ohne mich zu begrüßen, schrie: »Mach dich rasch fertig, damit wir es hinter uns bringen!« Wie aus allen Himmeln gerissen zog ich mich an, und Helene hatte Mühe, zu verhindern, daß meine dicken Tränen das neue weiße Kleid befleckten. Alfred und Gaul versuchten, mich mit einigen frostigen Scherzen in fröhliche Laune zu bringen, die aber vor Pauls böser Miene dahinwelkte. Wir gingen zu Fuß, denn das Standesamt war ganz in unserer Nähe. Paul mit Alfred in geschäftliche Gespräche vertieft, ich mit Gaul hinterdrein. Gaul fragte mich betreten: »Was ist denn los?« — »Ich weiß es nicht«, konnte ich nur mühsam antworten. Im Standesamt hellte sich das Düster ein wenig auf, denn Gaul, der absolut die Frage des Standesbeamten nach seinem Alter

Paul Cassirer · Nach einer Zeichnung von Emil Orlik

nicht zu beantworten wußte und uns hilfesuchend der Reihe nach ansah, war zu komisch, und die Spannung entlud sich in einem allseitigen blöden Kichern. Der Standesbeamte sah sich dadurch in seiner Würde bedroht, wurde eisig und unterließ nach der Zeremonie sogar den üblichen Glückwunsch und Händedruck. Als wir auf die Straße kamen, sagte Paul: »Ich gehe jetzt ins Büro«, fort war er und zog Alfred mit sich. Gaul wollte mich nicht verlassen und begleitete mich bis vor das Haus meiner Mutter, die ich aufsuchte, um ihr meine Heirat mitzuteilen. Wir rieten hin und her, was der Grund der schlechten Laune gewesen sein könnte. Zu Mittag war die Stimmung nicht viel besser, denn P. C. fand plötzlich alle Bilder schlecht gehängt, riß sie von der Wand und stellte sie durcheinander im Zimmer auf. Gegen Abend kam Piep mit einem riesigen Blumenstrauß und fand Paul mit einer Leiter in der Wohnung herumtoben und mich in eine Ecke verkrochen. Sie war aufs äußerste bestürzt und sagte: »Was, so kurz verheiratet, und schon habt ihr euch gezankt?« Darauf Paul: »Wir, wir haben uns doch gar nicht gezankt, wir sind im schönsten Einvernehmen.« Dann fing er selbst an, über seine Antwort zu lachen, kam in beste Laune, lud Piep und ihren Mann zu einem Hochzeitsfrühstück um neun Uhr abends im Hotel Esplanade ein, bat uns, die schönsten Kleider anzuziehen, denn es sollte nun ganz festlich werden, und glänzte mit seiner ganzen Liebenswürdigkeit. »Du«, sagte er zu mir, als Else sich umkleiden ging, »Paulchen war heute ganz böse.« — »Ja«, sagte ich, »meinen Hochzeitstag habe ich mir anders vorgestellt.« — »Jetzt hast du aber Paulchen wieder sehr lieb«, dabei machte er ein spitzbübisches Gesicht.

Was sollte ich anderes tun, als glücklich zu sein, daß alles nur einer Laune und keinem tieferen Grund entsprungen war. Das war mein Hochzeitstag am 24. Juni 1910. Schwere Zukunft! Dunkle Zukunft!

In Berlin gab es im Herbst nichts Neues für mich, jedoch beherrschten noch die alten Stücke das Repertoire, und ich trat jeden Abend auf. Da wir keine Proben hatten, waren wenigstens die Vormittage zu meiner Verfügung.

Ich war nun also Herrin einer großen, schönen Wohnung und bekam sehr bald die Schattenseiten zu spüren. Pauls Freunde fanden sich gerne ein und wurden oft gebeten, über Tisch zu bleiben. Unsere Mahlzeiten waren stets sehr einfach und wurden bei zufälligen Gästen nicht reichlicher gestaltet. Ich bekam eine monatliche Summe zur Verfügung gestellt, die nicht überschritten werden durfte, außer wenn wir große Gesellschaften gaben, was aber in diesem Jahr nicht oft geschah. Paul war sparsam im alltäglichen Leben, so wenig er auf Reisen mit dem Pfennig rechnete. Ich konnte meiner guten Martha und Helene nicht alles allein überlassen und mußte mich bei den täglich auftauchenden Gästen mit um den Haushalt kümmern. Paul sah auf Ordnung in der Wohnung und rügte jedes Versehen, so hatte ich in meinen wenigen freien Stunden tüchtig zu tun; schließlich mußten ja in diesen Stunden auch die Rollen gelernt werden. Caféhaus und Frederich waren nun völlig aufgegeben. Kam ich von der Vorstellung nach Haus, fand ich meist Besuch vor. Die Gespräche interessierten mich, solange es um Kunst ging. Wenn aber Geschäftliches zur Sprache kam, fingen meine Gedanken an zu wandern, und so gewöhnte ich mich daran, mir eine Handarbeit vorzunehmen. Schlafen gehen durfte ich nicht. P. C. wollte mich in der Wohnung stets an seiner Seite haben. Auch mußte ich oftmals in der Nacht Kaffee oder Tee kochen, denn die Mädchen wollte ich in der Nachtruhe nicht stören. In diesen Nachtstunden entstanden feine Stickereien, bei denen ich mich von den Malern beraten ließ, die mir auch hin und wieder dafür Entwürfe lieferten. Noch heute besitze ich aus diesen Zeiten viele schöne Tischdecken.

Im Theater bekam ich Unannehmlichkeiten. Mein Vertrag lief ab, und ich wollte nicht neu abschließen. Die Nachlässigkeiten bei den Aufführungen nach der Premiere verdrossen mich. Ich spielte mit dem Gedanken, zu Otto Brahm hinüberzuwechseln, dessen Vorstellungen immer auf dem gleichen Niveau blieben.

Auch war ich verstimmt darüber, daß man mir die »Hedda Gabler« und die »Penthesilea« vorenthielt und beide Rollen der Eysoldt zusagte. Ich war verständig genug, um nicht alles spielen zu wollen, aber ich war auch ebenso überzeugt, daß diese Gestalten für Gertrud Eysoldt kein Gewinn sein konnten. Sie paßten ebensowenig zu ihr, wie zu mir das Gretchen in »Faust«.

Noch ein anderer Grund meines Unbehagens war das Aufhetzen der Schauspieler gegeneinander. Es herrschte die Sitte, einen Erfolg sofort mit einer unangenehmen Nachricht zu dämpfen. Zum Beispiel mit der Ankündigung, man hätte nun ein neues Talent entdeckt für die gleichen Rollen, die der oder die Betroffene selbst spiele. Man verspreche sich sehr viel von diesem Talent und berate noch, wer nunmehr in den neuen, geplanten Stücken spielen werde. Das geschah, um, wie man sich ausdrückte, »die Bäume nicht in den Himmel wachsen zu lassen«. Dabei waren wir damals alle so bescheiden und wollten keineswegs in den Himmel wachsen. Die kleinste Statistin beim Film bildet sich heute mehr ein und stellt größere Ansprüche als etwa seinerzeit die Höflich, die Wangel oder ich. Schon beim »Graf von Gleichen« war ich durch diese Methode in eine peinliche Situation geraten. Man hatte mir die Rolle plötzlich ins Haus geschickt. Ich kam auf die Probe und fand Lucie Höflich vor, die sie schon seit längerer Zeit in Händen hatte. Wir starrten uns verwundert an, und Felix Holländer zog die Höflich flüsternd in eine Ecke. Von der Zeit an mußte sie mich für eine falsche Katze halten. Solche Szenen gab es des öfteren, und wir alle litten darunter. Sie gingen meistens von dem kleinen spitzbärtigen Verschwörer Felix Holländer aus, der, wie ich glaube, seine Freude daran hatte.

Mag sein, daß ich einen Fehler beging, als ich von Reinhardt wegstrebte, aber ich hatte außer Olmütz und Breslau keine anderen Bühnen kennengelernt, und mein Optimismus gaukelte mir vor, daß ich den geschilderten Übelständen an anderen Theatern nicht begegnen würde.

Im Frühjahr 1910 ging Reinhardt mit uns nach Wien und Budapest, wo wir »Judith«, »Elektra«, »Sommernachtstraum« und »Kabale und Liebe« spielten. Dieses Gastspiel bedeutete für mich kein Ruhmesblatt. In Wien trafen unsere Kulissen und Kostüme nicht rechtzeitig ein, so daß erst mit einer Verspätung von zwei Stunden die Vorstellung vor einem vergrämten Publikum beginnen konnte. In zusammengestoppelten Kostümen und mit häßlichen Dekorationen war die Aufführung natürlich dementsprechend schlecht. An die Berliner »Kammerspiele« gewöhnt, sprach ich die Klytämnestra in dem großen Theater viel zu leise. Auch in Budapest gab es für mich keinen besonderen Erfolg.

»Pan« und der Polizeipräsident

Der Pakt mit Bruno Cassirer war abgelaufen, und Paul trug sich schon lange mit dem Gedanken, einen Verlag zu gründen. Er hatte vergeblich versucht, Wedekind dafür zu gewinnen, doch konnten sich die beiden nicht einigen. Als erstes erschien eine Halbmonatszeitschrift »Pan«, bei der als Herausgeber neben P. C. ein geistreicher Essayist W. Fred zeichnete. Redakteure waren unter anderen Alfred Kerr und Wilhelm Herzog. Freie Meinungsäußerung, selbst wenn sie verschieden von der des Gründers sein sollte, war vertraglich zugesichert. Die Zeitschrift bekam Artikel von Schriftstellern mit den besten Namen. Das Format war klein, jedes Heft enthielt ungefähr zwanzig Seiten.

Dem Verlag gehörten mit ihren Werken an: Heinrich Mann, Kasimir Edschmid und René Schickele. Der Viktoriastraße Nr. 5 gegenüber wurden Räume für das Unternehmen gefunden, ebenso wurde in der Postdamer Privatstraße eine Handdruckpresse eingerichtet, in der man neben Einzelgraphiken folgende Werke zunächst druckte:

»Kunst des Radierens« von Hermann Struck
Cooper, »Lederstrumpf«, mit den Lithographien von Max Slevogt
»Das Hohe Lied«, illustriert von Lovis Corinth
»Stierkampf«, illustriert von Willi Geiger
»Neue graphische Arbeiten« von Max Liebermann
»14 Radierungen« von Max Slevogt
Ferner an Büchern:

»Sassa Jo Yassa« von Paul Kellermann, mit Bildern von Karl Walser
»Die beiden Napoleons und die Napoleonlegende« von Theodor Duret
»Meine Freundin Lo« von René Schickele
»Die drei Göttinnen« und das Schauspiel »Die Schauspielerin« von Heinrich Mann
Die »John Constable«-Biographie
»Schritt für Schritt« von Otto Flake.

Berlin stand damals im Zeichen eines fieberhaften Aufschwunges. Der Kaiser, auf der Höhe seiner Macht, begann nicht nur in der Politik, auch bei den Künsten mit der Faust auf den Tisch zu schlagen. Er pfuschte selbst den Komponisten ins Handwerk und verfaßte und vertonte »Sang an Ägir« — ein trauriges Machwerk. Die Dekorationen im Kgl. Schauspielhaus, sogar die Kostüme entwarf man nach seinem Geschmack; auch auf die Arbeit der Maler und Bildhauer wünschte er einen entscheidenden Einfluß zu nehmen. Marie von Bunsen schildert in ihren Erinnerungen folgende Episode: Felix Dahn wurde dem Kaiser vorgestellt. Dieser sprach begeistert über dessen Roman »Kampf um Rom«. Schließlich äußerte er: »Die Goten hätten jedoch siegen müssen! Wie konnten Sie diesen Schluß schreiben?« — »Aber Majestät, sie sind doch unterlegen!« — »Ach was, darauf kommt es nicht an.« — »Nicht auf historische Wahrheit?« — »Nein, die Goten mußten siegen!«

Als der Schillerpreis verteilt wurde, durfte ihn Gerhart Hauptmann, der Dichter der »Weber«, nicht erhalten, dagegen mußten Wildenbruch (ein Hohenzollernenkel) und Lauff Stücke schreiben, die die Hohenzollern verherrlichten. Bei Leoncavallo bestellte er die Oper »Roland von Berlin«, deren naives Textbuch allgemeines Gelächter hervorrief. Als man den Kaiser fragte, warum er nicht bei einem deutschen Komponisten eine Oper bestelle, antwortete er: »Aber wir haben doch keinen Komponisten von Bedeutung!« Wagner bezeichnete er als einen »ganz gemeinen Kapellmeister«.

Der Lieblingsmaler des Kaisers war Anton von Werner, der riesige »Schinken« malte, die den Kaiser und seine Umgebung im militärischen Prunk darstellten. Liebermann meinte, daß niemand wie Anton von Werner so schöne »Lackstiebel« malen könne. Die Ausstellungen, die unter dem Protektorat des Staates standen, waren Angstträume. Selbstverständlich wurde die Sezession von den offiziellen Stellen in Acht und Bann getan. Als der außerordentlich verdienstvolle Herr von Tschudi, Direktor des Kaiser-Friedrich-Museums, eines Tages wagte, ein Bild von Troyon zu kaufen, »Kühe auf der Weide« darstellend, das uns heute schon klassisch anmutet, wurde er entlassen. Einige seiner Freunde kauften nach seinem bald darauf folgenden Tode eine Anzahl der schönsten Impressionisten und wollten sie als »Tschudi-Gedächtnisspende« der Stadt München schenken. Es waren darunter: drei Manet, drei van Gogh, zwei Renoir, zwei Daumier, drei Courbet, drei Cézanne, zwei Toulouse-Lautrec, ein Monet, ein Gauguin, ferner Bilder von Cross, Signac, Denis, Bonnard, Matisse, Guérin, eine große Studie von Delacroix und Plastiken von Rodin und Maillol. Wahrlich eine herrliche Sammlung. Aber diese Bilder wurden in einem Saal der Münchner Pinakothek versteckt, und man wartete vergeblich auf die staatliche Erlaubnis, sie als »Tschudi-Gedächtnisspende« aufzuhängen, um sie so der Allgemeinheit zugänglich zu machen. Hier aber war es nicht etwa der Regent von Bayern, der sich dem widersetzte, sondern die Münchner Maler, mit Ritter von Kaulbach und dem Verein »Die Scholle« (Fritz Erler) an der Spitze.

Berlin wuchs inzwischen in seine Vororte hinein. Varietés, neue Theater und Bars entstanden über Nacht, und in den Vergnügungslokalen dauerte der Betrieb bis zum Morgen.

Für alle künstlerischen Unternehmen gab es immer genügend Interessenten. Große private Bildersammlungen entstanden, deren Besitzer nicht nur Bilder kauften, sondern sich auch ernsthaft mit ihnen beschäftigten. So James Simon, der in seiner Tiergartenvilla im Erdgeschoß ein wahres Museum zusammenstellte und die Ausgrabungen in Tel el Amarna finanzierte. Dort wurden unter Leitung des bekannten Altertumsforschers Professor Borchardt der berühmte Kopf der Teje und die Statue der Nofretete zutage gefördert.

Im Dezember wurde das erste Heft des »Pan« herausgegeben und erweckte viel Interesse. Die nähere Bekanntschaft mit Heinrich Mann, der drei Einakter geschrieben hatte, »Der Tyrann«, »Die Unschuldige« und »Varieté«, führte zur Gründung eines Theatervereines, ebenfalls »Pan« genannt, der neuen Autoren zur einmaligen Aufführung ihrer Stücke verhelfen sollte, um die regulären Theater auf sie aufmerksam zu machen. Schauspieler stellten sich ohne Honorar zur Verfügung. Der erste Versuch gab zu einem Angriff der Presse Anlaß.

Natürlich kam P. C. durch seine weitgesteckten Interessen mit den bekanntesten Journalisten in Verbindung. So verkehrten wir mit Theodor Wolff, dem Chefredakteur des »Berliner Tageblattes« bis 1933, viel privatim miteinander; seine Frau war mit Paul von Jugend auf befreundet. Wolffs politischer Einfluß war groß. Er wurde ihm während des Krieges nur durch Georg Bernhard, dem Chefredakteur der »Vossischen Zeitung«, streitig gemacht.

Georg Bernhard war ein Feuerkopf und schoß leicht über das Ziel hinaus; dagegen verfügte Theodor Wolff über ein größeres und gediegeneres Wissen, wirkte aber durch sein gleichmütiges Wesen manchmal etwas langweilig, auch in seinen Leitartikeln. Zum Kreis der befreundeten Journalisten gehörte noch Max Osborn, der Kunstschriftsteller, mit seiner lebenslustigen Frau. Er war ungewöhnlich klein, aber behende und voll Ausgelassenheit.

Einen besonderen Platz nahm das Ehepaar Julius und Julie Elias ein. Er, ein bedeutender Germanist, war der Übersetzer Ibsens und Björnsons und befaßte sich auch mit Kunstkritik. Er hatte das Unglück, mit einem Fußleiden von Geburt an belastet zu sein, so daß er sich nur trippelnd von der Stelle bewegen konnte. Diese Unbeweglichkeit war wahrscheinlich die Ursache für einen massigen Körper. Sein Gesicht mit den großen, ewig erstaunt fragenden Augen wurde durch einen mächtigen schwarzen Schnurrbart verziert. Er war ein großer Hypochonder, bildete sich ein, immer an irgendeiner Krankheit zu leiden, ließ sich aber dadurch in seinem starken Appetit nicht stören. Seine Küche war in Berlin bekannt. Julie, die mich anfangs nur gezwungen duldete, denn sie schwärmte für P. C., war eine Kochkünstlerin. Ihr Kochbuch, das sie herausgab, ist voller ausgezeichneter Rezepte und wurde von mir oft zu Rate gezogen. Sie war eine sehr intelligente Frau, schrieb im »Berliner Tageblatt« über Mode und plauderte über allerlei Gesellschaftliches. Sie wohnten uns gegenüber in ihrem eigenen Haus in behaglicher Wohlhabenheit.

Das Ehepaar Elias gehörte auch zu dem Kreis um Hauptmann, der mit ihnen sehr befreundet war. Es hatte mit zu seinem Aufstieg beigetragen. Sie versäumten keine Premiere bei Brahm, der oft in ihrem Hause anzutreffen war. Mit Max Liebermann dagegen verband Elias eine Haßliebe. Die großen geistigen Kämpfe, die zwischen beiden ausgetragen wurden, und die sich immer nur um Malerei drehten, gestalteten sich zu spannenden Ereignissen. Einmal wäre es aber beinahe böse ausgegangen. Es war zu einer größeren Meinungsverschiedenheit als gewöhnlich gekommen, und beide Kämpfer mieden sich schon längere Zeit, ein Zustand, den jedoch beide unerträglich fanden. Nun wollte Elias versöhnlich wirken, und da er gerade aus Frankreich einen besonders guten alten Cognac bekommen hatte, füllte er die Hälfte davon ab und bestimmte sie zum Geschenk für Liebermann. Zu gleicher Zeit aber glaubte er sich wieder einmal schwer erkrankt und sandte seinem Arzt eine ähnliche Flasche mit dem üblichen Inhalt zur Untersuchung. Sein alter Diener wurde mit beiden Wegen betraut, verwechselte aber die Flaschen, und aus dem beglückten Anruf des Arztes und den unbeschreiblichen Worten, die Liebermann durch das Telefon brüllte, wurde Elias von dem Mißgriff unterrichtet. Es dauerte lange, bis Liebermann besänftigt wurde und aufhörte, an eine gewollte Beleidigung zu glauben.

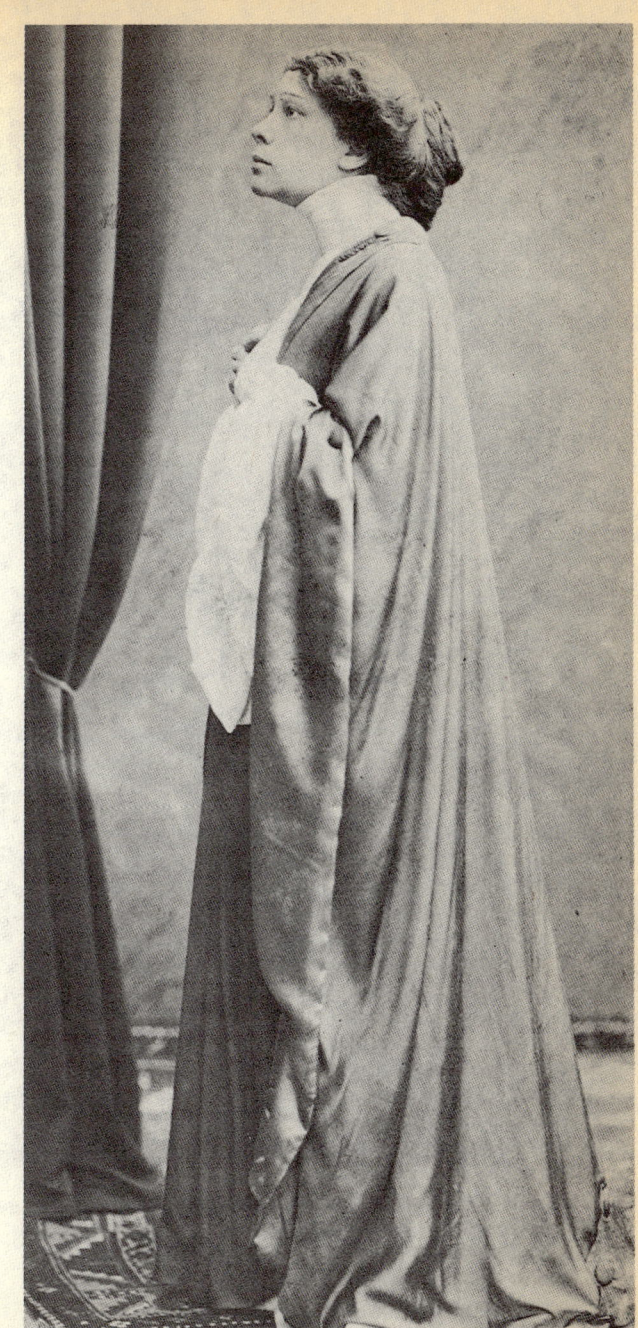

Das Heim
(Mirbeau/
Natanson),
als Baronin,
Ensemble-
Gastspiel in
München,
1909.

Als Eboli in Don Carlos (Schiller), Deutsches Theater Berlin 1909, Regie Max Reinhardt.

Im »Café des Westens«, dem Sammelplatz der talentierten und untalentierten Bohème, konnte man die merkwürdigsten Erscheinungen sehen. Männer mit langen Haaren und Mädchen in eigenartiger Kleidung saßen hier stundenlang bei einer Schale schwarzen Kaffees. Unter ihnen sah man die Auffallendste: Else Lasker-Schüler. Sie war unbestreitbar ein großes Talent und illustrierte ihre Geschichten und Gedichte in ungewöhnlicher Weise. Sie nannte sich selbst Prinz Jussuff von Theben und behauptete, in einem früheren Leben dieser Prinz gewesen zu sein. Einer guten rheinischen Familie entstammend, hatte sie ihrem zweiten Mann, Herwarth Walden, einen Sohn aus erster Ehe mitgebracht. Dieses Ehepaar, mit seinem unglaublich verzogenen Sohn, konnte man nun von mittags bis spät nachts im »Café des Westens« unter all den wilden Kunstjüngern und Kunstfrauen antreffen. Ich kam zwar sehr selten hin, war aber immer aufs neue belustigt von den Mädchen mit ihren dämonischen Blicken und Körperbewegungen und den Jünglingen mit ihren verachtungsvollen Mienen.

Else war klein und schmächtig, von knabenhafter Gestalt mit kurzgeschnittenem Haar, was damals sehr auffallend wirkte. Ihr Mann trug hingegen langwallendes blondes Haar. Else, ewig verliebt, schrieb ihre merkwürdigen Gedichte, in denen sie die jeweils Erkorenen zu Göttern erhob und ihnen eine Rose oder einen Stern auf die recht ähnlich gezeichneten Köpfe malte. So reich sie an geistigen Gütern war, so schlecht stand es mit den irdischen. Die kleine Familie nährte sich, wie ich vermute, nur von Kaffee, den ihnen der bucklige Oberkellner des »Café des Westens« mitleidig stundete oder den ein freimütiger Gast bezahlte. Das Kind ging inzwischen heimlich zu den Kuchenschüsseln und nahm sich in unbewachten Augenblicken, was ihm gefiel. Das brachte die Kellner, die abrechnen mußten, in Verlegenheit. Nicht selten beglich P. C. bei dem buckligen Ober alle »Rückstände«. Ging es dem Ehepaar gar zu schlecht, unternahm es »Raubzüge«, wie sie es selbst nannten, und besuchten ihre Lesergemeinde, deren Mitglieder auch in den reichsten Kreisen zu finden waren. Alle beteiligten sich dann an der Finanzierung des Ehepaares.

Herwarth Walden war viel zu schöngeistig, um sich mit einem plebejischen Beruf zu belasten, der ihn in eine schmähliche Bürgerlichkeit hinabgedrückt hätte. Er trennte sich aber später von seiner Frau, heiratete eine blonde Schwedin, die Geld hatte, und gründete die Zeitschrift »Der Sturm«. Er machte Ausstellungen mit ganz jungen Künstlern, kaufte mit dem Geld seiner Frau ostasiatische Kunst und moderne Bilder, hauptsächlich Chagall, und starb jung mit dem Kummer im Herzen, die Position Paul Cassirers nicht erreicht zu haben.

Else liebte P. C. und überschüttete ihn mit Briefen. Ich muß aber gerecht sein, anzuerkennen, daß sie mich nicht als notwendige Folge ihrer Schwärmerei haßte. Das Ehepaar auf längere Zeit zu finanzieren, war hoffnungslos, denn das gespendete Geld flog sofort wieder in alle Winde.

Eines Tages äußerte Else den Wunsch, das elegante Nachtleben Berlins kennenzulernen. Sie war zu dieser Zeit schon von ihrem Mann getrennt und recht unternehmungslustig geworden. Sie wollte nun durch die »schicken« Vergnügungslokale des nächtlichen Berlins streifen, um Eindrücke zu sammeln. Da sie immer wieder betonte, es müsse elegant bei diesem Ausflug zugehen, zogen wir uns Abendkleidung an und erschraken nicht wenig, als sie uns am verabredeten Treffpunkt mit einer roten langen Russenbluse entgegentrat. Auf dem Kopf trug sie einen türkischen Fez, um die Schultern geworfen ein Reiseplaid und in der Hand eine kleine Reisetasche. Ich wollte sofort umkehren, aber sie erklärte uns, sie wolle als »exotische Reisende« auftreten und würde nicht deutsch sprechen, obwohl sie keine andere Sprache beherrschte. P. C., zuerst etwas verdutzt, setzte eine belustigte Miene auf, und so zogen wir mit unserer »Reisenden« los, die nur im geheimen mit uns sprach und sich sonst durch Worte wie: »Gurri-murri, schnarri-darri« mit uns verständigte. So ging es zur Erheiterung der Gäste und Kellner durch alle bekannten Nachtlokale, und Else war hochbeglückt und fest überzeugt, als »Fremde von Distinktion« gewirkt zu haben ...

Es begannen die Proben zu einem neuen kühnen Wagnis Max Reinhardts. Das griechische Theater sollte wieder auferstehen und Sophokles' »Ödipus«, in Hugo von Hofmannsthals Bearbeitung, wurde dazu ausersehen. Das »Deutsche Theater« fand man für diese Vorstellung zu klein, und so mietete Reinhardt das Gebäude des Zirkus Schumann, der gerade seine Vorstellungen beendet hatte und auf Reisen ging.

Wir Schauspieler wurden zuerst von dem großen Raum und den Anordnungen der Sitzreihen sehr gestört. Die Stimmen klangen bei den Proben matt; und unverständlich blieben die Verse, die wir zu sprechen hatten. Professor Strakosch war zur »Sprachpflege« von Reinhardt engagiert worden. Aber ich verstand seine Art nicht, mit der er uns helfen wollte. Alles, was er uns immer wieder sagte, war nur: »Deutlich, deutlich«, womit er wohl recht hatte, aber uns kurz und faßlich zu erklären, wie dieses Ziel zu erreichen sei, das gelang ihm nicht. Er war klein und trug sein graues Haar bis auf den Rockkragen hinunter. Er fuhr sich durch seine fettige Mähne, griff in die Brusttasche und holte ein verknautschtes, fettiges Päckchen mit Schinken heraus. Davon bot er an, als Einleitung zu seinen Lehren. Am Tage einer Premiere konnte es geschehen, daß man aus dem so notwendigen Schlummerstündchen, in das man nach endlosen Proben gefallen war, durch eine Rohrpostkarte aufgeschreckt wurde, auf der nichts als das Wort »deutlich« zehnmal geschrieben stand.

Im Zirkus hatte Strakosch nun viel mit den Schauspielern zu arbeiten. Ich aber hatte durch meine früheren Studien gute Erfahrung darin, wie man auch mit leiser Stimme den großen Raum durchdringen konnte, und konnte Lautstärke für geeignete Stellen reservieren. Ich half mir damals und auch später bei solchen Gelegenheiten damit, daß ich den entferntesten Sitz im Raum ins Auge faßte und direkt zu ihm sprach. Unwillkürlich paßt sich die Stimme der Entfernung an, und man

wird überall verstanden. Wir waren im übrigen begeistert von
der Regie, denn die Massen, die Reinhardt hier dirigierte, boten
immer neue fesselnde Bilder und wurden nach seinen An-
weisungen von Berthold Held derart gedrillt, daß auch nicht
das leiseste Versehen durchschlüpfte. Für uns Schauspieler baute
man die Rampe, auf der die Pferde bei der Schlußapotheose
aus der Manege zu klettern pflegten, als Bühne um. Damit wir
hinter den Kulissen hinauf an unsere Plätze gelangen konnten,
mußten wir eine sehr schiefe Ebene, die mit Querleisten für
Pferdehufe eingerichtet war, erklimmen, und überall roch es
nach Pferden und Raubtieren.

Der Premierenabend wurde ein einziger Triumph für Reinhardt, an dem allerdings auch wir Schauspieler teilhaben durften. Wegener als Ödipus, Moissi als Teiresias, ich als Jokaste
konnten uns unzählige Male für den Applaus bedanken.

Zufällig ergab sich bald darauf ein Vertragsabschluß nach Petersburg. Rußland erschien mir durch die Bücher der großen
Schriftsteller wie ein wunderbar geheimnisvolles Land; so hatte
ich mit beiden Händen nach diesem Gastspielvertrag gegrif-
fen.

Als Helene und ich bei Eydtkuhnen über die Grenze kamen,
dachte ich an die grausamen Methoden der russischen Polizei
und daß ich nun in der Mausefalle säße. Am liebsten wäre ich
gleich umgekehrt. Doch die bequemen russischen Waggons, die
fremdartigen Gestalten an den Stationen und die noch in tiefem Schnee liegende Landschaft vertrieben diese törichten Gedanken. Es war März, und Petersburg lag noch im tiefsten
Winter.

Ich spielte mit dem Ensemble des »Petersburger Deutschen
Theaters«, und zwar »Gyges«, »Graf von Gleichen« und ein
fürchterliches Stück »Flut über dir« von Hans Joachim von
Winterfeld, das von der Petersburger Direktion zur Bedingung
gemacht worden war. Der Theaterzettel war geschmückt mit
den schönsten Druckfehlern. Man las hier vom ersten »Aus-
treten« der Tilla Durieux in Rußland in »Goges und sein Ring«.

Den »Kaldaunes« spielte Herr X. und die »Sklovinen« die Damen Y. Ich selber war der »Gost«.

In jeder Vorstellung stand in der ersten Reihe ein Herr, der sich, weißbehandschuht, heftig und laut gebärdete und sich schließlich als der Attaché der Deutschen Gesandtschaft, von Lucius, vorstellen ließ. Durch ihn lernte ich Petersburg richtig kennen. Er zeigte mir die berühmten »Inseln«, zu denen man nachts hinausfährt auf kleinen Schlitten mit lustigen kleinen Pferdchen und dicken Kutschern auf dem Bock. Er gab auch, mir zu Ehren, dem Direktor und dem Ensemble des Theaters ein Frühstück bei Kyba, dem damals bekanntesten Feinschmeckerlokal von Petersburg. Der Kaviar wurde mit Löffeln gegessen, und der Tisch mit den verlockendsten Vorspeisen, die mit einem Kranz von Schnäpsen umgeben waren, ließ kaum Raum für das richtige Souper.

Mit Lucius konnte ich nicht nur die Bilder der Eremitage sehen, sondern ich hatte auch Zutritt zu einer der schönsten Privatsammlungen, in der ich den »Mardi gras« von Cézanne bewundern konnte. Ich ließ mich auch von ihm überreden, mit Helene nach Moskau zu fahren, um mir die Stadt anzusehen, und ich freue mich, daß ich es tat, denn auch dieses Erlebnis blieb für mich unvergeßlich. Die Fülle von neuen Eindrücken, die auf mich eindrang, war in den eineinhalb Tagen, die ich nur zur Verfügung hatte, kaum zu bewältigen.

Paul bereitete mir keinen guten Empfang in Berlin; er war unzufrieden mit mir. Daß ich so oft mit Herrn von Lucius zusammen war, störte ihn; auch fand er meinen Abstecher nach Moskau überflüssig. Jedenfalls war mir sofort klar, daß er, der mir lange Reden über die Sinnlosigkeit der Eifersucht gehalten hatte, von ihr nicht verschont blieb, und heimlich freute ich mich diebisch darüber.

Lange Zeit zum Ausruhen blieb mir nicht, denn eine neue Rolle war zu erlernen. Mit dieser Saison endete mein Vertrag am »Deutschen Theater«. Mit Brahm hatte ich für die übernächste Saison abgeschlossen, denn erst dann wurde dort der Platz für mich frei. Ich konnte also die Zeit nach meinem Belieben ausfüllen und hatte mir das Stück »Spielereien einer Kaiserin« von Max Dauthendey gesichert. Die erste Aufführung sollte in München stattfinden. Der Maler Emil Orlik erbot sich, mir bei meinen Kostümen zu helfen, die bei Gastspielen natürlich von mir mitgebracht werden mußten. Und so entstanden unter seiner Beratung im Atelier für Theaterkleider Ferch & Flotow Kostüme von seltener Pracht. Die Zeit Peters des Großen, die das Stück darstellt, gestattete es, diesen Prunk zu entfalten. Es ist in Versen geschrieben und zeigt den Aufstieg Katharinas vom Soldatenweib zur Gemahlin Peters des Großen und schließlich zur regierenden Zarin, die am Ende im Alkoholrausch auf ihrem Prunkbett in den Armen ihres immer geliebten Menschikoff stirbt.

Am 16. Mai brachte man das Stück unter dem Protektorat eines literarischen Vereins im Münchener Theater heraus. Es ist heute belustigend, die Kritiken zu lesen, wenn man weiß, wie lange dieses Stück später die Berliner Spielzeit beherrschte. Man fand es »kinomäßig«, »nicht einheitlich«, »zu einheitlich«, »nicht spannend genug«, »zu theatralisch«. Dies betraf den Dichter Dauthendey. Ich hingegen war »Virtuosin«, »kalt«, »zu sehr betont Soldatenfrau«, »zu wenig Soldatenfrau«, »nicht weiblich genug«, »zuviel Zarin«, »keine Zarin«. Aber hauptsächlich kehrte der Vorwurf des Virtuosentums immer wieder. Meinte man Virtuosentum im Gegensatz zum Dilettantismus, oder was eigentlich wollte man damit ausdrücken? Warum dieser Vorwurf? Ein Virtuose ist ein Könner, und etwas zu können, ist Voraussetzung für einen Künstler. Ich hatte viel gelernt und beherrschte Stimme und Körper mit größerer Souveränität als mancher andere Schauspieler. Spiel ist Hypnose seiner selbst und der Zuschauer. Durfte mir da eine heiser geschriene Stimme in die Quere kommen? Durfte mein Atem an einer Stelle versagen, wo ich ihn für den Freilauf meines Temperaments brauchte? Eines war unbedingt falsch, das war die Überbewertung meines Verstandes. Mit dem ist es nicht gar so weit her.

Ich habe Talent, ich bin aufgeschlossen für das Schöne, hungrig nach Wissen, aber über den Durchschnitt klug bin ich nicht. Ich kann mir nichts ausklügeln, wie so manche meiner Kollegen, die sich bei einer umstrittenen Betonung oder einer Gebärde auf die Seitenzahl soundsoviel berufen konnten. Andererseits war vielleicht der Vorwurf der Kälte in diesen Kritiken berechtigt. Ich hatte zu Hause vieles zu überwinden, wovon ich zu keinem Menschen sprach; auch meine stets wiederkehrenden körperlichen Schmerzen hatten mich dazu erzogen, jede Miene zu kontrollieren.

Ich behielt mich sozusagen immerwährend unter Aufsicht, das machte mich hart.

Meine Position zwischen zwei Geschmacksrichtungen, der deklamatorischen und der wahrheitssuchenden, war keineswegs leicht. Man hatte die Heroine noch nicht vergessen, und ich hatte das Wesentliche noch nicht gefunden. Der Weg zu der wahren großen Geste stand für mich noch nicht offen. Erst viel später, erst in den Gesprächen mit Auguste Renoir habe ich den gesuchten Weg vor mir gesehen. Meine Art war den Menschen fremd. Das vielfältige biologische Erbe, das sich in mir ausprägte, ließ mich der Menge fremd und fern erscheinen. Die einen fanden mich außerordentlich, die anderen verwirrend, und die dritten konnten mich einfach nicht leiden. Dabei aber bin ich mit all dem Widerstreit meiner Persönlichkeit, oder vielleicht gerade deshalb, viele Jahre eine Zugkraft der deutschen Bühne gewesen.

Um aber zu dem Stück von Dauthendey zurückzukommen, so war der Erfolg doch so groß, daß ich mich entschloß, damit im Herbst nach Berlin zu übersiedeln.

Bernauer und Meinhard, die vormaligen »Bösen Buben« von Berlin, hatten inzwischen mit Operettentexten und Schlagern viel Geld verdient. Sie pachteten das »Hebbel-Theater«, das mit seinem Begründer, Dr. Robert, kein Glück gehabt hatte und zugrunde gegangen war. Die erste Aufführung unter der neuen Direktion im Herbst sollte Dauthendeys Stück sein, doch hatte ich mich nur zu einer Bindung für die Dauer dieses Stückes entschlossen. So konnte ich mich endlich ausruhen.

In diesem Sommer stieß zu den üblichen Besuchern Noordwijks der Maler Graf Kalckreuth. Er war beinahe zwei Meter groß. Seine Reiseausrüstung für vierzehn Tage war nur eine kleine Reisetasche. Helene packte sie kopfschüttelnd aus und entsetzte sich über die Größe seiner Pantoffel, die sie Oderkähne nannte. Viel mehr war in dieser Tasche nicht zu finden. Er war angefüllt von Empörung über die Nachgiebigkeit der Regierung den Arbeitern gegenüber und schritt mit Riesenschritten durch unsere Halle, wobei er lange Reden hielt und das Wort »Sozi« so laut brüllte, daß die Wände zitterten.

Nach ihm besetzte unser Gastzimmer Professor Max Slevogt. Sieht man seine temperamentvollen Bilder und hauptsächlich seine phantastischen reizenden Radierungen, Lithographien und Zeichnungen, so meint man, sie entstammten einem feurigen Naturell, aber Slevogt führte, wenigstens für die Außenwelt, ein sehr geruhsames, bürgerliches Leben. Er war mit einer Jugendfreundin verheiratet, die ihm in ihrem einundvierzigsten Jahr ihr erstes Kind schenkte, dem gleich darauf ein zweites folgte. Seine Wohnungseinrichtung war die eines Bürgers. Eine Unzahl von Geweihen, die er als leidenschaftlicher Jäger sammelte, schmückte die Wände. Er war Bayer, und in seiner Jugend, die er in Würzburg verlebte, hatten die Malereien Tiepolos, mit ihrer traumhaften Unwirklichkeit, großen Einfluß auf ihn. Seine Ausbildung zum Maler erhielt er in München, wo er sich scharf gegen Lenbach und Franz von Stuck wandte. Als er 1901 nach Berlin übersiedelte, schloß er sich dem Kreis Liebermanns an. Die Sommermonate brachte er meistens auf dem Gut seiner Frau, Neukastell in der Pfalz, zu, umgeben von seinen vielen Katzen, die er innigst liebte. Da war das »Graule«, der »Mohr«, »Schwarznäsle«, und dann gab es noch einen drolligen Hofwächter — die Gans »Jakob«. Slevogt illustrierte gerade den »Lederstrumpf« von Cooper für P. C., eine Arbeit, bei der er seiner Phantasie freien Lauf lassen konnte. Wir kamen dadurch auf den Gedanken, Indianer zu spielen, und taten es mit viel Hingabe. Er und P. C. waren damals Anfang vierzig, aber sie gebärdeten sich, als seien sie vierzehn. Wir stürzten auf unsere Bekannten mit wildem Geheul los, wir machten uns in den Dünen Lagerfeuer und rauchten dazu die langen holländischen Tonpfeifen.

Eine Abbildung unseres Treibens findet man in »Scherz und Laune« von Johannes Guttmann, verlegt 1920 bei Paul Cassirer, mit kleinen Gelegenheitszeichnungen von Slevogt, wo auf Seite 141 drei Gestalten mit langen Pfeifen sitzen; links Slevogt, der »große Bär«, in der Mitte ich, die »Prärieblume«, rechts P. C., der »listige Fuchs«. Auf Seite 124 sitze ich auf einem Strauch, und der Polizeipräsident, Herr von Jagow, kommt als Schmetterling auf mich zugeflattert. Rechts das Heer der Kritiker mit einem Schmetterlingsnetz aus Zeitungsblättern, unten aber eine vermummte Gestalt, die eine Pistole abschießt: P. C. Und damit komme ich zu der dramatisch-satirischen Episode: Herr von Jagow und der »Pan«.

Der »Pan« brachte am 16. Januar 1911 Auszüge aus Flauberts Jugendtagebuch zum erstenmal in deutscher Sprache. In Frankreich war es in der Zeitschrift »Les morgues« erschienen. Herr von Jagow nahm Anstoß daran und verklagte die Schriftleitung wegen Verbreitung unzüchtiger Schriften. Das war außerordentlich unangenehm, denn dafür konnten die Strafen damals bis zu Gefängnishaft oder sehr empfindlichen Geldbußen gehen. Flauberts Tagebuch ist inzwischen längst in Buchform erschienen, und mancher wird vergeblich die Stellen suchen, die damals den Zorn des Herrn von Jagow erregten. Die Anklage gegen den »Pan« wirbelte viel Staub auf. Man war allgemein empört, denn der »Pan« war eine ernste Zeitschrift, die weitab von dem Verdacht stand, pornographische Literatur zu bringen, und der Name Flaubert war schließlich auch nicht mit einem solchen Verdacht zu belasten, kurz, man sah diesem Prozeß mit Spannung entgegen.

P. C. hatte sich nicht einen der bekannten Rechtsanwälte genommen, der den Prozeß wahrscheinlich routinemäßig geführt hätte, sondern einen jungen unbekannten, Dr. Fritz Grünspach, der ihn bei einer Kleinigkeit schon einmal auf ungewöhnliche und witzige Weise beraten hatte. Fritz Grünspach setzte nun seinen ganzen Ehrgeiz daran, las die hauptsächlichsten Werke Flauberts und machte sich Auszüge daraus. Er wußte, diese Verhandlung würde das Interesse der gesamten intellektuellen Welt Berlins erregen, und das konnte ihn mit einem Schlag bekannt machen.

Gerade während dieser Zeit studierte Max Reinhardt ein Stück von Carl Sternheim, »Die Hose«, ein. Sternheim hatte sich den Namen eines geistreichen Schriftstellers erworben. Als Mensch war er etwas schwierig. Elegant bis zur Geckenhaftigkeit, hielt er sich für den deutschen Molière und scheute sich auch nicht, dies immer wieder zu betonen. Wenn seine Stücke auch weit über dem Durchschnitt standen und vieles Wertvolle enthielten, so war natürlich der Abstand zwischen ihm und seinem französischen Vorbild doch noch groß.

»Die Hose« hat die Geschichte einer jungen, hübschen Frau zum Inhalt, der Gattin eines Spießers, die — diese Szene ist als Vorgeschichte gedacht und kommt nicht auf die Bühne — auf dem Hauptplatz des Städtchens ihre Hose verliert und durch ihre grenzenlose Beschämung hierüber einen jungen Mann bezaubert.

Der Gatte überhäuft sie mit Vorwürfen, dies ist der Anfang des Stückes, das weiterhin noch einige »beanstandete« Stellen enthielt, die so witzig waren, daß man sie nicht streichen wollte, und die heute natürlich von jedem fünfzehnjährigen Mädchen gelesen werden können. Es sei denn, man betrachtet eine Hose an sich als pornographischen Gegenstand.

Der Titel des Stückes wurde auf Wunsch der Zensur geändert und das Stück nunmehr »Der Riese« benannt. Aber auch damit war der Moral der Polizei nicht Genüge getan. Reinhardt und Sternheim setzten nun alle Hebel in Bewegung, um die Aufführung zu ermöglichen, und brachten es dahin, daß der Polizeigewaltige, Herr von Jagow, sich selbst überzeugen wollte, wie das Stück beschaffen sei. Eine Generalprobe wurde angesetzt in Kostüm und Maske, und ich erhielt einen Telefonanruf mit der Bitte, auf diese Probe zu kommen. Höchst verwundert erschien ich, und Reinhardt teilte mir seinen Wunsch mit. Ich sollte neben Jagow sitzen und ihn bei den von der Zensur beanstandeten Stellen ablenken.

Belustigt und geehrt über das Vertrauen, das man in meine Unterhaltungsgabe setzte, ließ ich mich mit Berlins bestgehaßtem Manne bekannt machen, und bald waren wir in ein anregendes Gespräch vertieft.

Ich kannte das Stück und seine gefährlichen Klippen ziemlich genau, und sooft es an der Zeit war, flüsterte ich meinem Nachbarn eine Bemerkung zu und sah ihn mit Vergnügen von der Bühne abgelenkt. Nach Ende der Probe äußerte Herr von Jagow, daß er keinen Grund habe, das Stück zu verbieten.

An diesem Abend waren P. C. und ich zu einer Gesellschaft eingeladen, und als ich mich ankleiden wollte, brachte man mir aus dem Theater einen Rohrpostbrief, der eben dort für mich angekommen war. Ich überlas ihn flüchtig, hielt ihn für den Brief eines zudringlichen Journalisten und warf ihn auf das Bett. Paul kam ins Zimmer, erblickte das Schreiben und fragte: »Was hat dir Jagow zu schreiben?« — »Jagow?« Ich verstand nicht, »ach so, der Brief, aber der war doch nicht von Jagow!« Paul nahm den Brief und wurde, nachdem er ihn gelesen, rot vor Zorn. Ich hatte das Schreiben so flüchtig gelesen, daß ich kaum wußte, was darin stand, und betrachtete es jetzt noch einmal.

Es lautete:

»Verehrte gnädige Frau! Da ich die Theaterzensur auszuüben habe, hätte ich gern auch persönliche Fühlung mit Schauspielerkreisen. Es wäre mir eine Freude, unser heutiges Gespräch fortzusetzen. Würde Ihnen mein Besuch genehm sein? Etwa Sonntag um halb fünf. In hochachtungsvoller Ergebenheit . . . Bitte eigenhändig adressieren. Jagow.«

Nun, der Polizeigewaltige hätte wohl eine andere Form finden können, als die etwas gewaltsame Einladung am Sonntag um halb fünf, wenn mein Gespräch ihn zur Fortsetzung reizte. Auch wäre es richtiger gewesen, sich nach meiner Privatadresse zu erkundigen, wobei er dann auf den Namen Cassirer gestoßen wäre und sich wohl gehütet hätte, die Frau zu besuchen, deren Mann wegen Verbreitung pornographischer Schriften gerade unter Anklage stand. Mir war es unangenehm, daß Paul diesen Brief gefunden hatte, denn ich kannte seinen Jähzorn und wußte nicht, was daraus entstehen würde; ich kannte auch seine und seiner Freunde Einstellung zu diesem Diktator.

Zu der Gesellschaft, in der man uns erwartete, nahm P. C. den Brief mit und zeigte ihn dort Kerr und Theodor Wolff. Schon seit langem versuchte man Jagow zu stürzen, aber weder den Zeitungsangriffen, noch den Debatten im Abgeordnetenhaus über sein rohes Vorgehen den Arbeiterparteien gegenüber war es gelungen, dies zu erreichen.

Hier war nun allerdings ein Fall entstanden, durch den man ihn der Lächerlichkeit preisgeben konnte. Das aber würde auf meine Kosten gehen. Auch Paul sträubte sich, die Sache zu veröffentlichen. In welcher Form er Herrn von Jagow wissen ließ, daß er sich im Namen seiner Frau diese Annäherung verbäte, weiß ich nicht mehr, denn ich war sehr erregt, als ich ahnte, welche Dimensionen diese Geschichte annehmen sollte. Jedenfalls schickte der erschrockene Polizeihäuptling sofort einen Rittmeister zu P. C., der sich in aller Form entschuldigte. Paul erklärte sich auch schließlich zufriedengestellt, betonte aber, daß der Brief nicht unbekannt geblieben sei und er also für Verschwiegenheit nicht bürgen könne.

Wie ein Lauffeuer ging nun die Geschichte durch Berlin, und der »Berliner Lokalanzeiger« wandte sich an Jagow um eine Erklärung, worauf dieser in lakonischer Kürze offiziell erklärte:

»Was der ›Pan‹ gegen mich persönlich schreibt, ist mir gleichgültig. Will er sich über die Handhabung der Zensur beschweren, so möge er den Instanzenweg beschreiten.«

Nun wurde es Kerr zuviel, und obwohl P. C. meinetwegen noch zögerte, ergriff Kerr die Gelegenheit, dem festen Gebäude der Polizeigewalt einen Stoß zu versetzen. Er schrieb (zitiert aus den Polizeiakten) im »Pan«:

I

Sehr geehrter Herr! Der Drang, Ihre Wirksamkeit zu beklopfen, durch die Mittel der Sprache festzuhalten, sie zu besiegen, erwacht vierzehntägig.

Es gilt, lieber Herr Präsident, diesmal nicht Ihrer Keuschheit, die (von Flaubert zu schweigen) schon durch die harmlose Gewandung der Taucherin Serene Nord im Berliner Wintergarten so heftig verwundet wurde. Sondern heute lassen Sie mich den Eifer nachdrücklich rühmen, womit Sie einer Schauspielerin sich zu nähern suchen, ohne jedoch durch das geringste Verbot eine dazwischenliegende Kluft anzudeuten.

Wo Herr von Glasenapp als Zensor Ihrer Veranlagung nicht genügt, wünschen Sie für Dramen gelegentlich noch eine Polizeiprobe. Unlängst nach Schluß einer solchen, schrieben Sie privatim einer Schauspielerin. Sie hatten große Eile, dieses Schreiben zu Papier zu bringen, es in den Kasten zu stecken ... denn wenige Stunden nach dem Kennenlernen der Schauspielerin spürten Sie schon den dienstlichen Drang, sie nächstens in der Wohnung zu besuchen. Am Vormittag sahen Sie die Künstlerin im Parkettraum, kamen ins Gespräch, und am selben Nachmittag äußerten Sie schriftlich folgendes: (Folgt der schon wiedergegebene Brief.) Sie setzten hierunter nicht nur die Worte »In hochachtungsvoller Ergebenheit«, sondern fügten in Vorsicht hinzu: »Bitte eigenhändig adressieren.«

So voll Hingabe sind Sie hinter Ihrem irdischen Ziel her, hinter den Pflichten gegen die Kunst. — Darf man, lieber Herr und Präsident, ein paar Betrachtungen daran knüpfen?

Wollen Sie mir gefälligst sagen, was der Zensorberuf mit Schauspielerinnen zu tun hat? ... Ich dachte, Sie hätten's mit den

Stücken. Wollen Sie gefälligst mitteilen, wozu Sie mit Darstellern jene »Fühlung« brauchen, — die Sie bei der Fühlung mit einer Darstellerin beginnen? (Es ist auffallend.)

Herr von Jagow, wollen Sie gefälligst äußern, warum erbaten Sie niemals von dem erfahrenen Emanuel Reicher die Erlaubnis, ihn um halb fünf am Sonntag zu besuchen?... Warum niemals von dem prächtigen alten Pagay?... Oder von dem Väterdarsteller am Kgl. Schauspielhaus, Herrn Josef Nesper? Sondern von dieser Künstlerin, die unter »eigenhändig« antworten sollte —? Hä? (auffallend ist es).

Geehrter Polizeimeister, Sie haben die Oberaufsicht über die Straßenbahnen. Wenn Sie nun (unter Berufung darauf) an die erste und blondeste Tippmaschinistin einer Tramgesellschaft schrieben: »Ich habe die Aufsicht über die Straßenbahnen — Bitte antworten Sie mir unter ›eigenhändig‹« (Was murmeln Sie?)

Sie haben die Hutnadeln der Damenschaft geregelt, Ihre einzig haltbare Tat. (Sie arbeiten sich offenbar in das Problem der Frauentracht, nicht bloß bei Serene Nord, hinein.) Wenn Sie nun — mit dem Hinweis, daß Sie über Hutnadeln amtlich entscheiden — die Trägerin einer solchen ersuchten, um halb fünf (eigenhändig) in Verkehr mit ihr treten zu dürfen?... Was, bitte?? Sie murmelten wieder.

II

Indem Ihr Schreiben hier abgedruckt ist, besteht nicht unbilliges Veröffentlichen eines Privatbriefes, denn: der Brief ist kein Privatbrief, den der Berliner Polizeipräsident unter Berufung auf sein Zensoramt schreibt. Ecco, Ihr unermüdliches Wirken, auch am Sonntag, möge nicht in falscher Schüchternheit verschwiegen werden — selbst wenn es auf den Versuch beschränkt war und man (ohne Antwort) vergebens um halb fünf Alexanderplatz 6 gewartet hat.

Nur eine demütige Bemerkung sei gestattet, weil ich Kritiker bin. Und weil wir besseren Kritiker beispielshalber streng darauf sehen, von keiner Schauspielerin die mindeste Gunst zu empfangen — geschweige denn mit Berufung auf das Amt, sie zu erbitten. Ich täte das nicht. Die Meinungen, Herr Ritter von Jagow, gehen hier auseinander.

III

Bleibt die Feststellung, wer die (»da ich die Theaterzensur auszuüben habe«) ersuchte Künstlerin war. Trotz manchem, was dagegen spricht, muß es im »Pan« festgestellt werden, weil rings die falschesten Wendungen verbreitet sind.

Unter allen Künstlerinnen der Welt, schrieben Sie, Herr Polizeimeister (soviel Pech gibt es nie wieder) — unter allen schrieben Sie ahnungslos just an die eine, an Tilla Durieux, welche mit Paul Cassirer, dem Mitherausgeber des »Pan«, verheiratet ist. Sie waren davon ohne jede Kenntnis; das ist beweisbar. Fest haltet mich. Sie erfuhren es ... ich sage nicht zu Ihrem Schrekken, Ritter, doch zu Ihrer bleichen Verblüffung erst, als der Brief (von Ihnen ins Theater gesandt) in den Händen der graziösen Empfängerin war; als sie mit ihrem feinsten Augurenlächeln ... aber doch befremdet auf das Papierchen sah. Sie haben dann wohl innerlich eine Reihe von unruhigen Tagen erlebt. Seit Erschaffung des Erdballs ist ein solches Pech nie dagewesen. In den »Ratten« von Hauptmann sagt jemand: »Erfinden Sie so was mal, guter Spitta!«

Und schon darum (Sie sind doch religiös, Präsident), weil hier fast ein offenkundiger Finger Gottes vorliegt. Schon darum wär' es Sünde, solche Fügungen geheimzuhalten.

Grunewald, Ende Februar   Alfred Kerr

Das Gelächter ging nun durch die ganze Presse, aber selbstverständlich sahen sich die rechtsstehenden Blätter offiziell veranlaßt, für Herrn von Jagow eine Lanze zu brechen. Sie überschütteten uns mit Schmähartikeln und bewiesen die Harmlosigkeit dieser Annäherung und die Unverschämtheit der Schauspielerin, die nicht den Weg gefunden hatte, das Ganze in einer anderen Form aufzunehmen. Auch gab es Blätter, die ein Geschäftsmanöver dahinter vermuteten, um den Absatz des »Pan« zu erhöhen. Karl Kraus und Maximilian Harden ließen ihrer persönlichen Gegnerschaft gegen Kerr freien Lauf. Auch wurden antisemitische Angriffe gemacht.

Dagegen schrieben die linksstehenden Blätter hoffnungsvoll, daß nun vielleicht dieser Jagow stürzen würde, und begrüßten den Angriff auf das wärmste. Kurz, es gab ein Konzert, das bis in die weiteste Ferne zu hören war, denn vor mir liegen Ausschnitte aus englischen, ungarischen, argentinischen, amerikanischen Blättern. Kleine Gedichte erschienen in Witzblättern, und in der Friedrichstraße wurde von den Zeitungsverkäufern ausgerufen: »Traugott und Tilla.«

Ich war von diesem lauten Geschrei sehr unangenehm berührt, denn meine Kollegen dachten natürlich, ich hätte diese Sache als Reklame für mich provoziert. Die Familie wiederum gab mir Ratschläge, wie ich alles witziger hätte lösen können. Ich war der Ansicht, man hätte mich wenigstens fragen können, und hatte deswegen eine etwas heftige Auseinandersetzung mit Kerr, der sich sehr beleidigt zeigte, und seine Beurteilung meiner Leistungen war von diesem Tag an eine übermäßig scharfe. Jedoch war das vielleicht für mich nicht so ungünstig, denn ich wurde durch schlechte Kritiken nicht entmutigt, sondern eher angespornt.

Ich war durch diese Affäre tatsächlich in den Mittelpunkt der Neugier gerückt, und man strömte ins Theater, um mich zu sehen, und von den Arbeitern bekam ich Dankesbriefe.

Bald nach dieser Pressefehde kam der Tag des Flaubert-Prozesses. Dr. Fritz Grünspach hatte jetzt einem Teil der Sachverständigen gegenüber, die nun doppelt treu auf seiten Traugott von Jagows standen, eine schwere Stellung. Um so mehr war es anzuerkennen, daß er einen glänzenden Sieg errang und P. C. samt dem »Pan« freigesprochen wurde. Grünspach hatte es die-

Herr und Diener *(Fulda), als Königin, Deutsches Theater Berlin 1910/1911.*

Tilla Durieux und Max Steinrück in Spielereien einer Kaiserin
*(Dauthendey), Künstlertheater München 1911, Regie Victor
Barnowsky.*

sem Erfolg zu verdanken, daß er von dem Tag an einer der gesuchtesten Anwälte wurde.

Herr von Jagow bekam aber nach einiger Zeit seine Versetzung nach Breslau. Er konnte sich nach dieser Affäre nicht mehr in Berlin behaupten. Im Jahre 1921 nahm er am Kapp-Putsch teil, kam nach Leipzig in Untersuchungshaft und nahm sich als Anwalt Fritz Grünspach, der demnach einen großen Eindruck als Verteidiger auf ihn gemacht haben mußte.

Zwischen Paul Cassirer und Kerr war nun eine Mißstimmung eingetreten, die schließlich dazu führte, daß Paul mit dem 11. (November-)Heft 1911 das Teilhaberverhältnis löste und Kerr austrat. Im März 1912 verkaufte P. C., dem die Zeitschrift verleidet war, den »Pan« an den Hammer-Verlag, und Kerr wurde dort neu Herausgeber.

Calderon und Freiballon

Hatte ich in München meinen lieben, unvergeßlichen Albert Steinrück als Partner gehabt, so war es im »Hebbel-Theater« bei Bernauer und Meinhard, Hartau, der die Rolle des Menschikoff spielte. Wieder war der Erfolg umstritten, und wieder hatte ich mit der Kritik zu kämpfen, aber das Stück war Abend für Abend ausverkauft, und Dauthendey, dessen Finanzen nicht zum besten standen, strahlte vor Glück.

Nachdem ich in sechzig Aufführungen als Katharina aufgetreten war, brachte man »Die Schauspielerin« von Heinrich Mann als Sondervorstellung heraus. Ein Stück mit einer guten Rolle für mich, aber leider unausgeglichen und etwas unbeholfen in der Szenenfolge. Die Dialoge witzig und gut, wie Heinrich Manns geschliffene Sprache sie zu bringen versteht; aber zum großen Kummer des Autors blieb das Stück eine Eintagsfliege.

So schloß ich an das »Schauspielhaus« zu Alfred Halm ab. Dort spielte ich die Judith mit Ludwig Hartau als Holofernes, dann folgte »Gyges« und darauf ein Stück des Schweden Gustav Collijn, »Der Turm des Schweigens«. Diese Aufführung ist mir deshalb in Erinnerung geblieben, weil ich damals zum erstenmal in der Dekoration von Sven Gade drei Akte lang auf einer hohen Treppe herumturnte, die beinahe bis zum Schnürboden ging. Diese Treppe, die in späteren Jahren fast in jedem Klassiker erschien und namentlich von Jessner im »Staatstheater« immerfort angewendet wurde, tauchte hier zum erstenmal auf. Vor mir hängt ein kleines Aquarell von Slevogt, das mich auf der Treppe sitzend mit einer knienden Männergestalt zu meinen Füßen zeigt.

Ein Gastspielvertrag für »Spielereien einer Kaiserin« rief mich nach Wien, und wieder hatte das Stück den umstrittenen Erfolg bei der Presse und den unbestrittenen beim Publikum. Hier war Ziegel mein Partner, der nachmalige verdienstvolle Direktor der Hamburger »Kammerspiele«.

Jetzt rüstete ich zu einer Reise an den Rhein, wo ich von mehreren literarischen Gesellschaften zu Vortragsabenden eingeladen war. Ich stellte sorgfältig mit Hilfe von P. C. mein Programm zusammen, wählte für den Anfang eine kurze Novelle von Heinrich Mann, als Mittelstück Gedichte von Dehmel, Hofmannsthal, Verhaeren und Stefan George und schloß mit Goethes heiteren Gedichten der Jugendzeit.

Meine Zuhörer in den Städten am Rhein waren Studenten und Professoren mit langen, würdigen Bärten, und für dieses Publikum glaubte ich mein Programm richtig gewählt zu haben. Die Gedichte hatte ich Paul oft vorgelesen und sie auch im Kreise seiner Freunde zu Gehör gebracht, ich brauchte also nichts zu fürchten; aber siehe da, die Gedichte von Verhaeren und hauptsächlich von Stefan George waren dem Publikum zu fremd und wurden abgelehnt; Goethes Jugendlieder waren zu meinem tiefsten Erstaunen überhaupt unbekannt. Nach dem Vortrag mußte ich einem eifernden Goethe-Verehrer schwarz auf weiß beweisen, daß ich nicht dem Namen Goethe Kuckuckseier untergeschoben hatte. Immerhin, der Vortrag interessierte sehr, und ich wurde in der nächstfolgenden Stadt immer schon mit den Worten empfangen: »Wir haben bereits gehört . . .« So reiste ich jeden Tag in eine andere Stadt, bis nach Aachen. Hier aber mußte ich mich mit dem Vortrag beeilen, denn der Zug Paris—Genua sollte mich mitnehmen.

Paul wollte ihn in Paris besteigen, und wir hatten vor, uns in der Frühe im Speisewagen beim Frühstück zu treffen. Unsere Reise sollte über Genua nach Sizilien gehen. Ich verspätete mich und fand keine Zeit mehr, mein Abendkleid und den Abendmantel mit einem Reisekleid zu vertauschen und stieg so, wie ich vom Vortrag kam, in den Schlafwagen. Am Morgen fand ich vor meiner Tür eine Anzahl Schaffner, die mich versteckt neugierig musterten. Mein Schaffner flüsterte mir zu: »Der Herr hat schon gefragt.« Dann bemerkte ich, wie sie mir alle unauffällig bis zum Speisewagen folgten, um Zeugen der Begrüßung mit dem »Herrn« zu sein. Wahrscheinlich vermuteten sie eine Entführung und wollten sich nichts entgehen lassen. Da der Zug beinahe leer war, blieb uns die Neugier der Angestellten nicht verborgen, aber auch nicht ihre Protektion, denn sie behandelten uns so aufmerksam, als wollten sie sagen: »Unseres Schutzes, o Liebespaar, bist du sicher.«

Nachdem wir uns in Genua in den Museen einen Tag aufgehalten hatten, bestiegen wir ein kleines Schiff, das greulich nach verdorbenem Öl stank, und das uns nach Messina brachte. Hier zeigten sich noch die Spuren des furchtbaren Erdbebens, das vor einigen Jahren über diese Stadt hereingebrochen war, und ich erinnere mich noch, wie meine erschrockenen Augen an den Resten der Wohnungen hingen und an den provisorischen Barakken, die für die elend aussehende Bevölkerung aufgestellt waren. Damals kannte man noch nicht die Greuel eines modernen Krieges, und der gewaltsame Tod der Menschen war uns noch nicht zum kaum beachteten täglichen Ereignis geworden. Rasch verließen wir Messina und fuhren nach Palermo in die Villa Igea.

Hier wollten wir uns ausruhen und in diesem herrlichen Paradies faulenzen. Das entzückende Hotel umgab ein bezaubernder Garten, und in den hellen Nächten hörte man »das Geflüster kluger Myrten und der Blumen Atemholen«.

Einmal gingen wir gegen abend ein Stückchen gegen den Monte Pellegrino hinauf, der nur aus graubraunen Felsen besteht, und sahen belustigt, wie diese graubraunen Felsbrocken plötzlich lebendig wurden; denn Hunderte von Ziegen, das Fell den Steinen ähnlich gefärbt, stürmten herunter und an uns vorbei zur Nachtherberge.

Es lockte uns, einen Ausflug ins Innere der Insel zu machen, und P. C. verhandelte mit Hilfe des Hoteldirektors mit einem

Chauffeur, der uns nach Girgenti und den anderen sehenswerten Orten führen sollte.

Am Sonntag vor der geplanten Fahrt wurde beinahe vor unseren Augen im Gedränge des Kirchganges ein Mann erschossen, und wir hörten hier zum erstenmal das Wort »Mafia«. Schon bereit für unsere Exkursion am nächsten Tag, wurden wir durch den Chauffeur überrascht, der etwas verlegen um eine größere Summe bat, die nicht bei der Verhandlung ausgemacht war. P. C. verweigerte sie ihm, worauf der Chauffeur bat, mit dem Hoteldirektor darüber zu sprechen. Sehr verwundert wandte sich P. C. an diesen und war noch mehr erstaunt, als er jetzt den Rat bekam, zu zahlen oder — die Reise aufzugeben. Nach langem Hinundherreden fiel wieder das Wort »Mafia«, und der Tote vom Sonntag wurde erwähnt. Wir standen sprachlos, denn die Berichte, die über die »Mafia«, diese geheime Räuberbande, hin und wieder in der Zeitung standen, waren uns stets als Märchen erschienen.

Nun war Paul aber erst recht neugierig geworden, ließ den Chauffeur kommen, gab ihm das geforderte Geld und fragte, ob wir jetzt auch sicher seien. »Ich bürge mit meinem Kopf«, sagte der Mann, und wir sahen uns diesen Kopf mit den dunklen verwegenen Augen und dem lächelnden Mund an, und kamen beide zu der Überzeugung, daß unser Bürge der »Mafia« vielleicht nicht gar zu fern stehe. Da aber nun der Direktor auch ganz beruhigt zu der Fahrt riet, stiegen wir vergnügt in das Auto und harrten der etwaigen Abenteuer.

Von Palermo aus schiebt sich der Weg erst langsam aufwärts durch verlassene Rebenkulturen. Stundenlang in einer bedrückkenden Einsamkeit, begegnete uns hie und da ein schwer mit Waffen ausgerüsteter unheimlicher Geselle, der aber kaum einen Blick auf uns warf. Wir waren in solchen Augenblicken froh, das Geld erlegt zu haben, konnten aber keinerlei Zeichen am Wagen oder beim Chauffeur erkennen.

Plötzlich lag vor unseren Augen ein Tal von einer Schönheit, einer üppigen fruchtbaren Fülle, daß das Herz einen Freudenschlag lang aussetzte. Soviel ich mich erinnere, nennt man dieses Tal den »Goldenen Becher«. Hinunter in diese reiche Pracht des Getreides und der Fruchtbäume ging es, aber erst hatten wir Dörfer zu durchqueren, die ich in solcher Ärmlichkeit nie vermutet hätte. In Löchern, die sie in die Abhänge gegraben hatten, hausten Menschen, deren reichster Schatz ein Schwein war, das entweder wie ein Hofhund an der Tür angebunden das Auto anquiekte oder uns den Weg verstellte und im besten Fall grunzend vorauslief. Krank aussehende, in Lumpen gehüllte Kinder bettelten uns an. Vielleicht nahm hier die »Mafia« ihren Anfang? In den Wirtshäusern der fruchtbaren Ebene gut verpflegt, kamen wir langsam nach Girgenti und bewunderten die Reste einer alten, stolzen Zeit. Dann ging es an die Heimreise. Wohlbehalten trafen wir zur Freude des Hotelbesitzers in der Villa Igea wieder ein. Unser Chauffeur, der Paul ins Herz geschlossen hatte, umarmte ihn zum Dank für das reichlich gespendete Geld, und es fehlte wenig, so hätten beide Brüderschaft getrunken.

Wir brachen nun mit der Bahn nach Taormina auf. Abgesehen von der Schönheit der Landschaft, die ich hier nicht zu beschreiben brauche, ist dies der merkwürdigste Ort unserer Reise geblieben. Die Straßen, die Hotels waren überfüllt mit Knaben und Männern jeden Alters, die von einer ungewöhnlichen Schönheit und Grazie waren. Oh, lieber Petronius, wie hättest du hier geschwelgt! Der »Beruf« dieser Jünglinge war unverkennbar und wurde auch gar nicht verborgen. Die Schaukästen der Fotografen waren mit eigenartigen Gruppenbildern gefüllt, und in den Hotelhallen sah man würdige, langbärtige Herren, umringt von schönen Knaben, das Zeitalter der Römer heraufbeschwören.

Kaum in Berlin, rief mich ein Engagement nach Prag zur Premiere »Der junge Medardus« von Arthur Schnitzler. Direktor des Prager »Deutschen Theaters« war Dr. Paul Eger, den ich seit langem kannte, und der das ausgezeichnete Theater bis zu Hitlers Einzug in die Tschechoslowakei zu einer Kunststätte machte.

Dann ging es nach München. Aber diesmal war es nicht Reinhardt, der das »Künstlertheater« im Sommer leitete, sondern Alfred Halm mit Georg Fuchs. Dieser hatte Calderons »Circe« übersetzt und für die Bühne bearbeitet und den Maler Hierl-Deronco für die Bühnenausstattung gewählt. Es wurde eine große Pracht entfaltet. Hierl-Deronco hatte den reizvollen Einfall, die spanische Hoftracht für den ersten Auftritt der Circe zu wählen und die griechischen Kostüme von Odysseus und seinen Gefährten damit abzustimmen. Ich trat also dem gestrandeten Odysseus in einem schwarzen Samtkleid entgegen, das sich über die ungeheure Krinoline des 17. Jahrhunderts, der Zeit des Velásquez, spannte, besät mit funkelnden Steinen, schwer bestickt mit Gold. Daraus hob sich das Oberteil mit einem kühnen Ausschnitt, der fast die ganze Brust freigab, und den Kopf bedeckte eine aus goldenen Schnüren geflochtene Perücke.

Auf der Probe hatte ich, um den lästigen Kulissenstaub auf meinen Kleidern zu vermeiden, meistens eine schwarze Ärmelschürze an und sah darin, nach allgemeinem Urteil, wie die Lehrerin einer Dorfschule aus. Hierl-Deronco, ein eleganter, gutaussehender Mann, stand neben mir und fragte, nach allen Seiten forschend: »Wo ist Circe, wo ist Frau Durieux?« Endlich deutete man auf mich, und wahrhaft entsetzt prallte er vor mir zurück, das Wort blieb ihm in der Kehle stecken. Nachher aber, als ich sein schönes Kostüm trug, hat er sich mit meinem Aussehen versöhnt, und Franz von Stuck hat mich während des Engagements mehrfach als Circe gemalt, und die Bilder und Skizzen dazu sind allgemein bekannt geworden. Nach meinem Geschmack waren sie nicht.

Waldemar Staegemann als Odysseus wirkte durch seine gute Erscheinung, und Pallenberg als Clarin, einer der Begleiter, war in seiner Komik überwältigend, besonders als er zum Affen verwandelt erschien. Der Zwerg Dietrich Ulpps, vom Zirkus her bekannt, errang als Brandillo einen besonderen Erfolg, und in den heiteren Zwischenspielen tanzten reizende englische Girls. Calderon hatte endlich das Interesse gefunden, das Goethe vergeblich für ihn zu erwecken versuchte, der ihn für »das große theaterkünstlerische Genie« hielt. Einige Versuche in der Zeit nach Goethe waren ebenfalls fehlgeschlagen, diesem Dichter zur Geltung zu verhelfen, der nur mit zwei seiner Dramen, »Das Leben ein Traum« und »Richter von Zalamea« dem Publikum bekannt wurde.

Den Proben und vielen Vorstellungen wohnte Prinz Ludwig Ferdinand bei, der Bruder des bayerischen Regenten. Er stand meist in der Kulisse mit einem riesigen Feldstecher und richtete ihn auf Objekte, die vielleicht drei Meter von ihm entfernt standen. Mich begrüßte er immer mit einem freudigen »Jo, griass Gott, Frau Dürjö, schen, schen, schen hams gspielt, bleims nur lang bei uns!«

Zur letzten Vorstellung der Circe (die Münchner konnten sich nicht einigen, ob es Zirke oder Kirze ausgesprochen wurde) traf ein Telegramm von Paul ein, der mich bat, den Zug gleich nach der Vorstellung zu benützen, um am Morgen in Berlin zu sein, eine Überraschung würde auf mich warten.

Die Überraschung war: ein Flug im Freiballon mit ihm und seinem Bruder Alfred. Ich war außer mir vor Glück, denn ich hatte Alfred, von dessen Flügen im Freiballon ich wußte, sehr darum beneidet. Am nächsten Morgen ging's zum Startplatz. Ich mußte mich durch Unterschrift verpflichten, den Befehlen des Ballonlenkers — also Alfred, der schon seine Prüfung hinter sich hatte — Folge zu leisten und an den Luftfahrtverein, der den Ballon verlieh, keine Ansprüche bei einem Unglücksfall zu stellen.

Mit großem Herzklopfen stieg ich in die Gondel und erwartete aufgeregt den Abflug. Kaum hatte ich mich in dem viereckigen Korb niedergelassen, als schon die Erde von uns wegfiel und der Ballon sich höher und höher dem blauen Himmel entgegenhob. Ein leichter Wind trieb uns, aber wir merkten ihn nicht; nur die Erde rollte unter uns vorbei. Tausendfältige Farbschattierungen, die man unten nicht zu erkennen vermag, zeigten sich dem Auge, und das Ohr vernahm die Geräusche der Erde deutlich und klar, aber merkwürdig verändert. Die Sonne brannte heiß, und je weiter der Wind uns von der Stadt wegtrieb, um so stiller und stiller wurde es. »Ein Tropfen in der Ewigkeit«, dachte ich immer wieder.

Manchmal nahm Alfred kleine bunte Papierschnitzel aus einem Säckchen und ließ sie in der Luft treiben, wo sie in der Entfernung wie Silberflöckchen glänzten, um dann zu verschwinden. Das geschah, um zu kontrollieren, ob der Ballon sich senkte oder hob. Der Wind mußte stärker geworden sein, denn rascher und rascher wechselten unten die Wiesen und die Felder.

Mit Hilfe von Karten und Instrumenten konnte man ungefähr die Richtung, in der wir trieben, feststellen; sie war zum Glück dem Meer entgegengesetzt. Die Landschaft wurde hügelig, und die Hügel hoben sich höher an uns heran, wir trieben, soviel wir erkennen konnten, auf Mähren zu. Einige Minuten wurden wir von der Höhe wie berauscht und schläfrig, und da kam das Unheil schon über uns. Die Aufmerksamkeit hatte nachgelassen, ein Berg hatte unseren rasch steigenden Ballon erwischt, und unsere Gondel schlug krachend in die Bäume, Alfreds Hut flog davon, jedoch kamen wir mit Hilfe von ausgeworfenem Ballast wieder in die Höhe. Wir hatten nur einen tüchtigen Schrecken abbekommen und einen abgebrochenen Baumast in der Gondel stecken.

Mit der Zeit fing der Ballon an, seine Tragkraft zu verlieren; wir waren nun schon seit drei Uhr morgens unterwegs, und es war später Nachmittag geworden. So sah sich Alfred nach einem Landungsplatz um. Endlich erreichten wir eine ziemlich flache, große Ebene, auf der auch einige Menschen zu erblicken waren. Nun hieß es sich festhalten, denn der Wind blies uns rasch über die Felder. Das Ventil wurde gezogen, wir kamen der Erde nahe, schleiften auf ihr entlang, aber mit einem gewaltigen Satz hob sich unsere Gondel wieder in die Höhe, um von neuem aufzusetzen und wieder emporzuschießen. Endlich zog Alfred im richtigen Moment die Reißleine, und übereinandergekollert, im Korb fest verkrampft, lagen wir endlich still auf der Erde. Bauern, die an ein Unglück glaubten, stürzten herbei, und schmutzig und mit teilweise zerrissenen Kleidern krochen wir unter dem Korb hervor.

Wir konnten uns mit den Leuten, es waren Tschechen, natürlich nicht verständigen, aber durch Zeichensprache erreichten wir, daß sie uns bei der Verpackung des Ballons halfen, der auf einem Wagen zur nächsten Bahnstation gebracht werden mußte. Das ganze Dorf hatte sich allmählich um uns versammelt, hielt sich aber in scheuer Entfernung. Kinder, denen ich aus unserem Proviant Äpfel und Schokolade anbot, nahmen nichts davon an, wahrscheinlich fürchteten sie, damit in die Luft zu fliegen. Endlich war alles verpackt und auf einen Ochsenwagen geladen, der langsam vorausschwankte. Wir gingen als nächste Hinterbliebene knapp dahinter, und dann folgte dem Trauerzug die ganze große Dorfgemeinschaft bis zum kleinsten Knirps.

Das Dorf hieß Malkowitsch und lag bei Putschewitsch. Im Dorfe gab es ein Gasthaus, in dem man uns unwahrscheinlich große Schnitzel servierte. Selbstverständlich versammelten sich alle Dorfbewohner, um uns durch das Fenster Schnitzel essen zu sehen.

Schließlich saßen wir im Zug nach Prag, wo wir spät in der Nacht eintrafen. Der Portier des Hotels »Blauer Stern« (damals das beste der Stadt) betrachtete uns mißtrauisch in unserem kläglichen Aufzug ohne Gepäck. Einer von uns sogar ohne Hut, was damals »ganz unmöglich« war. Wir wagten nicht, den wahren Grund unserer Abgerissenheit zu nennen, denn wir wären dadurch nur noch sicherer zu Abenteurern gestempelt worden, und so murmelten wir nur etwas von einem Automobilunfall. Aber auch das machte keinen besseren Eindruck, und nur P. C.s gefüllte Brieftasche, die er wie unabsichtlich sehen ließ, verschaffte uns schließlich Zimmer.

Das war mein erster Flug; aber ich hatte derart Geschmack daran gefunden, daß ich immer wieder die Gondel bestieg.

Einmal, am ersten Weihnachtsfeiertag, nach einer Schleiffahrt in Mecklenburg, fischte uns ein Förster aus dem tiefen Schnee und rief bei meinem Anblick fortwährend: »Eine Frau, du lieber Gott, auch eine Frau!!« Die Frau Försterin, bei der wir einkehrten, war zuerst böse, denn sie glaubte, ihr Mann hielte sie zum besten, als er ihr seinen Fund ins Haus brachte und vom Ballon erzählte. Bei Kaffee und wunderbarem Kuchen fing sie an, unser Abenteuer zu glauben. Es wurde ein sehr fideler Abend und eine geruhsame Nacht in den Federbetten der Frau Försterin.

Einmal mußten wir hastig landen, denn der Wind trieb uns dem Meere zu, über das wir uns nicht wagen durften; ohne Besinnen wurde rasch die Leine gezogen, und es blieb keine Zeit, das Frühstück wegzupacken, an dem wir uns gerade erfreut hatten. Paul landete, Glas und Gabel in der Hand, mit dem Kopf in einem Misthaufen.

Nachdem auch P. C. die Flugprüfung bestanden hatte, nahmen wir einmal Moissi und später auch Wegener mit. Pauls Vorprüfung bescherte ihm ein gefährliches Abenteuer. Bevor einem Flugschüler ein Ballon anvertraut wurde, mußte er einen Flug mit dem Fahrwart des Flugvereins machen, um nachher ganz allein mit einem kleinen Ballon aufzusteigen und zu landen.

Den Flug mit dem Fahrwart begannen wir abends von Bielefeld aus, wo der Ballon gefüllt wurde. Das Wetter war kalt und unfreundlich, ein Eisregen rieselte die ganze Nacht auf uns herunter und ließ die Stricke des Netzes, an denen der Korb hängt, vereisen. Wir schlummerten abwechselnd und hatten in dem Nebel keine Ahnung, wohin wir trieben. Am Morgen entschlossen wir uns, über die Wolken zu steigen, ein hartblauer Himmel empfing uns, während sich unter uns die Wolkendecke zu einer festen Masse schloß.

Es war ein Feiertag. Nach einer Weile, in der wir unsere erstarrten Glieder in der Sonne wärmten, wurden wir auf ein Geräusch, das wie Axthiebe klang und in unregelmäßigen Zwischenräumen wiederkehrte, aufmerksam. »Wir scheinen uns nicht von der Stelle zu bewegen«, bemerkte Dr. Bröckelmann, der Luftwart. Und Paul wunderte sich über die Axthiebe an einem Feiertag. Meine Augen waren im Blau hängengeblieben und glitten langsam die Stricke entlang, die von der Sonne jetzt weiß aufgetrocknet waren. Mein Blick wurde plötzlich starr, denn ich hatte in den Seilen ein feines Zittern bemerkt, gerade nach einem »Axthieb«, und, mich hinausbeugend, sah ich ein Gewirr von geplatzten Maschen am Rande des Netzes, das die Gondel hält. Wer konnte wissen, wieviel schon gerissen war und wie lange das Netz noch halten würde. Man versuchte sofort, das Ventil zu öffnen und den Ballon zum Niedergehen zu bringen, aber er prallte an der festen weißen Wolkendecke ab und stieg wieder höher. Der Versuch wurde mehrmals wiederholt, und immer wieder mißlang er. Nun war nichts mehr zu tun, als auf das böse Ende zu warten. Die Sonne hatte die vereisten Seile zu rasch getrocknet, die Stricke waren nicht mehr neu und sollten demnächst durch andere ersetzt werden, wir aber schwebten in diesem unerbittlichen strahlenden Himmelsblau und warteten darauf, abzustürzen.

Die halbe Flasche Sekt, die für den Notfall stets dem Proviant beigegeben wird, wurde geleert, und ich fühlte, wie meine Knie zitterten. Aber kein Laut kam von meinen Lippen, denn ich wollte es den beiden Männern nicht noch schwerer machen, die sich im Flüsterton miteinander über abenteuerliche Pläne unterhielten, um wenigstens mich zu retten. In dieser fürchterlichen Spannung verharrten wir ungefähr eine halbe Stunde. Mir schoß ein Gedanke durch den Kopf, den ich aussprechen mußte: »Sollten wir lebend davonkommen und sollte ich einmal die Maria Stuart spielen, dann weiß ich, wie mir zumute sein wird.«

Plötzlich ballten sich unsere Wolken-Feindinnen so glücklich übereinander, daß eine weiße Hand uns an sich riß, und langsam begannen wir bei dieser Abkühlung zu sinken, tiefer und tiefer. Schon kam die Erde uns entgegen, Dr. Bröckelmann warf das Schlepptau aus, und so windstill war es unten auf der Erde, daß der Ballon auf seinem dicken Seil wie eine Blume auf ihrem Stengel stand. Die Gefahr war vorüber, der Ballon hatte so viel Luft verloren, daß er matt und faltig im Netz hing, wir konnten jederzeit landen, aber es war doch ratsam, sich zuvor nach Helfern umzusehen.

Die überstandene Gefahr, der Sekt, in dieser Höhe getrunken, alles machte uns ein bißchen übermütig; auch sahen wir schon von ferne ein Wägelchen heranrollen, auf dem ein Mann mit seiner Frau saß, die einen Säugling im Arm hielt. Der Mann starrte zu uns hinauf und wir, die nun die ganze Nacht geflogen waren und keine Ahnung hatten, wo wir uns befanden, baten von oben um Auskunft. In bestem Sächsisch klang es zu uns herauf: »Nu, in Erfurt sind Se.« So waren wir also beinahe zwanzig Stunden mit großem Umweg von Bielefeld nach Erfurt geflogen! Gott weiß, wo wir uns in der Nacht herumgetrieben hatten.

Der Mann, befragt nach Leuten, die uns helfen konnten, deutete auf eine weiter entfernte Wiese und machte sich stolz daran, unser Tau an seinen Wagen zu knüpfen. Der Ballon folgte wohl dem Rößlein, das den Wagen zog, aber naturgemäß wurde er durch die Bewegung niedergedrückt und fuhr in jeden Baum, der uns begegnete, riß sich wieder los und ruckte und zerrte an dem kleinen Fahrzeug, daß uns angst und bange wurde. So trafen wir endlich die Leute auf der Wiese. P. C. gab keine Kommandos und stieg als erster aus der auf der Erde befindlichen Gondel, um mir zu helfen. Aber da ließen die Bauern, die die Gondel hielten, los, und der halbgefüllte Ballon ging mit mir und Dr. Bröckelmann wieder in die Höhe. Das gefährliche Gesetz der Luftwaage läßt nun solch einen halbleeren Ballon wieder beinahe so hoch steigen, wie er vorher gewesen, das Herabkommen aber erfolgt im Sturz, der den Tod bringt. Es hieß also, rechtzeitig den Sturz abfangen. Dr. Bröckelmann am Ventil, ich an den Sandsäcken, paßten den Anfang des Niedergehens ab. Alles flog hinaus, was beweglich war. Dennoch kamen wir mit einem gewaltigen Krach herunter, daß der Korb platzte.

Uns schwanden die Sinne, aber wir waren am Leben.

Ziemlich wortkarg saßen wir dann in der Bahn von Erfurt nach

Berlin. Dennoch war mir die Lust, wieder zu fliegen, nicht vergangen.

Paul machte eine Woche später seinen Prüfungsflug, und wir benutzten jeden meiner seltenen freien Tage, um wieder aufzusteigen. Mein Schwager nahm mich auch öfters nach Johannisthal mit, wo die beiden Piloten Brunnhuber und Lindpaintner sich mit uns befreundeten und mich öfter einmal mitfliegen ließen.

Allerdings ging es damals noch nicht in wirkliche Höhen, aber dafür gab es auch noch keinen Passagiersitz. Ich hockte mich einfach hinter den Piloten und hielt mich an den Drähten fest. Auch hier passierte mir ein Unfall, der aber ebenfalls noch gut ausging.

Ein Wettflug am Nachmittag ging zu Ende, und ich wurde wieder einmal aufgefordert, die Maschine zu besteigen. Allerdings hatte ich P. C., der gerade in Hamburg war, fest versprechen müssen, in seiner Abwesenheit nicht zu fliegen, aber ich konnte nicht widerstehen. Als wir starteten, sahen wir, wie die Zuschauer, die sich von morgens bis abends am Flugplatz Johannisthal aufhielten, uns nachrannten und etwas zuschrien. Als wir den Grund bemerkten, war das Unglück auch schon geschehen. Ein Flieger mit einer heute längst verschollenen Type, einem Grade-Apparat, war noch in der Luft gewesen und steuerte im Augenblick, als wir aufflogen, auf uns zu. Ich spürte einen Ruck, dann nichts mehr, und fand mich nach einer Weile auf einem Brett im Gras sitzen, neben mir Brunnhuber, der fortwährend rief: »Ich hab' ihn doch nicht gesehen!« Unser Apparat lag etwas ramponiert ein wenig weiter. Das Brett, worauf ich lag, war ein Teil von ihm.

Schlimmer sah es mit dem Grade-Flieger aus. Die Flügel der Maschine lagen flach auf der Erde, ohne daß man von dem Piloten etwas entdecken konnte. Es stellte sich aber heraus, daß der Motor in die Erde ein Loch gebohrt hatte, und in diesem Loch lag der Flieger so glücklich, daß ihm nichts geschehen war.

Allerdings hatten wir alle drei einen tüchtigen Brummschädel. Die Abendzeitungen brachten sensationelle Überschriften, so daß P. C., der sich auf der Heimreise eine Zeitung kaufte, davon erfuhr. Er hat mir, nach Hause gekommen, einige nicht ganz sanfte Worte über meinen Leichtsinn und meinen Wortbruch gesagt.

Lauchstädt und Otto Brahm

Gerhart Hauptmann hatte ungefähr im Jahre 1906 ein Stück geschrieben: »Gabriel Schillings Flucht«, das er im Schreibtisch liegen ließ, weil er es nicht auf den »Hazardtisch der Premiere« legen wollte, wie seine eigenen Worte lauteten. Freunde des Dichters hatten nun vorgeschlagen, dieses Stück in dem entzükkenden Theaterchen von Lauchstädt aufzuführen, in dem Goethe seinerzeit herrschte. Am 26. Juni 1802 wurde es mit dem von Goethe für diesen Abend geschriebenen Festspiel »Was wir bringen« eröffnet. Die Weimarer Festspiele brachten damals für Lauchstädt eine neue Blütezeit, die mit dem Kriege 1806 endete. Seitdem war die Stadt in einen tiefen Schlaf versunken.

Ich war nun bei Brahm engagiert, und mir wurde in Hauptmanns Stück die Rolle der Hanna Elias angeboten. Die Proben sollten zuerst im »Lessingtheater« stattfinden, später aber in Lauchstädt fortgesetzt werden. Die anderen Rollen waren folgendermaßen verteilt: Mäurer: Otto Gebühr, Schilling: Grunewald, Schusterchen: Helene Thimig, Majaking: Gina Mayer, Sargtischler: Hans Junkermann, Wirt: Jakob Tiedtke, Dr. Rasmussen: Paschen, Eveline: Rosa Bertens. Wir waren von allen möglichen Bühnen zusammengeholt, aber die Aufführung versprach gut zu werden, falls wir genügend proben konnten.

Herrn Brehmer, einen früheren Korvettenkapitän mit abenteuerlich bewegter Vergangenheit, der seinen Beruf gegen den der Schriftstellerei getauscht hatte, bat man, sich aller Dinge anzunehmen, die außerhalb der eigentlichen Aufführungen lagen. Er reiste also als Quartiermeister nach Lauchstädt voraus und fand die Unterkunftsmöglichkeiten in dem kleinen ver-

Tilla Durieux
als Lira, ein
Portrait von
Franz von
Stuck.

Zeichnung von
Olaf
Gulbransson.

Tilla Durieux bei einem Probeflug mit den Brüdern Rumpler.

staubten Städtchen trostlos. Der Wirt des einzigen Hotels erklärte selbst, daß er nicht in der Lage sei, Leute aus der Großstadt ordentlich zu beherbergen, und so erboten sich die Hono-
ratioren der Stadt, die Schauspieler bei sich aufzunehmen.
Die Zuschauer, die keinen eigenen Wagen zur Verfügung hatten,
sollten durch Sonderzug hin- und zurückbefördert werden; übrigens faßte das Theater nur vierhundert Personen.
Herr Lauterbach, ein Sodawasserfabrikant und Junggeselle, der
gegenüber dem Theater eine hübsche Villa sein eigen nannte,
drängte darauf, mich als Gast aufzunehmen, wie mir Herr Brehmer in einem Brief schrieb, der noch allerlei geheimnisvolle Andeutungen enthielt. Im nächsten Brief konnte er die Überraschung, die mir zugedacht war, nicht länger verschweigen:
»... Lauchstädt steht noch gegen die meisten deutschen Städte,
was sanitäre Bequemlichkeit anbelangt, weit zurück. Die Räume, die in den Wohnungen dem stillen Nachdenken geweiht
sind, hat noch kein Fortschritt der Kultur berührt. Das aber
glaubte Ihnen Herr Lauterbach nicht zumuten zu können, und
so läßt er nun in seinem Hause ein einer Künstlerin würdiges
Gemach schaffen. Die ganze Stadt ist darüber in Aufregung
geraten.«
Ich war sehr neugierig auf Herrn Lauterbach, der mir diese
neuartige Huldigung bringen wollte, und als wir alle zusammen
eintrafen, fand ich ihn am Bahnhof meiner wartend mit einem
riesigen Blumenstrauß in der Hand. Er geleitete mich feierlich
zu seinem hübschen Haus und führte mich in zwei Zimmer,
die zu meiner Verfügung standen. Im Schlafzimmer schloß ich
geblendet die Augen vor dem Prunkbett, das er mir aufge-
richtet hatte: ganz mit falschen, steifen Spitzen besät, wie man
es in Romanen beschrieben liest. Nun ging Herr Lauterbach aus
dem Zimmer mit einer Geste, die sagen wollte: »Sieh, wie dis-
kret ich mich zurückziehe«, und überließ mich seiner Haushälterin. Sie bat mich, ihr zu folgen, und führte mich treppauf-
wärts auf den Dachboden, wo sie eine Tür aufriß und mich
in einen riesengroßen Raum treten ließ, der mit seinem über-

großen Fenster wie ein Maleratelier aussah. Und dort in einer Ecke — winzig klein durch die Dimension des großen Raumes wirkend — stand es, um dessentwillen ganz Lauchstädt gepilgert kam, um es zu begutachten. Die Haushälterin forderte mich auf, näher zu treten, und indem sie an der Kette zog und das Wasser rauschen ließ, sagte sie stolz und feierlich: »Da!« Ich war überwältigt und sagte es auch.

Gerhart Hauptmann versuchte nun die Proben zu leiten, aber seine Talente als Regisseur waren gering; seine Anordnungen mußte man aus seinen langen Reden erraten.

Professor Liebermann hatte für diese Probebühne die Dekorationen entworfen. Mit mir war die Verlobte Alfred Cassirers gekommen, die er in Kürze heiraten wollte und die nun ein wenig unter meinen Fittichen in die Gesellschaft eingeführt werden sollte. Ihre beste Einführung war das große Auto, das ihr Alfred mitgegeben hatte und das nun von allen — Hauptmann nebst Sohn eingeschlossen — fleißig benutzt wurde. Sie hieß Hanna, war blond und sehr hübsch und ein lieber, aufrechter Mensch mit großem Kunstinteresse.

Die Sitzreihen im Theater waren uns unter die Nase gerückt, um möglichst viele Zuschauer unterbringen zu können. Zu Goethes Zeiten rechnete man für den Raum sicher nur zweihundert Personen. Im ersten Rang — einen zweiten gab es nicht — war eine Art Loge in der Mitte eingebaut, in dieser sollte Hauptmann mit Weib und Kind thronen, wie weiland der Herr Geheimrat Goethe. Auch seine Kleidung hatte sich schon goethisch gewandelt. Orlik zeichnete bei der Gelegenheit an einem Goethe-Hauptmann-Kopf für den fünfzigsten Geburtstag des Dichters, der im November zu feiern war.

Ganz Lauchstädt fieberte. Die Privatwagen der Berliner wirbelten Staub auf, und der Strom der Reisenden, die den Zug benutzten, wälzte sich heran. Da kamen sie von der Presse: Kerr, Osborn, Eloesser, Monty Jacobs, Paul Block, Goldmann und wie sie alle hießen. Vom Wagen Alfreds abgeholt, rückten P. C., Alfred selbst, Gaul, Slevogt und Liebermann an. Da sah man natürlich Otto Brahm, Julius Elias und ihren Anhang; alles quetschte sich in das kleine Theater.

Wir spielten also das Schicksal eines Künstlers, mit so viel Pausen und Ach's und Oh's, wie es damals für ein Stück notwendig war. Der Beifall war selbstverständlich stürmisch. Hauptmann, getreu nach Goetheüberlieferung, verneigte sich von der Loge aus, Grete Hauptmann hielt ihren interessanten Pagenkopf noch höher, und Benvenuto, meist Putzi genannt, war ganz der Sohn des großen Mannes.

Nachher gab es ein feierliches Beieinander in Merseburg, wobei Paul von Tisch zu Tisch seiner Bekannten ging und feurige Reden für den augenblicklich größten Dichter — Wedekind(!!) — hielt, womit er die Anbeter Hauptmanns tüchtig vor den Kopf stieß, was ihm großes Vergnügen machte. Nun, dieses Stück hatte mit den »Webern«, den »Ratten«, »Kollege Crampton« allerdings nichts mehr zu tun.

Der nächste Tag sollte diejenigen im Theater versammeln, die nicht mit den ersten Vierhundert Platz gefunden hatten, und es sollte natürlich genau so feierlich zelebriert werden wie am ersten Abend, denn auch die ausländische Presse war jetzt an der Reihe. Alles wie am vorhergehenden Tag: Die Autos, der Strom, den der Zug ausspie, aber das Schicksal hatte es diesmal böse vor. Ein gewaltiges Gewitter brach während der Vorstellung los, und abgesehen davon, daß unsere Seelenkrämpfe in diesem kleinen Haus mit dünnen Wänden von dem Zischen des Regens und dem Krachen des Donners gestört wurden, war es plötzlich stockduster, denn die elektrische Leitung versagte. Zuerst schwiegen wir vor Schreck, dann aber aus Überzeugung, daß man im Dunkeln nicht weiterspielen könne; da erhellten sich Bühne und Zuschauerraum wieder, und wir ergingen uns, wenn auch etwas verstört, weiter in Seelenqualen, worauf das Licht abermals erlosch. Wieder Pause und von neuem aufflammende Lichter. Jetzt wurde abgebrochen, und man eilte hin und her, den Schaden zu entdecken, bis man einen Baum fand, den der Sturm über die freiliegende Leitung geworfen hatte.

Dagegen war nun im Augenblick nichts zu machen, und wir versuchten die Dunkelheit, die nun konsequent blieb, dadurch zu bekämpfen, daß wir die Fenster öffneten und das Nachmittagslicht hereinließen. Das kam wohl dem Zuschauerraum zugute, nicht aber der Bühne, deren Fenster die Kulissen verstellten und die dadurch im Dunkel blieb. Plötzlich hatte P. C. den Einfall, Autolampen als Rampenlicht aufzustellen, und so gelang es, eine Notbeleuchtung einzurichten. Alles atmete auf, und von neuem begann uns das Blut aus den Adern zu tropfen. Da erhob sich aus dem Publikum der Bürgermeister der Stadt Lauchstädt und protestierte mit lauter Stimme gegen die feuergefährliche Anwendung von Karbidlampen auf der Bühne. Endlich zeigte sich das Schicksal gnädig und ließ das brave elektrische Licht wieder angehen. Die Stimmung, die Weihe war jedoch dahin, und der Dichterfürst samt Familie zeigte sich sehr verärgert.

Die dritte Vorstellung verlief ohne Zwischenfälle, und damit war die Episode Lauchstädt abgeschlossen. Ich erhielt zum Abschied von Herrn Lauterbach wieder einen großen Blumenstrauß und ein Gedicht, das mit folgendem Vers begann:

>Wasser rauschen und gehen,
Schöne Erinnerung bleibt bestehen.<

Nun war ich Mitglied des »Lessingtheaters« und des Brahm-Ensembles, aber ich kann nicht sagen, daß mich meine neuen Kollegen sehr liebenswürdig empfingen. Es hatte sich zwischen Brahm und Reinhardt eine Rivalität herausgebildet, die von den Schauspielern geteilt wurde. Ich kam aus dem feindlichen Lager und wurde dementsprechend behandelt. Mir war das gleichgültig, ich bemühte mich, wie immer höflich und liebenswürdig zu sein.

Die Hauptdarsteller des letzten Jahres, das Brahm erleben sollte, waren: Oskar Sauer, Rudolf Rittner, Emanuel Reicher, Theodor Loos, Hans Marr, Mathilde Sussin, Lina Lossen und Paula Eberty. Regisseur der aus früheren Kämpfen für Hauptmann, Ibsen und Björnson bekannte sehr stille Emil Lessing und dann noch Hans Grunewald. Irene Triesch, die früher nicht aus dem Ensemble wegzudenken war, hatte zu Bernauer und Meinhard hinübergewechselt; ihre Stelle nahm ich ein.

Meine erste Rolle war die langersehnte »Hedda Gabler«. Marr spielte einen ausgezeichneten Tesman, Reicher dagegen wirkte als Lövborg viel zu alt und behäbig. Oskar Sauer wäre ein wundervoller Brack gewesen, wenn seine schwere Erkrankung nicht schon seine Bewegungen behindert hätte. Er litt an demselben Rückenmarksleiden wie der ausgezeichnete Maler Leistikow, und wie er war er von einer seltenen Güte und großen Menschlichkeit.

Leistikow, der die stimmungsvollen stillen Bilder der Grunewaldlandschaft schuf, hat seinem Leben ein Ende gemacht, als er fühlte, daß er für Frau und Kinder nur mehr eine Last bedeuten konnte. Oskar Sauer ist schwer leidend gestorben. Damals spielte er also den Brack, und man mußte ihn bei jedem Stellungswechsel stützen und führen, denn allein konnte er sich nur schwer vom Platze bewegen. Er verbarg seine Hilflosigkeit sehr geschickt, aber es war doch peinlich, wenn Hedda Gabler ihn zum Gartenweg führte, zurücktrat und erstaunt sagte: »Sie gehen durch den Garten?« Sein Spiel war aber immer so wundervoll menschlich und einfach, daß das Publikum alle störenden Einzelheiten übersah.

Gerade Oskar Sauer bestätigte meine Überzeugung, daß auf der Bühne kein Stil und keine Mode existiert, sondern nur die klare Menschlichkeit, die siegreich über allem stehen muß. Mein Erfolg war wieder wie immer und überall geteilt. Die einen fanden mich zu blaß und farblos; die anderen zu grell und aufdringlich.

Der 5. November nahte heran und mit ihm der fünfzigste Geburtstag Gerhart Hauptmanns, der groß gefeiert werden sollte. S. Fischer weihte sich nur diesem großen Tag, der in einem Festbankett im Hotel Esplanade seinen Höhepunkt finden sollte. Sein Verlag mußte allein weiterschwimmen. Die Gäste wurden sorgfältig ausgewählt und nach Würden und Ehren placiert. Die Mitte der hufeisenförmigen Tafel nahm der Gefeierte ein, rechts und links von ihm saßen die Frau des Malers Graf Kalckreuth, eine geborene Gräfin Yorck von Wartenburg, und Frau vom Rath.

Leider war bei der Gräfin Kalckreuth durch eine Nervenlähmung der Mund ganz auf die rechte Seite gezogen, und dazu trug sie ihre graublonden Haare à la Gretchenfrisur. Ein äußerlich also wenig sympathischer Mensch, was jedoch gegenüber ihrer großen Klugheit nicht ins Gewicht fiel. Frau vom Rath wiederum war mit ihrem flachen Busen und gewölbten Rücken auch keine Schönheit. Mir liegt es fern, darüber zu spotten, saß ich doch selbst im Glashause. Immerhin wirkte die Häßlichkeit der beiden Ehrendamen Gerhart Hauptmanns komisch.

Mein Tischherr war der Architekt van de Velde. Weiter entfernt, an einem Seitenflügel der Tafel, saß Emanuel Reicher, der eine Rede auf Hauptmann halten sollte im Namen des Ensembles, das viele Jahre hindurch seine Stücke gespielt und zu Erfolgen geführt hatte. Die Redner überboten sich in Ehrungen des Jubilars, der Weihrauch lag wie Nebel im Saal, und endlich kam Reicher an die Reihe. Er sagte in hübschen Worten, was Hauptmann für die deutsche Bühne und die Schauspieler bedeute, und bedachte auch Otto Brahm, der hoffnungslos schwer erkrankt dem Feste fernbleiben mußte. Er erwähnte, wie Brahm für den Dichter gekämpft, und daß dieser heute auch des alten sterbenden Kampfgenossen gedenken müsse. Bei diesen Worten fing Hauptmann aufgeregt an, mit den Händen zu agieren, und wurde nur durch seine Ehrendamen daran gehindert, aufzuspringen. Reicher war sichtlich irritiert und schloß seine Rede. Da sprang Hauptmann auf und lief auf Reicher zu, der ihm entgegenkam, in der Meinung, ein Dankeswort zu empfangen. Gerade hinter meinem Stuhl trafen sie sich, und van de Velde und ich konnten Ohrenzeugen eines Gesprächs sein, das uns erstaunte.

Hauptmann schrie Reicher zu, daß er niemanden gebraucht

habe bei seinem Aufstieg, daß er ganz allein und sofort zur
Höhe gekommen sei. Vergessen und abgeleugnet die Kämpfe der
ersten Jahre, vergessen der Boykott des kaiserlichen Hauses,
den es über Brahm und sein Theater nach der Aufführung der
»Weber« verhängte, vergessen die Abende, an denen Brahm die
Stücke von Hauptmann vor leeren Bänken spielte. Der sterbende Mann war abgetan, und Reinhardt bewarb sich um das
Erbe. Nicht viele konnten diese Unterredung hören in dem allgemeinen Stimmengewirr, die meisten vermuteten Dankesworte
des Dichters an den Schauspieler. Später, als die Tafel aufgehoben war, sprach noch Emil Ludwig, damals ein schmächtiger
junger Mann, der die Aufmerksamkeit der Öffentlichkeit schon
auf sich gezogen hatte, im Namen der Jugend. Dann ging der
Abend zu Ende. Mir verblieb ein bitterer Geschmack auf der
Zunge, und wenn mein Auge van de Veldes traf, erkannte ich
darin das gleiche Empfinden.

Bevor das Jahr 1912 zu Ende ging, starb Otto Brahm. Mit ihm
verschwand aus Berlin ein Mann, der eine große Charakter-
stärke sein eigen nannte und den Mut, seine Überzeugung durchzusetzen. Sein Privatleben führte er in der bescheidensten Weise.
Er hatte für seine Schauspieler alle Fürsorge und war der Vor-
kämpfer der naturalistischen Epoche geworden. Seine konserva-
tive Gesinnung war das Glück seines Theaters, später aber das
Unglück, denn festgefahren im Verismus, bot er Reinhardt die
Möglichkeit, ihn zu überholen.

Das Theater wurde noch eine Zeitlang weitergeführt, befand
sich aber in Gefahr, aufgelöst zu werden. Da schlossen sich die
ersten Schauspieler zu einer Schauspielersocieté zusammen, Wegener und die Höflich traten mit hinzu. Allein es fehlte das
nötige Kapital, um die Pacht und die Kautionssumme zu de-
ponieren, zudem mußte noch eine Summe für die nächstfäl-
ligen Gagen zur Verfügung stehen. Jeder verpflichtete sich, in
seinem Kreis nach Aktionären Umschau zu halten, teilweise
wollten auch alte Aktionäre ihr Geld stehenlassen. Nun, ich
brachte die weitaus größte Summe auf, und die Societé konnte

jetzt dazu schreiten, sich zu konstituieren. Es sollte ein Direktor für die künstlerischen Belange und einer für die finanziellen gewählt werden. Außerdem war ein Beirat von drei Schauspielern vorgesehen, der dem künstlerischen Direktor zur Seite stehen sollte.

Paul Wegener wurde als Direktor gewählt, und für den Beirat schlug ich die Höflich und mich vor. Mich, weil ich glaubte, mit meinen Verbindungen in allen Kreisen der Kunstliebenden dazu fähig zu sein, die Höflich, damit ich nicht als einzige Frau ein Amt bekleiden sollte. Bei uns beiden war der Verdacht ausgeschlossen, daß wir uns mit diesem Amt Rollen sichern wollten, denn für uns standen genug Stücke in Aussicht, außerdem hatte ich mir einen mehrmonatigen Urlaub für Gastspiele reserviert.

Sofort nach meinem Vorschlag erhob sich unter den Männern lauter Widerspruch, man behauptete, Frauen seien ungeeignet, irgendwelche Stellen zu bekleiden. Auf meinen Einwurf, daß gerade in unserem Beruf wie nirgendwo sonst die Leistungen von Mann und Frau gleichzustellen seien, wurde der Protest nur noch schärfer. Mit der Frage, wieso sie mich nicht auch für unfähig gehalten hätten, Geld zu beschaffen, erhob ich mich und verließ die Versammlung.

Ich beriet mich nun mit Paul, ob ich überhaupt in diesem Ensemble bleiben sollte, das mir offenbar feindliche Gefühle entgegenbrachte. Die Stellung eines Beirates, die ich erbeten, war im Grunde genommen unwichtig und eigentlich ohne Einfluß; so mußte ich aus der Stellungnahme meiner Kollegen weitere Schlüsse ziehen. Ich verlangte also meinen Austritt, beruhigte aber zugleich die Geldgeber, damit sie nicht ihre Einlagen zurückzögen. Abermals stieß ich im Ensemble auf Widerstand; denn freigeben wollte man mich nicht. Besonders Rudolf Rittner betonte immer wieder die Kollegialität, zu der man verpflichtet sei, und ebenso die Pflicht, ein schwankendes Unternehmen der kleineren Mitglieder wegen zu stützen. Wie seine Auffassung dieser Pflicht aussah, wird man später erfahren.

Inzwischen hatte Oskar Fried, der Schüler Gustav Mahlers, die

Musik zu Verhaerens »Die Auswanderer« komponiert. Schon einmal war ihm eine derartige Komposition für großen Sprechchor und Orchester gut gelungen, bei Dehmels »Erntelied«. Nun sollte ich in der Philharmonie Verhaerens Gedicht zur Orchesterbegleitung sprechen. Die erste Orchesterprobe zeigte bereits die Fehler der Komposition. Das Fortissimo eines großen Orchesters zu übertönen, ist für eine Sprechstimme unmöglich. Schwieg ich, säuselten zarte Geigen, die aber sofort von schmetternden Trompeten abgelöst wurden, wenn ich den Mund auftat. Ich hätte am liebsten abgesagt, aber der Saal war bereits ausverkauft, Fried brauchte Geld und war überdies von seinem Werk sehr eingenommen. Damit ich besser zu hören war, wurde für mich eine Art Käfig in den Saal hineingebaut, in dem ich mir wie an einem Schandpfahl vorkam. Aber alles das half nichts, die Sprechstimme konnte nicht durchdringen, und so war das Ganze ein Mißerfolg. Ich fühlte es schon während des Abends und machte schließlich nur mehr den Mund auf und klappte ihn wieder zu, denn von dem feurigen Fried angeeifert, gab das Orchester seine größte Lautstärke. Bis Ende der Saison mußte ich bei der Societé aushalten, dann ging ich nach München, Königsberg, Danzig, Stuttgart und in die Schweiz zu Gastspielen. Für den Sommer hatte ich wieder nach München abgeschlossen.

Künstlertheater München

Franz Zavrel war der Sohn des bekannten Prager Bahnhofs-restaurateurs, dessen kulinarische Wunder selbst im genüßlichen Prag ehrfurchtsvoll anerkannt wurden. Des Vaters wohlerworbener Reichtum gestattete dem Sohn Franz ein sorgfältiges Studium und späterhin eine sorglose Existenz. Soviel ich mich erinnere, hatte Franz keine Doktorprüfung abgelegt, er war jedoch ein halber Gelehrter und Bücherwurm, und seine Bibliothek war reich und voll ungewöhnlicher Werke. Er beschäftigte sich viel mit Theosophie, mit der indischen Yoga-Lehre, er war Rosenkreuzer und vor allem anderen überzeugter und glühender Tscheche. Von ihm wurde ich in die mir bis dahin gänzlich fremde Welt der Anni Besant und ihres Krishnamurti eingeführt. Beinahe war ich in Gefahr, mich zu sehr darin zu verlieren. Seine Eignung für Regie war auffallend, und wenn er nicht im Jahre 1915 einer Kopfgrippe erlegen wäre, so könnte man heute sicher seinen Namen unter den bekanntesten Regisseuren lesen. 1913 hatte man ihn als Direktor des »Münchner Künstlertheaters« engagiert, bei dem auch ich im Sommer Mitglied war.

Ich fand ihn in München in verzweifelter Verfassung, denn weder war das Theater mit seinen alljährlichen Ausbesserungen fertig, noch konnten alle Mitglieder des Ensembles zur Zeit eintreffen. P. C., dem ich diese Hindernisse nach Berlin telegrafiert hatte, kam einen Tag später mit seinem Freund, dem Schriftsteller Baron Lazy Hatvany, in dessen großem Tourenwagen an. Wir alle wurden nun zu einer Fahrt nach Venedig eingeladen. Da wir noch nicht proben konnten, so gondelten wir, die Zavrels, ich, P. C. und Hatvany nebst Chauffeur, Ziel Venedig, vergnügt von dannen.

Am Morgen trafen Paul, Hatvany und ich Peter Altenberg am Markusplatz. Peter Altenberg, ein durch seine witzigen Aperçus bekannter Wiener Essayist, hatte ein Mädchen aus Wien bei sich, das uns unter dem Namen Bibiana vorgestellt wurde. Peter, das Original, war durch die Gunst eines Wiener Freundes zu dieser Reise gekommen, denn seine eigenen Taschen blieben ewig leer. Andere Freunde aber wollten sich »a Hetz« machen und sammelten untereinander Geld, um ihm Bibiana nachzuschicken, der sie einredeten, Peter sei schwer krank und der Pflege bedürftig. Das erste, was Altenberg tat, war, daß er Paul und Hatvany darauf aufmerksam machte, seinem Kopf fehle ein Hut, worauf beide sofort mit Peter verschwanden, um einen zu kaufen. Mich hatte man in der Zwischenzeit der Unterhaltung Bibianas überlassen. Während sie Eiskaffe, Kuchen, Schokolade, wieder Kuchen und wieder Eiskaffee wahllos durcheinander verschlang, äußerte sie sich über die einzelnen Passanten: »Schauns den an, der is fesch, net? — Na, aber den mecht i net. Hat der vielleicht a Nasn, mechtns dem a Busserl gebn? — I net. Schauns die an, was die auf hat, was für an verruckten Deckel. — Mechtns den tragen? I net.« So ging das ohne Pause. Endlich erlösten mich die Herren, Peter Altenberg war nicht nur mit einem neuen Hut beladen, sondern auch mit Paketen, in denen sich Krawatten, Strümpfe, Seife, Zahnpasta und weiß Gott was noch befanden. Bibiana, vollgestopft mit Kuchen bis zum Platzen, sah sich noch ein Weilchen am Markusplatz um, sie fragte dann: »Peta, geh schau, jetzt is mir schon gnug, auf dem langweilign Hof umeinand, könn ma net wo anders hingehn, wos schöna is?« Worauf P. C. überhöflich sagte: »Gnädiges Fräulein, der Markusplatz ist der berühmteste Hof der Welt.« — »So? — Mir gfallt er net.«

P. C. wurde darauf ganz kleinlaut und entfernte sich mit mir, um sich bei schönen Bildern von Bibiana zu erholen. Zum Mittagessen trafen wir uns wieder, denn Peter mußte geholfen werden, seine gefräßige Bibiana durchzufüttern. Im Restaurant entfaltete sie ihre Tätigkeit als Krankenschwester und untersagte Peter jedes gewählte Gericht mit der Begründung, es sei schädlich für seine Gesundheit. Bestand er aber darauf, so machte sie hinter seinem Rücken dem Kellner Zeichen, deutete auf die Stirn, schüttelte den Kopf dazu, so daß keiner im unklaren blieb, einen Irren vor sich zu haben. Endlich legte sich Paul energisch ins Mittel, sonst wäre der arme Peter schließlich verhungert.

Am Nachmittag trafen wir den Wiener Architekten Loos und seine Frau (nicht zu verwechseln mit dem Schauspieler Loos). Frau Loos war eine der Sisters Barrison, die einstmals die ganze Welt entzückten. Die ganze Gesellschaft wurde nun für den nächsten Tag zu einer Motorbootfahrt eingeladen. Aber was für eine Hölle hatten wir mit dieser Einladung entfesselt! Bibiana und Frau Loos, deren Blütezeit vorbei war, maßen sich sofort mit feindlichen Blicken, und kaum auf dem offenen Meer, brach auch die offene Feindschaft los.

Bibiana öffnete ihr kleinbürgerliches Herz und spie Verachtung gegen Barrison, die sich mit ihren internationalen Triumphen hoch über Bibiana stehen fühlte. Peter Altenberg wimmerte in den Pausen des Duells leise vor sich hin, er wolle nach Hause, ihm sei übel, und wer weiß, was das Motorboot tauge, plötzlich bräche ein Sturm los, und alles könne aus sein. Da fiel ein böses Wort von Bibianas Seite, und Barrison kreischte: »What, ich ein Hur gewesen sein, ein solche Gosch, sein selber Hur, ich ein sär anständige wife. I have husband, Sie nix, Sie Hur! Sie Hur!« Worauf Bibiana mit gezückten Krallen auf ihre Feindin losstürzen wollte. Wir hielten sie mit Mühe zurück und umklammerten ihre schlag- und kratzbereiten Hände. Barrison flüsterte weinend: »O, if daddy and mummy would know!« — Der arme Loos, der stocktaub war, wünschte fortwährend, man möchte ihm den Grund des Streits laut ins Ohr erklären. Kurz, es war eine reizende und erfrischende Meerfahrt. An Land gekommen, flohen wir mit den verstörten Zavrels in eine Ecke Venedigs, wo

uns niemand finden konnte. Loos reiste ab mit seiner tiefge-
kränkten Barrison, und Peter war das Geld ausgegangen. Da er
uns nicht fand, zog auch er mit seiner Bibiana wieder nach Wien.
So verlebten wir allein noch einige schöne Tage, bevor wir zurück nach München zur Arbeit eilten.

Hier fanden wir nun glücklich alles in Ordnung vor. Die Proben konnten beginnen.

Zavrel hatte als erstes Wedekinds »Lulu« gewählt; er war, wie
unser ganzer Kreis, ein großer Verehrer dieses Dichters. Aber
die böse Zensur griff ein und erlaubte nur eine Vorstellung vor
geladenen Gästen, die ihre auf Namen lautenden Einlaßkarten
vorzuzeigen hatten. Die Vorstellung war gut, und nur am Schluß
machten sich einige Zuhörer das Vergnügen zu pfeifen. Wie
immer aber löste dies einen um so heftigeren Applaus aus.

Uns blieb nichts anderes übrig, als »Erdgeist« weiter zu spielen,
die in sich abgeschlossenen ersten fünf Akte, die mit »Büchse
der Pandora« verschmolzen, die Schicksalstragödie »Lulu« ergeben. Gegen die Zensur kamen wir nicht an. Nebenbei probten
wir das Stück des als Romanschriftsteller sehr geschätzten
Schweizers Jakob Schaffner, »Die Heilige«.

Wie Zavrel dazu kam, diese Moritat aufzuführen, weiß ich
nicht. Das Publikum jedenfalls war bei der Aufführung dieser
höchst traurigen Geschichte so heiter, wie man es sich für ein
Lustspiel gewünscht hätte.

In den ersten Akten hielt der bekannte und geschätzte Name
des Autors die Heiterkeit zurück, aber als der Mörder in der
Jauchengrube ertrank, der Mitschuldige sich auf offener Szene
die Pulsadern durchschnitt, ein anderer sich am Dachsparren
erhängte, die Geliebte wahnsinnig wurde, und die Heilige sich
ertränkte, — da ging ein Jauchzen durch den Zuschauerraum.

Mit besonderem Jubel wurde auch die Entdeckung aufgenommen, daß die alte Frau des ermordeten Bauern neunundzwan-
zig Jahre auf dem Brotmesser gesessen hatte, um als fingiert
Gelähmte diese Mordwaffe zu verbergen. Als man erzählte,

man habe das Messer verrostet in der Polsterung ihres Lehnstuhles gefunden, rief ein Herr aus dem Publikum: »Kunststück«, und wir konnten vor Lachen kaum zu Ende spielen.

Wir Schauspieler hatten nun unsere Hauptaufgabe vor uns, denn die beiden vorangegangenen Stücke waren nur der Auftakt gewesen. »Antonius und Kleopatra« von Shakespeare mit seinen 32 Verwandlungen sollte auf dieser kleinen Bühne aufgeführt werden. Hier zeigte sich nun die Begabung Zavrels, der mit dem Münchner Maler Pasetti zusammen Bühnenbilder von großem Reiz schuf, die eigentlich nur Andeutungen der verschiedenen Szenen darstellten, — damals eine Neuheit. Die Hauptsache bei dieser Dekoration war die Beleuchtung. Auch bei den Kostümen begnügte man sich mit einigen historischen Andeutungen. Sie wirkten dennoch echter und überzeugender als die plumpen Gewänder, die man mir einige Jahre später zu dem gleichen Stück in Berlin am Kgl. Schauspielhaus anzog. Die Aufführung wurde zu einem großen Erfolg für alle, und da wir hier in München waren und nicht in Berlin, ging die Presse sehr gnädig mit mir um.

Die letzten Sommertage, wie gewöhnlich in Noordwijk, gingen rasch vorüber, nur war P. C. noch nervöser geworden. Inzwischen war man in ganz Deutschland unruhig geworden, denn im Jahre 1912 roch es nach Krieg. Der österreichische Thronfolger hatte den deutschen Kaiser besucht, das nahm man ihm in Wien übel, denn der nichtebenbürtigen Gemahlin Franz Ferdinands waren die Ehren erwiesen worden, die nach Meinung der Habsburger ihr nicht gebührten. Poincaré sprach von einer Situation, bei der Krieg oder Frieden pari stünden; die Russen rückten ihre Truppen in unangenehme Nähe, worüber Österreich murrte; Serbien wollte sein Gebiet erweitern; Italien schwankte in seiner Politik hin und her, kurz, es brodelte in allen Ecken. Wenn auch der deutsche Gesandte in London, Fürst Lichnowsky, endlich schrieb: »Die Spannung hat nachgelassen«, so lag trotz aller Beruhigung eine zitternde Luft über der Welt. Allerdings glaubte niemand ernstlich an Krieg; und die Vorstellung von solch einer Katastrophe war damals noch reichlich naiv. Paul, der seine Interessen mit Frankreich verknüpft hatte, war aber doch sehr beunruhigt, denn hatten wir nicht einen Kaiser, der bei jeder Gelegenheit mit dem Säbel rasselte und in seiner Taktlosigkeit nicht zu bändigen war?

Zu Pauls gereizten Nerven kam auch noch ein Ostwind dazu, den er nicht vertragen konnte und der ihm den Schlaf raubte. Eines Nachts trabte er wieder die Treppen unseres Hauses hinauf und herunter und guckte aus jedem Fenster, um nachzusehen, ob sich der Wind nicht drehen würde. Ich war besorgt um ihn, trabte hinter ihm her, um ihn zu beruhigen und fand ihn endlich auf unserem kleinen Balkon im Pyjama frierend. Meine Gegenwart konnte ihn doch manchmal beruhigen, und so fing ich an, ihm gut zuzureden und sagte am Ende: »Geh zu Bett, du wirst dich noch erkälten, und der Wind wird sich nicht ändern, weil du hier draußen stehst.« Da stampfte Paul wütend mit dem Fuß auf und brüllte: »Na, das woll'n wir mal sehen!« Am Morgen mußte er natürlich selbst über diese Antwort lachen.

1913/14

Allerlei und Adele Sandrock

Nach Otto Brahms Tod war sein Vertrag mit dem »Lessingtheater« erloschen und die »Schauspieler-Societé«, der ich nicht mehr angehörte, pachtete das »Künstlertheater« im Westen Berlins, ein schönes, wenn auch kleines Haus. Viktor Barnowsky war nun der Erbe Brahms im »Lessingtheater« geworden. Der körperlich kleine Schauspieler Barnowsky, der in Breslau seine Schuhe, um größer zu erscheinen, mit Einlagen versah, die wir ihm immer versteckten.

Als erste Vorstellung setzte er »Peer Gynt« von Ibsen an. Die Besetzung: Peer: Friedrich Kayßler, Aase: Ilka Grüning, Solveig: Lina Lossen, Anitra: Tilla Durieux, Bräutigam: Hans Gottow, Tollhausdirektor: Klein-Roden, Dovrealte: Rottmann, Knopfgießer: Schroth. Svend Gade schuf die Dekorationen, und ein gutes kleines Orchester spielte Griegs Musik. Christian Morgenstern hatte die Übersetzung des Werkes mit großer Einfühlungsgabe vorgenommen. Barnowsky konnte zufrieden sein mit diesem Abend.

Darauf folgte »Liliom« von Molnar. Dieses Stück ist seither so oft gespielt worden, daß man verwundert lesen wird, daß bei der Premiere auf Hausschlüsseln gepfiffen wurde. Was einzelne Leute im Publikum so aufregte, blieb mir unerklärlich, aber trotz oder dank der Pfeiforgien hielt sich das Stück lange auf dem Repertoire. Heinz Salfner als Liliom, Ilka Grüning als Madame Muskat, ich als Julie taten unser Bestes, um die Unzufriedenen ad absurdum zu führen.

Inzwischen hatte Wedekind ein neues Stück geschrieben: »Simson«, ein Stück von merkwürdiger Kraft, das heute noch darauf

*Als Eliza in Pygmalion (Shaw), Lessingtheater Berlin 1913,
Regie Victor Barnowsky.*

Als Cleopatra in Antonius und Cleopatra *(Shakespeare). Münchner Künstlertheater 1913.*

In derselben Rolle 1916 am königlichen Schauspielhaus Berlin.

wartet, richtig gewertet zu werden. Die Weltanschauung, die darin zutage tritt, ist beinahe der Schlüssel zu Wedekinds seltsamem Wesen. Ein gemarterter Mensch kriecht durch die höhnisch lachenden Reihen seiner Peiniger. Auch dieses Stück wurde unter Pfeifen und Johlen beendet. Dr. Eloesser, als Dramaturg des Theaters, bedankte sich im Namen des Dichters bei denen, die begeisterten Beifall klatschten, was wiederum Gegendemonstrationen der Empörung hervorrief. Die Presse verdammte teils, teils hob sie es in gewaltige Höhen; gleichgültig blieb keine Stimme.

Ich spielte die Dalila, und Wedekind sprach auf den Proben den Simson, der Kaysler zugedacht war, und den er auch bei der Premiere verkörperte. Hier zeigte sich wieder die dämonische Intensität, die diesen seltsamen Wedekind mit allen seinen Mängeln über die Leistungen der Schauspieler stellte. Wedekind der Dilettant, Wedekind der Unwendige, Wedekind der Verlachte war der Stärkste unter uns. Wohl standen uns mehr Mittel zu Gebote, das auszudrücken, was er andeutete; aber diese Andeutungen waren so stark, daß sie keiner von uns erreichte. Aus dem ungefügen Körper drang die Stimme mit einer Schärfe und einer Glut, die nur Propheten eigen ist. Sein schnarrendes »rr« und die überdeutliche Aussprache konnten dieses überdimensionale Feuer nicht verkleinern. Daß sein Stück den Kampf von rechts und links entfesselte, konnte ihn nur freuen, denn seine zwiespältige Natur wäre vor einem einmütigen Erfolg zurückgeschreckt. Ich wollte, ich könnte die Renaissance seiner Stücke noch erleben, die vielleicht in einigen Kleinigkeiten veraltet sind, in ihrer Idee aber die Menschen später einmal noch packen werden.

Nun rüstete Barnowsky zu seinem großen Schlager »Pygmalion« von Shaw. Mit Heinz Salfner als Higgins, Tilla Durieux als Eliza Doolittle und Alexander Eckert als Vater Doolittle ging es über die Bühnen und hatte einen durchschlagenden und bleibenden Erfolg.

Ich hatte mir für den ersten Akt einen Dialekt zurechtgemacht, der als »Hernalserisch« in Wien wohlbekannt ist, in Berlin jedoch die Leute fremd und außerordentlich komisch anmutete. Vorher war ich nach Paris gefahren und hatte mir dort für die Szenen, in denen Eliza schon zur eleganten Frau umgewandelt sein muß, zwei schöne Kleider gekauft. Das Abendkleid stammte von Poiret, der damals gerade auf seiner Höhe stand. Ich war glücklich, wieder einmal einen heiteren Menschen darstellen zu können.

Diesmal hatte niemand etwas an mir auszusetzen, nur Herr Kerr fand, ich hätte die Maske einer ausgebleichten Negerin und sei überhaupt ein Plakatgeschöpf.

Inzwischen hatte sich wieder einmal ein Gewitter über meinem Kopf zusammengezogen, und das erste Wetterleuchten zeigte sich in der Zeitung »Die Welt am Montag«. Darin war zu lesen: »Tilla Durieux läßt sich von Paul Cassirer scheiden, um Baron Lazy von Hatvany zu heiraten.«

Paul und ich dachten nicht daran, zu dementieren, weil wir die Nachricht für zu albern hielten. Mit Windeseile lief sie aber durch alle deutschen Blätter, und als sogar eine französische Zeitung die Nachricht brachte und uns die Leute darauf aufmerksam zu machen begannen, mußte ich mich doch zu einer Berichtigung entschließen. Sie wurde so kurz wie möglich abgefaßt, alle Blätter nahmen sie auch auf, aber das Resultat war nicht befriedigend. Die nächste »Welt am Montag« brachte nun einen längeren Artikel, in dem wir lesen konnten, daß man sich ja nicht gerade scheiden zu lassen brauche, und daß Herr Cassirer sicher seinen Vorteil dabei habe, wenn er die Beziehungen seiner Frau zu dem Sohn des ungarischen Zuckerkönigs protegierte. Dann wurden kostbare Geschenke aufgeführt und der Hund »Tibor«, den mir der Verfasser als Bühnenautor geschenkt hatte, weil ich mich für sein Stück »Die Berühmten« interessierte, genau beschrieben. Im gleichen Artikel wurde der Intendant des Kgl. Schauspielhauses, Graf Hülsen, angegriffen. Nun war es eine zweischneidige Angelegenheit, sich in einem solchen Fall ernstlich zu verteidigen, denn nahm man den Paragraphen in Anspruch, der die Zeitungen zwingt, ein Dementi aufzunehmen, so konnte man in einer Fußnote darunter etwa folgendes lesen: »Frau X. dementiert zwar, mit Herrn Y. Beziehungen zu unterhalten, aber es wird unsere Leser interessieren, daß der Großvater von Frau X. vorbestraft ist.« Stellte man nun wieder mit Berufung auf den Paragraphen fest, daß die Vorbestrafung erfolgte, weil der Großvater seinen Hund ohne Leine im Tiergarten spazieren führte, wurde auch das gebracht, aber etwas Neues hervorgezogen, bis der Beleidigte mürbe wurde und sich nur noch schamvoll ins Bett verkriechen konnte.

Nun, wir wollten es darauf ankommen lassen. Wir ermittelten den Namen des Schreibers, Dr. St., und unser Rechtsanwalt sollte Klage erheben.

Das Heitere dabei war nur, daß Fritz Grünspach meinen Besuch erbat und mir dann eindringlich zuredete, ihm die Wahrheit zu sagen, denn bei einem Prozeß käme alles an den Tag, und dann würde es nur noch peinlicher. Ich beteuerte, ein reines Gewissen zu haben, zählte die »belastenden« Geschenke auf, die ein jährlich wiederkehrendes Weihnachtsgeschenk, eine große Schachtel Konfekt von Gerbaud, darstellten. »Tibor«, der Hund, wurde vom Verdacht gereinigt, mehr als ein Geschenk des dankbaren Autors zu bedeuten. Endlich von meiner Unschuld überzeugt, setzte Grünspach die Klageschrift auf, — doch Herr St. war bereits verschwunden, ich glaube, nach Amerika. Graf Hülsen hatte sich ebenfalls zu regen begonnen, und da war wohl Herrn St. der Boden unter den Füßen zu heiß geworden. Später traf ich ihn zufällig wieder. Er bereute diese Artikel, die er als sehr junger Mensch geschrieben hatte, außerordentlich und leistete uns große Dienste. »Tibor« aber hieß nur noch »Das Inflagranti«.

Nach der Saison ging es mit meiner getreuen Helene wieder auf Gastspielreisen in die großen Städte am Rhein, in die Schweiz, nach Prag, Dresden, Breslau, Schwerin, Hamburg und wieder an den Rhein. Mein Gepäck war sehr groß, denn ich hatte die Kostüme für »Spielereien einer Kaiserin«, »Maria Stuart«, »Schauspielerin«, »Hedda Gabler« und »Pygmalion« bei mir.

In Schwerin war der Erfolg mit »Pygmalion« besonders groß. Während ich in Düsseldorf gastierte, erhielt ich ein Telegramm, das mich in diese hübsche kleine Residenzstadt zurückrief. Man wollte »Pygmalion« gelegentlich irgendeiner Feier im Hause des Großherzogs von Mecklenburg aufführen. Da es damals noch keine Verkehrsflugzeuge gab, telegrafierte ich, es sei mir unmöglich, die Strecke Düsseldorf-Schwerin in der erforderlichen Zeit zurückzulegen und so dieses Gastspiel einzuschieben, denn ich müßte meine anderen Verpflichtungen einhalten. Darauf kam eine lange Depesche der Großherzoglichen Kanzlei, die mir eine hohe Auszeichnung in Aussicht stellte. Das lockte mich, ich fuhr.

Leider blieb der Zug eines Defektes an der Lokomotive wegen zwei Stunden auf freiem Feld stehen. Dadurch wurde der Anschlußzug in Hamburg verpaßt. Von einem Bahnsteig stürzte ich ohne Gepäck zum anderen und fand endlich einen Zug nach Ludwigslust, das nahe bei Schwerin liegt. Aber schon hob der Beamte die Hand zum Abfahrtszeichen, da rannte ich auf ihn los und schrie ihm zu, ich müsse mit. »Steigen Sie rasch ein, meine Dame.« — »Ich kann nicht ohne meine Koffer reisen.« — »Wenn Sie es so eilig haben, fahren Sie ohne Koffer.«

Aus allen Fenstern hingen die Köpfe neugieriger Reisender und starrten auf mich. Da zückte ich das Telegramm aus der Großherzoglichen Kanzlei und hielt es dem Beamten unter die Nase, worauf er sofort sehr höflich wurde, mit dem Zugführer sprach und ruhig abwartete, bis meine Riesenkoffer eingeladen waren. Somit war diese Klippe überwunden. Aber nach Ludwigslust kamen wir so spät, daß die Reisenden, die die Vorstellung in Schwerin besuchen wollten, mit mir zusammen in den Verbindungszug stiegen. Wie sollte ich da zur rechten Zeit im Theater geschminkt und angezogen sein? Noch im Kupee riß ich das Kostüm für den ersten Akt heraus, und am Bahnhof in

Schwerin fand ich bereits einen Mann vor, der ein weißes Tuch in der Hand hielt, mit dem er, als er meiner ansichtig wurde, einem zweiten entfernt stehenden Mann zuwinkte. Auch dieser setzte sofort ein weißes Tuch in Tätigkeit, und so hatte man bis zum Theater Posten aufgestellt, um dem verzweifelten Intendanten meine Ankunft zu verkünden. Wie ein Blitz fuhr ich aus meinen Kleidern und in Elizas Lumpen hinein und stand pünktlich auf die Minute auf der Bühne. Wir spielten wirklich vor einem Parterre von Königen und Fürsten, die sich ganz unköniglich belustigten.

Am Schluß wurde ich zum Großherzog befohlen. Wie sich so hohe Herrschaften heute benehmen, weiß ich nicht. Damals waren sie oft sehr unbeholfen, wenn sie ein Gespräch zu führen hatten. Ging es über die wenigen Phrasen hinaus, die ihnen geläufig oder vorgeschrieben waren, brauchte es eine Kraftanstrengung, um in Fluß zu kommen. Ich habe mir daher stets die unerlaubte Freiheit genommen, darauf loszureden, ohne auf die gnädigen Fragen zu warten. Man hat es mir eigentlich immer gedankt, und da ich ja nicht bei Hofe erzogen worden war und ein Künstler ohnehin von ihnen als Hofnarr betrachtet wurde, erregte meine Art nie Anstoß. Manchmal entwickelten sich sogar recht anregende Gespräche. Jedenfalls hörte der Großherzog, ein junger, sehr schüchterner Mann, gar nicht auf zu lachen, als ich ihm meine Reiseabenteuer recht drastisch schilderte. Dann beschenkte er mich mit der großen goldenen Medaille für Kunst und Wissenschaft, die mir damals wirklich Freude machte.

Der Intendant hatte den Auftrag, mich zum Souper einzuladen, ich aber wäre lieber schlafen gegangen. Der junge Intendant wollte mir beim Souper zu zweien den Orden »um meinen stolzen Hals« hängen, und ehe ich mich versah, machte er mir eine Liebeserklärung, die, zusammengedrängt, alle Phrasen von Marlitt bis Courths-Mahler enthielt. Ich antwortete ihm mit dem Feuer und Seelenadel einer Heldin aus der tränenreichen Empire-Epoche. Worte wie »ewig unvergeßlich« und »Seelenliebe« waren das wenigste.

Wir trennten uns beiderseits befriedigt; trotz meiner Ablehnung.

In Berlin blieben uns unsere alten Freunde treu, sie kamen zu jeder Tages- und Nachtzeit und waren stets willkommen. Zu diesen Besuchen gesellten sich jetzt die Schriftsteller, die der sich immer mehr entwickelnde Verlag aufgenommen hatte, wie René Schickele, Kasimir Edschmid und Heinrich Mann. Die Jungen, die ihre Gedichte bei uns verlegten, wie Schönlank, Toller und der blinde Hatzfeld, beschränkten sich auf das Büro in der Viktoriastraße, wo ich auch an manchen Abenden vor geladenen Gästen aus ihren Werken vorlas. Dann aber gab es noch eine Gruppe, zu der Julius Meier-Graefe, Walter von Heymel, Rudolf Alexander Schröder und Exzellenz Solf gehörten, mit denen wir in Nachtlokalen viel Unsinn trieben. Walter von Heymel war mir besonders lieb, obgleich meine Liebe immer dann aufblühte, wenn er abwesend war, und abflaute, wenn ich mit ihm zusammen seine stundenlangen Narreteien mitmachen mußte, die eigentlich nur in kleinen Dosen vertragen werden konnten. Sein Leben wurde durch Otto Julius Bierbaum in dem Roman »Prinz Kuckuck« geschildert. Wenn es auch der Wahrheit entsprach, daß er der angenommene Sohn eines reichen Mannes war, den er beerbte, wenn auch seine Herkunft, von der man allerlei zu flüstern wußte, in Dunkel gehüllt blieb, ist sein Leben doch in diesem Roman in gehässiger Weise entstellt worden. Verheiratet mit der Schwester des bekannten Staatsmannes Herrn von Kühlmann, ließ er seine Frau in München oft in der herrlichen Villa allein, tobte sich in Berlin aus und streute sinnlos sein Geld in alle Winde. Immerhin aber hat er etwas Schönes und Bleibendes geschaffen, als er den Insel Verlag gründete. Seine Gedichte sind gut, sein Geschmack, den er bei der Einrichtung seiner Wohnung zeigte, war außerordentlich. Diese Junggesellenwohnung, mit den herrlichsten Impressionisten an den Wänden, entzückte jedermann. Leider war er abergläubisch und schenkte einer Sibylle Gehör, die ihm aus dem Kaffeesatz Ratschläge für Geldanlagen gab, und so verlor er sein ganzes Geld bis auf einen kümmerlichen Rest. Er war ein hervorragender Reiter und Sportsmann. Aber seine Tollheiten hatten ihn so geschwächt, daß er einer Tuberkulose, die im ersten Kriegsjahr zum Ausbruch kam, binnen weniger Monate erlag. Er wurde aufs rührendste von seinem Freund, Doktor Karl Ludwig Schleich, gepflegt. Damals war auch Schleich oft in unserer Gesellschaft, und der Boykott, den die Ärzteschaft ihm auferlegte, drückte ihn sehr. Die von ihm erfundene Lokalanästhesie wird heute allgemein angewandt, so daß es unglaublich klingt, wenn man berichtet, wie die Ärzte ihn verlachten und diesen genialen Mann zwangen, von der kleinen Erfindung der »Marmorseife« und anderen Toilettenmitteln zu leben, die ihm einen recht kümmerlichen Ertrag brachten.

Die »Schauspieler-Societé«, die Erben Brahms, hatten kein Glück. Das Theater schritt von Defizit zu Defizit, und schließlich war die Kasse so leer, daß nichts anderes übrig blieb, als zu schließen. Die Prominenten fanden leicht ihren Weg aus dieser Kalamität heraus, aber die kleinen Schauspieler blieben, wie es immer so geht, ohne Existenzmöglichkeit. Da beschloß man, einen Teil der großen Gagen zu opfern, um diesen Schauspielern wenigstens bis zum nächsten Engagement zu helfen. Alle stimmten zu bis auf Rudolf Rittner. Er, der bisher beharrlich jede Rolle zurückgewiesen hatte und überhaupt nicht aufgetreten war, bestand auf Erfüllung seiner Kontrakte. Die Worte »Kollegialität« und »Pflicht, einander zu helfen«, die er so oft anwandte, bestanden nur in seinem Sprachschatz und kamen keineswegs aus seinem Herzen. Er mußte also voll ausbezahlt werden, und seine Gage riß ein großes Loch in den Beutel der vorhandenen Mittel.

Da kam Zavrel zu mir, der schon mit Wegener gesprochen hatte, und schlug vor, das Theater neu zu übernehmen und ihn als Direktor einzusetzen. Ich hatte großes Vertrauen zu Franz Zavrel und schon in München erfahren, daß er in finanziellen Dingen recht geschickt disponierte. So stimmte ich erfreut zu, begab mich auch gleich aufs neue auf die Suche nach dem nötigen Kapital. Wegeners Name und der meine genügten den Leuten, an die ich herantrat, als Sicherheit, und so war die Summe rasch zusammengebracht. Wir berieten nun die Zusammensetzung des Ensembles. Ich wurde abgesandt, zunächst mit Agnes Sorma zu verhandeln, die sich damals schon von der Bühne zurückgezogen hatte. Ihre Forderungen waren jedoch so hoch, daß sie uns untragbar schienen. Ihre Glanzzeit war zudem vorbei, und da sie es nicht mit ihrem Talent vereinigen konnte, ältere Rollen zu spielen, die jungen aber nicht mehr für sie in Betracht kamen, verzichteten wir auf ihre Mitwirkung. Anders stand es mit Adele Sandrock. Ich nannte sie stets einen »Löwen mit zerzaustem Fell«, aber ein »Löwe« war sie auf jeden Fall.

Reinhardt hatte früher vergeblich versucht, sie für »alte-Frauen-Rollen« einzusetzen; sie wollte nicht von ihrer Jugend scheiden. Bei der denkwürdigen Faustaufführung Reinhardts mit drei verschiedenen Besetzungen — P. C. meinte: »Da Reinhardt nicht eine Vorstellung richtig besetzen kann, so macht er drei« — war ihr die Marte Schwerdtlein zugedacht. Niemand fand aber den Mut, ihr dieses »Attentat« zu hinterbringen. So setzte man einfach ihren Namen bei der Vorankündigung der Faustaufführungen, ohne sie zu fragen, in die Zeitung. Inzwischen gab man ihr, um sie in gute Laune zu versetzen, an Sonntagnachmittagen bei den Schüleraufführungen die Medea. An einem dieser Sonntagnachmittage befand ich mich zufällig im Konversationszimmer des Theaters und erlebte, wie Berthold Held — kein großer Diplomat — zur Sandrock trat und händereibend und grinsend sagte: »Also Adelchen, nun wirst du die Marte Schwerdtlein spielen.« Die Sandrock sah ihn sprachlos und erschüttert an, aber ehe sie ein Wort äußern konnte, wurde sie vom Inspizienten auf die Bühne zu ihrem Auftritt geschleppt. Wir ahnten alle, daß sich nun Schreckliches begeben würde und standen abwartend in der Kulisse. Manche boten Wetten an, daß sie auf der Szene in Ohnmacht fallen oder nicht zu Ende spielen werde. Nichts dergleichen geschah, nur als der Vorhang fiel, sank sie in die Knie und rief mit aufgehobenen, gefalteten Händen und ihrer tiefen pathetischen Stimme: »Lieber Gott, laß es nicht zu, daß dieses Judenvolk ein armes Christenkind zugrunde richtet.«

Sie spielte zwar die Marte, aber schlecht. Daraufhin war sie so gekränkt, daß sie sich grollend zu Hause einschloß und lieber ohne Beschäftigung blieb. Wir wußten, daß es ihr pekuniär sehr schlecht ging, und daß kein Direktor sie an seinem Theater haben wollte. Aber wir schätzten sie sehr und waren überzeugt, sie würde eines Tages wieder ihren Platz in der Theaterwelt einnehmen. Wer aber sollte mit ihr verhandeln? Obwohl ich mich sträubte, wurde mein Besuch bei ihr angemeldet.

Sie hatte noch ihre alte große Wohnung beibehalten, in der sie mit ihrer Schwester hauste. Als ich klingelte, öffnete mir ein schlampiges Mädchen, das mich in einen Salon führte. Dort ließ man mich lange warten. So hatte ich Gelegenheit, mich gründlich umzusehen. Spielerische Goldsesselchen mit dünnen Beinchen standen herum, so zierlich, daß ich mich in Erinnerung an Adeles gewichtige Körpermassen wunderte, daß sie noch nicht geknickt waren. Da gab es Vitrinen mit verstaubten Lorbeerkränzen und ähnlichem Krimskrams, nicht zu reden von schrecklichen Bildern und Porträts, die sie in verschiedenen Rollen zeigten. Endlich erschien das Mädchen wieder und führte mich durch ein Speisezimmer, vollgestopft mit altdeutschen Schauerlichkeiten. Dann tat sich die Tür zu einem kleinen, schmalen Zimmerchen auf, da saß sie, Adele, auf einem goldenen Königsstuhl, der auf einem mottenzerfressenen Eisbärfell prangte. Außer diesem Thron befand sich im Zimmer keine Sitzgelegenheit, so daß ich mich also ehrerbietig »nahete« und stehend mein Anliegen vorbringen mußte. Ich sprach zuerst von unserer Verehrung für sie, dann erzählte ich von der Neugründung des Theaters. Sie nahm es gnädig auf. Dann erwähnte ich die Gage, und sie stieß einen Ton der Befriedigung aus. Jetzt aber kam das bittere Ende.

Die Eröffnungsvorstellung sollte »Der Vater« von Strindberg

sein, Wegener war als Vater gedacht, ich als Frau, die Amme aber sollte die Sandrock spielen. Ihr Gesicht überzog sich mit einer Zorneswolke; da legte ich ihr rasch Ibsens »Frau Inger von Östrot« mit der Hauptrolle für sie als zweite Vorstellung zu Füßen, ließ nochmals die Gage klingeln, und die Arme, sorgenbedrückt, gab nach.

Es ist sehr billig, über eine Schauspielerin zu lachen, die ihrem Alter nicht Rechnung tragen will, aber es ist ein schwerer Entschluß, von Jugend und Glanz Abschied zu nehmen. Manche können es nie. Was im privaten Leben leise hinüberführt, die Kinder, die mitalternden Freunde, nichts mildert am Theater den Verzicht auf alles, was bisher das Leben so reich machte, und bei einer Frau wie Adele Sandrock kam noch die Beziehung zum Manne dazu. Sie tat mir leid, aber ich wußte, daß mein Anerbieten für sie eine Rettung bedeutete, und da wir sie wirklich schätzten, hatten wir nur Gutes für sie im Sinn.

Nach einem starken inneren Kampf sagte sie also zu, ließ sich nun aber nicht davon abbringen, mir die Wohnung genau zu zeigen. Sie steuerte auf den Salon zu. Hier mußte ich die Beschreibung jeder einzelnen Siegestrophäe über mich ergehen lassen. Hierauf führte sie mich in ihr Schlafzimmer. Aber um ihr Bett stand ein Paravent ganz aus Spiegeln, und auch im Plafond, oberhalb des Bettes, war ein großer Spiegel eingelassen. Der Krieg zerstörte unseren Plan mit dem Theater, und Zavrel starb an einer Kopfgrippe. Die Sandrock aber erzählte: »Diese Durieux, diese Schlange, wollte, daß ich eine alte Amme spiele, aber Gott ließ den Krieg kommen und vereitelte den Plan.«

Berlin, diese wenig beschwingte, kühle Stadt gegenüber Wien, hatte angefangen, sich zu entwickeln. Die Frauen wurden eleganter und schöner, man verdiente Geld und gab es aus. Die Straßen blieben bis weit über Mitternacht hinaus belebt von Menschen und Wagen. Tanzlokale waren bis in die frühen Morgenstunden geöffnet. Zahllose kleine lustige Winkel existierten, wo man um drei oder vier Uhr morgens Erbssuppe mit Schweinsohr essen ging. Die Cafés schlossen kaum, und der

Berliner, der die ganze Nacht gebummelt hatte, kam am Morgen früher als jeder andere Großstädter in das Büro. Es blieb ein Rätsel, wann der Berliner eigentlich schlief. Wir waren alle toll von Lebenslust und Tatkraft. Der Nachtbummel konnte uns nicht ermüden und kein Hindernis sein für die heftigsten Debatten über Kunstfragen, die den Tag erfüllten. Der Streit, hie Wedekind, hie Hauptmann, fand kein Ende und war durch Wedekinds fünfzigsten Geburtstag, den man statt am 25. Juli 1914 schon im Winter feierte, neu aufgeflammt.

Die Galeriedirektoren der großen Städte, wie Dr. Swarsenski vom Städelschen Institut Frankfurt am Main, oder Dr. Waldmann, Kunsthalle Bremen, und andere kamen öfter nach Berlin, um zu sehen und zu kaufen und ließen sich gern von uns verlocken, in dem lustigen Wirbel mitzudrehen. In Halensee hatte man den Lunapark, auf den einst die Fenster meiner bescheidenen Wohnung schauten, zu einem großartigen Vergnügungsetablissement umgebaut, mit allen Überraschungen und Erfindungen, die man damals kannte. Überall gab es Geschrei, Gelächter und Fröhlichkeit. Ein großer Tanzsaal wimmelte Abend für Abend von Menschen, die es vorzogen, im Straßenanzug zu tanzen. Hier war der Treffpunkt der Bohème, der Maler, der Schriftsteller, hier traf man würdige Träger bekannter Namen, die sich plötzlich verjüngten und mit einem hübschen Mädel unermüdlich bis zum Morgen tanzten. Die Bars und das »Palais de Dance« stellten schon andere Ansprüche an den äußeren Menschen und an das Portemonnaie. Der One-step war eben aufgekommen, und nach dem Schlager »Boby, wo hast du deine Haare« tanzte man »Holzbein«, das heißt man hüpfte mit einem lahmen Bein den Saal entlang. Ein Rausch hatte ganz Berlin erfaßt.

Ich hatte fast alle Abende im Theater zu tun, aber kaum war ich fertig, ging es in eines der Tanzlokale, wo mich Paul mit Freunden und Bekannten schon erwartete, und war es da zu Ende, kam die Erbssuppe mit Schweinsohr an die Reihe. Schließlich setzten wir uns ins Auto, soviel nur in den Wagen hineingepfercht werden konnten, ja, wir hockten sogar auf dem Kühler oder standen auf dem Trittbrett. Andere folgten im Taxi, und so ging es, allerdings nicht allzu schnell, nach Potsdam, wo wir im Hotel den Portier heraustrommelten, und die verschlafenen Tageskellner uns das Frühstück servieren mußten. Aber am frühen Vormittag war jeder wieder pünktlich bei seiner Arbeit. So ging es einige Male in der Woche, und selbst das stille Gaulchen ließ sich von Paulchen in den Taumel mitreißen. Er hatte sich inzwischen von seiner Frau scheiden lassen. Nun wollte er Versäumtes nachholen und erschien in seinem altmodischen Smoking.

Arbeitslust, Lebensfreude füllte Berlin bis zum Platzen, und kein Mensch ahnte, daß in unserem tollen Reigen das Kriegsgespenst drohend mittanzte. Wohl gab es einige Stimmen, die sich warnend erhoben, aber die Ohren waren verstopft. Es war, als ob jeder noch in einer unbewußten Angst drängte, das Leben zu genießen, zu lachen, zu tollen, bevor das Entsetzliche hereinbrach.

Renoir

Wir hatten uns vorgenommen, am 1. Juli nach Paris zu reisen, dort sollte einer meiner Wünsche in Erfüllung gehen. Auguste Renoir hatte eingewilligt, ein Porträt von mir zu machen. Es war ein Traum, den ich seit Jahren mit mir herumtrug. Wir beabsichtigten, mit dem Wagen zu fahren, Helene sollte mit der Bahn und unseren Koffern nachkommen. Für Ende Juli war Noordwijk, wie alle Jahre, vorgesehen.

Unser kleiner, roter, flinker Teufel flitzte die Landstraßen entlang, große schwere Familienkutschen mit Leichtigkeit überholend, zum Erstaunen und Verdruß der stolzen Besitzer dieser Ungetüme. Das Wetter war sehr schön, doch wechselte es manches Mal mit kleinen Regenschauern, wir mußten dann halten und das Verdeck hochziehen. Das verdarb wieder einmal P. C.s Stimmung, und als gar ein Gewitter losbrach, steigerte sich seine Nervosität derart, daß er mit dem unwirschen Himmel an Heftigkeit wetteiferte. Der Chauffeur Klose und ich sahen uns ratlos an und warteten geduldig, bis der Regen und die böse Laune nach und nach verklangen. Die Sonne kam durch die Wolken, und P. C. wurde wie gewöhnlich von einer Minute zur anderen vernünftig. Aber mit mir ging es nicht so rasch. Eine plötzliche Angst hatte mich erfaßt, irgendeine Ahnung von einer drohenden Zukunft bedrückte mich, und ich meinte, daß es strafbar sei, daß wir uns schöne Tage durch kleine Unabwendbarkeiten, wie Regenwetter, verdüstern ließen. Lebten wir nicht gut und sorglos, gesund und jung in den Tag hinein? Ich hatte keine Ahnung, in welcher Ecke das Unglück hocken könnte, aber der Schreck war da, und oft habe ich mich später daran erinnert, daß diese Reise wirklich für lange Jahre das letzte an Freude und Glück war, was uns das Schicksal bot. So rasch wie diese Vorahnung gekommen, so rasch war sie verschwunden, als wir Paris näher und näher kamen.

Wir stiegen wie immer im Hotel Mirabeau ab, und nachdem wir uns einen Tag ausgeruht hatten, lenkten wir unsere Schritte nach dem Boulevard Rochechouard, wo Auguste Renoir sein Atelier hatte, das er seit seiner Jugendzeit bewohnte.

P. C., wieder bester Laune, war sehr aufgeregt, denn er freute sich auf das Bild. Wir wurden von einer alten, nachlässig gekleideten Frau in ein ziemlich großes Atelier geführt, das außer wundervollen Bildern von des Meisters Hand nicht verriet, daß es von einem Malerfürsten bewohnt wurde. Verglichen mit Liebermanns Raum war alles, was sich darin befand, fast ärmlich zu nennen. Uns blieb Zeit genug, um alles genau anzusehen. P. C. bemerkte unzufrieden auf der Staffelei eine Leinwand, offenbar für die Sitzung vorbereitet, von ungefähr fünfunddreißig Zentimeter im Quadrat. »Du mußt ihn dazu bringen, ein größeres Bild von dir zu malen«, sagte er, aber ich entgegnete, daß ich das doch wohl nicht könne und er derjenige sei, der mit Renoir darüber zu sprechen habe. Während unseres geflüsterten Gesprächs ging die Tür auf, und von einer Pflegerin geschoben kam ein Krankenstuhl ins Zimmer, in dem ein alter Mann mit einem Käppchen auf dem geneigten Kopf saß. Der Kopf hob sich, und ein blaues, großes, strahlendes Auge sah mich an, das andere blieb geschlossen. Die Hände lagen auf den Knien, sie waren verkrümmt. Die Linke nach dem Körper zu, die Rechte, als ob sie einen Pinsel hielte. Ich erschrak, — diese Hände sollten . . . ? Renoir begrüßte P. C., den er seit langem kannte, sehr herzlich, dann flog sein Blick an mir hinauf und hinunter und haftete schließlich auf meinem glühenden Gesicht. Wie immer, wenn man mich so anblickte, kam die alte Beschämung, nicht schön zu sein, über mich, die noch von Kindheit an in mir steckte. Am liebsten hätte ich mich wieder einmal in eine Ecke verkrochen. P. C. jedoch besprach sich inzwischen mit Renoir über das Kleid, in dem ich gemalt werden sollte, ließ aber nichts von der enttäuschend kleinen Leinwand verlauten. Ich hatte mir in einem Karton das Kleid von Poiret mitgenommen, das ich im vorletzten Akt von »Pygmalion« trug. Es bestand aus einem engen Rock aus weißem Chiffon, der aber nur als Vorderbahn erschien, denn hinten und an den Seiten war er von einem herrlichen dunkelgrünen Brokat mit eingewebten steifen französischen Lilien in Dunkellila bedeckt. Oben ließ ein durchsichtiger goldbestickter Schleierstoff nur wenig vom Halse frei, weite offene Ärmel aus demselben durchsichtigen Gewebe verhüllten die Arme. Das Ganze sah eher einem orientalischen Kostüm als einem Abendkleid ähnlich.

Hinter einer schäbigen spanischen Wand zog ich mich um, und als ich wieder vor Renoir trat, schien er befriedigt. Paul zog sich nun rasch zurück unter dem Vorwand, er wolle nicht stören, und flüsterte mir noch zu: »Vergiß nicht, um ein größeres Format zu bitten.« Damit schlüpfte er zur Tür hinaus. Da stand ich nun allein mit dem alten Herrn, dessen Blick auf mir brannte, und war mir bewußt, mit meiner mangelhaften Kenntnis der Sprache nicht viel ausrichten zu können. Die Pflegerin rollte einen Stuhl in die Nähe der Staffelei, er bedeutete mir, mich darauf zu setzen, dann schob ihm das junge Mädchen in die linke Hand die Palette, in die rechte den Pinsel und band ihn an der Hand fest. Da bemerkte ich, daß die Gicht auch die linke Hand nach seiner Arbeitsweise geformt hatte und die gekrümmten Finger genau die Palette umschlossen.

Mein Herz schlug bis zum Halse hinauf, kein Wort kam über meine Lippen, und ich sah, wie Renoirs Blick von mir zur Leinwand flog und wieder zurück und wie er anfing, die Konturen mit einigen großen Strichen zu zeichnen. Nun schien alles verloren; es würde bei dem kleinen Bild bleiben. Da wurde die Pflegerin von ihm herbeigerufen, und nach einigen von ihr mit dem Meister geflüsterten Worten verschwand die Leinwand von der Staffelei, und eine größere wurde hingestellt. Wieder flog der scharfe Blick zu mir hin und wieder zurück. Dann richtete er zum erstenmal das Wort an mich, deutete auf einen Strauß rosa Rosen und bat mich, eine der Blüten ins Haar zu stecken. Nun fing der Pinsel aufs neue an, über die Leinwand zu gleiten. Plötzlich hielt er inne und ließ sie abermals auswechseln. Jetzt war sie groß genug für ein lebensgroßes Porträt, das bis zum Knie reichen konnte. Für eine Weile herrschte nun Stille, und nur das Streichen des Pinsels war zu vernehmen. Ich saß ruhig wie ein Steinbild, das hatte ich bei den verschiedenen anderen Malern schon gelernt, die mein Porträt machten. Bald waren zwei Stunden vergangen, und Renoir brach die Arbeit ab und bestellte mich für den Nachmittag.

P. C. war außer sich vor Freude, als ich ihm von meiner Sitzung erzählte, und mit Ungeduld erwartete ich die zweite Sitzung, wo ich mich dann schon nicht mehr so befangen fühlte und mich freier bewegte. Jeden Tag wanderte ich vor- und nachmittags in das Atelier, und langsam kamen wir auch dazu, miteinander zu plaudern. Es fing damit an, daß mir Renoir erzählte, er sei oft in München gewesen und liebe Sauerkraut und Weißwürste. Von diesem etwas trivialen Gegenstand kamen wir aber plötzlich auf ernstere Themen. Er interessierte sich für die Stücke, die in den Berliner Theatern gespielt wurden und war erstaunt über meine Kenntnis in der französischen Literatur. Als er aber erfuhr, daß ich Rabelais gelesen hatte, kannte sein Erstaunen keine Grenzen.

Durch München kam das Gespräch auf Wagner und auf Musik überhaupt. Er erzählte mir, er sei eine Zeitlang ein Anhänger Wagners gewesen, aber er könne ihn jetzt nicht mehr hören. Er habe zwei Lieblinge in der Musik: Bach und — da stockte er und sagte: »Ich bin ein alter Mann, ich kann mich jetzt nicht einmal auf den Namen desjenigen besinnen, dessen Melodien mir fortwährend im Kopf herumtanzen.« Er ließ die Hände sinken und starrte vor sich hin, aber ehe ich noch Namen, die mir wahrscheinlich schienen, nennen konnte, flötete die Pflegerin aus dem Hintergrund »Gounod«, woraufhin Renoir wütend

Weibsteufel *(Schönherr), Kammerspiele Berlin 1915, Regie Max Reinhardt.*

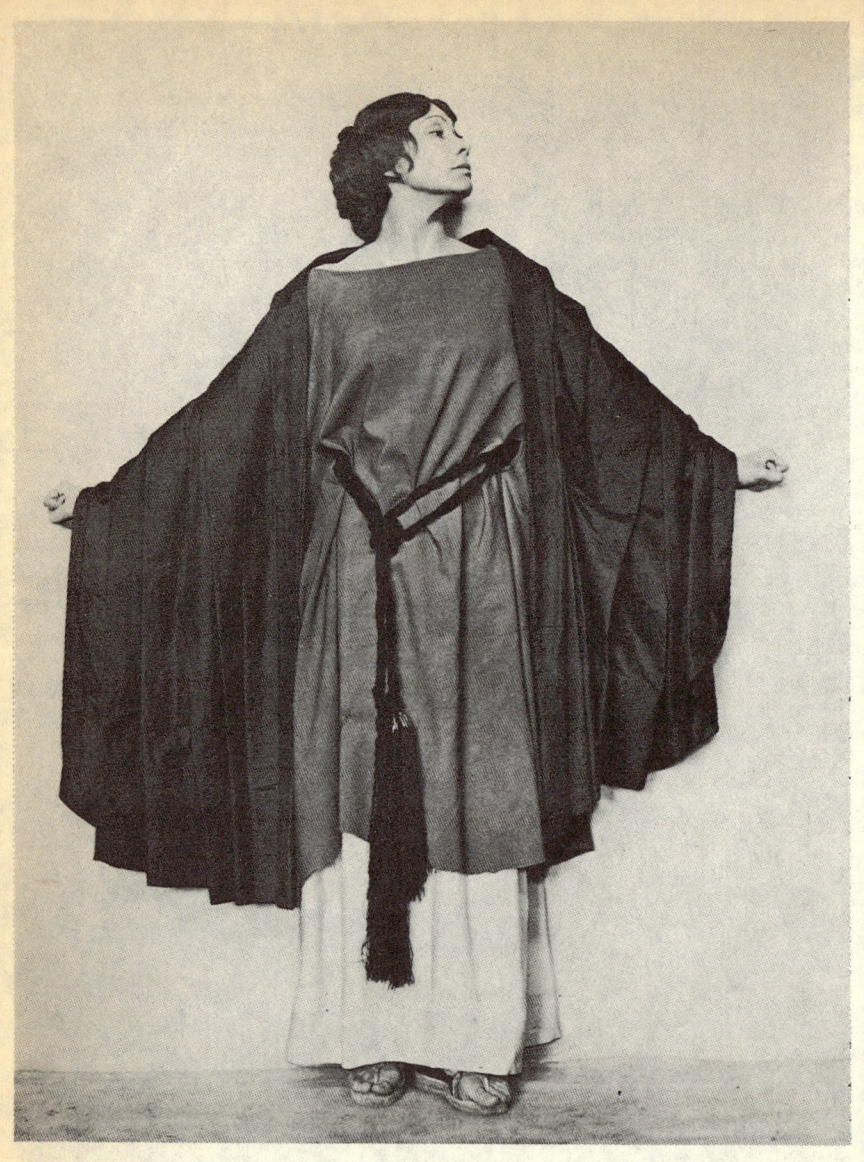

Tilla Durieux in der Titelrolle der Medea (Grillparzer), München 1919, Nationaltheater.

den Kopf in ihre Richtung drehte und »un monstre« fauchte, sich dann zu mir kehrend sagte: »Jetzt habe ich es gefunden, es ist natürlich Mozart.« Nun pfiffen und sangen wir Melodien von Mozart um die Wette, und das Bild machte Fortschritte und wurde schöner und schöner.

»Tragik«, sagte er eines Nachmittags zu mir, »Tragik wird immer falsch verstanden. Solange noch Tränen fließen, ist der Höhepunkt des Schmerzes noch nicht erreicht, erst wenn der Mensch schon wieder lächelt, dann erst ist der Schmerz unüberwindlich und unendlich geworden.« Ich starrte ihn an, das war es, was ich dumpf und unbewußt immer gefühlt und was ich meiner Natur immer als Fehler anrechnete. Ich hatte also doch ein Gefühl, wenn ich es auch in mir verschloß und nicht ein Feuilleton daraus machen konnte.

»Sehen Sie sich einmal die gotischen Figuren an«, fuhr er fort, »das Lächeln auf den Lippen, das uns so unergründlich scheint, es steht über den irdischen Kümmernissen, es läßt alles Erlebte weit hinter sich und ist heiter gewordener höchster Schmerz.«

Mir traten die Tränen in die Augen, ich wischte sie verstohlen fort. Ich war ja nur ein Pünktchen, ein kleines Nichts mit meinem Talent und meiner Persönlichkeit, mir kam kein Vergleich zu. Aber diese Worte waren wie ein seidenes Tuch, das sich über meine arme kleine Existenz senkte. Äußerlich war mein Leben herrlich, innerlich war ich oft traurig und verzagt. Was ist das, was ich manchmal erleben mußte, gegen das viele Leid, das durch die Welt wandelt?

»Deshalb«, hörte ich wieder Renoirs Stimme, »habe ich mich von Wagner abgewendet, denn in seiner Musik ist Sentimentalität und leeres Grollen, während bei Mozart hinter dem heiteren Rhythmus der Don-Juan-Musik eine finstere Drohung und das unerbittliche Schicksal steht.«

Als die Sitzung an diesem Tag beendet war, rief er mich vor die Staffelei und sagte: »Ich wollte kein Porträt mehr machen, aber ich freue mich, daß ich diese Arbeit angefangen. Ich habe dabei Fortschritte gemacht, finden Sie nicht?« Ich errötete. Der Malerfürst, zu dem aus aller Welt die Leute gepilgert kamen, der so viel Geld verdienen konnte wie er wollte, der letzte einer großen Epoche, fragte bescheiden wie ein Schüler: »Ich habe Fortschritte gemacht, finden Sie nicht?«

Ich antwortete, daß es mich stolz mache, das Objekt sein zu dürfen, bei dem er Befriedigung in seiner Arbeit finde, und dann fügte ich leise hinzu: »Sie haben mir menschlich heute sehr geholfen.« Er sah verwundert zu mir auf, dann meinte er: »Nun, das ist gut.«

Vierzehn Tage war ich nun schon jeden Vor- und Nachmittag im Atelier gewesen; der halbe Juli lag hinter uns. Das Bild war fertig. Da kam unser Chauffeur Klose mit den Worten: »Ick wees nich, ick wees nich, Herr Cassirer, aber ick gloobe, et is besser, wir schieben ab.« Paul sah ihn erstaunt an. »Ick gloobe, et is wat Politisches in der Luft.« Wir lachten. Ach, das bißchen Säbelgerassel! Der Kaiser konnte eben nicht Ruhe halten. Wir hätten doch etwas merken müssen! Gerade dieses Mal waren wir viel mit Franzosen zusammen. Der Begründer einer entzückenden Modezeitschrift »Le Bon Ton«, deren Bilder handkolorierte kleine Kunstwerke waren, hatte sich wegen einer Vertretung in Berlin an P. C. als Verleger gewandt, und wir hatten uns mit ihm und seinem Kompagnon angefreundet. Dazu kamen noch frühere Bekannte, und alle zusammen strolchten wir abends durch die kleinen Lokale am Montmartre.

»Nee, nee«, meinte Klose, »die anderen Wagen in der Garage hauen alle ab.« Immerhin dauerte es noch einige Tage, bis P. C. sich überzeugt hatte, daß eine Abreise richtiger sei. Das Bild konnten wir nicht mitnehmen, denn es war noch nicht trocken.

»Hat nichts zu sagen, es kommt kein Krieg, und wenn er kommt, bei all den Waffen, die heute das Militär besitzt, ist er rasch vorbei. Auch wird Durand-Ruel für dein Bild sorgen«, meinte P. C. Wir fuhren am 20. Juli über Belgien nach Holland, es glaubte kein Mensch an Krieg. Die Gegend in Belgien, durch die wir fahren mußten, ist zum Teil düster und häßlich, und als wir in einem besonders trostlosen Ort — Menin — wegen eines Reifendefekts haltmachen mußten, bemerkte Paul: »Das ist ja eine schauderhafte Gegend, hier möchte ich nicht begraben sein.« Er ahnte nicht, daß er später fast eineinhalb Jahre hier und in der Nähe zubringen würde.

In Noordwijk fanden wir die Menschen bereits sehr unruhig. Manche reisten ab, aber immer noch schien Krieg eine Unmöglichkeit. Martha, die Köchin, wartete in Noordwijk schon mit den Hunden auf uns, und Helene, von Paris her noch ganz taumelig, fing an, die Koffer auszupacken. Am politischen Himmel wurde es aber von Tag zu Tag düsterer, und am 28. Juli wurden alle Koffer wieder gepackt und die Mädchen weggeschickt. Wir setzten uns mit den Hunden ins Auto und fuhren zuerst nach Düsseldorf. Hier trafen wir in den Straßen aufgeregte Menschenmassen, die die aufeinanderfolgenden Pressemeldungen diskutierten. P. C. meldete ein Gespräch nach Paris an. Bilder aus seinem Geschäft waren in den Händen dortiger Kunsthändler, und er selbst hatte mit Bernheim Jeune und Durand-Ruel zusammen die Sammlung Pelerin gekauft, mit ihren berühmten Bildern von Manet, wie »Nana« und »Die Bar«. Die meisten dieser Werke standen bei uns in der Viktoriastraße. Er wollte nun mit Durand-Ruel Vereinbarungen treffen für den Fall eines Krieges, aber als er von seiner Sorge um mein Porträt sprach, wurde im Auftrag des Staates das Gespräch abgebrochen.

Am 3. August wurde der Krieg erklärt unter dem ungeheuren Jubel der Deutschen, die durch die Straßen zogen und unaufhörlich »Die Wacht am Rhein« und das Deutschlandlied sangen.

Krieg und Kgl. Schauspielhaus

So war also das scheinbar Unmögliche Wirklichkeit geworden. Wir hatten Krieg. Aber alle Welt wußte, er würde bald zu Ende sein. »Bedenken Sie doch, die Maschinengewehre und den Zeppelin! Das kann nicht lange dauern. Dann unser prachtvolles Heer! Und bedenken Sie, die Franzosen, die keine Uniformen haben und so verwöhnt und verweichlicht sind! Die Engländer? Ich bitte Sie, das ist keine Armee, das sind bestenfalls Söldner!« Jedenfalls stand es fest, daß man sich sehr beeilen müsse, um noch den Krieg mitmachen zu können.

P. C., der fünfundvierzig Jahre wurde, war nicht mehr militärpflichtig, Kloses Jahrgang noch nicht aufgerufen, doch P. C. erklärte sofort, er müsse mit und wolle sich freiwillig melden, worauf Klose äußerte, das Warten passe auch ihm nicht, er würde Pauls Beispiel folgen.

Wir sausten durch das deutsche Land, das gerade in der Erntezeit stand. Das Korn ragte fest und hoch, und in dem wogenden Getreide zogen die Mäher mit blitzenden Sensen ihre Furchen. Sobald sie das eilige Auto sahen, riefen sie uns zu und winkten, denn sie dachten, von uns Neuigkeiten hören zu können, aber — keine Zeit, keine Zeit! Wir kamen durch Dörfer, wo die Leute in Gruppen vor den Häusern standen; sie hoben die Arme, um uns aufzuhalten, aber — keine Zeit, keine Zeit!

In Berlin fanden wir die Stadt in tosender Aufregung. Überall Knäuel von Menschen, dazu abmarschierende Soldaten, denen die Leute Blumen zuwarfen. Jedes Gesicht glänzte freudig: Wir haben Krieg! — In den Cafés, in den Restaurants spielte die

Musik unablässig »Heil Dir im Siegerkranz« und »Die Wacht am Rhein«, jeder hatte es stehend anzuhören, das Essen wurde dabei kalt, das Bier warm, was schadete es: Wir haben Krieg! Die Menschen standen Schlange, um ihre Autos zum Hilfsdienst anzumelden. Freiwillige wurden bald nur noch auf dem Wege der Protektion angenommen. Die Soldaten bekamen an den Stationen Berge von Butterbroten, Würsten und Schokolade. An allem war Überfluß, an Menschen, Nahrung und Begeisterung.

P. C. lernte rasch Autofahren, und mit seiner Tollkühnheit und Geschicklichkeit wurde er in wenigen Tagen ein guter Fahrer. Auch Klose rückte nach dem Westen ab; er hat später öfters den Kaiser gefahren. Vor Pauls Abreise sahen wir noch den Maler von Kardorff als Offizier Berlin verlassen, ebenso viele aus unserem Bekanntenkreis.

P. C. hatte mir in langen Unterredungen nahegelegt, mich ebenfalls in den Dienst des Landes zu stellen. So ging ich, als er mich verlassen hatte, in einen Kurs, den das Rote Kreuz für freiwillige Krankenschwestern eingerichtet hatte, und absolvierte ihn. Köchin Martha und Helene fingen an, fieberhaft für Vorrat zu sorgen, erschienen eines Tages mit einem großen Koffer voll Würste, die sorgsam aufgehängt wurden. Damit glaubte man sich für die Dauer des Krieges versorgt. Ich bewarb mich um einen Platz in einem Lazarett. Schon die ersten Versuche zeigten klar, was ich in Berlin zu erwarten hatte. Hier drängten sich nämlich die Damen der Gesellschaft zu den Lazaretten, die für Offiziere bestimmt waren. Ich aber wollte ehrliche Arbeit leisten oder gar keine. Da hörte ich von einer der größten Anstalten der Mark Brandenburg, die in Buch, etwa eine Stunde Bahnfahrt von Berlin entfernt lag, und die nun für 2000 »Mannschaften« bestimmt war. Um dort angenommen zu werden, wandte ich mich an die Frau des Berliner Bürgermeisters Wermuth, denn Buch unterstand mit seinen Lungenheilstätten und Irrenanstalten der Stadt Berlin. Erstaunt, aber erfreut wurde ich aufgenommen, für Buch war bei den freiwilligen Helferinnen keine Nachfrage.

Bevor ich mich dort meldete, hatte eine Bekannte angeregt, in unserem Hause Viktoriastraße 35 einen Mittagstisch für unbemittelte Künstler einzurichten, und bald wurde hier für ein paar Pfennige ein bescheidenes Essen nett und sauber serviert. Die Räume hatten leergestanden, jetzt konnten Maler und Literaten hier ihren Hunger stillen. Meine Bekannte entpuppte sich zwar später als russische Spionin, die sich mit dieser Tätigkeit tarnen wollte, aber unserem Mittagstisch hat das weiter nicht geschadet; sie war eine tüchtige Hausfrau und verstand aus wenig viel zu machen. Unsere und ihre Bekannten, natürlich auch P. C., spendeten für die Küche Geld. Ich hätte gerne dort mitgeholfen, aber die »Chefin« war eine Frau, die keinen selbständigen Menschen neben sich ertragen konnte, und da ich wußte, daß sie auf alle Fälle alles besser als ich verstehen würde, blieb ich bei meiner Absicht, nach Buch zu gehen.

Das Geschäft stand unter der Aufsicht des langjährigen Prokuristen Stoperan. Bilderverkäufe waren nicht zu erwarten, im Kriege würde kein Mensch den Wunsch haben, sich Bilder zuzulegen.

Die Anstalt in Buch war in vierzehn Pavillons eingeteilt, die in einem großen Park lagen. Je nach Art der Verletzung und Erkrankung wurden sie belegt. Ich wurde dem Pavillon 12 zugeteilt, der für Schwerverletzte bestimmt war. Angekommen, empfing man mich kühl und spöttisch. Die Viktoria-Schwestern waren ein besonders strenger weltlicher Orden der Evangelischen Kirche, und als sie erfuhren, daß man ihnen eine Schauspielerin zugedacht hatte, nahmen sie sich vor, »es mir zu zeigen«. Außer mir waren für den Pavillon 12, der zweihundertfünfzig Schwerverwundete fassen sollte, noch vielleicht sechs Helferinnen, sehr junge Mädchen, eingesetzt.

Verwundete gab es noch in keinem der Pavillons, denn der Neubau, der eigentlich als zweite Irrenanstalt gedacht war, wurde gerade bei Kriegsausbruch fertig. »Hach«, sagte eine Schwester zu mir, »Sie wollen wohl Verwundeten den Schweiß von der Stirne wischen? Vorläufig gibt es hier noch keine Stirnen, sondern nur Fenster zu wischen.« Damit drückte sie mir einen Eimer Wasser und einen Haufen Zeitungspapier in die Hand. Ich versicherte ihr, daß Fensterputzen gerade meine liebste Arbeit sei und stürzte mich, begleitet von dem Grinsen der umstehenden Schwestern, auf die von Kalk und Farbe bekleckksten Fenster. Abends waren wir schon alle gute Freunde. Nach einer Woche standen sämtliche Pavillons blitzblank und sauber bereit, und der erste Transport traf ein. Vorher hatten wir eine kleine Feier, bei der ein evangelischer Pastor das Wort an alle Angestellten und Helferinnen der gesamten Anstalt richtete und die letzteren ermahnte, hier ihr Privatleben zu vergessen und nur im wahrsten Sinne Helferinnen zu sein. Soweit gut! Wie war mir aber zumute, als er plötzlich mit erhobener Stimme fortfuhr: »Besonders Sie, Frau Tilla Durieux, muß ich ermahnen, denn hier wird nicht Theater gespielt!« Ich wurde blutrot und glaubte, in die Erde versinken zu müssen, denn bisher hatte ich für meine Person auch nicht die geringste Ausnahme beansprucht. Die Oberschwester unseres Pavillons, eine liebe, weißhaarige alte Frau, kam ostentativ auf mich zu, nahm meine Hand, um sie mir zu drücken.

Am nächsten Tag, als der erste Verwundetentransport eintraf, erlebte ich einen gräßlichen Schock. Zum erstenmal sah ich das Elend, das der Wahnsinn des Krieges über die Menschen brachte. Hatte ich bisher überhaupt darüber nachgedacht? Langsam kam ich zu der Erkenntnis, daß mein Leben bis dahin nur in engen Kurven um meine eigene Person gekreist war. Wohl hatte ich gegeben und geholfen, wo ich konnte, aber eigentlich bewußt war es mir nicht geworden, wie viele Menschen hingeopfert werden für die Launen und Fehler von Machthabern. Ich hatte alle Mühe, meinen Dienst zu versehen, ohne ununterbrochen zu weinen oder vor dem großen Elend davonzulaufen. Der Dienst war sehr schwer, und abends sank ich todmüde ins Bett. Die Mahlzeiten konnten wir aus Mangel an Zeit oft nur stehend einnehmen, und meine Füße schwollen in der ersten Zeit so an, daß ich sie nachts mit nassen Tüchern umwickeln mußte. Es war viel zuwenig Pflegepersonal vorhanden. Auf eine Schwester mit ihrer Helferin kamen dreißig Schwerverletzte.

Ungefähr sechs Wochen hatte ich gearbeitet, als eines Tages der Chefarzt Dr. Pinkus zu mir kam und mich fragte, ob ich es mir zutraue, an Stelle einer Schwester mit einer Helferin selbständig zu arbeiten. Ich verneinte. Er aber stellte mir den Mangel an Schwestern dringend vor, erwähnte, daß, während sich in Berlin alles in den Lazaretten zur Pflege drängte, hier mit dem wenigen Personal nicht auszukommen sei. Endlich erklärte ich mich bereit, aber lange brauchte es, bis ich die Angst verlor. Ich glaubte immer etwas zu versäumen oder unrichtig zu machen, kurz, den Kranken eher zu schaden als zu nützen, und selbst in meinen Träumen hantierte ich angstvoll mit den Instrumenten. Das erstemal wäre ich beinahe ohnmächtig bei einer Operation umgefallen, denn man gab mir ein abgesägtes Bein, um es in die Ecke zu tragen. Mit aller Kraft riß ich mich zusammen, aber das Gewicht dieses Beines in meinen Händen spüre ich noch heute.

Von Paul kam ein Brief aus Wervicq, 15 Kilometer vor Ypern. Er war dort beim Stab beschäftigt und hatte Meldungen in die vordersten Linien zu bringen. Im September bekam er das Eiserne Kreuz, das zu dieser Zeit noch wirklich eine Auszeichnung bedeutete.

Immer anstrengender wurde der Dienst, denn wir mußten mehrmals in der Woche, auch des Nachts, Verwundete am Bahnhof in Empfang nehmen. Zu den Pflichten der Ärzte des Lazaretts gehörte auch die Betreuung der großen, nahegelegenen Irrenanstalt, deren Ärzte sämtlich eingezogen waren.

Auf diese Weise wurde ich mit dem Pflegepersonal der Anstalt bekannt und kam nun öfter, um mir die Patienten anzusehen. Auch diese Anstalt war gleich der unsrigen in Pavillons eingeteilt. Eines Tages holte man mich zu einer Theatervorstellung, die von Patienten veranstaltet wurde. Das Publikum bestand aus Ärzten und Pflegern und auch Irren. In dem großen Saal mit richtiger Bühne wurde nun ein Lustspiel gegeben, »Das

Eiserne Kreuz« von Wichert senior. Ich mußte zu meinem Erstaunen feststellen, daß die Irren ganz vortreffliche Schauspieler waren. Jede Hemmung, wie Lampenfieber, Scheu vor dem Publikum, war ausgeschaltet. Sie bewegten sich freier und natürlicher als die Mehrzahl der richtigen Theaterleute. Abgesehen von einigen absonderlichen Nuancen, wie zum Beispiel, daß der Vater im Stück am Eisernen Kreuz des Gärtnerburschen roch, weil er nicht verstehen konnte, daß dieser und nicht sein Sohn es bekam, war alles prächtig gespielt. Die Kranken im Publikum waren begeistert, applaudierten jeder Umarmung und schmatzten bei jedem Kuß.

Recht nachdenklich ging ich nach Hause. Sollten wir »normalen« Schauspieler nicht doch —? Haben wir nicht alle ein Stückchen von einem Irren im Nacken sitzen?

Deutschland inzwischen siegte und siegte. Es sang Lieder: »Jeder Schuß — ein Russ', jeder Stoß — ein Franzos', jeder Tritt — ein Brit'!« Lissauers Gedicht »Wir haben nur einen einzigen Feind — England«, wurde überall jubelnd deklamiert. Ganz leise nur erhoben sich Stimmen, die gegen den Krieg sprachen.

P. C. war noch immer beim Stab von Deimling vor Ypern und schrieb gereizte Briefe. Vorwürfe wurden mir gemacht, die ich nicht verdiente und gar nicht begreifen konnte. Dann aber kam ein Telegramm, das mich nach Köln rief, wo er mit einem Wagenzug durchkommen sollte. Ich mußte mir meinen Urlaub schwer erkämpfen. P. C. war in Köln heiter und liebenswert, so ging ich gar nicht näher auf die Briefe ein, um uns die Tage nicht zu verderben. Wir trafen Moissi in Uniform mit heldisch geschwellter Brust. Er war gerade eingezogen und hatte keine Vorstellung von dem richtigen Leben an der Front. P. C. erzählte viel von Professor Sauerbruch, dem später international bekannten Chirurgen, mit dem er große Freundschaft geschlossen hatte. Über alles andere schwieg er sich aus.

P. C. mußte über Karlsruhe fahren und nahm mich dahin mit, und so lernte ich Professor Trübner und meinen späteren Plagegeist Alice Trübner kennen. Sie war eine merkwürdige Erscheinung. Ein totenblasses Gesicht, die Augen durch eine dunkle Brille verdeckt, dunkles Haar, dazu eine kleine und füllige Figur, aber von einer außergewöhnlichen Eleganz in der Kleidung. Ihr Talent als Malerin stand außer Frage. Sie war Halbengländerin, besaß Geschmack in allen Dingen, wirkte aber trotz aller dieser Vorzüge von Anfang an beängstigend auf mich. Unser Zusammensein war nur kurz, Paul mußte weiter, und auch mich erwartete man ungeduldig im Lazarett. Nach diesen schönen, durch nichts getrübten Tagen dachte ich wieder einmal, jeder Mißton zwischen mir und Paul sei nun endgültig verbannt, und kehrte in sehr guter Stimmung an meine schwere Arbeit zurück.

Im Lazarett vergingen die Tage gleichförmig wie immer, die Menschen litten und starben, sie jubelten und sangen, denn Deutschland siegte und siegte. Manchmal wurde die Eintönigkeit durch komische Episoden unterbrochen. So zitierte man mich eines Tages zum Berliner Büro des Roten Kreuzes. Ich erschien dort natürlich in bescheidener Schwesterntracht. Nach der Dame fragend, die den Brief unterzeichnet hatte, erhielt ich von dem Fräulein an der Schreibmaschine die sehr unwirsche Antwort, sie sei nicht anwesend. Man wollte nicht einmal zulassen, daß ich auf sie wartete. Plötzlich aber öffnete sich die Tür, und herein rauschten einige Damen mit großen, federgeschmückten Hüten, in hellen, eleganten Frühjahrskleidern und warfen mir, auf mich aufmerksam gemacht, unwillige Blicke zu. Endlich trat man an mich heran und fragte kurz: »Wer hat Sie geschickt?« — »Niemand hat mich geschickt.« — »Wieso kommen Sie dann hierher und belästigen uns?« — »Ich will niemanden belästigen, aber man hat mich gerufen.« — »Sie, was fällt Ihnen ein, wie ist Ihr Name?« — »Tilla Durieux.« — »Was? Nein, das ist ja« — und dabei wurde sie puterrot — »ja, das ist ja unsere liebe, verehrte Künstlerin.« Sofort wandten sich alle mir zu, umringten mich, beklebten mich von oben bis unten mit Schmeicheleien und wollten mich durchaus zum Tee behalten.

Ich blieb recht kühl und nahm meine Beförderung, das Schwe-

sternabzeichen, entgegen, das man mir mit einem Wortschwall
überreichte.

Wer glaubte, daß der Krieg — der doch groß und klein, arm
und reich, sofern es Soldaten waren, an der Front die gleichen
Leiden brachte — die Unterschiede der verschiedenen Klassen
verwischen würde, der sah sich getäuscht. »An meine lieben Juden« hieß ein berühmter Aufruf Wilhelms II. Aber der Antisemitismus blühte nach wie vor. »Ich kenne keine Parteien«,
war sein zweiter Ausspruch, aber die Offiziere lebten ein anderes Leben als die Mannschaft. Ein Vers wurde von den Rekruten
gesungen, der hieß: »Gleiches Bett und gleiches Essen, und der
Krieg wär' bald vergessen.« Die Generäle bewohnten in Frankreich und Belgien herrliche Schlösser, in denen sie großen Auf-
wand trieben. Paul schilderte es mir in den kurzen Kölner Tagen empört.

Frau Alice Trübner hatte ihren Wohnort vorübergehend nach
Berlin verlegt und mich für einen der für mich freien Donners-
tage eingeladen. Die Stunden mit ihr waren geistig eine Erfri-
schung, denn diese hochbegabte, originelle Frau verstand recht
fesselnd zu plaudern. Immerhin war da einiges, was mir nicht
ganz gefiel. Bei ihr traf ich auch die Frau von Karl Vollmöller,
Maria Carmi, deren »Muttergottes« in Reinhardts »Mirakel«
noch in aller Erinnerung lebte. Obwohl der Nachmittag sehr an-
regend gewesen, beschloß ich doch, den Verkehr mit Alice Trübner auf das Notwendigste zu beschränken. Sie besuchte mich
aber manchmal in Buch, erregte durch ihre Extravaganz und
Eleganz unliebsames Aufsehen, und immer mehr wurde mir
klar, daß ich diese Frau auf alle Fälle von mir fernzuhalten
hätte.

Der Sommer kam mit großer Hitze, und ich konnte den Dienst
kaum mehr versehen, so matt war ich meist; außerdem war
meine Gesundheit nicht befriedigend. So nahm ich endgültig
Abschied von Buch und ging nach Berlin. Man ließ mich ungern
ziehen, und die Schwestern wußten gar nicht, was sie mir noch
Liebes antun sollten. Auch ich schied nur mit Bedauern von die-

ser Stelle, die mich soviel Schmerzliches und Schönes gelehrt hatte.

Bevor ich mich mit Fieber ins Bett legte, ging ich noch zu meinem Schwager, Richard Cassirer, dem Nervenarzt, um ihm einige Briefe Pauls zu zeigen, die mich ganz verstört hatten, und die mir einen absolut unnormalen Eindruck machten. Er aber zuckte nur mit den Achseln und meinte: »Du weißt ja, daß Paul immer etwas verrückt war.« Einen anderen Trost konnte er mir nicht geben. Nach einigen Wochen Bettruhe fühlte ich mich wieder besser. Ich erhielt den Besuch von Kapitän Brehmer, der in Lauchstädt unser Quartiermeister gewesen war. Er bekleidete nun eine recht hohe militärische Stelle als Kommandant der Insel Rügen mit ihrem Flugstützpunkt. Er lud mich ein, mit ihm und der Mutter einer der Offiziere nach Rügen zu kommen, was zwar für Frauen verboten sei, aber er wollte für uns eine Ausnahme machen. Der Vorschlag, einen Flugstützpunkt kennenzulernen, reizte mich sehr; ich sagte zu, verschaffte mir die Bestätigung, daß ich eine unverdächtige Person sei und militärisches Gebiet betreten dürfe und fuhr nun mit Brehmer und Frau E. in seinem Auto los.

Wer die Insel früher mit ihrem nicht sehr sympathischen Badebetrieb gesehen, würde sie jetzt nicht wiedererkannt haben. Alles schien leer und verlassen, und nur der Flugplatz lebte. Hier knatterten und pufften die plumpen Wasserflugmaschinen Tag und Nacht. Alles war sehr interessant für mich. Ich setzte mir eine Offiziersmütze auf und flog mit den jungen Leuten in der Abenddämmerung über das Wasser. Sie versuchten allerlei Kunstflüge, um mich ängstlich zu machen, aber wenn mir auch manchmal das Herz zum Halse herausschlug und ich mich grün und gelb werden fühlte, wollte ich doch um die Welt nicht zugeben, daß ich Angst hatte.

Kurz nach meiner Rückkehr nach Berlin bekam ich den Besuch von Patry, dem Oberregisseur des Kgl. Schauspielhauses, der mir im Namen seines Intendanten, des Grafen Hülsen, ein Angebot brachte. Wie? In diesem alten, muffigen Kasten sollte ich spielen, mit diesen Schauspielern, die, wenn sie ein Glas Wasser verlangten, den ganzen Schmerz der Welt in diesen Satz hineinlegten und ihre Stimme tremolieren ließen? Aber nach und nach verstand es Patry, mich mit seinem Angebot zu befreunden. Die Gage war hoch, und außerdem, so erklärte Patry, sei der Sinn meines Engagements, frische Luft in diese Bude zu bringen. Kurz, ich ließ mich bereden, mit Graf Hülsen persönlich zu verhandeln und suchte ihn auf. Über Hülsen gab es viel Ungünstiges zu hören; ich aber schätzte ihn vom ersten Augenblick an wegen seiner Ritterlichkeit und seiner noblen Gesinnung. Ein bißchen sah er einer Karikatur ähnlich, mit seiner übergroßen Gestalt, die mit einem stattlichen Bäuchlein versehen war. Auch stieß er etwas mit der Zunge an. Ich glaube aber nicht, daß es ein Sprachfehler war, sondern nur Vornehmheit. Die häufigen »eh, eh«, die seine Rede unterbrachen, ließen zwar an die Leutnants in den »Fliegenden Blättern« denken, aber trotz all dieser Eigenheiten war er ein nobler Mensch, der mir später in einer schweren Situation treu zur Seite stand. Er versicherte mir, daß S. M. einverstanden mit meinem Engagement sei. »Sie soll ja viel Talent haben, allerdings schön ist sie nicht«, habe er geäußert. Diese Offenheit gefiel mir, wenn sie auch nicht gerade schmeichelhaft war, und so schloß ich ab und sollte mein Engagement mit den »Nibelungen« von Hebbel beginnen.

Die Proben ließen mich verzweifeln. Es gab allerdings einige Kollegen, mit denen man sich verständigen konnte, zum Beispiel den herrlichen alten Vollmer, und nicht zu vergessen Carl Clewing, mit dem ich die Sommersaison in München verbracht hatte. Aber im großen und ganzen war es trostlos. Die Kriemhild konnte kein Erfolg für mich werden. Auch wird eine Schauspielerin selten die beiden Teile dieses Dramas bewältigen können. Das junge Mädchen im ersten Teil und die verbitterte einsame Frau im zweiten sind zu große Gegensätze. Die Kritik war besser, als ich erwartete und für diese Leistung verdiente. Die ganze Aufführung war eine einzige Stillosigkeit. Dem schwungvollen Pathos meiner Kollegen hatte ich nur meine harte Realität entgegenzusetzen, und da die Wahrheit der Lüge gegenüber immer im Nachteil ist, konnte ich mich dieser Blitz- und Donnerstimmung gegenüber nicht behaupten.

Die zweite Vorstellung, »Medea« von Grillparzer, gelang wesentlich besser, hier spielte auch Helene Thimig mit, die in dieser Zeit reizend war. Dann folgte »Antonius und Kleopatra« von Shakespeare. Die Ausstattung erinnerte an das Atelier des seligen Makart. Die falsch-echten Kostüme schienen auch aus dieser Zeit zu stammen. Nachdem ich mit meiner Meinung darüber nicht hinter dem Berg gehalten hatte, erfuhr ich, daß S. M. höchstselbst und persönlich sich um die Ausstattung solcher Stücke bemüht habe. Mein Partner war nicht Clewing, wie in unserer interessanten Münchener Aufführung, deren Ausstattung sicher hundertmal weniger gekostet hatte und hundertmal origineller war, sondern Herr Sommerstorff.

Er und seine Frau, Teresina Geßner, waren für die Berliner einst ein berühmtes Liebes- und Ehepaar, und beide waren die Lieblinge einer gewissen Schicht des Publikums, der Beamten und Offiziere gewesen. Vor allem der Hof nahm Anteil an ihrem sittsamen, vorbildlichen Leben. Die Geßner hatte sich von der Bühne zurückgezogen. Sommerstorff sah trotz seines Alters noch recht gut aus. Wie sehr er aber noch in der Vergangenheit lebte (in der Zeit vor Kainz), bewiesen seine rosa Wattons. (Für den, der diesen Ausdruck nicht mehr kennt, sei gesagt, daß es sich um trikotbedeckte, ausgestopfte Waden handelt.) Er wollte jedenfalls auch als Antonius seiner Frau die Treue bewahren und wies jede Annäherung Kleopatras mit weit vorgestreckten Händen ab. Wenn auch die geschminkten und verschwitzten Gesichter der Partner während einer Vorstellung nicht sehr einladend für echte Küsse sind — obgleich man in der Aufregung des Spiels manches vergißt und übersieht — ging diese Ablehnung hier doch zu weit. Schließlich sieht man in »Antonius und Kleopatra« das klassische Liebespaar, das man aber nicht überzeugend darstellen kann, wenn man dreißig Zentimeter voneinander entfernt durch die Luft küßt. Als ich gar meinen keuschen

Partner bat, etwas weniger donnernd zu deklamieren, bekam ich eine Strafpredigt über moderne Kunst zu hören. Bei einer der vielen Wiederholungen rächte ich mich aber an meinem spröden Herzgeliebten und steckte ihm eines Abends, als er tot zu meinen Füßen lag, Stecknadeln in seine ausgestopften Waden. Er merkte es erst nach Fallen des Vorhanges, als er aufstand. Sein Verdacht fiel merkwürdigerweise nicht auf mich, sondern auf ganz unschuldige Kollegen.

Paul schrieb wieder aus dem Westen Briefe voller Vorwürfe und voll unsinnigen Zeugs. Ich führte neben meiner täglichen Arbeit im Theater ein sehr ruhiges Leben. Langsam fing ich an, darüber nachzudenken, ob ich ihn nicht von mir befreien sollte. Er empfand mich anscheinend als eine Last, also war es vielleicht besser, einen raschen Entschluß zu fassen. Ich ging also zu meinem Schwager, um mich mit ihm zu beraten, und zeigte ihm die Briefe. Zu meinem Erstaunen war er beinahe begeistert von der Idee einer Scheidung. Etwas bestürzt erbat ich mir noch Bedenkzeit, mußte aber bald darauf erfahren, daß er sofort Paul unterrichtet hatte. Wenige Zeit später kam in früher Morgenstunde Paul in mein Schlafzimmer gestürzt und drohte mich und sich zu erschießen. Ich fiel ihm um den Hals, und alle Kränkung war vergessen. Die folgenden Tage brachten mich zur Überzeugung, daß seine Briefe nichts als Torheit gewesen, und ich war wieder mit ihm glücklich.

Herr und Frau Trübner, das berühmte Malerehepaar, besuchten uns. Paul hatte sich mit Professor Trübner nach einem Streit wieder versöhnt und bat mich, Frau Trübner wieder zu besuchen. Meine Bedenken dagegen wollte ich jetzt nicht vorbringen, um ihn nicht zu verstimmen. Aber unsere glücklichen Tage sollten nicht von Dauer sein. Eines Abends holte er mich mit finsterer Miene vom Theater ab und sprach kein Wort. Zu Hause angekommen, stürzte er in das Musikzimmer, zerschlug mit der Faust die Teller, die mit meinem Abendbrot auf dem Tisch standen, zog aus der Tasche ein Glasröhrchen und rief: »Ich kann nicht länger mit dir leben, ich nehme Gift.« Ich rannte um den

großen, runden Tisch, um ihm das Röhrchen zu entreißen. Er
wich mir aus, und so sausten wir, ein gespenstisches Karussell,
im Kreise herum. Er fand aber doch die Gelegenheit, das Gift zu
schlucken. Fassungslos trommelte ich Helene aus ihrem Schlafzimmer und schickte sie zu einem Arzt und zu den Brüdern, die
in der Nähe wohnten. Der Arzt, die Rettungsgesellschaft und
die Brüder kamen fast zu gleicher Zeit, während ich verzweifelt
bei dem Bewußtlosen saß. Man schickte mich aus dem Zimmer
und bestellte einen Wärter. Ich verkroch mich ins äußerste Zimmer und saß dort regungslos die ganze Nacht bis zum Morgen.
Dann suchte mich Hugo auf und hatte für mich nur Vorwürfe.
Dabei kam es heraus, daß er am Abend zuvor mit Paul über
meinen Ausflug nach Rügen gesprochen hatte. Meine Beteue-
rung, daß ich das Paul doch in einem Briefe geschrieben hätte,
beachtete er gar nicht. Hauptsächlich warf er mir meine »politischen Entgleisungen« vor, meine pazifistischen Äußerungen,
meine sozialistische Einstellung. Die bitteren Reden dauerten
an, bis der älteste Bruder eintrat, der mich in Schutz nahm und
mir freundlich zuredete. Es war Zeit, zur Probe der Posse »Wiener in Berlin« zu gehen, mit Max Hansen als Partner. Wie ich
auf dieser Probe singen und tanzen konnte und abends die
Kleopatra spielen — ich weiß es nicht mehr. Am nächsten Tag
hörte ich, daß es Paul besser ginge. Man hatte mir verboten,
sein Zimmer zu betreten, aber als ich nach der Vorstellung nach
Hause kam, ließ er mich rufen. Er bat mich um Verzeihung.
Seine Gesundheit kam dank der raschen Hilfe bald zurück, und
ich war wieder glücklich. Es war selbstverständlich, daß sich
Paul, als er sich wieder gesund fühlte, um sein Geschäft kümmerte, das er in heilloser Unordnung fand. Herr Stoperan, der
Prokurist, hatte zwar nach bestem Wissen und Gewissen gewirt-
schaftet, aber das Wissen war nicht groß. Der kleine Verlag war
gänzlich in die Brüche gegangen. P. C. verkaufte nun die noch
aufliegenden Werke und die Verträge im Einverständnis mit
den Schriftstellern an andere Verlage, denn es fand sich niemand, um den Verlag geschlossen weiterzuführen. Der »Pan«

Oben und folgende Seite:
Marquis von Keith *(Wedekind), v. l. n. r. Fritz Kortner, Lothar Müthel und Tilla Durieux (Gräfin Werdenfels), Staatstheater Berlin 1919, Regie Leopold Jessner.*

hatte sein Erscheinen eingestellt, da sich René Schickele in der Schweiz befand, der nach Kerr die Zeitschrift geführt hatte. Was die Bilder anbelangt, so barg die Viktoriastraße noch immer die schönsten Werke, darunter »Die Bar« und die »Nana« von Manet aus der Sammlung Pelerin; es war nur nicht klar, was damit zu geschehen hatte. Merkwürdigerweise lag Interesse dafür bei den großen Sammlern vor, nur stand es nicht fest, ob P. C. das Recht hatte, während des Krieges zu verkaufen, denn sie waren zum Teil französischer Besitz. Über einen kleinen Schweizer Kunsthändler in Genf wurde eine geheime briefliche Anfrage nach Paris gesandt, und auf demselben verbotenen Weg kam die Antwort, die Pariser Kunsthändler wären mit dem Verkauf einverstanden, wenn der Erlös einem Treuhänder übergeben würde.

Soweit war nun einige Ordnung geschaffen, aber Paul fuhr doch mit schwerem Herzen fort, denn eine richtige Vertretung fehlte. Wohl war ein Kunsthistoriker, Dr. Wallerstein, verpflichtet worden, dem aber wieder die geschäftliche Seite nicht lag. Den Zeitpunkt, an dem Dr. Deri ins Geschäft eintrat, kann ich nicht mehr genau bestimmen, aber beide, so ausgezeichnet sie als Gelehrte und Kenner waren, konnten P. C. nicht ersetzen.

Bald nach seiner für uns beide sehr schmerzlichen Abreise tauchte Frau Trübner auf. Sie kam zu jeder Tageszeit, um mich zu besuchen und ließ ihre Absichten immer deutlicher merken; es half nichts, daß ich sie meiner absoluten Wertschätzung versicherte, aber ihr zu gleicher Zeit zu verstehen gab, daß ihre Wünsche von mir nicht erfüllt werden könnten. Sie blieb hartnäckig. Ich ließ mich schließlich verleugnen, das war aber ein vergebliches Bemühen, denn sie wartete stundenlang in einem Taxi gegenüber meiner Haustür und lauerte auf mein Erscheinen. Ich aber wollte um keinen Preis wieder irgendeinen Verdacht erwecken und fürchtete die Späheraugen der Familie. Ich verließ manchmal schon vor acht Uhr mein Haus und ging zu Wertheim, um in dem Warenhaus herumzuspazieren, dort war ich für meine Verfolgerin unauffindbar. Um die Zeit bis zur

Probe hinzubringen, trank ich einen Kaffee nach dem anderen und ging von da ins Theater, wo jetzt »Kabale und Liebe« auf dem Spielplan stand. Nach der Vorstellung aber wartete wieder das ominöse Taxi vor dem Theater, und das weiße Gesicht mit den dunklen Augengläsern spähte nach mir aus. Dann ließ ich mich von dem Portier zum Hinterausgang hinausschleusen; eine unerträgliche Situation! Deshalb schrieb ich an Paul, um ihm meine Lage zu schildern. Seine Antwort war sehr unbefriedigend. Er schrieb, daß er es nicht begreife, daß ich es nicht verstünde, diese Frau in der richtigen Entfernung zu halten, er wünsche vor allem nur dringend, daß kein Bruch der Beziehungen zum Hause Trübner eintrete. Ich versuchte es nochmals bei Alice mit Vernunft und gutem Zureden, aber es wurde immer peinlicher, denn, war ich bei Bekannten eingeladen, konnte ich beinahe sicher sein, daß sie auftauchte und sich so auffallend mir gegenüber benahm, daß die erstaunten Blicke der übrigen Gäste mir anzeigten, wie man wieder über mich zu Gericht sitzen würde.

Die Spielzeit ging für mich dem Ende zu. Die zahlreichen abgeschlossenen Gastspiele würden mich bald von meinem Quälgeist befreien. Da ließ sie sich eines Nachts, als ich schon glücklich war, ihr entschlüpft zu sein, ungesehen in unser Haus einsperren, und als alles schlief, klingelte sie an meiner Wohnungstür Sturm, lief, als das erschreckte Mädchen öffnete, an ihr vorbei zu meiner Schlafzimmertür, die aber zum Glück versperrt war. Beinahe mit Gewalt brachten sie die Mädchen aus der Wohnung, doch machte sie auf der Treppe solchen Lärm, daß die Portiersleute herausstürzten und zwei andere Mietsparteien des Hauses aufwachten und neugierig aus den Wohnungen spähten. Man lebte gerade in der Zeit einer Panik vor englischen Spionen und, ohne zu wissen, was eigentlich der Grund des Tumultes sei, verbreitete sich blitzschnell die Nachricht, ein Spion habe sich in unser Haus eingeschlichen. Der Portier war gerade dabei, die Polizei zu alarmieren, als ich dazukam und erklärte, einer Dame sei plötzlich schlecht geworden, sie habe einen Weinkrampf, man solle sich nicht weiter aufregen. Da nahm ich Alice

Trübner etwas unsanft beim Arm und erklärte ihr, daß die Situation für sie sehr peinlich werden könne, wenn sie nicht sofort das Haus verließe. Als der Portier die Dame sah, die er schon so oft vor dem Hause lauernd getroffen, war er keineswegs beruhigt. Sie hatte sich damit schon lange verdächtig gemacht, wie er mir erklärte. Als sie endlich verschwand, zog er sich unzufrieden wieder zurück. Die verstörten Parteien warfen mir empörte Blicke zu, die eine üble Nachrede versprachen, und ich verkroch mich wütend und vor Aufregung zitternd in mein Bett.

Die Koffer waren gepackt, ich war glücklich, dieser Situation nun entfliehen zu können, und ging auf die Bahn, mit der Hoffnung, durch neue Eindrücke die schrecklichen Ereignisse der letzten Zeit verwischen zu können.

Brüssel, Elmau, Limmritz

Die Heeresleitung wünschte Gastspiele bekannter Künstler in Brüssel, und Graf Hülsen bat mich, hinzureisen. Ich freute mich darüber, denn erstens ist Brüssel eine schöne Stadt, zweitens liegt sie im Ausland, und drittens hatte ich dort Bekannte. Da war zuerst Herr von Wedderkop, der als Offizier eine hohe Stellung in der deutschen Stadtverwaltung bekleidete. Er belegte für mich ein großartiges Quartier und sorgte auch sonst in jeder Weise für mich. Mein zweiter Bekannter war Alfred Flechtheim, der Sohn eines reichen rheinischen Getreidehändlers und zu seinem Nachfolger im Geschäft ausersehen. Zwar fing er an, sich darin zu betätigen, doch fühlte er sich unwiderstehlich zur Kunst hingezogen und zeigte so viel Geschmack und so viele Kenntnisse, daß er P. C. auffiel. Dieser redete ihm zu, Kunsthändler zu werden, und versprach ihm sogar, mit dem entsetzten widerstrebenden Vater zu sprechen. Die Unterredung wurde sehr komisch, denn der alte Flechtheim vermutete zuerst in Paul einen listigen Betrüger, der durch den Sohn an sein Geld kommen wollte. Endlich erbot sich Paul, dem Sohn ein Geschäft einzurichten, ein Zweiggeschäft der Viktoriastraße, und ihm dafür 100 000 Mark, damals noch eine große Summe, zur Verfügung zu stellen. Der Alte sagte ihm daraufhin: »Dann sind Sie entweder ein Narr, oder ich muß mir die Sache mit Alfred doch noch einmal überlegen.«

Alfred Flechtheim sah ein wenig wie der König von Spanien aus, lang, dünn, häßlich wie die Nacht, aber interessant. Er war ein so guter Reiter, daß er, obwohl er Jude war, in einem der feudalsten Regimenter gedient hatte und bei Kriegsausbruch gleich als Leutnant nach Belgien kam. Er saß in der Nähe des Fürsten von Ligne und hatte sich bei ihm durch sein tadelloses Französisch beliebt gemacht sowie durch die Fürsorge für die hundertjährigen Karpfen, die im Schloßgraben schwammen und die von den Soldaten gern gefangen worden wären. Er wurde oft von dem Fürsten als Gast in sein Schloß Beloeil gerufen. Bei der belgischen Bevölkerung genoß er großes Vertrauen, wovon ich mich selbst überzeugen konnte. Sie hielten ihn, glaube ich, nicht für ganz normal und lachten, sobald sie ihn sahen. Jedoch hielt er auf Ordnung bei seinen Soldaten. Er holte mich zu Spazierfahrten ab, drohte den entgegenkommenden Bauern mit der Peitsche, erhielt aber Hüteschwenken und Lachen zur Antwort. Ich hatte für mein Gastspiel »Medea« und »Hedda Gabler« gewählt. Meine Vorstellungen waren ausverkauft. Belgier allerdings, glaube ich, saßen keine im Theater. Sie gingen in tiefer Trauer und mieden alle Lokale, in denen sie Deutsche treffen konnten.

Bei meiner Rückkehr traf mich Helene irgendwo auf der Fahrt mit meinen Koffern, und weiter ging es auf eine lange Gastspielreise durch Deutschland. Als ich nach Wochen nach Hause kam, lag die Nachricht von Paul vor, er sei dienstuntauglich erklärt worden und käme nach Hause. Ich freute mich sehr darüber und konnte den Tag seiner Ankunft kaum erwarten. Für ihn war also der Krieg zu Ende, wann würde er es für alle sein?

Da Paul sehr schlecht aussah und sich auch elend fühlte, wollten wir die heiße Stadt verlassen, aber die Hotels waren alle mit Verwundeten belegt oder mit Kriegsgewinnlern gefüllt, und wir suchten Ruhe. Zufällig fiel mir der Prospekt von Dr. Johannes Müller in die Hände, der sein Haus in Elmau in Bayern für Menschen anpries, die schöne Natur, Einsamkeit und Stille suchten. Das Haus sah auf dem Prospekt wirklich wunderschön aus. Wir mieteten ein abgeschlossenes Appartement für uns und Pauls Tochter Suse sowie für Helene.

Wir trafen bei Dr. Johannes Müller ein und fielen alle vier beinahe in Ohnmacht, als wir merkten, wo wir uns befanden. Am besten lasse ich hier die Worte einer Broschüre sprechen, die mir nachher in die Hände fiel. »Johannes Müller lehrt das Geheimnis eines fruchtbaren und glücklichen Lebens in der vorbehaltlosen inneren Hingabe an das strömende irrationale Leben und Geschehen, an die Vorsehung ... Glück ist die Freiheit des hemmungslosen Verfügens über jenen fruchtbaren vitalen Kraftstrom, ist also ein gänzlich von innen her bedingter Zustand.«

Um diesen »vitalen Kraftstrom« gleich sichtbar zu machen, empfingen uns die »Helferinnen«, junge Mädchen mit Blumenkränzen in den Haaren und Sandalen an den nackten Füßen, was damals neuartig war. Sie hatten hier gegen freien Aufenthalt die Pflicht, das Haus in Ordnung zu halten und als Stubenmädchen und Köchinnen zu wirken. Da sie jung waren und manche auch hübsch, so sahen sie mit ihren Kränzchen nett aus. Ich war nur froh, daß Helene mit uns war, denn diese heiteren Schafferinnen, mit ihrer Hingabe an das strömende irrationale Leben, sahen mir nicht so aus, als würden sie ihre Kraft am Staubwischen verschwenden. Nun aber die Gäste! Sie bestanden aus mehr oder weniger älteren Damen, verheirateten und unverheirateten, die auch mit Blumen geschmückt umherhüpften. Die Mode der nackten Beine war damals noch nicht bekannt, bedingte ja auch eine gewisse Körperpflege, und so sehr ich Sandalen später schätzen lernte, so schlimm sahen sie an den meist mit Hühneraugen geschmückten Füßen aus. Keine aber versäumte es, mit möglichst flatternden hellen Kleidern ihre vorbehaltlose Hingabe an die Vorsehung zu dokumentieren. Die Herren trugen stolz ihre Bäuche voran, die Heldenbrust verziert mit Hosenträgern und an den Füßen die obligaten Sandalen. Allen gemeinsam war ein seelenvoller schwärmerischer Blick. Dr. Johannes Müller, eine kleine, etwas verwachsene Gestalt mit Künstlerkopf und Feueraugen, ging in Hemd und Lederhose jeden Tag mit einem anderen seiner Gäste spazieren. Er forschte in den Seelen und träufelte Balsam in Herzenswunden. Zweimal in der Woche fand ein Gesellschaftsabend statt, bei dem alle sich in munterem Tanz schwangen und Reigentänze und Walzer mit seltsamen Figuren übten. Bei jeder Mahlzeit wurde die Sitzordnung geändert, damit jeder jeden kennenlernen konnte. Wir priesen uns glücklich, ein abgeschlossenes Appartement gemietet zu haben und blieben dadurch von dieser Seelenforschung verschont, aber die Abende mußten wir mitmachen, um nicht allzusehr als Banausen und Rohlinge verschrien zu werden. P. C. amüsierte sich anfangs köstlich und studierte aus gesicherter Ferne diese sonderbare Gesellschaft. Das Essen war aber auch bei den bescheidensten Ansprüchen unerträglich, denn die freiwilligen Köchinnen hatten wahrscheinlich »die Freiheit des hemmungslosen Verfügens« über ihre Zeit und versäumten deshalb, die jeden Tag erscheinenden Kartoffeln und Kohlrüben zur rechten Zeit zu kochen, die beinahe als einzige Nahrung auf den Tisch kamen. Das war nichts für P. C., der sich schließlich erholen sollte, und so zog er nach einer Woche unter irgendeinem Vorwand davon und ließ mich und Suse zurück. Nach kurzer Zeit merkte ich, daß man Suse ostentativ nett, mich dagegen etwas kühl behandelte. Eines Tages forderte mich Dr. Müller zu einem Seelenspaziergang auf, und nun erfuhr ich, daß Suse durch ihre Klagen über die böse Stiefmutter das allgemeine Mitleid hervorgerufen hatte. Als ich Suse darüber zur Rede stellte, schwur sie, alles sei Lüge; man habe sie immerfort mit Fragen nach mir bedrängt, sie aber habe alle abgewiesen. Ich bat sie, mir sofort zu sagen, wenn ich sie verletzt haben sollte, denn mein Wunsch sei es, mit ihr in Freundschaft und Frieden zu leben. Schließlich fiel sie mir um den Hals und sagte, sie sei überzeugt, daß ich nur ihr Bestes wolle. So lebten wir in scheinbarem Frieden noch einige Zeit, stärkten unsere Seelen und fuhren dann nach Hause.

Während meiner Abwesenheit im Frühjahr, noch bevor P. C. zurückkam, wurde Alice Trübner von unserem getreuen Anwalt Fritz Grünspach aufgesucht, der ihr vorstellte, daß die Familie sie bitte, ihren Enthusiasmus für meine Kunst etwas weniger stürmisch zu äußern. Bei unserer Rückkunft tauchte sie dennoch sofort wieder auf, war aber in ihrem Benehmen jetzt zurückhaltend, und so konnte ich dann und wann wieder mit ihr zusammentreffen.

Leider bekam ich im Herbst erneut einen recht unangenehmen Anfall meiner Schmerzen, die, wenn sie von Fieber begleitet waren, absolute Bettruhe verlangten. Um mir eine Freude und etwas Zerstreuung zu machen, bat Paul Professor Gaul, der gerade nach Hamburg fuhr, mir von Hagenbeck einen zahmen sprechenden Papagei mitzubringen. Da Gaul mit Direktor Hagenbeck befreundet war, so erwarteten wir etwas ganz Besonderes. Er kam auch mit einem schönen grünen Tierchen wieder, aber als wir ihn aus dem kleinen Reisekäfig nehmen wollten, biß er nach allen Seiten. Wir trösteten uns mit seiner Fremdheit in der neuen Umgebung und setzten ihn in einen wundervollen Empirekäfig, den Paul gefunden hatte. Aber auch nach Wochen ließ er niemanden in seine Nähe und war nicht zu bewegen, ein Wort zu sprechen, obgleich er einen großen Wortschatz haben sollte. Später werde ich erzählen, bei welch unpassender Gelegenheit er seine Künste zeigte.

August Gaul lebte seit seiner Scheidung in seinem hübschen Haus am Roseneck. Immerhin war das arme Gaulchen nun allein und tat uns herzlich leid. Der Zufall führte ihn mit einer meiner Kolleginnen zusammen, die ihren Mann, den sehr bekannten Regisseur Karl Heinz Martin, gerade durch Scheidung verloren hatte. Mir kam nun die Idee, die beiden Verlassenen zusammenzubringen, um so mehr, als Ella B. ein prachtvoller Mensch war, tüchtig und fleißig und der Bühne überdrüssig. Das arrangierte Rendezvous in unserem Hause verlief günstig. Sie klagten einander ihr Leid und gefielen sich gegenseitig. Ich hatte diese Kuppelei nicht zu bereuen, denn Gaul fand in Ella B. eine Freundin, die ihn treulich behütete und ihn mit rührender Sorgfalt bis zu seinem Tode pflegte und tapfer seine schwere Krankheit mittrug. Das Geschäft fing an, sich zu erholen, die Bilder der Sammlung Pelerin wurden verkauft, das Geld einem Treuhänder überwiesen. Der Verlag war nun aufgelöst, und die

Spesen des ganzen Betriebes wurden verringert. Das obere Stockwerk unseres Hauses Viktoriastraße 35 stand leer, denn die Künstlerküche war durch die Schwierigkeit, Lebensmittel zu beschaffen, aufgelöst worden. Außerdem war die Leiterin plötzlich spurlos verschwunden. Die Polizei kam mehrmals, um nach ihr zu forschen, aber sie war nicht mehr auffindbar. Ich machte nun Paul den Vorschlag, in das Haus Viktoriastraße zu ziehen. Mir war der Gedanke, im eigenen Hause zu wohnen, sehr angenehm, und Paul hatte sein Büro dann in der Nähe. Es wurde also damit angefangen, das obere Stockwerk des Hauses herzurichten, manches mußte verändert und die Spuren der Künstlerküche getilgt werden.

Ich hatte noch ein Jahr am Kgl. Schauspielhaus abzudienen. Rollen wie »Judith« von Hebbel, »Frau Inger von Ostrot« von Ibsen, die Margarethe von Parma in Goethes »Egmont« waren für mich in Aussicht genommen. Dann kam ein Stück von Dülberg, »Karinta von Orrelanden«, auf das Repertoire. Die Zensur war in jener Zeit außerordentlich streng, deshalb war mir die Freigabe dieses Stückes völlig überraschend, denn in allerdings sehr gehobener Sprache wurden hier die Kämpfe einer Mutter und einer Tochter um einen jungen Mann derart naturalistisch beleuchtet, daß Wedekinds »Büchse der Pandora« dagegen harmlos erschien. Trotz des pikanten Inhaltes und trotz des reizenden Spieles von Helene Thimig fiel das Stück durch.

In der Viktoriastraße fingen wieder Vortragsabende an. Ich las Gedichte von Schönlank und Hatzfeld vor. Eine pazifistische Novelle von Leonhard Frank wurde unserem Verlag angeboten. Sowohl ich als auch Paul waren vom Inhalt begeistert, und so schlug ich vor, sie an einem dieser Abende zu lesen. Paul war als Kriegsgegner zurückgekommen und hielt mit seiner Meinung nicht zurück.

Wir hatten, wie immer, zu diesem Abend geladenes Publikum, ungefähr dreihundert Personen, in unserem Oberlichtsaal versammelt, an dessen Wänden die herrlichsten Bilder großer Meister hingen. Zuerst trug Gertrud Eysoldt Gedichte vor, dann las ich die Novelle. Die kriegsmüden Zuhörer wurden von dem Inhalt hingerissen. Ich las mit großer Hingabe, und so kam es, daß sich nach Beendigung der Vorlesung der ganze Saal wie ein Mann erhob und »Friede! Friede!« schrie. Einige Hitzköpfe wollten auf die Straße eilen, um einen Demonstrationszug zu machen, aber glücklicherweise wurden sie von Besonneneren daran gehindert. Jedenfalls aber kam dieser Abend, wie es nicht anders sein konnte, zur Kenntnis der Öffentlichkeit, und die Zeitungen brachten Notizen unter der Überschrift: »Pazifismus der Intellektuellen« und »Pazifistischer Schlupfwinkel«. Die Folge war eine Hausdurchsuchung, bei der man aber natürlich kein belastendes Material fand. Der Prokurist, Herr Stoperan, machte mir blaß und schlotternd die größten Vorwürfe und sagte, das sei die Untergrabung der Existenz aller Angestellten. Zu meiner Verwunderung verlor jedoch mein Chef, Graf Hülsen, nicht ein Wort über die Zeitungskampagne und blieb genauso liebenswürdig wie immer. Im Theater folgte auf die kleine Rolle der Regentin in »Egmont« die große der Frau Inger von Östrot von Ibsen, ein etwas verworrenes Stück, das vielleicht wert wäre, durch Bearbeitung gerettet zu werden. Gerade als ich dabei war, ein Stück von Wildenbruch, »Der König«, unter Protest zu probieren, denn diese Art Literatur schien mir als eine zu abgestandene, wurde P. C. als »ungedienter Mann« einberufen und nach Rathenow bei Berlin geschickt. Daß er als kranker Mann dienstuntauglich vor kurzer Zeit zurückgestellt worden war, schien nicht der Beachtung wert zu sein. Seine offenen, unvorsichtigen Reden hatten im Verein mit dem Leseabend wohl dazu geführt. Schließlich waren die Worte Kaiser Wilhelms noch im Gedächtnis und wurden hie und da zitiert: »Dieser Cassirer, der die französische Dreckkunst zu uns gebracht hat.« Für mich gab es keine Möglichkeit, ihn zu besuchen, obwohl ich mich sehr darum bemühte. Dann erhielt ich jedoch zu meinem Erstaunen ungefähr nach vierzehn Tagen eine Aufforderung des Rathenower Lazarettarztes, sofort zu kommen. Ich traf Paul in einem merkwürdigen Zustand an. Er war sehr bleich, schwach und abgemagert. Man rief mich zum Arzt und eröffnete mir, daß Pauls Gesundheitszustand schlecht sei, aber man habe entdeckt, daß er keine Nahrung zu sich nehme, sondern sie verstecke. Durch einen Zufall sei man dahintergekommen. »Wenn Sie ihn heute nicht dazu bringen, etwas zu sich zu nehmen, muß ich ihn in eine Irrenanstalt bringen. Verleiten Sie ihn zuerst, zu trinken, dann gehen Sie mit ihm in die Kantine, bestellen Sie sich selbst eine Speise und versuchen Sie, ihn zum Essen zu bringen.«

Ich war sehr erschrocken und dachte krampfhaft nach, wie er zu überlisten wäre. Ich hatte für ihn einen kleinen zusammenlegbaren Metallbecher gebracht, der im geschlossenen Zustand wie eine Uhr aussah. Den holte ich nun aus meiner Tasche, und da es ein recht warmer Herbsttag war, ging ich mit ihm im Hof spazieren, trat an den Brunnen, der dort stand, öffnete den kleinen Becher, trank und sagte: »Aus diesem kleinen Ding schmeckt das Wasser wundervoll, versuch einmal«, und wirklich trank er. Unter der Vorgabe, Hunger zu haben, konnte ich ihn in die Kantine locken, wo es gerade ein gut gekochtes Gericht aus Reis und Gemüse gab. Er nahm auch davon, ich hatte gewonnen. Ich ließ mir meinen Triumph nicht merken, ging aber nachher unter einem Vorwand zum Arzt, der mich befriedigt anhörte und mir sagte: »Ihren Mann schicke ich in den nächsten Tagen nach Hause, aber ich empfehle Ihnen, sehr sorgsam mit ihm zu sein und ihn zu beobachten.« Ich dankte ihm herzlich und fuhr leichteren Herzens heim. Tatsächlich wurde Paul ein paar Tage später wieder als dienstuntauglich entlassen, aber er war so schwach und in einem derartigen Zustand, daß er einwilligte, in ein Sanatorium zu gehen, was ich nie für möglich gehalten hätte. Ich nahm mir Urlaub, den ich, nachdem ich das Stück Wildenbruchs hinuntergewürgt hatte, auch bekam.

Der Arzt in dem schönen Nervensanatorium im Grunewald wollte mich zuerst nicht aufnehmen. Nach der zweiten Nacht holte man mich, denn mit P. C. war nicht fertig zu werden. Trotz Beruhigungsmittel, trotz Zuredens, hatte er die ganze

Nacht getobt und geschrien. So ging ich also zu ihm und verbrachte dann vierzehn entsetzliche Tage in der Anstalt. Paul saß zwar am Tage apathisch in seinem Lehnstuhl, jedoch bei dem geringsten Geräusch, oder wenn ich mich bewegte, fuhr er mit einem Schrei hoch. In der Nacht rannte er auf den Flur oder riß das Fenster auf und wollte sich hinunterstürzen oder fing einfach an zu schreien. Dann mußte ich die Nachtwache zu Hilfe holen, die ihm eine Beruhigungsspritze gab. Als eines Tages wieder eine Einberufung ins Haus flatterte, erklärte der Anstaltsarzt, diesem Stellungsbefehl könne P. C. unmöglich Folge leisten, er zog aber zur Bestätigung seiner Ansicht noch den zuständigen Kreisarzt hinzu. Dieser konnte nichts anderes erklären, als daß er einen dienstuntauglichen Patienten vor sich sehe, und so blieben wir noch eine Woche in der Anstalt und kehrten nach einer kleinen Besserung wieder nach Hause zurück.

Mein Urlaub konnte nicht verlängert werden, und zu allem Kummer übertrug man mir eine zweite Wildenbruch-Rolle. Ich war in beiden Stücken dieses Dichters so entsetzlich schlecht, daß es sich nicht lohnt, nur ein Wort darüber zu verlieren.

In diesen Jahren wurde man oft aufgefordert, bei Wohltätigkeitsabenden mitzuwirken; der Lohn dafür war meist ein Orden, und so konnte man sich langsam eine ganze Brust voll dieser Auszeichnungen erreden und ersingen. Gewöhnlich waren diese Aufführungen banal, denn man trachtete nur danach, große Namen auf den Zettel zu setzen, und mischte sie wahllos durcheinander. Nur einmal hatte mir eine dieser Vorstellungen Spaß gemacht, als man in der Kgl. Oper die »Fledermaus« gab. Die Ballszene darin benutzte man als Tummelplatz prominenter Schauspieler und ließ sie diesmal heitere Sachen bringen. So zog ich mich als Brettldiva dritten Ranges an und sang zwei Couplets: »Komm in meine Liebeslaube« und »Ich bin eine Witwe«. Wenn ich nicht immer durch meine häuslichen Sorgen so gedrückt gewesen wäre, hätte ich mich über den nicht endenwollenden Beifall sehr gefreut. An den anderen Abenden versuchte ich wenigstens mein Niveau zu halten, und durch meine

Kenntnisse der Literatur, geschult durch meinen strengen Lehrmeister P. C., fiel es mir nicht schwer, eine gute Auswahl zu treffen. In den Komitees, die für die Wohltätigkeit arbeiteten, fand man die höchste Aristokratie, aber auch die Damen der reichen jüdischen Gesellschaft. Wieso es dazu kam, daß ich als fast einzige unter den Künstlern mit zu Sitzungen berufen wurde, weiß ich nicht. Jedenfalls aber bekam ich dadurch einen merkwürdigen Einblick in die Mentalität der hohen Kreise. Nachdem die Damen des Adels bestimmt hatten, was, wie und wo etwas zu geschehen habe, drückte man der jüdischen Hochfinanz Pakete mit Karten in die Hand, in der Erwartung, daß sie alle verkauft würden. In diesem Augenblick wurden die »liebe Frau Rosenthal« oder die »liebe Frau Stern« mit Schmeicheleien überschüttet, aber gleich darauf verabschiedet; und man war nun endlich unter sich. Die Nachrede, die man hielt, war nicht gerade schmeichelhaft, und ich sah mich öfter veranlaßt, recht deutlich zu erwähnen, daß mein Mann Jude sei. Das Merkwürdige war, daß meine Erzählungen darüber bei meinem Schwager Hugo und seiner Frau keinen Glauben fanden, ja, er bewies mir mit allen möglichen Beispielen, daß der Antisemitismus verschwunden sei. Sagte nicht der Kaiser: »An meine lieben Juden«? Trotzdem war er sehr verstimmt, als man ihm eines Tages die Fotografie eines Lazaretts in Polen, das er aus eigenen Mitteln errichten ließ, zuschickte, auf der man ganz deutlich eine Tafel erkennen konnte, mit der Aufschrift: »Nur für Christen.«

Pauls Gesundheitszustand hatte sich erheblich gebessert, und so konnte ich daran denken, einige Damen der Potsdamer Hofgesellschaft einzuladen. Bei einem der Komitees war nämlich eine geborene Godeffroy plötzlich auf mich zugetreten und hatte mir gegenüber verwandtschaftliche Gefühle offenbart. Dadurch war ich mit der Oberhofmeisterin der Kronprinzessin und einigen Damen aus der Umgebung des Kronprinzen bekannt geworden. Sie luden mich nach Potsdam ein, und ich muß gestehen, daß es mir Spaß machte, ihre Interieurs kennenzulernen.

Ich fand alle diese Menschen sehr ehrenhaft. Es ging peinlich korrekt zu, ein Wort war ein Wort, auf das man sich verlassen konnte. Das merkte man aus jedem der Gespräche. Die Frauen waren sehr prüde und gut erzogen, aber der Horizont eng wie eine Ofenröhre. Natürlich war es auch für sie vergnüglich, mich einmal in ihrer Mitte zu haben, denn ich sprach ihnen von einer anderen Welt, hütete mich aber, zu intim zu werden, denn ein »Hofnarr« muß seine Grenzen kennen.

Einige dieser Hochgeborenen ließen sich also herab, mich zu besuchen; vielleicht reizte es sie auch, den »berüchtigten« P. C. kennenzulernen. Ich konnte nichts anderes tun, als sie zu bitten, eine Tasse Tee bei mir zu trinken. Nun, man sollte bei mir keine »Künstlerwirtschaft« finden, und so wurde alles auf das schönste geordnet, und Helene im guten Schwarzseidenen sah hochherrschaftlich aus, und im Servieren war sie stets perfekt gewesen. Alles klappte. Die Damen waren natürlich zu höflich, um mir zu sagen, daß sie meine Cézanne und van Gogh abscheulich fänden. Gottlob hing da aber auch Cranach. Auch Courbet und Monet gingen allenfalls noch durch, wenn sie sicherlich wohl Defregger und Grützner vorgezogen hätten oder einen schönen Piglhein oder Gabriel Max. Aber schließlich waren sie ja gekommen, um das Gruseln zu lernen. Der Tee war heiß und duftete, die Sandwichs und Kuchen konnten den verwöhntesten Geschmack befriedigen.

Jedoch, da nahte die Blamage von einer Seite, von der ich sie nie erwartet hätte. Unser Papagei, der bei geöffneter Tür im Nebenzimmer stand, fand unerwartet seine Stimme. Seine erste Produktion war: »Alter Mann mit Schleimhusten.« Man hörte genau, wie er krch, krch, krch, mit dem zähen Schleim kämpfte, ihn endlich auf den Boden spuckte und mit dem Fuß verscharrte. Ich wurde puterrot, und die Damen sahen sich verlegen an. O nein, rief ich, es ist kein Kranker im Nebenzimmer, es ist — und nun erzählte ich die Geschichte von Hagenbecks »bestem Exemplar«. Als ich damit fertig war, saß im Nebenzimmer ein kleines Kind auf dem Töpfchen und tat laut und ausführlich alles das, was es darauf zu tun pflegt. Zur Abwechslung wurde ich jetzt blaß. Nein, sagte ich energisch, wir haben keine kleinen Kinder; auch unsere Verwandten haben keine, und Husten hat niemand von uns. Damit aber schien, Gott sei Dank, das Repertoire erschöpft zu sein.

Paul bekamen sie nicht zu sehen, er hatte sich in seinem Büro fest eingeschlossen. Am nächsten Tag brachte ich den Papagei zum Vogelhändler, der mir sofort erklärte: »Dieser Vogel wird nie zahm werden, kaufen Sie nie einen Vogel mit bösen Augen, da ist alle Mühe umsonst.« Er erklärte, mein Verbrecher sei ein so schönes Exemplar, daß er ihn verwerten könne und tauschte ihn um gegen einen kleinen grauen mit roten Schwanzfedern. Der kleine Neuling war eine Dame und wurde Jacqueline genannt, weil sie es so verlangte und sich selber zärtlich damit rief. Sonst sprach sie noch wenig, aber was hat dieses kleine reizende Geschöpf, das Paul besonders innig liebte, im Laufe der Jahre alles erlernt! Der Zufall wollte, daß man mir bald nachher einen wundervollen Ara anbot, der einer geflüchteten amerikanischen Tänzerin gehörte und nun kein rechtes Heim besaß. Er hatte einen dunkelblauen Frack, eine orangegelbe Brust, sah wie ein alter Fürst aus und konnte mit ganz tiefer Stimme »Mama, Papa und Ara« stöhnen und sah auf Jacqueline mit Verachtung herab.

Dazu wurde mir noch anonym ein winziger Hund ins Haus geschickt, der wie ein zwei Faust großes Wollknäuel aussah und »Lieschen« auf seinem vergoldeten Halsband stehen hatte. Der Senior dieser ganzen Gesellschaft war unser alter, treuer Dackel »Männe«.

Ich war eine Verpflichtung für ein Zweiabendgastspiel in Breslau eingegangen und erbat mir Urlaub von Graf Hülsen, der mir in allem entgegenkam. Paul war wieder fast gesund, nur stets in einem sehr gereizten Zustand. Die Wutanfälle, die mit vorzüglicher Laune und großer Liebenswürdigkeit abwechselten, waren seltener geworden, die Tiere, die er leidenschaftlich liebte, beschäftigten ihn in seinen freien Stunden, außerdem umgaben ihn ständig seine Freunde Gaul und der Maler von Kardorff, so daß ich ihn diese paar Abende ruhig allein lassen konnte. Ich nahm also mit meiner Helene den Abendzug nach Breslau und ging in mein Schlafwagenabteil. Plötzlich öffnete sich die Verbindungstür des nächsten Abteils, und Alice Trübner stand auf der Schwelle. Sie erzählte, sie müsse nach Breslau zu einem Augenarzt fahren, denn sie sei ihrer Augen wegen in großer Sorge. »Ich habe Netzhautablösung und werde bald erblinden«, vertraute sie mir an. Das tat mir schrecklich leid und, da sie in der letzten Zeit immer vernünftig und ruhig gewesen war, hoffte ich, mit dieser intelligenten Frau in Frieden reisen zu können. In Breslau morgens angekommen, ging sie nicht von meiner Seite, stieg mit mir in den Wagen, den Helene herbeigerufen hatte, und landete mit mir im selben Hotel. Zu meinem Erstaunen waren von ihr schon Zimmer für uns alle bestellt, und zwar zwei Einzelzimmer, die durch ein Badezimmer getrennt waren. Auf meinem Zimmer fand ich einen riesigen Blumenkorb, auf den Alice zuging und rief, sie habe ihn bestellt, finde ihn aber scheußlich; damit warf sie ihn zum Fenster hinaus auf die Schweidnitzer Straße, die schon recht belebt war. Gleich darauf kam der Portier mit der Frage hereingestürzt, was hier passiert sei, aber Alice verstand ihn zu beschwichtigen. Alles war mir unendlich peinlich, und außerdem ersah ich, daß dieses Zusammentreffen vorbereitet war. Es konnte natürlich nicht schwerfallen, die Daten meiner Gastspiele zu erfahren und danach planmäßig zu handeln.

Nach der Probe konnte ich nicht verhindern, daß sie das Mittagessen mit mir einnahm. Danach schlug sie mir eine Spazierfahrt in einem offenen Taxi vor, und obwohl ich mich lieber ausgeruht hätte, nahm ich an, denn ich fühlte mich auf dieser Fahrt wenigstens vor Überraschungen sicher. Sie aber kletterte während der Fahrt zum Chauffeur, behauptete, selbst fahren zu können, und setzte sich ans Steuer. Der Wagen schwankte hin und her, mein Protest wurde nicht beachtet, und mit großem Krach saßen wir plötzlich in einem Heuwagen. Kutscher

Totentanz *(Strindberg), mit Albert Steinrück, Tribüne 19, Berlin 1921, Regie Eugen Robert.*

Mrs. Chevely in Ein idealer Gatte *(Wilde), Berlin 1921, Lessing-theater, Regie Victor Barnowsky.*

und Chauffeur schimpften, wurden aber mit Geld beruhigt; ich aber war nicht so leicht zufriedenzustellen, saß ich doch auf einer Landstraße ziemlich weit von Breslau und hatte die Verpflichtung, abends aufzutreten. In meiner Angst, die Vorstellung zu versäumen, und in meiner Wut über ihre dummen Einfälle wurde ich recht unfreundlich. Endlich erbot sich der Heuwagen, uns bis zu einem Dorf mitzunehmen, wo ein besseres Fuhrwerk zu beschaffen war. Mit großer Mühe gelangte ich rechtzeitig zum Theater und war vor Aufregung und durchschüttelt von den verschiedenen Gefährten halbtot. Nach der Vorstellung fand ich in meinem Zimmer alles mit Blumen geschmückt und für ein Abendessen zu zweien vorbereitet, aber Helene blieb auf mein Verlangen im Zimmer und machte sich allerlei zu schaffen. Nach Tisch manövrierte ich schließlich Alice aus meinem Zimmer. Nach einiger Zeit hörte ich im Badezimmer ein klirrendes Geräusch und ein Stöhnen, doch verkroch ich mich in meinem Bett und zog die Decke über den Kopf. Plötzlich fiel ein Schuß. Mir wurde eiskalt, doch war ich so müde von der Reise, der Probe, der Fahrerei und der Vorstellung, daß ich nicht mehr fähig war, alles richtig zu erfassen; ich hatte nur den Wunsch zu schlafen und schlief auch ein.

Am anderen Morgen machte ich mir erst klar, was geschehen sein konnte und schickte Helene ins Badezimmer, die dort alles mit Blut bespritzt fand. Wir sahen uns entsetzt an. Helene ging in Alices Schlafzimmer und fand sie mit verbundenen Handgelenken, einen Revolver vor sich, sitzend, und schon bereit, abzureisen. Zum Glück war es früh am Morgen, so konnten wir, ungesehen von anderen Hotelgästen, zur Bahn kommen. Ich war steif und kalt vor Entsetzen. Sollte sich denn an meine Fersen ein Skandal nach dem anderen heften? Unklar war mir, daß keiner im Hotel den Schuß gehört hatte, doch lagen allerdings unsere Zimmer ziemlich entfernt von den übrigen belegten Räumen. Vielleicht hatte ich nur geträumt, Helene aber hatte den Revolver am Morgen bestimmt gesehen. Jedenfalls vermied ich es, mit meiner Peinigerin darüber zu sprechen; ich

hatte an dem Anblick ihrer verbundenen Handgelenke genug.
Da wir bei Tage fuhren, hatte ich keinen Grund und kein
Recht, sie aus dem Abteil hinauszuweisen, und war, vor Wut
zähneklappernd, Zeuge einer Szene, die sie dem Schaffner einer
Kleinigkeit wegen machte. Nach einer Weile zog sie einen Ring
hervor mit einem sehr reizvoll gefaßten Rubin, und mit ihrem
englischen Akzent sagte sie zu mir: »Diesen Ring müssen Sie
unbedingt von mir annehmen als Andenken.« Ein Andenken
an diese Reise schien mir wahrhaftig nicht nötig, ich weigerte
mich, ihn zu nehmen, worauf sie das Kupeefenster öffnete, den
Ring hinauswarf und mir in die Haare fuhr. Helene, die im
Gang auf und ab gegangen war, stürzte herein und befreite
mich aus ihren Klauen. »Wenn Sie sich nicht sofort ruhig in die
Ecke setzen, ziehe ich die Notbremse«, schrie ich ihr zu. Das
schien zu wirken. Sie setzte sich grollend in eine Ecke und schlief
ein. Ihre dunklen Augengläser ließen allerdings nicht erkennen,
ob sie die Augen wirklich geschlossen hatte. Jedenfalls war Ruhe
bis Berlin, und als ich mit Helene allein nach Hause fuhr, hatte
ich das Gefühl, einer schweren Krankheit entronnen zu sein.
Ohne Paul zu begrüßen, ging ich in die Wohnung hinauf, die
sich schon in Auflösung befand, denn wir fingen langsam an,
in die Viktoriastraße überzusiedeln. Später kam Paul und erzählte: »Alice Trübner war bei mir, merkwürdigerweise voll
trüber Ahnungen; sie sagte mir, sie hätte das Gefühl, bald sterben zu müssen, ihr Mann sei alt, und ihr Sohn bliebe also allein
zurück. Ich mußte ihr versprechen, für ihn zu sorgen, habe ihr
natürlich aber auch ihre Gedanken ausgeredet. Dann hat sie
mich noch gebeten, dich zu veranlassen, heute abend zu ihr ins
Hotel zu kommen. Sie möchte dir ein Filmmanuskript vorlesen.« Über diese Zumutung war ich entsetzt. Die abenteuerliche Reise konnte ich Paul nicht schildern, denn sein nervöser
Zustand ließ eine große Szene befürchten, sicher würde er mir
wieder irgendeine Schuld an dieser Affäre zuschieben. Ich war
auch zu müde für große Auseinandersetzungen. Ich sagte ihm
nur, daß diese Frau mir mit ihrer exaltierten Art entsetzlich

sei und daß ich keine Lust habe, sie am Abend zu treffen. »Bitte, nimm dich noch einmal zusammen, es ist für lange Zeit das letztemal, morgen reist sie mit ihrem Mann nach Ägypten.« Er sprach mir noch lange von seinen Beziehungen zu Trübner, und wir vereinbarten endlich, daß er mich um neun Uhr abends ins »Esplanade« bringen und um einhalb elf Uhr wieder abholen sollte. Die eineinhalb Stunden hoffte ich, leidlich überstehen zu können. Alice Trübner fand ich abends im Grillroom mit Maria Carmi und einer Baronesse, deren Name mir entfallen ist, vor. Alle drei waren merklich angeheitert und sprachen so laut, daß man an den anderen Tischen auf sie aufmerksam wurde. Mir war das Aufsehen, das unsere Ecke erregte, sehr peinlich, und ich war froh, als Alice Trübner mir vorschlug, in ihrem Zimmer das Manuskript vorlesen zu wollen. Wir verließen gemeinsam den Grillroom, aber vor ihrer Zimmertür verabschiedete sie die beiden Damen unter dem Vorwand, allein mit mir arbeiten zu müssen. So waren wir doch, was ich vermeiden wollte, allein geblieben. Gleich bei ihrem Eintritt nahm sie ein Manuskript zur Hand, und ich bat, mit einem Blick auf meine Uhr, bald anzufangen. In dem großen Raum standen nahe der Tür zwei Betten, beim Fenster ein Schreibtisch mit einer kleinen Lampe, die ziemlich düster brannte. Ich hängte meine Kostümjacke, die ich unten schon ausgezogen hatte, auf das untere Ende des Bettes, das nächst der Tür stand, legte dazu meine kleine Handtasche und setzte mich in den Stuhl vor dem Schreibtisch. Die Trübner ging an mir vorbei in das Badezimmer, aus dem wieder ein Klirren und Stöhnen, wie in Breslau, erscholl. »Lassen Sie doch diesen verdammten Unsinn, kommen Sie heraus und lesen Sie vor, oder ich gehe augenblicklich nach Hause«, schrie ich. Sie kam an mir vorbei, schritt zu dem Bett bei der Tür, setzte sich darauf, als wollte sie am Kleiderständer, der dort in der Ecke stand, etwas suchen. Dabei rief sie: »Liebt man eigentlich mit dem Verstand, mit der Seele oder mit dem Herzen?« Da knallte ein Schuß, und sie sank hintenüber auf das Bett. Sofort sprang ich auf, davon überzeugt, daß man mir wieder eine Komödie vormachen wollte, und eilte auf meine Jacke zu, um sie anzuziehen. Am Bett angelangt, fiel mir die regungslose Haltung auf, ich drehte die große Deckenbeleuchtung auf, und meine entsetzten Augen sahen, wie ihr das Blut aus Mund und Nase strömte. Das Bett war noch nicht zur Nacht hergerichtet gewesen, und so lag sie auf der Überdecke in einer Lache von Blut. Ich stürzte zur Klingel, das Stubenmädchen erschien sofort, und ich rief ihr zu: »Sofort zum Direktor, die Dame hat sich erschossen.« Ich hatte gleich bemerkt, daß ein Arzt hier umsonst gerufen würde, denn die Augen standen blicklos weit offen und starrten die Decke an. Vom Revolver war nichts zu sehen, aber ich dachte auch nicht daran, ihn zu suchen, denn ich stand mit zitternden Beinen vor dem Bett und rang die Hände. Nach kurzer Zeit kamen zwei Direktoren, einer, den ich schon seit langer Zeit kannte, und ein mir fremder. Sie waren auf das äußerste bestürzt und verlangten von mir die Adresse von Professor Trübner. Ich verwies sie an meinen Mann, den sie in der »Deutschen Gesellschaft« anrufen sollten. Der fremde Direktor schrie inzwischen immerfort: »Die Polizei! Die Polizei muß sofort kommen!« und befahl mir, im Zimmer zu bleiben und nichts anzurühren, während sein Kollege ans Telefon eilte. Ich blieb also wartend allein im Zimmer, aber dieses Warten mit der Toten, deren Augen zur Decke starrten, der süßliche Geruch des Blutes, das ganze Erlebnis regten mich derart auf, daß ich nur den einen Wunsch hatte, diesem Bann zu entfliehen. Ich öffnete die Tür und trat auf den Korridor. Da stürzte der gegen mich offensichtlich feindlich eingestellte Direktor auf mich zu und schrie mich an: »Ich habe Ihnen befohlen, im Zimmer zu bleiben.« Da war es mit mir zu Ende. »Sie haben mir nichts zu befehlen, gehen Sie selber hinein und bleiben Sie allein mit der Toten.« Bevor er eine Erwiderung fand, kam zum Glück Paul und zu gleicher Zeit der Polizeikommissär unseres Reviers, in dem auch das Hotel lag. Dieser Kommissär kannte uns genau und seit langem. Er verschwand im Zimmer, kam nach wenigen Minuten heraus und ging mit freundlicher

Miene auf mich zu: »Gott sei Dank, es ist ein klarer Fall von Selbstmord, Sie kann gar kein Verdacht treffen. Die Tote liegt auf dem Revolver, man sieht, die Leiche wurde nicht bewegt, und auch an Ihrer eigenen weißen Bluse ist keine Blutspur zu sehen.«

Verdacht? Auf mich Verdacht, — was sollte ich getan haben? Dann stieg es plötzlich siedend heiß in mir auf: Mord! Ich mußte ihn fassungslos angestarrt haben, denn er wiederholte mehrmals seine Aussage und riet mir, nach Hause zu gehen und mich zu beruhigen. Erst schickte ich ihn, meine Tasche zu holen, die am Bettende liegen geblieben war, dann nahm mich Paul und führte mich, denn meine Knie benahmen sich, als wären sie aus Gummi. Zu Hause rief Paul sofort Karlsruhe an. Es dauerte lange Zeit, bis er die Verbindung bekam, und lange dauerte es, bis er dem Professor das schreckliche Ende klarmachen konnte. Trübner wollte gegen Mittag anderen Tages eintreffen. Dann gab mir P. C. ein Beruhigungsmittel, und ich schlief einen schweren Schlaf, der mich erst spät am Morgen erwachen ließ. Als ich aufstand, erfuhr ich, daß unser Rechtsanwalt Grünspach schon im Hause sei und mich zu sprechen wünsche. Ich beeilte mich mit meiner Toilette, und als ich ins Ankleidezimmer kam, sah ich meine Tasche liegen, die ich gegen meine Gewohnheit nicht gleich fortgeräumt hatte. Bevor ich sie nun in den Schrank legte, öffnete ich sie und sah Alices Perlenschnur darin liegen, die sie mir schon in Breslau hatte aufdrängen wollen. Das fehlte noch, daß man mich für eine Mörderin und dazu noch für eine Raubmörderin hielt! Alice mußte auf dem Bett Zeit gefunden haben, vor dem Schuß die Perlen in meine Tasche zu stecken. Da ich Angst hatte, Professor Trübner würde mir die Schnur als Andenken überlassen wollen, stürzte ich sofort zum Anwalt ins Zimmer und bat flehentlich, man möchte mich davon befreien. Man beschloß, die Schnur heimlich in den Schrankkoffer der Toten zurückzutun. Helene, die damit beauftragt war, die Leiche umzukleiden, das heißt, die dazu berufenen Leute zu beaufsichtigen, wurde damit betraut.

Trübners Wunsch, seine Frau in den Kleidern, in denen sie gestorben war, aufzubahren, konnte nicht erfüllt werden, denn sie waren mit Blut durchtränkt. Man wählte also ein ähnliches schwarzes Kleid, und als Professor Trübner kam, lag die Leiche bereits aufgebahrt in der Kapelle. Paul und Grünspach hatten bei der Polizei alle Formalitäten beschleunigen können, denn der Name des berühmten Malers beseitigte alle Widerstände. Der oberflächliche Befund hatte Kopfschuß ergeben, aber gleich nachher wurde festgestellt, daß sie sich ins Herz geschossen hatte. Der verzweifelte Künstler, der von dem Leben seiner Frau anscheinend keine Ahnung hatte, erfaßte nur die erste Version, und es war schauerlich, mit anzusehen, wie er immerfort um den Sarg kreiste und die Kopfwunde suchte. Gleich bei seiner Ankunft ließ er mich rufen und quälte mich, ihm den Grund ihres freiwilligen Todes zu nennen. Er wollte mich durchaus zu dem Geständnis bringen, daß ein Streit stattgefunden habe und ich auf sie geschossen hätte. Dann verfiel er auf den Gedanken, daß es bei der Probe einer Filmszene geschehen sei. Für ihn stand es fest, in mir die Täterin vor sich zu haben, davon ließ er sich nicht abbringen. Diese Fragen dauerten so lange, bis alle Feierlichkeiten vorüber waren und er zurück nach Karlsruhe reiste. Wenn ich nun aber geglaubt hatte, die böse Affäre erledigt zu sehen, irrte ich mich. Zwar hatte man in den Zeitungen jede Notiz über das unglückliche Ereignis unterdrücken können, aber zu meinem Erstaunen und Entsetzen fing nun das Interesse der politischen Polizei an diesem Fall an. Hülsen, dem ich mein Erlebnis sofort erzählte, zeigte sich sehr ängstlich, denn eine Veröffentlichung hätte meiner Position am Hoftheater geschadet, und so tat er alles, um die Angelegenheit zu vertuschen. Gleichzeitig informierte er mich aber auch, daß man die Trübner im Verdacht der Spionage habe, denn es war bekannt, daß sie intime Beziehungen zu einer Frau hatte, von der man bestimmt wußte, daß sie für England spionierte.

Eines Tages besuchte mich ein junger, eleganter Herr, legiti-

mierte sich und fing an, mich auszufragen. Ich dachte mir, die volle Wahrheit sei das beste, erzählte ihm den Anfang meiner Bekanntschaft mit Alice Trübner, ihre Art, mir aufzulauern und zum Schluß die Reise nach Breslau. Meine Aussagen wurden vom Begleiter des Polizeikommissärs stenografiert, und als ich alles erzählt hatte und alles aufgeschrieben war, dachte ich, meine Rolle in diesem Drama sei nun beendet. Paul überhäufte mich mit Vorwürfen, daß ich ihm so viel verschwieg, er vergaß ganz, daß er nicht darauf hören wollte, wenn ich ihn um seine Hilfe in dieser Angelegenheit gebeten hatte. Das tragische Ende hatte ich nicht voraussehen können, und ich weiß noch heute nicht genau, was sie wirklich dazu getrieben hatte. An ihre Spionagetätigkeit glaubte ich nicht, obwohl ich wußte, daß sie mit ihrer verdächtigten Freundin abenteuerliche Reisen nach den besetzten und auch nach den neutralen Ländern gemacht hatte. Zwei Wochen hindurch stellte sich mein eleganter Besucher täglich ein. Immer wiederholten sich dieselben Fragen, und nach meinen Antworten hieß es mit einem Blick auf das Protokoll: »Vorgestern sagten Sie aber, Sie seien um drei Uhr von der Probe gekommen, heute erklären Sie mir, Sie erinnerten sich an die Stunde nicht mehr ganz genau.« Dabei legte man merkwürdigerweise auf den Vorgang im Hotelzimmer wenig Wert. Hauptsächlich interessierte die Reise nach Breslau und die Umgebung der Toten. Man wollte mir absolut Namen von Personen entreißen, die ich gar nicht oder nur vom Sehen kannte. Man wollte mir nicht glauben, daß ich nur selten mit Alice zusammengekommen war, und erwartete von mir Auskunft über ihr Leben und Treiben, wovon ich tatsächlich wenig Ahnung hatte. Diese Verhöre waren eine Folter, und zu allem Überfluß hatte mich das ironische Schicksal wieder einmal beim Schopf, denn im Theater mußte ich eine komische Rolle von Thoma proben.
Eines Tages tat der Kommissär sehr geheimnisvoll mit neuen tastenden Fragen, bis ich endlich bat, mir doch offen zu gestehen, was er von mir wissen wollte. Da kam die Perlenschnur

zur Diskussion. Wer konnte es verraten haben? Nach meiner wahrheitsgemäßen Schilderung wurde Helene gerufen, und da sich ihre Schilderung des Vorganges genau mit der meinen deckte, so war die Sache bald erledigt, und man stellte nun endlich die Verhöre ein. Allerdings erst, nachdem man mich nochmals in das Hotelzimmer geführt hatte, in dem ich alles so vorfand, wie ich es an diesem Schreckensabend verlassen.

Leider blieb Professor Trübner bis zu seinem Tode der Meinung, ich sei die Mörderin seiner Frau gewesen. Er hat einige Male offiziell Anzeige gegen mich bei der Staatsanwaltschaft erstattet, jedoch verständigte man immer sofort Paul davon und ließ ihn gleichzeitig wissen, daß man den Fall gegen mich nicht verfolgen würde, denn der Tatbestand habe keinerlei Verdachtsgründe gegen mich gezeigt.

Ende November erschien plötzlich ein Unteroffizier mit zwei Soldaten, verhaftete Paul wegen Fluchtverdachtes, führte ihn mit aufgepflanztem Bajonett durch ganz Berlin und lieferte ihn bei der Militärstelle ein. Wie in Rathenow wurden ihm alle Papiere abgenommen, man steckte ihn als ungedienten Mann zur Ausbildung in eine Art Strafregiment, das in Limmritz, einem elenden Dorf bei Küstrin, stand. Ich war so verzweifelt, daß ich anfangs nicht wußte, was ich beginnen, an wen ich mich wenden sollte. Ich fuhr an meinem ersten freien Tag nach Limmritz und fand alles weit schlimmer, als ich es mir vorgestellt hatte. In einem Sommertanzsaal, der einem elenden Gasthof angeschlossen war, lagen ungefähr sechzig bis siebzig Mann auf Pritschen übereinander, je zwei und zwei hatten das Lager zu teilen. In der Mitte des Raumes stand ein Faß für die Bedürfnisse der Nacht, und überall starrte es von Schmutz. Armselige Bauern, Ziegenhirten, alles, was man als »letztes Aufgebot« zusammentreiben konnte, alte Handwerker und mitten unter ihnen Paul, der sich aber schon mit seinem Schlafgenossen, einem gutmütigen, dicken Berliner, einem Straßenpolier, angefreundet hatte. Der Winter hatte sich ungewöhnlich früh eingestellt, und die Kälte ging weit über das hinaus, was man in

Deutschland gewohnt war. Paul behauptete, es ginge ihm gut und ich sollte mir keine Sorgen machen. Der Straßenpolier, Albert Baer, nahm mich vertraulich in eine Ecke und sagte zu mir: »Ick sorje für Ihren Mann, haben Se man keene Bange.« Jedenfalls hatte es Paul wieder verstanden, sich mit diesen einfachen Leuten auf guten Fuß zu stellen, unter denen er der einzige Intellektuelle war. Er erzählte mir, daß er, der in der Nähe der Hölle Ypern seine Pflicht getan, hier anfangen müsse, grüßen zu lernen. Sein Vorgesetzter war ein blutjunger Leutnant, der ihn oft anschnauzte und eines Tages fragte: »Was sind Sie?« — »Verleger und Kunsthändler.« — »Wo haben Sie Ihren Laden?« — »In der Viktoriastraße.« — »Verstehe ich nicht, ist doch keine Laufgegend, Geschäft geht wohl nicht gut, was?«

Nun, es ging wirklich nicht gut, das heißt, es war wieder einmal ohne Aufsicht, denn da P. C. nicht damit gerechnet hatte, wieder eingezogen zu werden, stand es nur auf zwei Augen und die waren nun weg. Rasch entschloß er sich, Leo Blumenreich als Direktor und Beteiligten aufzunehmen. Blumenreich hatte bis dahin in London gelebt, war bei Ausbruch des Krieges dort interniert gewesen, jedoch freigekommen, denn seine zwar schon ausgeheilte Knochentuberkulose machte ihn gänzlich kriegsunfähig; er gehörte zu den wenigen, die man in ihre Heimat reisen ließ. Unserem Geschäft hatte er sich als Agent schon mehrfach sehr nützlich gezeigt, und da er ein Schüler des Geheimrats Friedländer (Kaiser-Friedrich-Museum) war, hatte er eine große Kenntnis der alten Malerei. Der Plan, ihn zum Direktor zu machen mit prozentualer Beteiligung, war wohl gut, aber die Ausführung schwer, denn Paul konnte Limmritz nicht verlassen. So kam ich eines Tages mit Blumenreich angereist, und auf dem wackeligen Tisch des Gasthauses wurde der Vertrag unterzeichnet, mit einer Summe, für die der Tisch sicher noch nie als Unterlage gedient hatte.

Limmritz war nicht weit, aber umständlich zu erreichen. Die Bahn war stets vollgestopft mit Soldaten. Reiste ich zu Paul, nahm ich immer Pakete für ihn mit, und einmal trug ich ein ziemlich großes Bild von Adolf Menzel mit mir zur Begutachtung. Man stieß mich von allen Seiten. Die Gewehre kamen oft in bedenkliche Nähe des wertvollen Bildes, und es war ein Wunder, daß ich es heil hin- und zurückbrachte. Für Pauls Kameraden war das Bild eine große Sensation, denn »Öl ist Öl«, und daß so etwas einen großen Preis haben könnte, schien ihnen unwahrscheinlich. Sooft ich kam, war Paul guter Laune, aber Baer vertraute mir an, daß er die Übungen nicht aushalten werde und schon zweimal in Ohnmacht gefallen sei und der Arzt den Kopf geschüttelt habe. Darüber war ich so traurig, daß ich den anderen Tag fortgesetzt weinte und auch abends bei der Vorstellung von »Judith« meine Tränen nicht zurückhalten konnte. Nach der Vorstellung klopfte es an meine Garderobentür und Graf Hülsen trat ein: »Man hat mir berichtet, daß Sie den ganzen Abend geweint haben, kann ich Ihnen mit irgend etwas helfen?« Ich erzählte ihm alles, erwähnte auch, daß Paul wirklich krank sei. Hülsen ließ sich alles ganz genau berichten und erbot sich schließlich, die Sache in die Hand zu nehmen. Das war mehr, als ich je erwarten konnte. Noch heute denke ich mit großer Dankbarkeit daran zurück.

Weihnachten war herangekommen, und Paul hatte mich gebeten, für fünfundzwanzig Mann, die seine Kompanie bildeten, das Weihnachtsfest zu bereiten. Ein Baum sei schon beschafft worden, aber alles übrige fehle. Im Jahre 1916 war jeder Weihnachtsurlaub verweigert worden, auch für die, die nicht an der Front standen, denn die Bahnen waren überlastet. Also sollten die armen Leute in Limmritz, die alle Familienväter waren, ihre Angehörigen nicht sehen. Da mußte etwas geschehen, um sie ein wenig aufzuheitern. Eingedenk meiner Erfahrungen in Büch besorgte ich wieder Christbaumschmuck und ging auf eine ausgedehnte Bettelfahrt. Alles war aber knapp geworden. Wolle, die man anfangs so verschwendete, war selten geworden, Strümpfe eine Rarität, und doch mußte ich für diese armen frierenden Teufel etwas davon auftreiben, denn viele steckten bei der erbarmungslosen Kälte die nackten Füße in ihre Stiefel. Mit List und Schlauheit gelang es mir, etliches zusammenzuraffen und ich nahm, um die Kisten nach Limmritz zu bringen, unseren Packer Pork mit, denn allein hätte ich mit dem ganzen Kram nicht dreimal umsteigen können.

In dem elenden Nest erwarteten mich Paul und Baer an der Bahn. Jeder schob einen Kinderwagen. Pork traute seinen Augen nicht, als er seinen Chef, der sonst nicht das kleinste Paket anrührte, hinter dem Kinderwagen sah. Kopfschüttelnd entfernte er sich, um den Zug zu erreichen, der ihn zurück nach Berlin bringen sollte. Wir beluden nun die schmucken Fahrzeuge mit den Kisten und machten uns auf den Weg. Da sagte Baer, nachdem er uns mißbilligend gemustert hatte: »Paul, wat jibste denn der Frau Jemahlin nich den Arm, wie et sich jehört.«

Als wir zum Wirtshaus kamen, fanden wir die Fünfundzwanzig schon erwartungsvoll aufgereiht. Für den Abend hatte Paul bei der Wirtin Gänsebraten bestellt mit Kartoffeln und einer Süßspeise, und während wir mit der Wirtin den Tisch deckten, kam Baer und sagte: »Na, wat sagen Se denn zu Ihrer Festfreude?« Ich verstand nicht recht. »Paule is doch seit jestern als marode entlassen, wissen Se det nich?« Als Paul dazukam, bestätigte er seine Entlassung, sagte aber: »Weihnachten habe ich versprochen, hier zu bleiben und mit den Kameraden zu feiern. In der Nacht fahren wir nach Hause.« — »Wie er 'n Leutnant jebeten hat, ob er noch übers Fest bleiben kann, hat er ihn anjesehen und jesagt: ›Nu wees ick doch, dat Se hier oben wirklich marode sin.‹« Dabei tippte er an seine Stirn.

Der Abend war ein voller Erfolg. Die Wollstrümpfe, die Schals lösten Glückseligkeit aus, und die mächtigen Schüsseln Gänsebraten und Kartoffeln verschwanden wie Schnee in der Sonne. Der nachfolgende süße Kleister schmeckte allen ausgezeichnet, und als alles verzehrt war und Punsch aufgetragen wurde, erschien der Feldwebel der Kompanie, ein junger, netter Lehrer, der mit uns noch ein Glas trank. Auf meine Frage, warum er

nicht zum Essen gekommen sei, antwortete er: »Aus Diplomatie.« Ich verstand damals nicht recht, was er damit meinte,
bekam es aber später schwarz auf weiß zu lesen, wie recht er
hatte. Wir fuhren höchst befriedigt nach Hause und dachten
wieder einmal, nun endlich Ruhe erwarten zu können.

Einige Zeit später kam Graf Keßler, der Adjutant bei Ludendorff gewesen war und nun als Militärattaché nach Bern ging,
zu uns. Er hörte sich P. C.s Militärabenteuer an und sagte
schließlich: »Sie sind der Mann, den ich in der Schweiz notwendig brauche, Sie kommen mit mir.« P. C. wurde also für
drei Monate vom Auswärtigen Amt reklamiert und reiste nach
kurzer Zeit in die Schweiz.

In Deutschland machte sich der Mangel nun überall bemerkbar.
Es gab nichts Eßbares außer großen weißen Rüben, die man
Wrucken nannte. Man aß sie als Marmelade zum Frühstück, als
Schnitzel zu Mittag und als Gemüse abends. Und in der Nacht
wurde einem schlecht. Der Schwarzhandel existierte damals
kaum. Einmal gelang es mir, einem Feldwebel eine Gans abzu-
kaufen und ein Säckchen Mehl. Nach der Bezahlung fragte ich
ihn, wie ich mich außerdem dafür erkenntlich zeigen könnte,
worauf er den Wunsch aussprach, etwas »in Öl« für das Wohnzimmer zu bekommen. Darauf ging ich in den Keller des Geschäftes und holte eines der Bilder hervor, die ehemals von
Paul als Aufmunterung für Künstler gekauft wurden und mit
einer Mark zu Buch standen. Ich ahnte nicht, daß diese Tat böse
Folgen haben sollte.

Das Theater brachte, wahrscheinlich um die Stimmung zu heben,
wieder einmal eine Posse »Kyritz-Pyritz«. Abermals mußte
ich Parodien singen, aber diesmal war ich fröhlich und zufrieden, denn ich wußte Paul gut versorgt. Er kam nach drei
Monaten zurück, sein Aufenthalt sollte verlängert werden, er
sah gut aus und war voller Tatkraft. Gerade recht kam er zu
Helenes Hochzeit.

Helene hatte im »Münchner Künstlertheater« ihren Bräutigam
gefunden, und zwar, wie alles bei uns, so auch dieses nicht ohne

dramatischen Konflikt. Eigentlich hatte sie schon ihren Verehrer, aber nun kam Karl L., der sich rettungslos in sie verliebte, was nicht wunderlich war, denn sie war blond und hübsch und mit einem echten Berliner Mutterwitz begabt. Dazu kam noch ein feines, stilles Benehmen; auch war sie durch Reisen und alles, was sie in unserem Hause sah und hörte, weit über ihren Stand hinausgewachsen. Karl L. hatte den komplizierten Beleuchtungs-Apparat bei »Antonius und Kleopatra« zu dirigieren, und als ich eines Abends zur Vorstellung kam, sah ich ihn untätig und mit dem Gesicht gegen die Wand gelehnt stehen. Helene fand ich blaß und zitternd in der Garderobe, sie gestand mir, daß Karl ihr vor einiger Zeit einen Heiratsantrag gemacht habe, daß sie sich aber nicht entschließen könne, von mir fortzugehen. »Heute aber hat er gesagt, wenn ich ihm nicht mein Jawort gebe, dann beleuchtet er nicht die Vorstellung«, schluchzte sie. Das war nun glatte Erpressung, denn diese Dekorationen lebten nur von der Beleuchtung. Darum hatte man auch diesen hochqualifizierten Monteur engagiert. Ich redete ihr nun mit allen Mitteln zu, obwohl mir der Gedanke, Helene zu verlieren, schmerzlich war, und versprach ihr, sie mit ihrem Mann in unserem Hause wohnen zu lassen. So kam an diesem Abend die Verlobung und auch noch die Beleuchtung der Vorstellung zustande. Karl war eingezogen worden und bestand nun, vor seinem Abzug, auf die lange verschobene Hochzeit. Wir hatten in der Mansarde des Hauses Viktoriastraße, in dem wir nun schon lange wohnten, zwei hübsche Räume außer den Mädchenzimmern; in die zog das junge Ehepaar. Auch nahmen wir Helenes kleine Schwester Anni ins Haus.
Paul wartete auf seine erneute Reklamation für das Ausland. Wir waren ganz beruhigt, denn Paul hatte sich mit seinen französischen Verbindungen Keßler sehr nützlich erwiesen. Aus allen Wolken sollten wir daher fallen, als wir eines Tages die Nachricht erhielten, Paul drohe abermals Einziehung zum Militär. Da gab es nur ein einziges Mittel, sich dieser Quälerei zu entziehen, nämlich die Flucht in die Schweiz, um von dort aus

weitere Schritte einzuleiten. Es war inzwischen Frühling geworden, aber meine Verpflichtung im Kgl. Schauspielhaus dauerte noch ein paar Wochen, so konnte ich ihn nicht begleiten, auch mußte ich mir erst einen Paß verschaffen und die Erlaubnis, Deutschland verlassen zu dürfen. Das Geschäft lag bei Blumenreich in guten Händen. Pauls Papiere waren in Ordnung, so daß er ungehindert die Grenze passieren konnte, falls dort keine Gegenorder vorlag. Wie aber konnte man Geld mitnehmen? Geld stand unter Kontrolle. Ich trennte Schuhsohlen auf, schob große Geldscheine hinein und klebte alles wieder zu. Die Kontrollen waren zwar damals noch nicht so streng, aber das Ganze immerhin ein Wagnis. Nach seiner Abreise nahm ich mir vor, herauszubekommen, was eigentlich gegen ihn vorlag. Wir hatten niemanden eingeweiht. Für jedermann fuhr P. C. regulär in die Schweiz. Etwa acht Tage, nachdem ich die Nachricht von seiner Ankunft in Zürich bekommen, forschte man, wie vorausgesehen, nach seinem Verbleib. Nun machte ich mich auf meine Pilgerfahrt. Ich hatte keine Ahnung, wo ich zu suchen hätte, an die Familie wollte ich mich nicht wenden, sie hätte nur Angst bekommen um ihr persönliches Wohlergehen und mich mit weisen Lehren gefüttert. So lief ich von einer Stelle zur anderen. Auf jeder bekam ich nur negativen Bescheid, mal freundlich, mal grob. Man wollte von nichts wissen.
Als ich eines Tages besonders mutlos war und in Tränen ausbrach, weil mir wieder einmal jemand — wenn auch ein junger, freundlicher Mann — beteuerte, ihm sei die Angelegenheit nicht bekannt, und er meine Tränen sah, blickte er sich vorsichtig um und sagte: »Gnädige Frau, ich kann Sie nicht weinen sehen, ich kenne Sie von der Bühne her und verdanke Ihnen viele schöne Stunden; ich könnte Ihnen einen Fingerzeig geben, aber nur, wenn Sie mir versprechen, mich nicht zu verraten.« Ich schwor ihm, bei allem, was mir einfiel, ihn nicht in Verlegenheit zu bringen, und so gestand er: »Gegen Ihren Mann liegt eine kriegsgerichtliche Anklage vor.« Ich war entsetzt, was konnte das nun wieder sein? Meines Wissens hatte sich Paul nichts zu-

schulden kommen lassen, außer einigen unvorsichtigen Reden, die aber damals eigentlich nicht strafbar waren. »Ich kann Ihnen nichts Näheres sagen, weil ich selbst nichts weiß, aber ich nenne Ihnen den Namen eines Herrn, der Zugang zu diesen Dingen hat. Er wird Ihnen selbst sagen, wie Sie sich für seine Information erkenntlich zeigen können.« Dann drückte er mir einen Zettel mit Namen und Adresse eines Grafen X. in die Hand. Meine Dankesworte unterbrach er und schob mich rasch zur Tür hinaus. Ich faßte mich an den Kopf. Eine kriegsgerichtliche Anklage und dazu ein Graf, der mir sagen würde, wie ich ihm erkenntlich sein kann? Jedenfalls mußte der Weg gegangen werden, denn Paul schrieb mir immer dringendere Briefe, Keßler könne ihn nicht halten ohne Erlaubnis von Berlin, und die würde nie gegeben werden, wenn hier eine derartige Anklage gegen ihn vorlag. Ich wandte mich also an den Grafen X. und sah ihn bald darauf bei mir. Er war eine sehr elegante, feminine Erscheinung, hörte sich meine Erzählung an und erwiderte: »Ich glaube, von dem Fall gehört zu haben und kann Ihnen wahrscheinlich helfen, das heißt, Ihnen sagen, welcher Grund für diese Anklage vorliegt.«

Daß dieser geheimnisvolle Weg zum Ziele führen sollte, kam mir so unwahrscheinlich vor, daß ich ihn einige Minuten mit offenem Munde anstarrte.

Dann raffte ich mich zusammen und sagte: »Diesen großen Dienst kann ich unmöglich annehmen, ohne daß ich weiß, wie ich mich erkenntlich zeigen kann.« — »Ach«, flüsterte er leichthin, »in der X-Straße ist bei Antiquar Y ein sehr schöner, großer Barockschrank, der mir sehr gut gefällt.« — »Es wird mir ein Vergnügen sein, Ihnen den Schrank zu senden, wenn Sie mir mitteilen, wann Sie bestimmt zu treffen sind.« — »Lassen Sie ihn bitte einstweilen reservieren, es ist ein seltenes Stück. An dem Tag, da ich Ihnen die Nachricht bringe, erwarte ich den Schrank.« Wir verabschiedeten uns mit großer Zeremonie und Höflichkeit, ich machte noch am selben Tag eine Anzahlung auf den Schrank, der ein kleines Vermögen kostete, und den mir der Antiquar zu reservieren versprach, und wartete der Dinge, die da kommen sollten.

Diese neuerlichen Beunruhigungen hatten mich sehr mitgenommen, und um mich zu zerstreuen, schlug eine Freundin vor, zu einer Kartenlegerin zu gehen, von der man viel Lobenswertes hörte. Obwohl ich niemals an Prophezeiungen und Horoskope geglaubt hatte, war mir alles recht. So wanderten wir nach Berlin O., wo diese Pythia saß. Die Wohnung war kleinbürgerlich. Der Mann, der uns die Tür öffnete, gab mir einen Bogen Papier mit einem Kuvert, und befahl mir, drei Fragen aufzuschreiben, das Kuvert zu schließen, auf den Tisch zu legen und zu warten. Nach einer Weile erschien eine Frau, dünn, mit blassem, nichtssagendem Gesicht, die farblos blonden Haare straff zurückgekämmt und in ein winziges Knötchen gedreht. Sie grüßte stumm, nahm den Briefumschlag, hielt ihn in der Hand und schloß die Augen. Einige Minuten vergingen so, dann murrte sie: »Ich kann Ihnen nichts sagen.« Das befremdete mich, denn war hier ihre Kunst zu Ende, so konnte sie ja schwindeln, um ihre Taxe zu bekommen, die dreißig Mark betrug. Sie blieb dabei. Ich ging zur Tür und dachte, jetzt wird der Trick kommen; entweder eine Erhöhung der Forderung oder irgend etwas dieser Art, aber sie schwieg. Auf meine Frage, ob ich ihr denn nichts für ihre verlorene Zeit zu zahlen habe, schüttelte sie den Kopf. Das machte mich erst recht neugierig, und ich drang solange in sie, bis sie mir endlich mürrisch gestand: »Ihre Fragen gehen alle über den ersten Juli hinaus, und da leben Sie nicht mehr.« Totenblaß zog mich meine Freundin auf die Straße, setzte mich in eine Droschke und fing an zu weinen. Ich jedoch konnte mich nicht halten und lachte laut heraus. Sie schluchzte: »Wie kannst du lachen, das ist ja fürchterlich; ich habe es so gut gemeint und dachte, es würde dich zerstreuen, und nun ist das daraus geworden.« Ich versuchte, sie zu trösten, denn ich glaubte an nichts, und mir war es einerlei. Bald hatte ich den Vorfall vergessen und wartete sehnlichst auf den Tag, an dem ich den Barockschrank abliefern konnte. Da begegnete ich Olaf

Oben und folgende Seite:
Franziska *(Wedekind), Deutsches Volkstheater, Wien und Theater in der König-Grätzer-Straße Berlin, 1925.*

Gulbransson, der in der Hohenzollernstraße, also ganz in meiner Nähe, das Atelier des abwesenden Konrad von Kardorff übernommen hatte. Nachdem wir über allerlei geplaudert hatten, bat er mich, ihm zu einem Porträt zu sitzen. Ich sagte zu. Meine erste Sitzung, zu der Gulbranssons erste Frau, Grete, dazukam, war recht unterhaltend, aber am nächsten Tag sah ich eine frische Leinwand auf der Staffelei. Mein Erstaunen beantwortete er folgendermaßen: »Das Licht muß gestern schlecht gewesen sein, denn heute morgen sah das Bild wie ein Totenkopf aus, ich fange lieber von neuem an.« Am nächsten Tag überraschte mich wieder eine neue Leinwand. Er wurde verlegen und meinte: »Weiß der Teufel, was da vorgeht, heute sah das Bild wie eine Wasserleiche aus.« Da fiel mir meine Pythia ein, und ich erzählte zum Entsetzen der beiden das ganze Abenteuer. Sie flehten mich himmelhoch an, nur ja auf meine Gesundheit zu achten, ich versprach alles, was sie wollten, war innerlich sehr belustigt, aber diesmal doch ein wenig stutzig geworden.

Zum Schluß wurde es doch ein reizendes Bild, und als Andenken an diese Sitzungen hängt noch heute eine Bleistiftzeichnung an meiner Wand.

Vielleicht wäre ich ängstlich geworden, hätte ich Zeit gehabt, darüber nachzudenken, aber die Ereignisse drängten sich wieder einmal, und am Leben bin ich schließlich geblieben, obwohl ich einige Jahre später gerade an einem ersten Juli eine Sterbende war. Sollte die Pythia den Kalender falsch gelesen haben?

Ohne vorherige Anmeldung kam Graf X. zu mir und erzählte mir von der Anklage, die drei Delikte enthielt. Zwei Bestechungsversuche an Vorgesetzten und eine Dienstverweigerung. Erste Bestechung: Es wurde dem Feldwebel P. C.s ein Bild von Liebermann im Werte von 20 000 Mark geschenkt. Zweite Bestechung: der Feldwebel P. C.s in Limmritz wurde zu einem Gelage eingeladen. Dienstverweigerung: P. C. wurde vorgeladen und weigerte sich, zu erscheinen. Das habe er mit eigenen Augen gelesen. Es war auch nicht erfunden, denn es stimmte, nur in anderer Art, wie ich früher schon ausführlich erzählte. Er war sehr erstaunt, daß ich darüber lachte, und begriff es erst, als ich ihm mit aller Genauigkeit die Begebnisse schilderte. »Aber«, rief ich, »eine Anklage muß ja schließlich zu einer Verhandlung führen, und dabei würde sich die Nichtigkeit der Behauptungen herausstellen.« — »Das wird es nicht«, entgegnete Graf X., »wenn sich die Tatsachen so verhalten, wie Sie sie darstellen, wünscht man, die Anklage unterirdisch weiterwirken zu lassen, eine Verhandlung würde den Zweck, Ihren Mann unter Druck zu halten, vereiteln. Versuchen Sie vom Auslande aus, was Sie tun können; nur Deserteur darf Ihr Mann nicht werden, sonst verliert er alles, was er hier besitzt.« Ich bedankte mich wortreich. Wir schieden wieder mit großer Zeremonie, und am Nachmittag stand der Schrank in seiner Wohnung. Ich sauste in den folgenden Tagen auf die zuständigen Ämter, um mir die Ausreisebewilligung zu besorgen und — bekam sie nicht. Sie wurde mir einfach verweigert. Ich war wie vom Blitz getroffen und wußte nicht, was nun zu tun sei. Da schickte mir der gute Zufall wieder einen Bekannten zur Hilfe, der gerade an entscheidender Stelle einflußreich war. Er verhalf mir zu meinen Papieren, legte mir aber ans Herz, meinen Mann dazu zu überreden, nach Berlin zurückzureisen, da sein Fernbleiben ernste Folgen haben könne. Ich versprach alles und gedachte nichts zu halten.

Dann rüstete ich mich zur Reise. Alles war geordnet, und mit halb schwerem, halb leichtem Herzen bestieg ich den Zug.

Vorher nahm ich Abschied von unserer neuen Wohnung. Ich nahm Abschied, als sollte ich dies alles nicht mehr wiedersehen.

Schweiz

Wie würde ich Paul finden? Hatte er sich erholen können? Es war mir nicht klar, wie ich ihm den Befehl zur Rückkehr nach Deutschland übermitteln sollte. Unruhig wanderte ich im Zug hin und her, und als ich in Basel einfuhr und P. C. auf der anderen Seite der Grenzsperre sah, war ich so glücklich, als hätte ich ihn jahrelang nicht gesehen. Nach Erledigung aller Formalitäten faßten wir uns wieder wie Kinder an der Hand und zogen ins Hotel. Das Frühstück, das uns dort serviert wurde, ließ mich beim Anblick der großen Kanne Milch in Tränen ausbrechen. Milch! Ich dachte an all die armen Kinder, die seit langer Zeit nicht einen Tropfen davon gesehen hatten, und kaum war es mir möglich, dieses köstliche Frühstück zu verzehren. Paul eröffnete mir, daß er noch nicht daran denke, nach Zürich zu fahren, sondern daß er mit mir erst eine kleine Reise durch die Schweiz machen wolle. Mir war alles recht. Ob Basel, ob Zürich, ich hatte ihn an meiner Seite, er war fröhlich und sah auch erholt aus. Alle Sorgen waren vergessen, das heißt, ich sperrte sie bis nach der Beendigung unseres Ausfluges in ein Kästchen, zog den Schlüssel ab und stellte es in eine Ecke. Wir reisten nach Interlaken, ließen uns von der Bahn auf die Jungfrau fahren, nahmen den Weg über Furka und Grimsel-paß, kurz, wir machten eine wundervolle Reise, bei der Paul nichts von seinen Launen merken ließ.

In Zürich fand ich mich gleich von einer Anzahl Menschen um-geben, die mit Paul arbeiteten. Die Art seiner Arbeit hatte er mir auf unserem Ausflug auseinandergesetzt. Graf Harry Keß-ler, früher Adjutant Ludendorffs, war von diesem in geheimer

Mission in die Schweiz an die Deutsche Gesandtschaft beordert worden. Seine Aufgabe war, Beziehungen zu Frankreich anzuknüpfen, um die Einstellung der französischen Regierung zu einem eventuellen Friedensangebot zu erforschen. Es ging damals um die Frage Elsaß-Lothringen, das eventuell geopfert werden sollte. Der Grund, weshalb Keßler Paul in Berlin angefordert hatte, waren seine französischen Beziehungen. Daneben wurde auch René Schickele berufen, der seit langem mit Paul befreundet war und dessen Bücher bei uns verlegt wurden. Schickele, ein geborener Elsässer, spielte in der Politik seiner Heimat eine große Rolle. Als Schweizer war Advokat Brüstlein mit im Bunde. Er wagte sich in späterer Zeit zu oft nach Frankreich und wurde dort eines Tages gefaßt und, wie ich mich zu erinnern glaube, erschossen.

Die gestellte Aufgabe war nicht leicht. Standen die deutschen Fronten unsicher, wurde ein rasches Vorgehen verlangt, brachte der nächste Tag einen Sieg, wurde zum Rückzug geblasen, und denjenigen, der sich zu weit vorgewagt hatte, gab die deutsche Regierung preis und schickte ihn womöglich an irgendeine Front, um ihn verschwinden zu lassen. Auch ich bin überzeugt, daß diese Aktion Ludendorffs eigenem Handeln entsprang. Die Schweiz beherbergte, besonders in Bern und Zürich, ein Heer von Spionen. Sie saßen in den Hotels verborgen in großen Fauteuils, sie hielten sich Zeitungen vor die Nase und belauschten, dahinter verborgen, jedes Gespräch. Sie saßen in Cafés, Restaurants, sie staken hinter jeder Ecke. Schickele behauptete, die Schweiz sei nur noch ein einziges großes Ohr.

Wir beschlossen nun, aus dem Savoyhotel auszuziehen und uns einen ruhigen Platz zu suchen, den man auch leichter übersehen konnte. Wir fanden ihn im Hotel »Schwert« an der Limmatbrücke, gegenüber dem alten Rathaus. In diesem kleinen Hotel, das als Hotel dritten Ranges galt, hatte einst Casanova seine Abenteuer mit der Züricher Bürgertochter, hier logierte Goethe auf seinen beiden Reisen nach Italien. Wie alle Schweizer Hotels war es peinlich sauber und das Essen einfach, aber gut.

Jetzt konnte ich mit meiner schlimmen Botschaft nicht mehr zurückhalten; sie erweckte natürlich allgemeinen Protest, und wir berieten, was zu machen sei. Die deutsche Gesandtschaft konnte nicht zu Hilfe gerufen werden, denn dort mußte Pauls heikle Mission verschleiert bleiben. Also griff man zu dem alten Mittel, einen Arzt zu Rate zu ziehen. Dr. Otto Strasser sollte darin besonders geschickt sein, und so begab sich Paul in seine Behandlung. Nach der Untersuchung erklärte er uns, daß Paul, im Hinblick auf unsere Absichten, kein schwieriger Fall sei, denn sein Herz sowohl als auch seine Nerven seien in schlechtem Zustande. Unter Verwendung dieses Befundes wurde nun eine Eingabe nach Deutschland geschickt. P. C. war beruhigt und ließ unsere Anni, Helenes Schwester, kommen und auch seine Sekretärin, Fräulein Eilenburg. Wir mieteten eine ganze Reihe von Zimmern, ließen sie neu tapezieren und richteten sie gemütlich ein. Inzwischen waren noch andere Leute unserem Beispiel gefolgt. Der Dichter Werfel kam in das »Schwert«, auch Else Lasker-Schüler, die sofort in heißer Liebe zu Werfel entbrannte, und sich einmal eine Nacht vor seiner Zimmerschwelle schlafen legte, um ihre Bewunderung für ihn zu dokumentieren; der Dirigent Oskar Fried, Julius Meier-Graefe, die Hofrätin Zuckerkandel, wenn sie von Bern aus nach Zürich kam; Stefan Zweig und seine Freundin, Frau von Winternitz, und noch eine ganze Schar von Literaten, Malern und Kunsthistorikern.

Der Besitzer des kleinen Hotels, Herr Gölden, und seine Tochter schlossen sofort Freundschaft mit Paul, und bei Ankunft eines neuen Gastes wurde immer zuerst Paul gerufen, der durch ein Guckloch den Neuankömmling begutachtete, und nach seiner Entscheidung wurde der Gast aufgenommen oder nicht. Nur die alten Schweizer Stammgäste des Hotels waren von dieser Zensur befreit.

Wir besaßen damals einen kleinen Hund, einen King-Charles, »Karlchen« genannt, der sich als Lieblingsaufenthalt die kleine Hotelhalle erwählt hatte und jedem Gast mit putziger

Würde entgegenkam; er wurde feierlich zum Chef de Réception ernannt.

Wir waren kaum eine Woche in unserer neuen Zuflucht, als ein Mann, ein Mitbewohner des Hotels, sehr verlegen auf mich zukam und mich begrüßte. Ich hatte keine Ahnung, wen ich vor mir hatte und war um so mehr erstaunt, als er anfing, sich zu entschuldigen und von einer Tat sprach, die unbesonnen gewesen sei, und die er tief bereue. Nach langem Hin und Her entpuppte er sich als der Verfasser der unverschämten Artikel, die in Zusammenhang mit Baron Hatvany gegen mich gerichtet waren. Als Mitglied der politischen Gegenspionage bot er mir nun seine Dienste an, und wir hatten späterhin Grund, ihm dankbar zu sein, denn was in Deutschland gegen P. C. vorbereitet wurde, bekamen wir sofort zu hören und konnten danach handeln. Übrigens saß uns Tag und Nacht sowohl ein deutscher als auch ein französischer Spion auf den Fersen, jedoch nur bis zur Tür des Hotels. In das Reich Papa Göldens konnte niemand eindringen.

Die Behandlung bei Dr. Strasser wurde nicht lange fortgesetzt, obwohl eine richtige Behandlung wahrscheinlich besser gewesen wäre, denn langsam fing der Zustand von P. C.s Nerven wieder an, bedenklich zu werden. Er spielte immer wieder mit Selbstmordgedanken. Eine Kleinigkeit konnte ihn zu unsinnigen Wutanfällen bringen. So versuchte er einmal, vom Fenster hinunterzuspringen, und ein anderes Mal wieder, sich aufzuhängen, aber alles in meiner Gegenwart, und so war es nicht ganz ernst zu nehmen. Immerhin jagte er mir jedesmal einen gehörigen Schreck ein.

Von Deutschland kam eine erneuerte Aufforderung an Paul zur Rückkehr. Da begegnete er auf der Straße Professor Sauerbruch, der mit ihm in Wervicq bei Deimlings Stab gewesen war. Sie hatten die Bezeichnung »die verrückten Kerle« bekommen. Sauerbruch, einer der genialsten Ärzte, benahm sich für militärische Begriffe unmöglich. Er hielt zwar viel auf elegante, tadellose Kleidung, aber es passierte ihm, daß er in Breecheshosen in seiner Zerstreutheit ohne Gamaschen erschien, so daß seine Socken und Unterkleider zwischen Stiefel und Hose zu sehen waren. Er erteilte seinem Burschen eigenmächtig Urlaub und verlieh ihm schließlich eines Tages, ebenso eigenmächtig, das Eiserne Kreuz. Nach der glänzend gelungenen Heilung von Deimlings Verwundung — an der Sitzgelegenheit — verlieh man ihm einen Orden und schickte ihn nach Hause.

Jetzt war er in Zürich Chefarzt des Städtischen Krankenhauses und besaß außerdem eine Privatklinik. Professor Sauerbruch ging mit Paul zu Professor Bleuler, dem derzeit bekanntesten Nervenarzt. Nach der Untersuchung ließ mich der Arzt kommen und verhehlte mir nicht, daß sich Pauls Nerven in einem schlimmen Zustand befänden. Er trug mir auf, ihn möglichst nie allein zu lassen. Ein Gutachten dieser Kapazität wurde abermals der deutschen Militärbehörde übermittelt. Ich war von Bleulers Urteil zwar erschrocken, aber auch erleichtert, sah ich doch daraus, daß meine Schuld an den Zornesausbrüchen gering war.

Mein altes Leiden meldete sich wieder einmal mit Schmerzen und Fieber, und ich mußte einige Zeit das Bett hüten. Paul ließ inzwischen unsere schönen französischen Bilder aus Deutschland kommen und schmückte unsere Zimmer damit. Sie sollten später der Anlaß zu großen Unannehmlichkeiten werden.

Der Maler Walser und der Architekt van de Velde waren im »Schwert« eingetroffen. Wir hatten auch die Bekanntschaft des Schweizer Verlegers Rascher gemacht und über eventuelle Verlagspläne gesprochen.

In Deutschland waren pazifistische Bücher von Latzko und Leonhard Frank erschienen, die aber sofort verboten wurden. Nun hatte Paul die Idee, diese Bücher in der Schweiz drucken zu lassen und auch französische und englische pazifistische Autoren zu übersetzen und zu veröffentlichen. Dazu wollte er mit Rascher einen Zweigverlag gründen. Zu alledem war Geld nötig, das man aber in größeren Mengen nicht aus Deutschland ziehen durfte. Die deutsche Gesandtschaft, an die sich Paul mit der Bitte um Erlaubnis wandte, hunderttausend Mark von seinem Geld nach der Schweiz überweisen zu lassen, ließ ihn kommen und fragte nach dem Zweck des Geldes. Er erwähnte nur, daß er einen Verlag für deutsche Bücher gründen wolle. Nun bekam er sofort das Anerbieten, dieses Unternehmen mit großen Mitteln vom Deutschen Reich aus zu finanzieren. Er lehnte dies ab. Rascher war ein neutraler Verlag; Franzosen und Engländer konnten ohne weiteres ihre Bücher dort erscheinen lassen, und Pauls Geld war das Geld eines Privatmannes. Sobald aber der deutsche Staat seine Hände darin gehabt hätte, wäre es in diesem Augenblick für Untertanen der feindlichen Nationen unmöglich gewesen, dort zu erscheinen. Ganz und gar wäre es unmöglich gewesen, pazifistische Bücher mit deutscher Staatsunterstützung herauszubringen. Unter anderen Bedingungen als den von der deutschen Gesandtschaft gestellten, wurde keine Erlaubnis zur Geldeinfuhr gegeben. Geld mußte also geschmuggelt über die Grenze gebracht werden, und dafür wurde Fried ins Auge gefaßt. Er besaß einen sogenannten Pendelpaß, das heißt, er konnte die Grenze, so oft er wollte, passieren. Fried arbeitete im Dienst der deutschen Kulturpropaganda und veranstaltete in der Schweiz öfter Konzerte. Im Dienste dieser Propaganda erschienen auch von Zeit zu Zeit ganze Schwärme hübscher Mädchen, kamen sich unendlich wichtig vor und vertrauten jedem unter dem Siegel der Verschwiegenheit an, daß sie für die deutsche Kultur arbeiteten.

Zürich bot damals ein abschreckendes Bild. Auffallend geschminkte Dämchen aller Nationen, Männer, die durch ihre auffallend weiblichen Manieren deutlich die Neigung zum eigenen Geschlecht erkennen ließen, protzige Schieber, mit Pelz und Schmuck behangene Frauen drängten sich in Cafés und Restaurants. Die Schweizer hatten sich schaudernd verkrochen und waren nur an stillen, versteckten Plätzen zu finden, wie zum Beispiel in der »Öpfelschammer« am Rathauskai.

Fried konnte also mit Leichtigkeit das gewünschte Geld über die Grenze bringen, und nach langem Gerede war er dazu bereit. Er besorgte mir übrigens ein Klavier, das ich in einem unserer Zimmer aufstellte, um mit Fräulein Eilenburg, die recht hübsch Violine spielte, musizieren zu können. Es besuchte uns auch ab und zu die Schriftstellerin Annette Kolb, die zugleich eine ausgezeichnete Pianistin war, und mit ihr spielte ich öfters vierhändig.

An unterhaltsamen Gästen fehlte es nie. Aus Wien kam Doktor Zifferer, mit dem Plan, eine französisch-österreichische Zeitung zu gründen. Der Komponist Paul Graener kam aus München. Unser Freund August Gaul aus Berlin, ebendaher der Altertumsforscher Geheimrat Goldschmidt; aus Paris der Elsässer Grumbach, der spätere Abgeordnete in Paris; aus Frankreich Jouves, der mit Zweig einen Vortragsabend gab. Zweig las aus »Jerusalem«, Jouves »La mort«.

»Rascher & Co.« wurde nun gegründet, und als erstes der damals berühmte Roman von Barbusse, »Le Feu«, übersetzt und herausgegeben.

Der Verleger Rascher, für alles Neue interessiert, veranstaltete auch literarische Abende, unter anderem auch einen für Else Lasker-Schüler, die in ewigen Geldsorgen in Zürich herumstrich. Zum Dank dafür attackierte dieser literarische Wildling die gutherzige Frau Rascher um die Mittagszeit vor einem vollbesetzten Café mit einem Regenschirm, was natürlich großes Aufsehen erregte. Als Grund gab sie an, Frau Rascher habe bei einem ihrer Gedichte gelächelt, was sicher nicht der Wahrheit entsprach. Überhaupt machte diese hochbegabte Else alle Welt, und besonders mich, mit ihrem unberechenbaren Benehmen unglücklich. Sie war dazu fähig, in mein Zimmer einzudringen, ohnmächtig hinzusinken, zu stöhnen, zu schreien und mir zu erzählen, ein Mann habe sie mit einem Dolch bedroht und auch verletzt. Gelabt mit Beruhigungsmitteln und Kognak wankte sie endlich fort, und fünf Minuten später sah ich sie mit zwei Jünglingen untergefaßt vergnügt an unserem Hotel vorbeiziehen.

Wedekind war aufgetaucht und saß je nach Laune finster

drohend oder sarkastisch bösartig Stunden um Stunden in einem Café, das von den Intellektuellen besucht wurde. An einem dieser Tische saßen oft zwei Herren, auf die man sich aufmerksam machte: Lenin und Trotzki. Auf Schritt und Tritt begegnete man interessanten Menschen. Karl Vollmöllers blonder Kopf war überall zu sehen, er machte Stimmung für Gastspiele Reinhardts, lancierte junge Tänzerinnen, darunter Lena Amsel. Später wollte er sie durchaus heiraten, sie aber zog ihm einen Grafen Moy vor und endete später grausig bei einem Autounfall in der Nähe von Paris, sie verbrannte in einer Autodroschke. Auch Anita Berber, damals noch ein junges, unschuldiges Backfischchen, von strenger Tante begleitet, war unter Vollmöllers Marionetten, die er mit faustischem Lächeln tanzen ließ.

Schickele, der mit seiner Frau in St. Moritz unser Gast war, brachte uns eine beunruhigende Nachricht: Paul war wieder einmal einberufen worden. Der Grund dieser Einberufung war wahrscheinlich veranlaßt worden durch eine Debatte im Abgeordnetenhaus, die Mitte Dezember stattgefunden hatte, und in der man P. C. beschuldigte, »französische Bilder in Deutschland zu verbreiten«. Auch gegen Graf Keßler war schon früher der Verdacht erhoben worden, daß er in der Schweiz Geschäfte mit französischen Bildern mache; vermutlich waren daran unsere Manet, Cézanne und van Gogh, die im Hotel hingen, schuld. Wieder wurden die Ärzte in Bewegung gesetzt, und Paul hoffte aufs neue, die Reise nach Berlin vermeiden zu können.

Bei einem Spaziergang nach Chantarella traf ich zu meinem Erstaunen die ehemalige Heroine des Kgl. Schauspielhauses in Berlin, Rosa Poppe, deren Mann hier als Arzt tätig war. Obwohl wir uns nur ganz flüchtig kannten, begrüßte sie mich mit großer Freude.

In Zürich fand ein Konzert mit Fried statt, und Paul fuhr hin und blieb einige Tage dort. Ich hörte nachher von großen Feiern und Festen und einer hübschen Dame, die sich ihm zugesellt hatte. Inzwischen fuhr ich im Schlitten nach Samaden, um mein Knie, das ich mir beim Skilauf verknackst hatte, in Dampfluft zu baden, und war sehr betrübt, weil ich zwar bald wieder gehen konnte, jedoch nur mit steifem Bein. Das änderte sich trotz aller Behandlung nicht und war für meinen Beruf eine böse Angelegenheit. Paul kehrte mit schlechter Laune und Katzenjammer nach den Festen zurück. Aber er brachte Sauerbruch mit, der mein Knie untersuchte, feststellte, daß der Meniskus gerissen sei, und empfahl, die Behandlung aufzugeben und sechs Wochen abzuwarten, nach dieser Zeit wollte er weiter sehen. Um mir das Herz nicht allzu schwer zu machen, wurde ich nun fast jeden Tag in einen Schlitten gepackt, um etwas von der schönen Umgebung sehen zu können, während die Herren auf Skiern ihre eigenen Wege gingen oder sich am Schlitten anhängten.

Mitte Januar traf Kestenberg als unser Gast ein und brachte die Nachricht, daß ich in der »Wahrheit« und anderen Zeitungen angepöbelt und als Sensation in den Straßen ausgerufen worden sei. Er erzählte auch von Rosa Luxemburg, die im Gefängnis saß. Kurz vor meiner Schweizer Reise hatte ich von ihrer sehr bedrängten materiellen Lage gehört und Kestenberg gebeten, eine monatliche Rente, die ich ihm zur Verfügung stellte, ihren Angehörigen zukommen zu lassen. Ich war glücklich, dieser außergewöhnlichen Frau ein wenig helfen zu können.

In der Folge las ich in den Schweizer Zeitungen eine Verteidigung meiner Person als Antwort auf die politischen Angriffe der Berliner Presse, denen in Berlin nur das »Berliner Tageblatt« entgegentrat.

Leo Kestenberg erfreute uns oft an den Abenden durch sein schönes Spiel, ich las Gedichte vor, und so verbrachten wir anregende Stunden, an denen auch Stefan Zweig mit seiner Freundin, Frau von Winternitz, Annette Kolb, die ebenfalls nach St. Moritz gekommen waren und natürlich Schickeles teilnahmen. Mein Bein war zwar steif, behinderte mich aber nicht, bei den Schlittenausflügen nach dem Fextal auf Alpgrüm und anderen Orten ein paar Schritte zu gehen. Fried tauchte nun ebenfalls auf und vervollständigte unsere lustige Gesellschaft. Das konnte natürlich nicht von Dauer sein. Eines Tages weigerte sich Paul ohne Begründung, an einem Ausflug teilzunehmen. Man überredete mich, dennoch mit von der Partie zu sein, aber bei meiner Rückkehr traf ich Paul nicht mehr an. Er war mit seinen Koffern und Anni nach Zürich gefahren. Was blieb mir übrig, als ebenfalls St. Moritz zu verlassen. Ich traf ihn in der übelsten Laune, denn wieder waren, diesmal in der »Leipziger Allgemeinen Zeitung« und in den »Münchner Blättern«, Artikel gegen uns erschienen, auch Max Rascher hatte man angegriffen und als Verleger der Entente denunziert. Die Folge war eine neuerliche Einberufung und diesmal nach der Irrenanstalt Freiburg. Der deutsche Gesandte, Romberg, wollte P. C. nicht reisen lassen und telegrafierte in diesem Sinne nach Deutschland. Keßler hatte ihn wohl gewarnt, daß P. C. zuviel wüßte. Das deutsche Konsulat weigerte sich trotz Pauls Einberufung, ihm einen Paß auszustellen.

Zu allem Überfluß war der Artikel der »Leipziger Zeitung« vom »Corriere della sera« abgedruckt worden. Das war alles ziemlich verworren.

In diese Zeit der Aufregungen fiel ein Vortrag, den Fritz von Unruh hielt, der seines pazifistischen Inhaltes wegen großen Anklang beim Züricher Publikum fand, in Deutschland aber Entrüstung hervorrief. Sein Stück, das der Großherzog von Darmstadt aufführen wollte, wurde mit der Drohung verboten, jeden darin spielenden Schauspieler einzuziehen, und sein Bruder, Kurt von Unruh, der Adjutant Keßlers, wurde nach Berlin zitiert.

Wir alle fühlten unsere Nerven bis zum Zerreißen angespannt. An Pauls Geburtstag, dem 21. Februar, brach das Unwetter schließlich los: Ich wurde von ihm wieder einmal aufgefordert, mich scheiden zu lassen. Ich nahm es ihm nicht übel, denn der Wirrwarr nahm kein Ende. Man hatte nun Pauls Beteiligung bei Rascher ausgeschnüffelt, und um diesen Verlag zu schützen, wurde P. C.s Anteil auf Schickele übertragen.

Romberg war unterlegen. Alles wurde für Pauls Abreise geordnet. Ich wollte ihn begleiten, ließ mich aber durch Gründe, die dagegen sprachen und die mir von meinen Freunden vorgetragen wurden, davon abbringen. Doch konnte man mich nicht davon zurückhalten, trotz meines lahmen Beines, ihn bis nach Basel und bis zur Grenzkontrolle zu begleiten. Wir nahmen sehr traurig voneinander Abschied, denn ich wußte nicht, wann ich ihn wiedersehen würde. Bald darauf bekam ich aus Freiburg von P. C. ein Telegramm, das verhältnismäßig günstig lautete.

Nun hatte ich Zeit, etwas für mich zu tun und erfuhr von Professor Sauerbruch, daß eine Operation absolut notwendig sei. Er entschloß sich nicht leicht dazu, denn die Entfernung des Meniskus ist natürlich nicht lebensgefährlich, aber sehr schmerzhaft, und der Ausgang nicht immer günstig. Lahm konnte ich aber für meinen Beruf nicht bleiben, ich entschloß mich also rasch und belegte in Sauerbruchs Privatklinik ein Zimmer. Bevor ich mich auf den Operationstisch legte, bekam ich die Nachricht, daß Wedekind gestorben sei. So war dieser geniale Dichter, dessen Geist noch für die nächste Generation fruchtbar bleiben wird, aus dem Leben geschieden. Seine Werke, erst verlacht, dann auf allen Bühnen für kurze Zeit zu sehen, begann man bereits als veraltet anzusehen. Er teilte das Schicksal aller Propheten: zu früh und zu spät. »Frühlings Erwachen« jedenfalls, das den Kampf einleitete gegen das Muckertum, wird in der Literatur immer ein Merkstein bleiben. Ebenso »Mine-Haha«, der Lobgesang auf Körperpflege, frühzeitige Erziehung zur Gymnastik und Beherrschung des Körpers. Trotz meiner Furcht vor seiner bösartigen Sarkastik, habe ich ihm ein verehrungsvolles Gedenken bewahrt. Paul traf ganz überraschend wieder in Zürich ein. Er hatte in Freiburg einen verständnisvollen Arzt gefunden, den Geheimrat Hoche, der ihm nach vierzehn Tagen den Rat gab, schleunigst wieder in die

Schweiz zu reisen. »Sie sind nicht so krank, daß ich Sie in meiner Anstalt behalten könnte, aber mit gutem Gewissen kann ich Sie als untauglich für jeden militärischen Dienst erklären.« Man hatte schon bei der Abreise dafür gesorgt, daß P. C. seinen Paß so ausgestellt bekam, daß er wieder die Möglichkeit hatte, die Grenze zu überschreiten, und so war er dem Rat natürlich gefolgt und wieder in Zürich eingetroffen.

Während ich noch im Sanatorium lag, bekam Professor Sauerbruch das Angebot der Stadt München, die Stelle des Chefarztes der dortigen Städtischen Klinik einzunehmen; er zögerte. Ich aber riet ihm zu und er nahm an, was sich in der Folge sehr günstig, auch für mich, auswirkte.

Zürich, mit seinen tausend Spionen, wurde den Herren verleidet, und sie sahen sich nach einem ruhigen Ort um. Besprechungen mit Franzosen waren nötig, die nicht belauscht werden sollten, denn im Frühling 1918 schwirrten wieder Friedensideen, diesmal heftiger, durch einige Köpfe der deutschen Heeresleitung. Paul fand in Spiez, am Thuner See, ein wundervoll geeignetes, ziemlich einsam liegendes Chalet. Es lag etwas erhöht über dem See, jedoch der Garten reichte bis an die Ufer und besaß privaten Badeplatz und Bootshaus. Fuhr man etwa hundert Meter auf den See hinaus, dann lagen Jungfrau, Mönch und Eiger in ihrer majestätischen Schönheit vor dem Blick, und nahe von Spiez erhob sich der Niesen, dessen Form an den Fudschijama erinnert. Das Haus war so groß, daß wir alle bequem Platz fanden.

Ich reiste nach Vitznau, wo auch Exzellenz Solf und Frau eintrafen. Er bekleidete vor dem Kriege die Stellung eines Gouverneurs von Samoa und ging nach dem Kriege als Botschafter nach Tokio. Mit ihm hatten wir oft in Berlin die heitersten Abende verlebt. Auch Hofrätin Zuckerkandel kam aus Bern, und das Ehepaar Moll mit Tochter Maria besuchte Vitznau. Die Frau des in Wien sehr bekannten Malers Moll war die Mutter der Frau von Gustav Mahler, die nach Mahlers Tod Franz Werfel heiratete.

Nach einigen vergnügten Tagen in Vitznau fuhren Paul und ich über Bern, wo P. C. mit dem Chef der französischen Presse, Lewi, eine Unterredung hatte, nach Zürich, um unsere Wohnung im Hotel »Schwert« aufzulösen.

Am 19. Mai starb der große Schweizer Maler Hodler, dessen Ausstellung gerade in Genf stattfand, und wenige Tage nachher fuhren wir mit Schickele dahin, um uns seine Bilder anzusehen. Die Reise wurde in Etappen gemacht, um verschiedene schöne Orte, die auf der Strecke lagen, zu genießen. Mir blieb besonders das Wunder der Narzissenfelder in Les Avanc in Erinnerung. Wenn wir aber glaubten, in Spiez einsam leben zu können, wurden wir bald vom Gegenteil belehrt. Von allen Seiten strömten Bekannte und Freunde nach Spiez, das mit dem Hotel »Spiezerhof« einen recht angenehmen Aufenthalt bot. Bern lag nicht weit entfernt, und die Politiker, Schriftsteller und Diplomaten kamen gern auf ein oder zwei Tage hierher, um sich von dem aufregenden Treiben der überfüllten Stadt zu erholen. Hauptsächlich Berta Zuckerkandel sahen wir als häufigen Gast. Ihre Schwester war die Frau von Paul Clemenceau, dem Bruder des »Tigers« George Clemenceau. Berta hatte durch diese Verwandtschaft die Verbindung für Österreich zu diesem allmächtigen Mann gefunden und vermittelte geheime Aufträge ihrer Regierung nach Frankreich. Auch hatte man einen Österreicher zu ihr geschickt, der für die Kinder seiner Heimat warb, und Paul behauptete, er wäre zuvor als Heulderwisch abgerichtet worden; auf das Stichwort »Kinder« tropften sofort automatisch zwei Tränen aus seinen Augen.

Es kamen Graf Keßler, van de Velde, Chefredakteur Bauer, Annette Kolb, Magnus Hirschfeld, Krummbach, die Familie Moll, von der österreichischen Regierung der Gesandte Musulin und Herr Deveaux. Fried wohnte tagelang bei uns. Der Jurist Heine, der gerade in Berlin ein Mandat bekommen — später wurde er in der Republik Justizminister —, wohnte mit seiner Frau am anderen Ufer des Sees in Gunten und ließ sich oft zu uns herüberrudern.

Dazwischen erfreute uns wieder ein aus Berlin eintreffender Bekannter mit der Nachricht, daß die Affäre P. C. im Herrenhaus zur Sprache gekommen sei, und daß sich aufs neue eine schwarze Wolke über unseren Häuptern zusammenzog.

Unsere Abende wurden mit politischen und literarischen Gesprächen ausgefüllt, und sehr oft wurde ich veranlaßt vorzulesen, meistens aus Neuerscheinungen, was mir bei diesem Publikum viel Freude bereitete.

Am 10. Juli wurde Kühlmann gestürzt, und in Deutschland fing es an, immer finsterer zu werden.

Damit wieder für eine kleine Auffrischung gesorgt wurde, nahm das Schicksal diesmal Schickele beim Schopf und bescherte ihm eine Ausweisung aus der Schweiz. Womit er sich dies zugezogen hatte, war uns nicht ganz klar, aber unangenehm blieb es auf jeden Fall, und so wurden alle Hebel in Bewegung gesetzt, diese Verfügung aufzuheben. Für mich dagegen kamen in Deutschland die Anfeindungen wegen Spionage nicht zur Ruhe; allmählich hatten wir uns aber an diese Nachrichten gewöhnt, so daß wir trotz aller drohenden Klippen, an denen unser kleines Schiff zerschellen konnte, unser tägliches Leben ganz vergnügt weiterführten. So luden wir den Bildhauer Hermann Haller und Frau zu uns zu Gast, da er den Wunsch geäußert hatte, meine Büste zu modellieren. Es war eine fröhliche Zeit, die wir mit ihnen verlebten. Haller machte zwei Büsten von mir, von denen die eine später von der Züricher Kunsthalle angekauft wurde.

In die Schweiz kam ein schlimmer Gast: die »spanische Grippe«, der viele Menschen erlagen. Die geschwächten Internierten wurden besonders davon betroffen, aber auch die gesunden Städter und Landleute, ja sogar Hirten auf einsamen Bergen wurden ihr Opfer. Trotzdem ließ sich niemand von Reisen abschrecken, und wir bekamen nach wie vor Besuch. Trotz der isolierten Lage unseres Hauses waren wir keineswegs vor Spionen sicher. Sie drangen ins Haus unter dem Vorwand, es kaufen zu wollen, sie gondelten auf dem See auf und ab, sie schlossen Freundschaft

Als Ogan in Treibjagd (Blume), Schiller-Theater Berlin 1928,
Regie Leopold Jessner.

Als Elisabeth mit Leo Reuss in Maria Stuart (Schiller), Lessing-
Theater Berlin 1932.

Lady Macbeth (Shakespeare),
Rollengastspiel in Prag 1935
und 1936.

mit dem Gärtner und so weiter. Das war sehr peinlich, denn ab und zu besuchten Schickele oder Paul Franzosen, deren Namen selbst mir verschwiegen blieben. Leo Kestenberg, der aufgeregt kam, schilderte uns die düstere Stimmung in Deutschland, aber keiner von uns, die wir auch von der Feindesseite Nachricht hatten, ahnte im Juli, wie rasch das Ende nahen sollte.

Schickele bereitete uns viel Sorgen. Er führte ein absolut ungesundes Leben, blieb die ganze Nacht schreibend wach, trank dazu Unmengen schwarzen Kaffee und schlief tagsüber bis in den späten Nachmittag, so daß für ihn Frühstück und Mittagessen ausfielen.

Eine ganz schlimme Überraschung aber bereitete er uns Mitte September. Wir hatten einen Ausflug nach Zermatt und dem Gorner Grat gemacht und wurden von der bestürzten Anni mit dem Ausspruch empfangen: »Herr Schickele ist schwer krank oder verrückt geworden.« Ich eilte in sein Zimmer und fand ihn halb bewußtlos im Bette liegen. Er antwortete auf meine besorgten Fragen nur mit unartikulierten Lauten. Ratlos forschten wir nach dem Grunde seiner Erkrankung und fanden endlich eine leere Tube Adalin auf dem Boden. Es stellte sich heraus, daß er in einer überreizten Stimmung zuviel von diesem Schlafmittel genommen hatte, so daß er nun nicht mehr zur Besinnung zu bringen war. Schickele war schon einmal zur Kur in der Nervenheilanstalt Binswanger gewesen. Wir riefen Frau Schickele an, die nur von Zeit zu Zeit nach Spiez kam und augenblicklich in Bern in ihrer reizenden Wohnung weilte. Sie konnte ihren kleinen Sohn Hans nicht verlassen, der mit Grippe zu Bett lag. Wir verlangten von Binswanger telegrafisch Ratschläge, aber seine Antwort lautete: »Sofort Patienten hier einliefern, auch gegen seinen Willen.« Das war leichter gesagt als getan. Wir konnten ihn doch unmöglich in einer Zwangsjacke transportieren. Schließlich gelang es mit Hilfe unseres Hausarztes, ihn doch nach einigen Tagen wieder auf die Beine zu stellen. Er war körperlich sehr schwach und geistig sehr beschämt und bedrückt, als er zum erstenmal wieder im Garten saß. Dieser geistreiche, liebenswerte Dichter war den Aufregungen dieser verrückten Zeit nicht mehr gewachsen.

Mitte September kamen immer verworrenere Nachrichten aus Deutschland. Trotzdem setzte sich Paul in den Kopf, nach Deutschland zu fahren. Alle Freunde redeten ab, aber er ließ sich erst beschwichtigen, als wir hörten, daß er in Berlin sofort wegen Insubordination verhaftet werden sollte. Außerdem stand Kestenberg nun unter Polizeikontrolle. Er hatte uns schon bei seinem letzten Besuch erzählt, daß er in Frankfurt einen Freund treffen müsse, mit dem er ein sehr vertrauliches Gespräch zu führen habe. Im letzten Augenblick hatten sie ein Zimmer genommen und erst nach sorgfältigem Verschließen der Türen und Fenster im Flüsterton gesprochen. Nun lag jedes Wort der Unterredung im Stenogramm bei den Überwachungsstellen vor, und wahrscheinlich war dies der Grund seiner Beschattung. Auch alle seine und unsere Briefe wurden kopiert.

Wir gingen nach Zürich, um Näheres über die politische Lage zu erfahren. Dort meldete man uns, daß der Kaiser in Berlin P. C.s Akte verlangt und eigenhändig an den Rand geschrieben habe: »Also doch wahnsinnig.« Wir hielten es für dummes Geschwätz und wollten es nicht glauben, war doch schon alles in Deutschland in Unordnung. Prinz Max von Baden versuchte noch zu retten, was zu retten war. Nach der Revolution bekam Paul aber seine Akten zu Gesicht und war sehr geschmeichelt, daß der Kaiser sich um diese Zeit noch so intensiv um das Schicksal eines Mannes kümmerte, der im Vergleich mit dem großen Deutschen Reich doch nur ein Pünktchen bedeutete. Wie tief muß der Haß der Hohenzollern doch gegen die impressionistischen Maler gewesen sein! —

Mitte Oktober flogen überall Friedensgerüchte durch die Luft. Ein Flugblatt wurde verteilt, darin man lesen konnte, daß Deutschland auf alles eingehen würde. In Bern bei Rosenberg herrschte große Aufregung über Wilsons Friedensnote, und am

27. Oktober hörten wir, daß Ludendorff gegangen sei. Gleich darauf wurde in Berlin die Abdankung des Kaisers gefordert. Wir hielten es in unserem stillen Winkel kaum aus und pendelten fortwährend zwischen Zürich und Spiez hin und her, trafen in der Stadt unsere Freunde, den Zeichner Masereel und den Pianisten Busoni, alle in zitternder Erwartung und Aufregung. Am 1. November war Paul nun nicht mehr zu halten und fuhr mit Schickele über Romanshorn nach Berlin.

Ich kehrte nach Spiez zurück und war von all der Aufregung und auch von der Unruhe über Pauls Schicksal in Deutschland so müde und überreizt, daß ich am liebsten wie Schickele eine tüchtige Portion Schlafmittel genommen hätte. Es ist sehr seltsam, daß ich in meinen Tagebüchern so oft den Wunsch nach dem Tod verzeichnet finde. Ich war jung und hatte nur die Sorgen, die an jedem anderen auch nagten. Augenblicklich hatte ich aber Zeit, um nachzudenken, und das hatte ich bitter nötig. Nie hatte ich Zeit für mich allein gehabt. Kampf mit der Mutter, Kampf mit dem Theater, Kampf mit dem Geld, Kampf mit Ehe, Scheidung und wieder Ehe, mit Paul und Behörden, Kampf auf allen Linien und niemals Ruhe. Nun arbeitete ich mich aus meiner inneren Wirrnis heraus und versuchte, mich selbst im Spiegel zu sehen. Ein müdes Gesicht sah mir entgegen. Schon begannen sich Falten auf der Stirne zu zeigen. Nun gut, aber das war nicht das Wesentliche. Wie sah es in meinem Inneren aus? Das war nicht zu erkennen. Hatte Schickele recht, wenn er mir sagte: »Wo sind Sie eigentlich? Wer sind Sie eigentlich?« — Ja, wo war ich? Mein elendes kleines bißchen Ich hatte sich in einen Schlupfwinkel verkrochen, Pauls Wünsche, Pauls Launen, Pauls Freunde hatten es dorthin gescheucht. Seine große geistige Überlegenheit war dominierend geworden. Ich bewunderte ihn mit seinen reichen Einfällen, seinem sarkastischen Humor, seiner Schärfe des Urteils. Aber irgendwo mußte mein Ich doch zu finden sein, sonst wäre meine Suggestion auf der Bühne nicht möglich gewesen. Oder halt — lebe ich gar nicht selbst, sondern nur in den fremden Gestalten, in die ich hineinschlüpfe?

Wie ergeht es mir mit einer Rolle? Ich bekomme das Stück in die Hand, lese es hastig, sozusagen nur jedes zweite Wort. Dann lese ich es zum zweitenmal ganz genau, und schon steigt undeutlich wie ein Schatten die Gestalt in mir auf. Ich kann sie noch nicht fassen, will es auch noch gar nicht, aber plötzlich überkommt mich die Angst, beinahe ein Grauen, ich will nicht, ich will nicht, ich kann nicht! Und nun suche ich hundert Ausreden, um die Rolle nicht spielen zu müssen. Ich ahne Schmerzen und fürchte mich davor. Fast jedesmal folgt dann ein Kampf mit dem Direktor, mit dem Regisseur, denen ich begreiflich zu machen versuche, daß gerade diese Aufgabe für mich unmöglich ist. Manchmal kämpfe ich auch mit mir allein oder auch mit Paul. Jede Vision meiner Rolle ist verschwunden, es bleiben nur die kalten, nackten Worte, die ich nun langsam hinabwürge. Der Text muß ganz fest in mein Hirn eingegraben sein. Auf den ersten Proben gebärde ich mich wie eine untalentierte Anfängerin, aber eines Tages sitzt jeder Satz, und plötzlich ist die Vision wieder in mir. Ich bin allein im Zimmer, sie erfaßt mich, sie würgt mich, mein Ich stirbt, und ich gleite in einen fremden Körper, der meine Bewegungen, den Klang meiner Stimme, selbst meinen Herzschlag regiert. Wenn ich aus meinem Studierzimmer hinaustrete, bin ich blaß und wie ausgeleert, sozusagen nur noch Haut. Auf der Probe höre ich als veränderter Mensch, als der Mensch meiner Rolle, aufmerksam auf meine Partner und reagiere auf die leiseste Anregung. Darum bin ich so glücklich, mit guten Partnern zu spielen; die schlechten bestehlen mich, sie machen mich arm. Schon die Generalprobe, bei der keine Unterbrechung mehr stört, ist ein Rausch, der Abend ein Flug in das Mysterium, in weite Fernen. Die Wirklichkeit und ich sind ein Dualismus, den ich ahne, aber nicht erfasse. Ich bin die Königin, die Bettlerin oder die verlassene Geliebte, ich leide mit ihnen, und das ist es, was ich bei Beginn gefürchtet habe. Der Schmerz schlägt seine Krallen in mein Herz, und doch ist es Wollust, diesen Schmerz zu fühlen. Man sagt, ich spielte mit dem Verstand, ich hätte keine Seele; das ist möglich. Aber weiß denn niemand, wie stark meine Seele in all den Kämpfen werden mußte, und daß sie auf kleinliches Jammern nicht reagieren kann und nur den einmaligen Schrei versteht? Nur wer sich selbst immerwährend unter Kämpfen besiegen muß, kennt die Bitternis des Schweigens.

Am Abend auf der Bühne fliege ich weit fort von allem, ich weiß von der fehlenden vierten Wand, aber ich kenne sie nicht; die Kulisse ist da, aber ich sehe sie nicht, und doch würde ich es nie versäumen, bei meinem Stichwort an den auf der Bühne bestimmten Platz zu treten. Ich habe mir Nägel in die Füße getreten und merkte es nicht. Ich warte auf das Wort, bei dem ich niedersinken muß und sinke nicht früher und nicht später. Schickele hat recht, ich bin nicht zu deuten, denn ich bin ein Kaleidoskop, das geschüttelt immer ein neues Bild zeigt; zerlegt ist es nur ein Häufchen unscheinbarer Splitter.

In mein Grübeln und unsere eintönigen Tage platzten aufregende Nachrichten:

7. November: Bayern soll sich zur Republik erklärt haben, die telegrafische Verbindung mit Deutschland hat aufgehört.

8. November: Gerücht von des Kaisers Abdankung, in Zürich zieht Militär auf. In Bayern ist Kurt Eisner Präsident des Arbeiter- und Soldatenrates.

9. November: Kaiser und Kronprinz danken ab. In Berlin sollen Unruhen sein.

10. November: Man spricht von Ebert als Reichskanzler. Die Mark beginnt zu schwanken.

11. November: Singende Prozessionen von Internierten. In Zürich und Bern droht Generalstreik.

12. November: Keine Bahn mehr, keine Post, alles ist drohende Stille.

Wir waren vollkommen von der Welt abgeschlossen, und erst drei Tage später erreichte mich die Nachricht, daß Paul mittags in Zürich eintreffen würde. Ich fuhr sofort hin und fand ihn strahlend und glücklich.

Paul und ich kehrten über Bern nach Spiez zurück. In der Bahn bekam ich teuflische Schmerzen in den Fingerspitzen, und zu Hause angekommen, hatte ich hohes Fieber — die Kopfgrippe! Obwohl das Fieber nur einen Tag dauerte und dann verschwand, ließ mich der Arzt drei Wochen lang nicht aus dem Bett, und als ich dann aufstand, merkte ich, wie recht er gehabt hatte, denn ich war so schwach, als hätte ich eine Todeskrankheit überstanden.

Paul fuhr nach einigen Tagen nach Berlin zurück, wollte mich aber noch nicht mitnehmen; ich sollte mich erst erholen. Nach seiner Abreise bekam ich vom »Münchner Nationaltheater«, früher »Hoftheater«, einen Auftrag für ein viermonatiges Gastspiel. Eisner, Ministerpräsident von Bayern, hatte mich angefordert. Schwannecke war nun Intendant geworden, und Steinrück hatte eine entscheidende Stimme am Theater, und so schloß ich mit Vergnügen für das neue Jahr ab. Vom 1. Januar an konnten wir Paul erwarten. Als er ankam, verlebten wir noch einige Tage in Bern, umgeben von unseren Freunden und Bekannten, Zuckerkandel, Annette Kolb, dem französischen Pressechef Lewi und Hofrat Hirsch und Frau, deren Schwester ich zweiundzwanzig Jahre später auf der Flucht in einem serbischen Hause kennenlernte. Paul fand die Deutsche Gesandtschaft vollständig verlassen. Nur Keßlers Adjutant, Kurt von Unruh, lief aufgeregt und ratlos durch die Räume und wußte nicht aus und ein. Was sollte er mit den Akten anfangen? Schickele, Paul und Unruh verbrannten darauf alles, was sie erreichen konnten, damit nichts Kompromittierendes übrigblieb. Graf Keßler war schon nach Polen abgereist, wo er bis 1921 deutscher Gesandter war.

Dann fing das große Abschiednehmen an: von unserem Spiezer Haus, von Schickeles in Bern und von Raschers in Zürich, und am 9. Januar dampften wir nach München ab.

1919

München, Räterepublik

In der Bahn nach München lernten wir einen Herrn Lutz kennen, der uns in seinem Hause in München, Brienner Straße, eine schöne Wohnung anbot. Denn Paul hatte zu meiner großen Überraschung plötzlich vor ihm den Wunsch geäußert, seinen Wohnsitz nach München zu verlegen. Ob es ein schon länger gefaßter Plan oder eine plötzliche Laune war, konnte ich nicht eruieren. Jedenfalls wurde das Anerbieten angenommen und die Besichtigung der Wohnung verabredet.

In München eingetroffen, sahen wir Steinrück, der sich auf meine Mitarbeit am »Nationaltheater« freute, aber leider fingen die Zentrumsblätter bereits gegen mich zu stänkern an. Davon wollte ich mich aber nicht stören lassen.

Wir besuchten Eisner und Landauer. Vor Eisners Haus stand eine große Menschenmenge und starrte auf eine dort angelehnte Leiter. Erich Mühsam war Eisner mit seinen Ratschlägen störend geworden, und da man ihm den Eintritt zur Wohnung Eisners verweigerte, war er auf die Idee gekommen, mit einer Leiter zum Fenster einzusteigen. Zu diesem Schauspiel kamen wir gerade zurecht.

Erich Mühsam war Literat und Antiliterat, er gründete allerlei Vereinigungen — nicht Vereine — für die Ärmsten der Armen, für die, die noch unterhalb der Arbeiterklasse standen. Er gab eine Zeitschrift heraus, die den Namen »Kain« führte, denn er liebte Kain mehr als Abel, den er einen glatten Burschen nannte. Seine zahlreichen Gedichte sind sehr schwer verständlich, aber von glühender Menschheitsliebe erfüllt. Seine politischen Zukunftspläne aber hätten nur mit engelhaften Idealisten zur

Durchführung kommen können. In der Republik wurde er seines aufrührerischen Wesens wegen zu fünfzehn Jahren Gefängnis verurteilt, ein viel zu hartes Urteil für diesen Idealisten. Paul Cassirer schlug damals als Strafe »Anpflöcken auf einer blumigen Wiese« vor. Leider wurde seine Strafe wirklich vollzogen, und er kam unter die Gewalt Hitlers und ging elend zugrunde.

Landauer trafen wir in einem Regierungsgebäude, in dem furchterweckende bewaffnete Gestalten auf und ab gingen. Im Nebensaal fand gerade eine Sitzung statt. Paul, der Landauer durch den Verlag gut kannte, sprach vertraulich mit ihm und erbot sich, aus Berlin einige versierte Politiker zu Hilfe zu schicken, denn man sah in dem ganzen politischen Aufbau keine Linie. Landauer lehnte ab, und auf die Frage Pauls, ob denn die Ministerposten schon besetzt seien, öffnete Landauer die Tür. Auf der Bank draußen saßen einige Männer. Landauer hob seine schöne Hand und sagte: »Hier sitzen sie.« Er mußte aber zugeben, daß er diese Wartenden gar nicht kannte. Paul schüttelte den Kopf, so fähig Eisner schien, so fern von jeder Wirklichkeit war Landauer, dieser feine Ästhet. Aber da er aus Münchner Lokalpatriotismus einen Rat aus Berlin verschmähte, mußte Paul ihn seinem Schicksal überlassen. Wir verließen München, um nach Berlin zu reisen, wo ich unser Haus in Ordnung traf und Helene begrüßte, die inzwischen einen kleinen Sohn bekommen hatte.

Wieder hatten sich bei mir Schmerzen und Fieber eingestellt, und die Ärzte, die ich konsultierte, rieten mir wieder zu einer Operation, die allerdings nicht sofort nötig wäre. Meine Mutter fand ich in sehr schlechtem Zustande, meine Stiefschwester, die bei ihr wohnte, war nicht die richtige Pflegerin für sie, aber Mama sträubte sich gegen jeden fremden Menschen in ihrer Wohnung, also konnte ich nichts ändern. Alle Tage wurde am Potsdamer Platz, in unserer Nähe, heftig geschossen, und manchmal kamen die Kugeln bis in den angrenzenden Garten geflogen.

Diese Tage in Berlin waren nicht dazu angetan, mich aufzuheitern.

Der Kreis, der P. C. nun umgab, bestand aus Herrn und Frau Kautsky, Hugo Haase, Hilferding, Eduard Bernstein, Breitscheid und Herrn und Frau Hugo Simon; dazu die Künstler Theodor Däubler, Schönlank (Spartakist), Walter Hasenclever, Hatzfeld, Kokoschka und die alte Garde von früher. Von Zeit zu Zeit kamen noch einige Spartakisten und Sozialisten, deren Namen mir entfallen sind, in P. C.s Büro.

Am 16. Januar wurden Rosa Luxemburg und Karl Liebknecht in rohester Weise erschlagen. Das Attentat ist der ganzen Welt zu bekannt, als daß ich darüber Worte zu verlieren brauche.

Ich war froh, als ich Berlin wieder verlassen konnte, um in München meinen Vertrag zu erfüllen.

Meine Reise nach München ging in Begleitung des Ehepaares Kautsky vor sich, aber der Zug fuhr nur bis Nürnberg, wo wir übernachten mußten und uns von der eisigen Kälte in ungeheizten Waggons erholten. In München trafen wir mit großer Verspätung ein. Sofort suchte ich natürlich Professor Sauerbruch und seine Frau auf, und wir feierten ein herzliches Wiedersehen. Als erste Vorstellung brachte man »Judith« für mich heraus, mit Steinrück als Holofernes.

In meiner freien Zeit kam ich öfter mit Frau Eisner zusammen, die mit ihrem Mann außerordentlich einfach und bescheiden lebte, auch besuchte ich Heinrich Mann und seine dicke Frau, die ihn gehörig tyrannisierte. Einige Male sah ich auch noch Landauer und Eisner, doch waren beide mit dem Kurs, den die Politik in Bayern einschlug, unzufrieden.

Am 11. Februar fuhr ich mit der Straßenbahn ins Theater zur Probe für »Medea«, als ich bei dem Landtagsgebäude eine große Menschenansammlung bemerkte. Man schrie uns zu: »Eisner ist ermordet.« Im Theater fand ich schon alle Kollegen in größter Aufregung. Eisner war vor dem Landtag ermordet worden, wo er im Auftrage des Ministerrats erklären wollte, daß das Gesamtministerium von seinen Ämtern zurücktrete, doch sei das

Gesamtministerium bereit, die Geschäfte weiterzuführen, bis eine neue Regierung gebildet wäre. Eisner wurde von dem Grafen Arco-Valley niedergeschossen, der Mörder wurde gefaßt und unter Bewachung schwerverletzt in die Städtische Klinik eingeliefert. Nach einer Stunde wurde die unterbrochene Sitzung im Landtag wieder aufgenommen, und der Minister des Innern, Auer, erhob sich, um den Mord an Eisner mit den schärfsten Worten zu verurteilen. Eine sehr gedrückte Stimmung herrschte im Hause. Der Abgeordnete Süssheim, Sozialist, beantragte Vertagung, und in dem Augenblick, als der Abgeordnete der Bayerischen Volkspartei sprechen wollte, fiel ein Revolverschuß. Es entstand eine große Panik. Von der Eingangstür aus fielen weitere Schüsse auf die flüchtenden Abgeordneten. Ein Mann stürzte mit erhobenem Revolver zum Ministertisch, und Minister Auer wurde in die Brust getroffen. Ebenso der Abgeordnete Osel, der tot zusammenbrach. Zwei Beamte erhielten schwere Schußwunden. Sanitäter leisteten Auer die erste Hilfe und transportierten ihn ebenfalls in die Städtische Klinik. Die Erregung in der Stadt war ungeheuer. Aller Straßenverkehr wurde eingestellt und überall die roten Flaggen auf Halbmast gehißt. Auf der Theresienwiese versammelte sich eine große Protestdemonstration, der Generalstreik wurde proklamiert. Die Stadt Nürnberg schloß sich an. Bauern, Arbeiter- und Soldatenräte versammelten sich im »Deutschen Theater« zu einer Sitzung, und überall standen aufgeregte Gruppen in den Straßen. Proben und Vorstellungen wurden abgesagt.

Noch in der Nacht traf ein Telegramm von P. C. ein, der mir den Besuch von Ernst Toller ankündigte. Ernst Toller, der auch am nächsten Morgen eintraf, hatte ich schon in Berlin flüchtig kennengelernt, denn seine Gedichte waren in unserem Verlag erschienen. Er war damals ungefähr sechsundzwanzig Jahre alt, eine schmächtige, recht hübsche Erscheinung. Er war von P. C. gebeten worden, mich zu beschützen, falls politische Wirren dem Attentat folgen sollten.

Nach Eisners Tod wurde sofort die Räterepublik konstituiert

und neue Minister ernannt, Landauer zum Minister für Kultur und Unterricht. Die anderen wechselten so oft, daß mir die Namen nicht im Gedächtnis blieben. Die Zeit, die nun folgte, war unheimlich, denn die wildesten Gerüchte durchschwirrten die Stadt. Aus dem Hotel »Marienbad« zogen die meisten Gäste aus, und ich blieb fast der einzige Bewohner. Dazu kam, daß meine Gesundheit sehr unbefriedigend war. Ich ging öfters in die Klinik zu Sauerbruch, um mich mit ihm zu beraten, was mit mir geschehen solle. In der Klinik lag Arco in einem kleinen Zimmer; eine Wache stand vor seiner Tür, und niemand, außer Sauerbruch und seinem Assistenten, durften ihn sehen. Auer war außer Lebensgefahr, aber noch immer schwer krank.

Da die Arbeiter der Brauereien und die der Munitionsfabriken von Zeit zu Zeit revoltierten, wurde die Sperrstunde manchmal schon um acht Uhr festgesetzt; dann konnten wir selbstverständlich nicht spielen. Allerdings folgte dann wieder eine Reihe verhältnismäßig ruhiger Tage. Toller hatte mich wiederholt aufgesucht, er spielte nun eine große politische Rolle.

München war von der Außenwelt abgeschnitten; von Norddeutschland her zogen langsam Truppen gegen die Stadt. Es wurde verboten, nachts die Straße zu betreten, und nur wenigen Personen war dies mit Hilfe eines Ausweises gestattet. Unter diesen wenigen waren auch Steinrück und ich. Sauerbruch, obwohl Arzt, konnte aber keinen Ausweis bekommen. Da ich nun wirklich der einzige Gast im Hotel geworden war und die Abende nicht allein in meinem Zimmer verbringen wollte, ging ich oft zu Sauerbruchs, die unweit der Theresienwiese wohnten. Spät nachts marschierte ich dann allein zurück; der Weg führte am Bahnhof vorbei. Das war eine etwas unheimliche Gegend. Oft wurde ich von Patrouillen nach meinem Ausweis gefragt, und hatten sie ihn gesehen, so schossen sie hinter mir drein in die Luft. Eine Anzahl einflußreicher Bürger der Stadt und einige Generäle hatte man in eines der großen Hotels eingeschlossen, doch waren sie keinerlei Mißhandlungen ausgesetzt und konnten sich selbst verpflegen. Die Münchener verkrochen sich

in ihre Häuser und ließen die Jalousien herab. Mit einer Handvoll energischer Männer hätten sie sich durchsetzen können,
denn die Räterepublik war keineswegs gefestigt. Das Ganze war
trotz allem Schrecken, verglichen mit den Geschehnissen der
Hitlerzeit, verhältnismäßig harmlos, und die Schwabinger Fa-
schingsluft wehte auch in diesen Tagen durch die Straßen.
So traf ich einmal nachts auf zwei Soldaten der Wache, die meinen Ausweis verlangten. Zu meinem Schreck mußte ich bemerken, daß ich ihn vergessen hatte. Da entspann sich folgendes
Gespräch: »Freilein, was machens denn so spät in der Nacht?«
— »I bin vom Theater.« — »So, vom Theater sans, nacha missns
doch an Ausweis ham!« — »Ja, i hab ihn vergessen.« — »Na,
irgendwas werdens do ham.« Da fand ich in meiner Tasche einen
Heimatschein, auf dem ich unglücklicherweise als Hofschauspie-
lerin vermerkt war. »Was, königli sans a no?« — »Aber gengans, i bin do net königli, das war bloß mei letztes Angaschma,
i pfeiff aufs königliche.« — »Na, wanns aufs königliche pfeiffn,
nacha gengans halt zhaus.« Und ich konnte passieren.
Sauerbruch hatte den Mörder Eisners in seiner Klinik und auch
Auer, der der jetzigen Regierung unliebsam war, und beide
wollte man ausgeliefert haben; er sträubte sich dagegen und behauptete, sie seien seine Patienten, und Kranke könnten nicht
ausgeliefert werden. Daraufhin wurde er selbst in Haft genommen. Frau Ada Sauerbruch wandte sich an mich, um ihren Mann
mit Hilfe von Toller zu befreien. So erzählte ich Toller von
dieser Verhaftung, und Sauerbruch wurde sofort auf freien Fuß
gesetzt. Das gleiche geschah mit dem Besitzer meines Hotels,
Herrn Aumüller, der wirklich so unpolitisch wie ein Hase war.
Auch er wurde durch Toller aus seiner Haft entlassen.
Mein alter Freund Prinz Ludwig Ferdinand, der Bruder des
bayerischen Prinzregenten, meldete sich an einem Spielabend im
Theater und fragte mich: »Gehns, Frau Dürjö, Sie kennen doch
den Toller, was ist des für a Mensch?« — »Ein anständiger«,
versicherte ich ihm. — »Glabns, i soll mi lieber drucken, fragns
ihn!« Ich tat es, und Toller versicherte mir, daß man dem alten

Herrn kein Haar krümmen würde. Die Königliche Hoheit war von dieser Antwort am nächsten Abend sehr befriedigt und erzählte: »Wissns, gestern bin i mit der Bahn von draußen herein kumma, und da waren schrecklich viel Leut am Bahnhof, aha, hab i mir denkt, — aber dann hab i freindli grüßt, und ka Mensch war bös zu mir.« — »Na sehen Sie«, erwiderte ich ruhig. — »Ja aber 's könnt doch a Zeit kumma, wo i abfahrn sollt, gehns, sagns mirs do, wann i mi druckn soll.« — Ich versprach ihm das ganz fest. Er kam nun öfter wieder in die Vorstellungen, um zu fragen, ob es Zeit sei zum »drucken«. Und schließlich bat er mich, ihm eventuell ein Zeichen zu schicken. Wir vereinbarten, daß ihm irgendein Buch zugestellt werden sollte, falls es gefährlich für ihn sein könnte, in München zu bleiben. Aber im Laufe der Geschehnisse vergaß ich ihn. Übrigens hörte ich auch nirgends eine Andeutung, daß er in München nicht erwünscht sei. Als die Situation schon recht ungemütlich wurde, klopfte es eines Abends an meine Zimmertür, und herein trat ein Herr im Cut und steifen Hut, der mir gravitätisch ganz nahe kam und dann flüsterte: »Königliche Hoheit lassen fragen, ob die gnädige Frau Lektüre für ihn hätten!« — Nun aber war es schon zu spät geworden, um sich »zu drucken«, und so ließ ich ihm nur einen schönen Gruß und ein paar beruhigende Worte sagen. Es ist ihm auch gar nichts geschehen.

Wie erstaunte ich, als Toller mich an einem Tag in Uniform mit roter Binde aufsuchte. Die feindlichen Truppen waren allerdings schon in bedenklicher Nähe der Stadt. »Toller«, sagte ich, »Sie sind doch Pazifist.« — »Wir werden auch nicht schießen«, entgegnete er, »wir werden die feindlichen Soldaten fangen, ihnen die Waffen wegnehmen, sie mit unseren Ideen bekannt machen und daraufhin wieder zurücksenden.« — »Sie armer Idealist«, sagte ich, »wenn aber die Weiße Garde (so nannte man die Belagerer) schießt?«

Er war wirklich ein reiner Idealist und so arm — denn das Eigentum anderer rührte er nicht an — daß er glücklich war, wenn ich ihm Zigaretten anbot und ihm ein bescheidenes Früh-

stück vorsetzte. München war von allen Seiten ziemlich eingeschlossen, und so kamen auch nur wenig Lebensmittel auf den
Markt, die zu haben waren, und das, was ich ihm anbieten
konnte, war wirklich sehr gering. Nicht alle in seiner Um-
gebung dachten wie er, und man traf in den Restaurants oft
»Minister«, die sich das Leben recht schön gestalteten.
Landauer zählte auch wohl zu denen, die ihr Leben in dieser
Zeit in Armut verbrachten. Er war in Berlin hochgeschätzt in
den Kreisen, denen er literarische Vorträge hielt. Er verfaßte
zahlreiche philosophische Bücher, von denen einige in unserem
Verlag erschienen. Der politische »Aufruf zum Sozialismus«,
»Rechenschaft« und »Briefe aus der französischen Revolution«.
Er war ein Ästhet, mit wundervoll edlen Händen und ganz unfähig, das wirkliche Leben klar zu erkennen.
Eines Nachts klopfte es um drei Uhr an meiner Zimmertür. Ich
erschrak, und mein Schrecken wurde nicht geringer, als ich in
der geöffneten Tür zwei schwerbewaffnete Rotgardisten erblickte. Sie waren außerordentlich höflich zu mir, befahlen mir aber,
sofort mit ihnen zu kommen. Was blieb mir übrig, als mich
rasch anzukleiden. Darauf führte man mich in ein Hotel, wo
ich die Halle in ein Militärlager verwandelt fand, das mich an
Wallenstein erinnerte. Gewehre waren in der Mitte zusammen-
gestellt, bewaffnete Männer gingen mit finsteren Blicken auf
und ab. Feierlich wurde ich in einen Saal geleitet, der ebenfalls
von einer großen Zahl Rotgardisten gefüllt war, einige hatten
an einem langen Tisch Platz genommen. An diesen Tisch wurde
ich nun gesetzt, und ein Verhör begann. Es handelte sich um
Arco und Auer. Man hatte Sauerbruch ein zweites Mal aufgefordert, die beiden herauszugeben, auf seine Weigerung ihn wieder verhaftet, und ich hatte ihn durch Toller abermals befreit.
Nun lag eine Denunzierung vor, die davon sprach, daß weder
Arco noch Auer wirklich krank seien. Ich sollte nun den Krank-
heitszustand der beiden beschreiben. Ich sagte der Wahrheit gemäß, daß ich zwar Arco nie gesehen habe, denn sein Zimmer
sei für jeden streng verschlossen, daß ich aber nichts anderes ge-

hört hätte, als daß er sich noch nicht außer Lebensgefahr befände. Auer hätte ich einmal gesehen, wie er im Rollstuhl zur Behandlung gefahren wurde, sein Aussehen sei erschreckend gewesen. Diese Aussagen nahm man zur Kenntnis und verlangte nun von mir, sie mit einem Eid zu bekräftigen. Nun war ich in Verlegenheit über die Form des Eides, aber man stellte sie mir frei. Ich begann also in meinem Gedächtnis nach irgendeiner Eidesformel zu suchen und sagte möglichst feierlich: »Im Namen Gottes schwöre ich, die volle Wahrheit zu sagen.« Man war befriedigt. Da stand einer aus der Tischrunde auf, sah mich durchdringend an und fragte: »Können Sie auch das Ehrenwort geben, daß Ihr Eid wahr ist?« Natürlich gab ich auch mein Ehrenwort und wurde daraufhin nach langem Händeschütteln von meinen zwei Rotgardisten wieder in mein Hotel zurückgeleitet. Die ganze Versammlung bestand aus sehr, sehr jungen Menschen.

Einige Münchner, ungefähr sechzehn, wurden beschuldigt, Verbindung mit der Weißen Garde gesucht und gefunden zu haben. Man brachte sie als Gefangene in das Luitpold-Gymnasium.

Der Ring um München wurde enger und enger. In der Nacht läuteten ununterbrochen die Glocken, und die Menschen auf den Straßen sahen verängstigt aus. Toller, der sich im Gegensatz zu den radikalsten Elementen befand, sah sich eines Tages derart angefeindet, daß er sich verbergen mußte. Ein Bote gelangte zu Steinrück und bat um einen Schnurrbart, mit dem Toller sich unkenntlich machen wollte. Steinrück bestellte den Abgesandten Tollers zu einer bestimmten Stunde ins Hotel »Marienbad«, und wir beide saßen nun abends vor dem Schnurrbart und erwarteten den Boten. Als er kam, machte er auf uns einen absolut verdächtigen Eindruck, und nur widerstrebend händigten wir ihm den Schnurrbart aus. Beim Weggehen vergaß er seinen grünen Hut und kehrte nach kurzer Zeit zurück, sein Eigentum mit Ungestüm fordernd. Dann hielt er uns eine flammende Rede, in der aber nur der »greane Huat« die Hauptrolle spielte; und da sahen wir zu unserer Erleichterung, daß er nicht verdächtig, sondern nur total betrunken war. Als er uns verließ, hatten wir große Sorge, ob der Schnurrbart auch in die richtigen Hände gelangen würde.

Die Weiße Garde war nun dicht vor München. Toller hatte sich wieder mit seinen Genossen versöhnt, war aber unsicher geworden, und ich sah ihn kaum mehr. Den armen Aumüller, den Direktor des Hotels, hatte man wieder verhaftet und in das Luitpold-Gymnasium gebracht. Seine Schwester kam zu mir, ein altes, verschrumpeltes Fräulein. Sie bat mich wieder um Tollers Vermittlung. Ich bedeutete ihr, daß ich jetzt keine Möglichkeit hätte, Toller zu verständigen, ich sei ohne Verbindung mit ihm. Da stürzte sie auf die Knie und rutschte mir durch das ganze Zimmer bittend nach. Ich beauftragte sie nun, selbst nach Tollers Verbleib zu forschen, und machte mich gleichzeitig auch auf den Weg, um ihn zu finden. Endlich traf ich ihn und trug meine Bitte vor. Er war aber in keiner guten Verfassung.

Die Aufregungen der letzten Tage hatten meine ohnehin schlechte Gesundheit schädlich beeinflußt. Das Theater war geschlossen, und so gab ich Sauerbruchs Drängen nach und begab mich in seine Klinik. Die Wohnung in der Brienner Straße war wohl beinahe fertig eingerichtet, aber wir hatten sie noch nicht bezogen, und Anni und ich hatten bis dahin im Hotel gewohnt. Ich ließ Anni bis auf weiteres auch dort und zog in die Nußbaumstraße, wo mir Sauerbruch bereits ein schönes Zimmer reserviert hatte. Kaum war ich dort installiert, hörte ich, daß die Weiße Garde in die Peripherie Münchens eingedrungen war.

Sauerbruch verordnete mir absolute Bettruhe. Am 30. März gegen Abend kam Toller plötzlich zu mir. Er war so aufgeregt, wie ich ihn noch nie gesehen, und verlangte Sauerbruch zu sprechen. Als die Nonne, die ich nach dem Professor schickte, das Zimmer verlassen hatte, eröffnete mir Toller, daß alles verloren sei und ihm nur die Flucht übrigbleibe. Ich gab ihm alles Geld, das ich augenblicklich bei mir hatte und sagte ihm, ich würde alles für ihn tun, was in meiner Macht stünde. Nachdem Sauer-

Der gelähmte Auguste Renoir während der Arbeit an dem Bildnis Tilla Durieux'.

Anläßlich der Gastspiele in Wien und Budapest 1936, v. l. n. r.
Hilde Krahl, Ernst Deubel, der Filmschauspieler Mumi und
Tilla Durieux.

Als Wassilissa in
Nachtasyl (Gorki), mit
Albert Bassermann als
Luka, Wien 1938.

bruch gekommen war, gestand Toller, daß er jeden Einfluß auf seine Leute verloren habe und die Geiseln im Luitpold-Gymnasium erschossen werden sollten. Dabei rief er mir zu: »Aumüller konnte ich noch hinausbringen.« Ich zitterte vor Aufregung, und Sauerbruch zog ihn aus meinem Zimmer. Er kam nachher zurück und sagte mir beruhigend: »Toller ist nervlich vollständig zusammengebrochen und sieht alles zu schwarz. Morgen mittag sitzen die Geiseln aus dem Luitpold-Gymnasium schon zu Hause!« Als er sah, wie aufgeregt ich war, gab er mir ein starkes Schlafmittel, und ich schlief ein.

In dieser Stunde wurden die Geiseln erschossen.

In der Nacht war es mir, als hätte sich die Türe meines Zimmers geöffnet und als hätte jemand mehrere Male meinen Namen gerufen, aber ich war so benommen von dem Schlafmittel, daß ich nicht zum vollen Bewußtsein kam. Die Nonne erzählte mir am Morgen nach wiederholtem Fragen, daß Toller noch in der Nacht zu mir gewollt habe, dann aber zu Sauerbruch ging, der die Klinik nicht verlassen hatte. Sauerbruch bestätigte diese Erzählung und meinte, er sei leider ein schlechter Prophet gewesen. Die Geiseln waren tot, und Toller hatte sich mit der Bitte an ihn gewandt, die Leichen verbergen zu helfen, um keine Vergeltungsaktion der Weißen Garde hervorzurufen; ein Ansinnen, dem er aber nicht Folge leisten konnte. Während unseres Gespräches begann Maschinengewehrfeuer durch unsere Straße zu streichen. Die Weißen und die Roten standen sich gegenüber, und unsere Straße wurde in Mitleidenschaft gezogen. Die Kugeln schlugen in unser Mauerwerk ein, und wir hörten, wie der Verputz des Hauses herabrieselte. Trotz meiner schlechten körperlichen Verfassung stand ich auf, im Untergeschoß wurden die Kranken aus den Zimmern, die nach vorn lagen, in die Korridore getragen. Verwundete brachte man auf Bahren von der Straße herein. Kugeln trafen Träger und Verwundete. Der Professor und seine Assistenten arbeiteten ohne Pausen. Ein Student der Medizin mit Namen Katzenstein, der sich vor den Weißen verstecken mußte, rannte zu Sauerbruch und bekannte

ihm seine gefährliche Situation; er wurde von ihm ange-
schrien:
»Was stehen Sie da herum, ich habe schon auf Sie gewartet, ziehen Sie einen Kittel an und bleiben Sie an meiner Seite.« —
Heute ist Professor Katzenstein ein bekannter Arzt in Zürich.
Das Feuer dauerte die Nacht über an, es verebbte gegen Morgen, immerhin war die Straße nicht frei von Gefahr. Ich versuchte, zum Fenster hinauszusehen und traute meinen Augen
kaum, als ich unten Anni bemerkte, die, in der einen Hand
einen Koffer, in der anderen die Leine mit »Karlchen« haltend,
im gemütlichen Schlenderschritt daherkam. Ich empfing sie mit
Vorwürfen und machte sie auf die Gefahr aufmerksam, die sie
augenscheinlich nicht bedacht hatte. Sie jedoch sagte mir, daß sie
von Toller beauftragt sei, den Koffer zu mir zu bringen, in dem
seine Uniform und die Matrosenuniform seines Begleiters steckte. »Wo und wann haben Sie Toller gesehen?« — »Gestern, um
fünf Uhr früh, im Hotel, er hat mich gefragt, ob Anzüge von
Herrn Cassirer bei uns seien. Als ich bejahte, hat er sich umgezogen und der Matrose auch. Hier ist der Koffer mit seiner Uniform. Nachher ist noch ein anderer gekommen, den ich auch
schon einmal gesehen hatte, der hat sich auch umgezogen, und
seine Uniform hat er in einen Rucksack gesteckt, der steht jetzt
im Zimmer, und dann ist noch einer gekommen, einer mit einem
Bart, den hat er sich im Badezimmer abgeschnitten, und dort
auf dem Waschtisch liegt er noch.« Anni war damals neunzehn
Jahre alt und der Situation nicht ganz gewachsen; übrigens hätte
auch eine ältere Frau wohl dabei den Kopf verloren. Ich riet
ihr nur, sofort zurückzugehen, die Nußbaumstraße möglichst zu
meiden und den Rucksack irgendwohin auf die Treppe zu stellen und im Notfall zu leugnen, daß sie etwas damit zu tun
habe. Den Bart bat ich sie, in das Klosett zu werfen. Sie selbst
solle ihre Sachen zusammenpacken und schleunigst ihre Verwandten, die sie in München besaß, aufsuchen. Sie hat alles
pünktlich befolgt, aber leider wurde die arme Anni bald nachher verhaftet und erst nach vierzehn Tagen freigelassen, als

man merkte, daß aus ihr nichts herauszubekommen war. Sie hat sich jedenfalls bei der Vernehmung sehr klug verhalten.

Ich untersuchte den Koffer, nahm Papiere, die ich fand, an mich und versteckte sie. Von Zeit zu Zeit blickte ich wieder zum Fenster hinaus. Da sah ich ein junges Mädchen aus der Richtung der Weißen kommen. Ich war sehr erstaunt, als sie nach kurzer Zeit in meinem Zimmer auftauchte. »Toller schickt mich«, flüsterte sie, »er bittet um etwas Essen.« Ich war sehr zurückhaltend und sagte der Wahrheit gemäß, daß ich hier in der Klinik nichts zur Verfügung habe. »Er braucht auch Geld«, fuhr sie fort. Nun war mein Mißtrauen geweckt, Geld hatte ich ihm reichlich gegeben, und ich lehnte auch das ab. »Dann ist auch ein Koffer mit seiner Uniform da, dort steht er«, rief sie. Das konnte ich nicht leugnen und konnte ihr auch nicht verwehren, daß sie an den Koffer heranging und ihn aufschloß. Ich wendete mich ärgerlich ab, und sie wühlte in den Kleidungsstücken herum. Mit einem Male hörte ich einen schweren Gegenstand auf weiches Zeug fallen. Ich drehte mich um und sah, wie sie hastig den Koffer verschloß. »Wieso sind Sie denn aus der Richtung der Weißen gekommen?« fragte ich sie. »Man hat halt überall seine Verbindungen«, war die Antwort.

Ein Verdacht stieg plötzlich in mir auf; ich stürzte mich auf den Koffer und fand zwischen den Kleidern einen Revolver. Das war nun wirklich ein dummes, plumpes Manöver, geeignet, mich bei den Weißen, die schon in der nächsten Stunde die Herren der Stadt sein konnten, in eine sehr peinliche Situation zu bringen. Ich nahm den Revolver, drückte ihn ihr in die Hand und schob sie zur Tür hinaus. Kaum war sie fort, kam mir die Gefahr, in der ich mich wegen des Koffers befand, erst recht zum Bewußtsein. Ich versuchte, die Abzeichen von der Uniform zu trennen, aber Uniform blieb Uniform. Nun faßte ich den Plan, die Nacht abzuwarten und die Teile einzeln unter meinem Schlafrock zu verstecken, um sie dann im Gang in einer Ecke fallen zu lassen. Viele Verwundete waren eingeliefert worden, demnach mußten auch viele Kleidungsstücke herrenlos herumliegen; wenn ich die meinen dazuwarf, konnte man die Herkunft nicht feststellen. Der Gedanke war gut, aber unausführbar, denn als ich um Mitternacht auf den Gang trat, fand ich alles so belebt und voller Nonnen, als ob es Tag sei. Resigniert beschloß ich, meine Hände in den Schoß zu legen und abzuwarten, denn anderes blieb mir auch nicht übrig.

In dieser Nacht ergriffen die Weißen völlig Besitz von der Stadt, und am Vormittag kam Sauerbruch und eröffnete mir, daß man mich schon im Hotel gesucht habe und auf Anweisung des Herrn Aumüller zu ihm gekommen sei. Mein Zimmer im Hotel war übel zugerichtet worden, und er machte mich darauf aufmerksam, daß ich die Situation nicht zu leicht nehmen solle. »Ich habe nun für Sie garantiert«, schloß er, »und stehe mit meiner Person dafür ein, daß Sie sich nicht aus der Klinik entfernen werden. Sie müssen mir auch versprechen, keinerlei Verbindung mit den Roten zu unterhalten.« Ich bedankte mich bei ihm, doch schoß es mir durch den Kopf: Der Koffer! Und ehrlich erzählte ich ihm die ganze Affäre. Er wies mich an, den Koffer einstweilen weiter versteckt zu halten, versprach mir, ihn im geeigneten Augenblick zu holen und in sein Ordinationszimmer zu stellen. Dort würde er unbeachtet bleiben und schließlich als herrenloser Koffer eines Tages fortgebracht werden. Ich legte mich wieder zu Bett, was ich dringend nötig hatte, verbrannte aber vorher alle kompromittierenden Papiere und bekam bald danach Besuch von der Polizei. Man ging mit mir recht glimpflich um, aber meine quasi Internierung wurde nicht aufgehoben.

Von Paul hatte ich die ganze Zeit keine Nachricht bekommen können; auch jetzt noch war eine Briefsperre über München verhängt. Als sie endlich aufgehoben wurde, bekam ich von ihm einen Brief, in dem er mir mitteilte, daß sich sein Sohn Peter im Tiergarten erschossen habe.

Paul war über den Tod seines achtzehnjährigen Sohnes sehr verzweifelt und erfreut über mein Kommen. Es tat gut, nach Monaten wieder im eigenen Bett zu schlafen, denn wir hatten trotz der Übersiedlung nach München unsere Wohnung in Berlin noch notdürftig eingerichtet. Ich rekelte mich zufrieden in meinem Bett und begann die Morgenzeitung zu lesen.

Mein Blick fiel plötzlich auf folgende Notiz: Aus München wird gemeldet: Die bekannte Schauspielerin Tilla Durieux, die seinerzeit dem Berliner »Deutschen Theater« angehörte und auf Veranlassung Kurt Eisners dem Münchner »Nationaltheater« verpflichtet wurde, ist seit einigen Tagen unauffindbar. Es sind Gerüchte im Umlauf, daß sie zu dem Kommunisten Toller Beziehungen unterhalten und ihm zur Flucht verholfen habe. Die Künstlerin soll von der Regierung eifrig gesucht werden und nach einer anderen Version bereits verhaftet sein.

Belustigt gab ich Paul die Zeitung, sprang aus dem Bett und rief die Redaktion des »Berliner Tageblattes« an. Dort hatte ich alle Mühe, meine Existenz am anderen Ende des Drahtes zu beweisen. Es gelang erst, als ich Paul zu Hilfe rief. Wir zogen unseren Rechtsanwalt Grünspach zu Rate und setzten mit ihm ein kurzes Dementi auf. Aber die Nachricht war mehr oder weniger ausgeschmückt und kommentiert schon durch die ganze deutsche und österreichische Presse gelaufen, und in einer der großen Zeitungen wollte man mich sogar in Dachau auf einem Schimmel mit einer roten Fahne den Soldaten vorausreitend gesehen haben. Abgesehen davon, daß ich seit Jahren nicht in Dachau war, und daß mein Gesundheitszustand mir keinen Schimmel erlaubt hätte, konnte man meine Aktivität in der Räterepublik nicht als erheblich bezeichnen. Gewiß, ich hatte Sauerbruch und Aumüller geholfen, hatte Toller zur Flucht Geld gegeben; das letztere konnte zudem niemandem bekannt sein. Eisner, Landauer und auch Toller hatten wohl manche politische Gespräche mit mir gehabt, aber um Rat fragte mich keiner, und ich hätte auch keinen zu geben gewußt. Ich dachte, die Sache nun mit dem Dementi erledigt zu haben, sollte mich aber irren.

Nach einigen Tagen fühlte ich mich sehr krank, und der Arzt, den ich zu Rate zog, schüttelte den Kopf und verlangte absolute Ruhe. Paul war über meine Erkrankung zugleich bedrückt und verärgert. Als wir in der »Münchner Zeitung« lesen mußten, daß eine Kampagne gegen mich im Gange sei, drängte er mich, nach München zu fahren. Mein Arzt versuchte, ihm klarzumachen, daß eine Reise für mich die schwersten Folgen haben könne, aber er bestand darauf. Seit vielen Jahren verletzte mich nichts so sehr wie die Zumutung, allein und durch meine Krankheit hilflos nach München reisen zu müssen. Wie konnte ich wissen, was man mit mir dort vorhatte. Vielleicht brachte man mich in das Untersuchungsgefängnis. Und wenn es auch nur auf kurze Zeit sein sollte, ohne Pflege konnte der Aufenthalt dort für mich gefährlich werden. Wahrscheinlich hätte ich in Berlin bleiben können, wenn ich darauf bestanden hätte, aber Pauls Drängen verstimmte mich so, daß ich kein Wort mehr verlor und mich auf die Bahn setzte.

In München war mein erster Weg zur Polizei, wo aber nichts gegen mich vorlag. Mein zweiter Weg ging zu einem Arzt, denn Sauerbruch war leider abwesend. Schon auf dem Wege zur Polizei fühlte ich mich so schlecht, daß ich mich mehrmals an den Mauern der Häuser festhalten mußte. Der Arzt behielt mich sofort in seinem Sanatorium. Hier erlebte ich ein wahres Inferno. Bald darauf teilte mir Professor Klein nämlich mit, daß ich unter Polizeiaufsicht stehe, und Anni, die jetzt in der neuen Wohnung lebte, berichtete von Hausdurchsuchungen. Toller war verschwunden und wurde von der Polizei eifrig gesucht. Endlich kam Sauerbruch von seiner Reise zurück und suchte mich auf. Er fand mich in verzweifelter Verfassung. Sechs Wochen in der Klinik — fiebernd, ohne Besserung, die Polizei vor der Tür — hatten mir arg zugesetzt. Er schaffte mich in die Wohnung. Dort stieg mein Fieber rapid, und Bauchfellentzündung wurde festgestellt, so daß man Paul aus Berlin kommen ließ. Nun wurden noch zwei Ärzte hinzugezogen, um sich wegen einer Operation schlüssig zu werden. Mit der größten Vorsicht brachte man mich in Sauerbruchs Privatzimmer in der Städtischen Klinik, der er als Chef vorstand.

Paul reiste ab, ich blieb allein. Ich selbst hatte ihn weggeschickt, denn er konnte mir nicht helfen, und schwierige Fälle liebe ich allein auszufechten. Sauerbruch sprach ganz offen mit mir, und daraufhin ließ ich einen Anwalt kommen, machte mein Testament, denn das war aus vielen Gründen nötig, besonders wegen der großen Bildersammlung, die mein Eigentum war. Die Operation war so schwer, daß ich drei Tage bewußtlos blieb. Sonderbarerweise waren es gerade die Tage, die mir während des Krieges die Wahrsagerin als meine Todestage prophezeit hatte.

Helene Lutt ließ Mann und Kind im Stich und kam, um mich zu pflegen. Außerdem umkreisten mich Tag und Nacht zwei Nonnen des strengen Ordens der Vinzentinerinnen, beide bildhübsch, jung, aufopfernd. Mit ihren riesengroßen, weißen Hauben schwebten sie stets lautlos um mein Bett. Drei Monate lag ich so schwach darnieder, daß man mich fütterte wie ein kleines Kind.

Endlich kam ich in einen Rollstuhl, dann ging es schon mit zwei Stöcken, bis ich in ein Sanatorium nach Tutzing reisen konnte. Dort erholte ich mich langsam.

Während meiner schweren Krankheit wurde Toller gefunden und verhaftet. Er hatte sich auch einige Tage in meiner Wohnung in der Brienner Straße versteckt, doch davon wußte ich nichts. Bei dem Prozeß benahm sich Sauerbruch außerordentlich anständig. Er bezeugte, daß Toller alles getan, um schwere Ausschreitungen zu verhüten. Auch der ominöse Koffer wurde bei dieser Gelegenheit ans Tageslicht gezogen, der bis dahin friedlich in Sauerbruchs Ordinationszimmer gestanden hatte. Das junge Mädchen, das versucht hatte, einen Revolver in den Koffer einzuschmuggeln, verlangte ihn als Corpus delicti. Leider waren mir einige belastende Papiere entgangen, die in der Uniform eingenäht waren. Trotz allem bekam Toller nur fünf Jahre Festungshaft ohne entehrende Folgen. Allerdings waren diese fünf Jahre bitter für einen so jungen Menschen, dessen Leben kaum angefangen hatte.

Als ich mich wieder kräftig genug fühlte, reiste ich nach Berlin.

Amerika und eine Lebenswende

Die politische Lage in Berlin war äußerst unklar. Paul Cassirer gehörte nun zur Unabhängigen Sozialdemokratischen Partei, die ihre Zusammenkünfte nahe von uns in der Bellevuestraße hielt. Die Spartakisten und Kommunisten konnten sich nicht einigen, und die Partei der Gegenrevolution lag auf der Lauer. Hilferding, Breitscheid und Kautsky waren nun in unserem Hause Viktoriastraße 35 häufige Gäste. Die Gespräche, bei denen auch meistens Schickele und Kestenberg anwesend waren, dauerten oft bis in den Morgen.

Ich hatte mit Barnowsky im »Lessingtheater« abgeschlossen und spielte mit Eugen Klöpfer »Fräulein Julie« von Strindberg und »Grüner Kakadu« von Schnitzler. »Pygmalion« wurde wieder hervorgeholt und ging ungefähr hundertmal über die Bühne. In einer Premiere von Georg Kaiser, »Hölle, Weg, Erde«, leistete sich das Berliner Publikum wieder einen Skandal. Mit Pfeifen und Johlen endete dieser Abend.

Der Buchverlag war während des Krieges eingegangen, weil fast jeder zum Heer eingezogen und Paul in der Schweiz war, so daß es keinen geeigneten Menschen gab, der sich darum hätte kümmern können. Er wurde mit großem Eifer aufgebaut, die »Pan-Presse« fing wieder an zu arbeiten. Über der Kunsthandlung schwebte ein drohendes Urteil.

Der alte Durand-Ruel in Paris, Pauls alter Gönner, war inzwischen gestorben, und die Erben sowie die Gebrüder Bernheim, Paris, wollten die Verkäufe der Bilder aus der Sammlung Pelerin nicht anerkennen. Noch war dazu die Mark gefallen, so daß das Objekt, das sie einklagten, auf zwölf Millionen gestiegen war. Allerdings befand sich der Erlös der Bilder, wie ausgemacht, bei einem staatlichen Treuhänder, war aber jetzt nicht mehr zwölf Millionen wert. Das Unglück wollte, daß der Brief aus der Schweiz, in dem alles vereinbart worden war, sich nicht auffinden ließ. — Würde die Gegenpartei gewinnen, hätte es den Verlust unseres Geschäftes bedeutet. Die Bilder hätten verkauft werden müssen.

Inzwischen hatte Kestenberg im »Großen Schauspielhaus« Sonntagsfeiern veranstaltet, zu denen ich natürlich wieder, wie vor Jahren, herangezogen wurde. Jetzt sah mich niemand mehr spöttisch oder vorwurfsvoll an. Die Kollegen drängten sich geradezu mitzutun, und die Familie schwieg. Das frühere Kgl. Schauspielhaus, jetzt Staatstheater, hatte sich unter der Leitung des Sozialdemokraten Leopold Jessner gewaltig verändert. Ein neuer Geist zog durch die Räume, und die Aufführungen unter einer modernen Regie gefielen sehr. Hier war es auch, wo Fritz Kortner als junger Schauspieler große Erfolge einheimste.

Die Aufregung über den drohenden Prozeß setzte Paul so zu, daß er seinen ersten, sehr schweren Anfall von Angina Pectoris erlitt. Ich kam von einer Aufführung des »Fidelio«, die ich mit Kestenberg besucht hatte, nach Hause und fand ihn im Bett von Ärzten umgeben, die man in der Eile zu dem Schwerleidenden geholt. Es wurde ihm nun Bettruhe und äußerste Schonung verordnet, aber so oft ich von der Probe oder nach der Vorstellung nach Hause kam, fand ich ihn von Leuten umgeben, mit denen er über die politische Lage diskutierte; von Schonung war keine Rede. Als auch noch Kokoschka als Gast zu uns in das Haus kam, gab es überhaupt keine Ruhe mehr. Natürlich kam es dadurch zu weiteren Anfällen, zum Glück weit schwächeren. Kokoschka, der mich schon als ganz junger Maler porträtierte, zeichnete mich nun abermals. Auch Ernst Barlach kam, wohnte bei uns und bemühte sich, Paul etwas zu bändigen.

Nun ist es an der Zeit, über diesen wundervollen Menschen zu reden, der durch seine Werke mich oft in meinen Rollen beeinflußt hat. Im Jahre 1907 lernte ich ihn durch August Gaul flüchtig kennen. Er hatte damals zwei kleine Figuren in der Sezession ausgestellt. Das Gebäude der Sezession war vor ein oder zwei Jahren erst gebaut worden. Es beherbergt heute das »Theater am Kurfürstendamm«. Paul war auf Barlach aufmerksam geworden, der sich damals in einer sehr bedrückenden pekuniären Lage befand. Er machte ihm nun denselben Vorschlag wie seinerzeit Gaul. Eine Rente sollte ihm die Unabhängigkeit für seine Arbeit sichern. Erst wenn eine größere Menge Arbeiten vorlägen, war eine Ausstellung vorgesehen. Barlach nahm an und ging auf Reisen. 1910 kam der »Berserker« in unsere Wohnung und wurde nur Auserwählten gezeigt. Näher lernte ich ihn kennen, als er 1911 als Gast bei uns in Noordwijk wohnte. Er lebte jetzt, da ihm die große Stadt nicht zusagte, in Güstrow, zusammen mit seiner alten Mutter und einem kleinen Sohn. 1912 schuf er meine Büste. Ich saß ihm dazu in unserem großen Ankleidezimmer in der Margaretenstraße. Da erst fanden wir uns richtig beim Erzählen von Märchen. Wir belebten jede Ecke mit Geistlein, und sein Gesicht strahlte dann in kindlicher Güte. Nur manchmal zwinkerte er schalkhaft, wenn die Geschichten zu toll wurden. Mein Äußeres kam seiner Geschmacksrichtung sehr entgegen. Oft saß er ruhig da und beobachtete mich, wenn ich im Zimmer auf und ab ging und eine Rolle lernte. Ich glaube mich in seiner »Schreitenden Frau« wiederzuerkennen. Aber auch viele andere seiner Gestalten gleichen mir sowohl in den Gesichtszügen als auch in der Bewegung. Andererseits holte ich mir bei der »Sorgenden Frau« Hilfe, als ich in dem Stück »Rote Robe« mit der Bäuerin nicht zurecht kommen konnte. Es wurde eine meiner besten Rollen. Unsere Wohnung füllte sich mit seinen Plastiken. Der »Spaziergänger«, der »Rächer«, der »Schwertzieher«, die »Singenden Frauen«, alles wurde hier für die Ausstellung gesammelt, und als ich mich später nicht davon trennen wollte, von mir regulär gekauft und mein Eigentum. Barlach schenkte mir auch einige erste Entwürfe in Gips, die ich heute noch besitze.

Während des Krieges gab Paul Cassirer eine Zeitung für Soldaten und Arbeiter heraus, der »Bildermann«. Alle Künstler von Namen arbeiteten daran mit, so auch Barlach. Seine Bühnenwerke »Der tote Tag« (aufgeführt 1923 in der Volksbühne), »Der arme Vetter« (im gleichen Jahr am Staatstheater), wurde von der »Pan-Presse« gedruckt, ebenso die Bildermappen mit seinen Zeichnungen. Als er die wundervollen Lithographien zu Goethes Gedichten schuf, suchten wir gemeinsam diese neunzehn Gedichte aus. Ich mußte sie ihm immer wieder vorlesen. Er war sehr scheu und flüchtete, wo es ging, vor fremden Menschen. Um so stolzer war ich, in vielen Dingen seine Vertraute zu sein. Hitler hat den traurigen Ruhm, diese feine Seele zerstört zu haben. Er ließ zahllose Werke verbrennen und einschmelzen, verbot ihm zu arbeiten und legte den Keim zu seinem Tode. Das Leben hat mich und Barlach später getrennt, aber mit Wehmut betrachte ich heute die Fotos aus seinen letzten Tagen, die ihn mit einem tiefen schmerzlichen Ausdruck zeigen.

Im Staatstheater kam Wedekinds »Marquis von Keith« an die Reihe, mein Partner war Fritz Kortner. Die Aufführung machte großes Aufsehen, denn wir spielten vor weißen Paravents, alle in schwarzen Kleidern, nur ich mit feuerroter Perücke. Da schwirrte am 12. März das Gerücht von einem drohenden Putsch der Monarchisten durch Berlin. Paul, dem es bedeutend besser ging, war am Tage zuvor nach Dresden gefahren, und ich war froh, ihn fern zu wissen, denn ich wußte, daß wir auf der Liste der Unerwünschten standen. Am 14. hörte man, daß die Regierung geflohen sei, und eine große Aufregung bemächtigte sich der Menschen unseres Kreises. Über Nacht war der Umsturz vollzogen worden, das erwachende Berlin fand neue Herren, Kapp, Lüttwitz und Jagow, vor. Es gab bald darauf kein Wasser und kein Licht, weil Berlin in seltener Einmütigkeit streikte. Ich war allein im Hause mit einem alten Portierehepaar und den Mädchen, die in der Mansarde wohnten, und recht ratlos. Hilferding wollte ins Haus ziehen, doch riet ich ihm von diesem unsicheren Versteck dringend ab. Wilde Gerüchte von Erschießungen, aber auch von Kapps Rücktritt, lagen in der Luft. Die Straßen waren voll von Menschen, dunkel, und Schüsse fielen da und dort, am meisten am Potsdamer Platz, also ganz in unserer Nähe. Am nächsten Tag floh Kapp, und General von Seeckt führte Baltikumtruppen heran.

Die Situation wurde immer verworrener. Ich räumte mit meinen Leuten die wertvollen Bilder in den Keller. Man fürchtete Plünderungen. Meine Freunde bestanden darauf, daß ich mir eine andere Wohnung für die Nacht wählte. Hilferding, Breitscheid und Kestenberg umgaben mich ständig, wußten aber selbst nicht aus noch ein. Dann kam Paul aus Dresden zurück, wo es noch ärgere Verwirrungen gab, ebenso wie in Leipzig.

Zu all diesen turbulenten Ereignissen kam noch, daß meine Mutter im Sterben lag. Ich hatte in den langen Jahren alles getan, um ihr das Leben behaglich zu gestalten, aber eine schwere Erkrankung und ihre schwierige Veranlagung, alle Dinge trübe zu sehen, ließen sie die Behaglichkeit nicht genießen. Als der Kapp-Putsch endgültig zusammengebrochen und die frühere Regierung zurückgekehrt war, konnte ich meine freie Zeit am Bett der Mutter zubringen, und bald kam das Ende für sie. Wie bedauerte ich, daß es mir nicht gelungen war, einen Ausgleich zwischen ihrem und meinem Leben zu schaffen, denn ich habe im Grunde eine Mutter sehr vermißt, zu der man vertrauensvoll mit seinen Sorgen und auch Freuden kommen konnte. Wir waren in allem verschieden, und man kann aus einem »Puma«, wie ich oft genannt wurde, keinen Kanarienvogel machen.

Das Theater fragt nicht nach privatem Kummer, und so hatte ich wieder Abend für Abend zu spielen und für eine neue Premiere, »Alkestis« von Robert Prechtl, zu proben. Es war ein mittelprächtiges Stück. Aber dann kam eine neue Aufgabe für mich: der Film. Damals gab es natürlich nur stummen Film, und mein erster hieß, glaube ich, »Die Verschleierte«. Er war schmerzlich schön und romantisch. Noch mehr als jetzt verlangte man zu dieser Zeit schöne, junge Menschen auf der Leinwand,

jung war ich, aber schön? Ich gefiel dem Kinopublikum nicht,
und mir gefiel die ganze Filmarbeit nicht. Mein Gesicht eignete
sich nicht, ich war kein Schönheitsideal. Trotzdem bin ich in
meiner Jugend die am meisten gemalte Frau gewesen. Abgesehen von dem herrlichen Porträt, das Renoir von mir gemacht,
malten mich Liebermann, Kokoschka, Corinth, Slevogt, Purr-
mann, von Kardorff, Gulbransson, Max Oppenheimer, Mopp
genannt, Orlik und andere mit weniger bekannten Namen.
Dazu kamen noch die Bildhauer Barlach, Hugo Lederer und
Hermann Haller.
Meine Gagen waren inzwischen zu einer solchen Höhe gestiegen,
daß auch der Anreiz zu Übereinnahmen durch den Film fehlte.
Ich galt als die »eleganteste Frau« auf der Berliner Bühne und
meine Kleider wurden kopiert. Im Leben aber bevorzugte ich
die Einfachheit.
Inzwischen hatte ich mit den Brüdern Rotter abgeschlossen. Das
waren merkwürdige Erscheinungen in der Theaterwelt. Als
junge Studenten zogen sie mit einer Truppe durch Deutschland
und spielten Strindberg, der damals noch wenig bekannt war.
Dann setzten sie sich in Berlin fest, mieteten einige Theater,
boten den besten Schauspielern enorme Gagen und gelangten
dadurch zu einem Ensemble, das ausgezeichnet war. Sie hatten
keinen guten Geschmack, und man hatte sich dauernd ihrer Un-
bildung zu erwehren. Man riß Witze über sie, aber ein merkwürdiges Talent konnte man ihnen nicht absprechen, das sie die
interessantesten Stücke und die besten Kräfte finden ließ. Ihre
Aufführungen waren ungewöhnlich gut besucht. Ein Stück von
Sudermann, »Die Freundin«, in dem neben mir unter anderen
auch der junge Hans Albers auftrat, wurde ein Serien-Erfolg.
Im Dezember wechselte ich zur »Tribüne«, Direktion Dr. Eugen
Robert, der ein Stück des französischen Autors Lenormand,
»Die Tournee«, herausbrachte. In den Sonntagsfeierstunden gab
es Tollers Sprechchor »Tag des Proletariats«. Anschließend folg-
te eine Gastspielreise durch ganz Deutschland.
Inzwischen hatte der Verlag folgende Werke gebracht:

Lithographien, Radierungen und Steindrucke von Ernst Barlach, Max Beckmann, August Gaul, Erich Heckel, Oskar Kokoschka, Wilhelm Lehmbruck, Max Liebermann, Hans Meid, Ludwig Meidner, Max Slevogt (»Zauberflöte«, »Lederstrumpf«). In der »Pan-Presse« erschienen die Bücher: Lovis Corinth, »Das Buch Judith«, Max Beckmann, »Eurydikes Wiederkehr«, Ernst Barlach, »Der tote Tag«, Max Oppenheimer, »Das Buch Le Grand«, August Gaul, »Alte Tierfabeln«, Max Pechstein, »Reisebilder«, Ernst Barlach, »Der Kopf«.

Der Buchverlag brachte sechs Bände »Wege zum Sozialismus«, zwei Bände »Briefe von van Gogh«, »Gesammelte Schriften« von Kurt Eisner; Friedrich Adler, »Vor dem Ausnahmegericht«, Kautsky, »Habsburgs Glück und Ende«, Else Lasker-Schüler, »Gedichte«, Lassalle, »Gesammelte Reden und Schriften«, ferner Bücher von Hasenclever, René Schickele, Meier-Graefe, Franz Marc, Hatzfeld und anderen.

Der Brief, der die Abmachungen mit den französischen Kunsthändlern bestätigte, wurde gefunden, die Rechtmäßigkeit des Verkaufs konnte demnach nicht bestritten werden. Die Bilder hingen jetzt teils in großen Privatsammlungen, teils in Museen. — Diese finstere Wolke war also verscheucht, Paul verlegte die Filiale seiner Kunsthandlung nach Amsterdam. München war uns verleidet, das Staatstheater kündigte meinen Vertrag auf Grund der Toller-Affäre. Man hatte mich sozusagen aus München hinausgeworfen. Da wir unser Haus in Noordwijk während des Krieges verkaufen mußten, wollten wir uns um ein anderes Haus in Holland bemühen. Ich fand in Haarlem ein bezauberndes altes Haus, das einst einem Direktor der »Ostindischen Companie« gehört hatte. Jetzt allerdings war es total verwahrlost und mußte hergerichtet werden. Ich benutzte die Zeit zur Erholung und beaufsichtigte die Arbeiter. Wenn man bedenkt, daß ich in der Saison jeden Abend aufgetreten war und meistens vormittags zur Probe mußte und dazu einen Haushalt, der nicht ganz einfach war, führte, kann man meine Sehnsucht nach Ruhe verstehen. Den Sommer verbrachten wir

in Italien. Im Herbst fing meine Tätigkeit an der »Tribüne«
mit Strindbergs »Totentanz« an, mein Partner war der unvergeßliche Paul Wegener. Im Januar wechselte ich wieder zu Barnowsky für eine ausgezeichnete Vorstellung von Wildes »Idea-
lem Gatten«. In der Staatsoper kam die »Josephslegende« von
Richard Strauß an die Reihe, und ich wurde für die Potiphar
gewählt. Barnowsky wollte mich aber nicht freigeben, und so
beschloß man, die Oper so anzusetzen, daß ich beides vereinigen
konnte. Zuerst spielte ich die Potiphar, und nachdem man mich
erwürgt hinausgetragen hatte, schlüpfte ich rasch in einen Wagen und fuhr ins »Lessingtheater«, wo der Umzug in rasender
Eile vor sich ging. Glücklich war ich nur, daß die Oper nicht
jeden Tag gegeben wurde, ich hätte dieses Tempo auf die Dauer
nicht durchhalten können. Den Berlinern machte diese Doppel-
besetzung mächtigen Spaß, und es wurde ein Sport, mir zu folgen und sich nach der »Josephslegende« auch den »Idealen Gatten« anzusehen.
Am 21. Februar 1921 feierten wir Pauls fünfzigsten Geburtstag.
Seine Freunde hatten für ein großes Fest gerüstet, aber nur mit
Mühe brachten wir ihn dazu, nicht auszukneifen. Ich aber hatte
gerade wieder meine Doppel-Vorstellung und kam ziemlich er-
mattet und spät zur Geburtstagsgesellschaft.
Im Herbst war ich nach Wien verpflichtet; ich trat in einem
Stück von Nicodemi, »Der Schatten«, auf.
P. C. stand in geschäftlicher und freundschaftlicher Beziehung
zu dem großen Münchner Kunsthändler L. B., dessen Frau Regin
ich im verflossenen Winter kennengelernt hatte. Obwohl sie bedeutend jünger war als ich, verband uns bald eine Freundschaft,
die bis zum heutigen Tage besteht und trotz räumlicher Trennung nicht abgenommen hat. Die Inflation der Mark bestimmte
die beiden Herren, eine gemeinsame Filiale in New York zu
gründen. Zu meinem großen Erstaunen erfuhr ich, als ich von
Wien zurückkam, daß es nach Amerika gehen sollte. Wir fuhren zunächst nach London und bekamen dabei gleich die ersten
Anzeichen des Mißtrauens gegenüber Deutschen zu spüren, so

daß wir beschlossen, uns möglichst zurückzuziehen und keine Reisebekanntschaften zu machen. Die »George Washington«, die wir gewählt hatten, war ein ehemaliges deutsches Schiff, das nach dem Kriege in amerikanischen Besitz gekommen war. Sie war ein gutmütiger, nicht allzu schneller Dampfer mit einer geradezu phantastischen Verpflegung. Auf dem Schiff sahen wir kaum Deutsche; meistens waren es Amerikaner, die zurückfuhren. Wie erstaunten wir aber, als wir bemerkten, daß sich die mitreisenden Damen zur Landung geradezu in Festtoilette warfen mit Nachmittagskleidern, Seidenmänteln und Federhüten. Mein »gutes Grünes«, ein Sportkostüm, war gänzlich deplaciert, konnte aber nicht vertauscht werden, da die Koffer zur Landung bereits gepackt waren. Regin erwischte noch ein paar Sachen, um sich »landungsfähiger« zu machen, aber ich mußte unter erstaunten Blicken Spießruten laufen.

Um eine Kunsthandlung in New York eröffnen zu können, mußte P. C. und L. B. einen amerikanischen Teilhaber aufnehmen, und da stand er nun mit seiner Frau, deren Blicke an meinem »guten Grünen« hängenblieben. Hätte ich ein Mauseloch in der Nähe gewußt, wäre ich hineingeschlüpft, so aber blieb nichts anderes übrig, als rasch ins Auto zu kriechen. Jedenfalls war mein erstes Auftreten in den USA eine unerwartete Sensation geworden. Die scharfe Gepäckkontrolle nahm uns der Diener des Hotels ab, denn die Kontrolle stand unter dem Zeichen der Prohibition, und jede noch so kleine Parfümflasche wurde argwöhnisch berochen. Wir fuhren nun zu unserem Hotel, und zwar dem damals elegantesten Haus, »Hotel Ritz«. Bei dem Stand der deutschen Mark klingt dies wie Hochstapelei, doch gibt es dafür eine Erklärung. Der Generaldirektor des Hotels, Herr Keller, war Bildersammler und besaß bereits eine Anzahl guter Bilder alter Meister. Natürlich kleines Format, wie es den meist kleinen Räumen der Wohnungen in New York entsprach. So fanden wir einen finanziellen Ausgleich für den Aufenthalt in diesem teuren Hotel.

Wir wählten ein Appartement, das im ersten Stock lag und

Tilla Durieux und Maria Schell in dem Film Die letzte Brücke, *1954, Regie Helmut Käutner.*

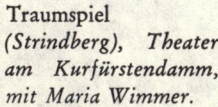

Traumspiel (Strindberg), *Theater am Kurfürstendamm, mit Maria Wimmer.*

Philemon und Baucis *(Ahlsen), Landesbühne Hannover 1956,
Regie Walter Heidrich.*

Bernarda Albas Haus *(Lorca), als Maria Josefa, mit Helene
Thimig, Josefstädter Theater, Wien 1956.*

durch eine kleine, abgesonderte Treppe zu erreichen war. Diese Abgeschlossenheit schien uns besonders günstig, allerdings bekam der erste Stock wenig Licht, und nur zwischen zwölf und ein Uhr drang ein dünner Sonnenstrahl bis in unsere Nähe. Später kauften wir uns einen Blumentopf und wachten eifersüchtig darüber, daß dieser Sonnenstrahl ihn traf. Der blasse Stengel reckte sich zwar empor, aber eine Blüte sahen wir nie. Das Appartement bestand aus zwei Schlafzimmern, jedes mit Bad, und einem großen Wohnzimmer, dazu kam noch ein kleiner abgeschlossener Korridor, der uns in der Folge sehr nützlich wurde. Langsam richteten wir Frauen uns ein. Die Herren pflegten gewöhnlich gleich nach dem frühen Frühstück zu verschwinden, wir sahen sie immer erst am Abend wieder. Die Mark fiel und fiel, und P. C. und L. B. baten uns um äußerste Sparsamkeit. Das war in diesem Hotel leichter gesagt als getan. Läutete man dem Kellner, so kostete sein Eintritt ins Zimmer zehn Cents — in Mark umgerechnet wahrscheinlich eine Million. Das Essen, besonders der Lunch, im Ritz berühmt, war sehr teuer, also beschlossen wir selbst zu kochen. Das wieder war strengstens verboten, doch fanden wir in Herrn Keller eine verständnisvolle Seele. Er richtete uns auf dem kleinen Korridor in einem gekachelten Wandschrank mit Wasserleitung und einem Becken eine kleine elektrische Küche ein. Zuvor mußten wir schwören, es dem Personal sorgfältig zu verheimlichen, daß wir hier unerlaubte Dinge trieben. Soweit war es in Ordnung, aber wie sollten wir Lebensmittel bekommen? Wenn man mit einem Paket die Hotelhalle betrat, stürzte sofort ein Boy herbei, entriß es unseren Händen und trug es ins Zimmer. Kostete wieder zehn oder fünfzehn Cents. Ganz in der Nähe des Hotels befand sich ein Laden, in dem es in reicher Fülle alles gab, was eßbar war. Sogar schon fertig zubereitete Gerichte und Nationalspeisen in Pergamenttüten, die bloß gewärmt zu werden brauchten. Wir fanden dort einen jungen Deutschen, dem Regins schöne Augen es angetan hatten, und er brachte Hilfe. Ein großer Korb voll Blumen landete in unserem Zimmer, darunter steckte, schön verborgen, alles, was wir ausgesucht hatten. Nun ging es an ein fröhliches Kochen, und unsere Männer waren hoch erfreut, wenn sie abends die Ergebnisse unserer Kochkunst vorgesetzt bekamen. Allerdings kam oft gerade der Zimmerkellner, um die Schlafzimmer für die Nacht vorzubereiten, wenn wir gerade etwas brutzelten. Dann schlossen wir die Türe und zündeten rasch kleine Räucherkerzen an, um den Geruch zu überdecken. Jedenfalls haben wir dabei viel gelacht. Zu Mittag aßen wir öfters in einem der großen Warenhäuser eine Kleinigkeit, denn in New York ist man nicht sehr hungrig, oder wir eilten nach der 6. Avenue, wo in einem Schaufenster sich Brathühner vielversprechend drehten. Ein Huhn wurde mit Kartoffelscheiben zusammen eingepackt, und vor dem Hotel drückte ich das Paket an meinen Busen, den Pelzmantel darüber und ging als dickliche Dame auf unser Zimmer. Dort nahmen wir uns nicht einmal Zeit zum Servieren, sondern verschlangen den köstlich duftenden Braten aus dem Papier mit den Fingern.

Gleich in den ersten Tagen lud uns das Ehepaar Keller ein, mit ihnen einen Ball zu besuchen, der in dem Riesenhotel »Commodore« stattfand. Paul Whiteman, der Jazzkönig, sollte dirigieren, und da wir überhaupt noch keine Jazzmusik gehört hatten, sagten wir gerne zu. Die Gäste, alle in großer Abendtoilette, versammelten sich zuerst in einem Saal. Aber wie erstaunten wir, als wir sahen, daß alle Herren, auch Herr Keller, mit einer riesigen Reisetasche erschienen. Aber wir wagten nicht zu fragen. Die Türen öffneten sich zu einem Tanzsaal, der in Blumen schwamm, und unter den Klängen von Paul Whitemans verstärktem Orchester zogen Männlein und Weiblein mitsamt den Reisetaschen ein. Die Tische, verschwenderisch gedeckt, zeigten aber nur eine Garnitur Wassergläser, und nun sollte uns auch das Rätsel gelöst werden. Aus jeder Tasche entstiegen Whisky, Weiß- und Rotwein, Sekt, und alles wurde in den Wassergläsern serviert. Die Kellner, denen das Gesetz verbietet, Alkohol über einen Korridor oder die Straße zu tragen, gossen unablässig ein, denn das war nicht verboten. An allen Tischen hob ein wüstes Trinken an. Überhaupt habe ich nie so viele Betrunkene gesehen wie zur Zeit der Prohibition in Amerika. Jeder Herr trug in seiner Hüfttasche eine dem Körper angepaßte Flasche mit Alkohol, aus der er zu den unmöglichsten Zeiten den warmen Trunk anbot. Lehnte man ab, war der Spender sehr erstaunt. Die Zeit verging rasch, und eines Tages fuhren wir wieder mit unserer guten »Washington« zurück. In Haarlem, im neuen Heim, gab es wieder zahllose Gäste, und im Herbst ging es aufs neue, diesmal mit einem englischen, schnelleren Schiff, der »Anquitania«, nach USA. Unser Appartement erwartete uns bereits, aber Paul konnte nur einige Wochen bleiben und ließ mich mit Regin und ihrem Mann allein dort. Wie erstaunte ich, als mich eines Tages auf der Straße ein unbekannter Herr ansprach und sich als Manager der großen Schuberts vorstellte. Die Schuberts regierten einen ganzen Konzern von Theatern in New York und auch außerhalb der Stadt. Er schleppte mich nun in deren Büro, erzählte Wunderdinge von mir, und ehe ich nur recht verstehen konnte, was man von mir wollte, klingelte das Telefon eine deutsche Truppe zusammen. Es waren die Reste des ehemaligen »Deutschen Theaters«, die sich durch die Kriegsjahre durchgehungert hatten. Ich war sprachlos und gar nicht sehr begeistert. Aber wie entsetzt war ich erst, als ich diese armen Teufel sah. Besonders der Repräsentant der Hauptrolle — natürlich wieder einmal in »Der Schatten« —, der einen anziehenden Mann, einen Maler darstellen sollte, machte einen kläglichen Eindruck. Es wurde uns ein Theater für unsere Proben zugewiesen. Das Theater war groß und schön gewesen, aber man führte gerade Reparaturen am Dach aus, und durch die offenen Luken fiel Regen und Schnee. Wir konnten uns nur helfen, indem wir Regenschirme aufspannten. Die armen Teufel waren so entzückt, wieder spielen zu können und eine Gage zu erhalten, daß ich nicht das Herz besaß, die Sache für unmöglich zu erklären. Ich nahm sie mir also einzeln im Hotel vor, um ihnen jeden Schritt beizubringen. Einmal fand ich vor unserer Türe eine Versammlung von Hotelbediensteten vor, die angstvoll lauschten, weil sie dachten, bei uns gäbe es einen furchtbaren Streit. Regins Mann war nicht sehr entzückt über die ganze Angelegenheit, übrigens ich auch nicht, obwohl die Direktion alles tat, um mich zufriedenzustellen. Sie kaufte schöne Kleider, auch für die anderen, und ließ das Dach in aller Eile fertigmachen. Als aber die Generalprobe kam, fehlte einfach alles. Die Theaterarbeiter waren mürrisch und taten ihre Arbeit nur widerwillig, denn zu dieser Zeit waren Deutsche noch verhaßt. Da ich in diesem Stück einen Rollstuhl brauchte, in dem ich einen Akt lang sitze, hatte man mir ein unmögliches Ding hergestellt, in dem ich mich kaum rühren konnte, und behauptete, es gäbe nichts Besseres. Spüre ich solche Widerstände, bleibe ich stets sehr höflich und freundlich, aber auch das schien nichts zu helfen. Jedoch, als der erste Akt vorbei war, kamen die Arbeiter und sagten, sie wollten alles tun, mir für die Premiere einen Rollstuhl zu beschaffen und die Bühne schön zu gestalten. Ich hatte um die Gunst dieser Leute mit aller Ernsthaftigkeit gespielt, und nun war der Widerstand gegen die Deutschen gebrochen, ja, die Frau eines Arbeiters, die zugehört hatte, lud mich sogar in ihren Drugstore ein. Ich sollte dort trinken und essen, was mir beliebe, sie sei zu Tränen gerührt gewesen. Der Premierenabend vor teils geladenem Publikum war trotz aller Unzulänglichkeiten ein Erfolg. Zwei Tage später wurde mir gemeldet, daß mein Name in Leuchtschrift auf einem Broadway-Theater stünde und man den »Schatten« bis auf weiteres täglich spielen wolle. Ich ging mit meinen Freunden mir das ansehen und bat sie fortwährend, mich zu kneifen, um mich zu vergewissern, daß es kein Traum sei. Wir spielten einige Wochen lang, was natürlich für amerikanische Begriffe nichts bedeuten will, aber in diesem Fall besonders zu bewerten war. Man machte mir den Vorschlag, in Amerika zu bleiben und in englischer Sprache zu spielen, aber dazu konnte ich mich nicht entschließen. Es hätte geheißen, mich von Paul und meinem bisherigen Leben zu trennen, dazu lag damals kein Grund vor. Ich schiffte mich also wieder, nachdem ich einige Monate in New York gelebt hatte, nach Deutschland ein.

So war ich nun wieder einmal in Berlin und fand die Stadt recht verändert. Die Rentenmark war eingeführt worden, die Inflation beendet. Viele reiche Familien zählten zu den Opfern. Die »Neureichen« dominierten. Auch auf den Kunsthandel wirkte sich dieser Umschwung aus. Paul konnte sich nicht damit abfinden. War früher der Kunsthändler auch zugleich Mäzen und Sammler gewesen, glitt er nun ganz zum reinen Händler ab. Bilder von alten Meistern konnten nur mit kräftigen Expertisen verkauft werden, und die bekam man von großen Namen oft zu leicht. Cézanne und van Gogh betrachtete man als Börsenpapiere, die noch steigen mußten, denn sie waren doch in unglaublicher kurzer Zeit zu schwindelnder Höhe gestiegen. Paul, der Kämpfer, hatte nichts mehr zu kämpfen, das Geldverdienen allein machte ihm keinen Spaß. Mit der ganz jungen Generation der Maler konnte er sich nicht so rasch befreunden und ließ diesen Teil des Kunsthandels ganz in den Händen von Alfred Flechtheim. Kriegsgewinnler legten sich Sammlungen an, und nur selten gab es darunter einen, der auch an den Bildern Freude hatte, weil sie ihm gefielen.

Unser Kreis hatte sich auch verändert. Die Politik war undurchsichtiger denn je, viele hatten sich einer Partei angeschlossen, die niemand ernst nahm und die ein Mann namens Hitler führte. Hilferding war Finanzminister geworden und hatte durch seine neue Stellung nur selten Zeit, zu uns zu kommen; Rathenau war ermordet. Er wohnte ehemals uns gegenüber, ließ dann für seine alte Mutter das Haus fürstlich umbauen und zog selbst in eine Villa im Grunewald. In unserem Haus kam ein Zusammentreffen mit Hilferding und Kautsky vor der Rapallo-Konferenz zustande, wo man einen gewandten, sprachenkundigen Vermittler zwischen Deutschland und den Siegermächten brauchte. Hilferding wußte, daß er selbst nicht der richtige Mann dafür war, und so wählte man Rathenau, damals Minister für Wiederaufbau, der nun Außenminister wurde. Rathenau als Mensch zu schildern ist nicht leicht. Durch seine feingeistigen Schriften war er in weiten Kreisen bekannt, aber sein wirklicher Charakter, wie er bei unseren häufigen Begegnungen in Erscheinung trat, ist schwer zu beschreiben. Auffallend war sein großer Ehrgeiz, der nun befriedigt werden konnte. Zuerst war die Begegnung zwischen Hilferding, Kautsky und Rathenau, die auf den Wunsch beider Parteien bei uns gelegentlich eines Abendbrotes erfolgte, nicht ganz glücklich. Ja, es wären beinahe an einer Zigarre alle Pläne gescheitert. Zu dieser Zeit waren Lebensmittel sehr knapp, doch wollte ich Kautsky und Hilferding, die damals schwer lebten, mit einem Kalbsbraten eine kleine Freude machen. Rathenau versicherte nun, seit Monaten nicht so üppig gegessen zu haben, denn er lebe so einfach wie sein jüngster Prokurist. Leider waren die Feste, die er in seiner Grunewaldvilla gab, den beiden Herren bekannt, und sie wurden verstimmt. Als aber P. C., Kautskys Schwäche einer guten Zigarre gegenüber kennend, ihm eine solche anbot und Rathenau beteuerte, er könne sich einen solchen Luxus nicht leisten, verschwanden die beiden ins Nebenzimmer, entschlossen, die Verhandlungen abzubrechen. P. C. gelang es langsam, das »Mißverständnis« zu beseitigen. Rathenaus Wahl aber hatte man nicht zu bereuen, denn er führte 1922 die Unterhandlungen außerordentlich geschickt. Sein Mut war nicht zu bestreiten, denn trotz ständiger Warnungen versäumte er es hartnäckig, sich beschützen zu lassen, und das führte zu seinem traurigen Ende.

Pauls Gesundheitszustand hatte sich wesentlich verschlechtert, und er verscheuchte durch seine Launen manchen Freund. Außerdem war Gaul, unser lieber Freund, schon 1921 in unserer Gegenwart nach langer, schwerer Krankheit gestorben. Kestenberg saß im Ministerium als Ministerialrat. Barlach hatte sich ganz nach Güstrow verkrochen, so war unser Kreis auseinandergefallen. Das zwanglose intime Beisammensein hatte aufgehört, dafür mußte man, der Zeit folgend, viele Menschen,

die sich in unser Haus drängten und denen wir nicht allzu nahe
kommen wollten, zu großen Gesellschaften einladen. Auch wollten die jungen Maler, die Paul keineswegs ablehnte, mit Käu-
fern bekannt werden. Also wurden hie und da bis zu zweihundert Leute eingeladen. Diese Gesellschaften fanden in den un-
teren Räumen statt, wo ein Buffet aufgestellt war, während
man im Oberlichtsaal tanzte. Wir sorgten für junge Menschen
und hübsche Frauen, und wer von den jungen Künstlern keinen
Abendanzug besaß, mußte trotzdem kommen, denn Paul stand
wie immer auf dem Standpunkt, der auch der meine war: wem
es nicht paßt, brauchte nicht wiederzukommen. Selbstverständlich lud ich auch einige Kollegen ein.

Für mich bedeuteten diese großen Feste viel Arbeit. Wohl
hatte ich geschulte Angestellte, aber für so viele Leute ein Buffet
zu stellen, war nicht einfach. Dazu kam, daß ich doch auch meinen Verpflichtungen im Theater nachkommen mußte, die Laune
meiner Köchin und noch mehr die von Paul mußte ich erheitern,
denn Paul wollte meistens in letzter Minute alles absagen. Mein
Trost war nur, daß diese Menschenansammlungen manchem
jungen Künstler zu einem Auftrag verhalfen.

Einige Zeit nach meiner Rückkehr aus Amerika reiste ich nach
Wien. Zuerst spielte ich Stücke aus meinem alten Repertoire, zu
gleicher Zeit hatten wir Proben zu Wedekinds »Franziska«. Es
wurde eine denkwürdige Vorstellung. Der außerordentlich be-
gabte Regisseur Karl Heinz Martin gestaltete sie, inspiriert von
Tairoff, zu einer Sensation. Die Treppe, die schon vor Jahren
Leopold Jessner eingeführt hatte, wandelte sich hier zu einer
Wendeltreppe, auf der die merkwürdigsten Sachen passierten.
Die Bühnenbilder waren bloß angedeutet, was damals vollkom-
men »neu« war, und die Aufführung untermalt von der Musik
eines kleinen Jazzorchesters. Ich hatte mich unzählige Male um-
zuziehen: vom jungen Mädchen in einen jungen Mann mit
Frack, in einen Geist, in eine Renaissancefrau, wieder zum
Mann, zur griechischen Tänzerin und am Ende zur zärtlichen
Mutter. Mein sehr guter Partner war Werner Kahle. Mit dem

ganzen Ensemble und der Bühneneinrichtung übersiedelten wir
nach monatelanger Aufführung in Wien nach Berlin, wo es
denselben sensationellen Erfolg brachte.

Der darauffolgende Sommer in Haarlem bedeutete keine Erholung für mich, denn wieder war das Haus voller Gäste. Wenn
ich heute daran zurückdenke, kann ich es kaum verstehen, wie
ich alles bewältigen konnte. Im Herbst brachte Barnowsky das
Stück »Fanni und die Dienstbotenfrage« heraus. Dazu mußte
ich steppen lernen und Couplets singen. Dann kam Bernard
Shaws »Zurück zu Methusalem«.

Durch die Unbefriedigtheit im Beruf und den Wirbel von Menschen, die uns eigentlich nicht richtig nahestanden, war Pauls
Stimmung immer schlechter geworden. Sein Herz machte ihm
auch viel zu schaffen, aber gegen mich war sein Verhalten einfach unerträglich geworden. Es nützte nichts, daß ich zu seinen
Eskapaden einfach schwieg, obwohl sie schon langsam grotesk
wurden. Es war ersichtlich, daß ihn meine Gegenwart nervös
machte und sich diese Nervosität zu Haßausbrüchen steigerte.
Immer hatte ich trotz allem gehofft, ihm helfen zu können, aber
nun sah ich ein, daß meine Anwesenheit für ihn einfach schädlich war. In späterer Zeit haben mir Ärzte gesagt, daß diese
Art der Erkrankung sich meistens in Haß gegen die, die am
nächsten stehen, ausdrückt, aber damals wußte ich das nicht,
und Pauls Bruder, der Arzt, war gestorben. Ich war übermüdet
und sehnte mich nur nach Ruhe. Geholfen hat mir kein Mensch,
denn wenn man schlechte Laune merkte, verschwand alles rings-
herum, und auch die Direktoren des Verlages und die der Kunsthandlung machten sich aus dem Staube und ließen mich allein.
So faßte ich den Entschluß, fortzugehen. Ein Leben ohne ihn
konnte ich mir aber nicht vorstellen, also wollte ich überhaupt
ein Ende machen. Überreizt und müde wie ich war, schien mir
dies das einzig Richtige. Ohne ein Wort zu sagen, verließ ich
das Haus, fuhr nach Potsdam und nahm mir dort ein Zimmer.
Dort wollte ich in Ruhe alles überlegen. In der Nacht wanderte
ich ruhelos durch die Straßen, und bei Morgengrauen hatte ich

mich soweit wieder gefaßt, daß ich zu einer Scheidung entschlossen war und den Gedanken, zum mitgenommenen Gift
zu greifen, fallen ließ. Ich wollte eine Zeit der Trennung erreichen, vielleicht würde sich später wieder alles leichter gestalten, und ich konnte zurückkehren. Paul hatte inzwischen
alle Anstrengungen gemacht, um meinen Aufenthalt zu erfahren. Ich fuhr nach Berlin in ein Hotel. Nun tat Paul unglücklicherweise das Verkehrteste, was er tun konnte. Er schickte mir
Gegenstände, von denen er wußte, daß ich sie liebte, zerbrochen
zu. Er verbreitete die wüstesten Geschichten über mich, die
jeder Wahrheit spotteten und die mir natürlich gleich hinter-
bracht wurden. Er schilderte mich als eine böse und gewissen-
lose Heuchlerin, und das alles nach zwanzig Jahren des Zusammenlebens. Ich war so empört, daß ich nichts mehr von einer
Versöhnung wissen wollte, obwohl es wieder Augenblicke gab,
in denen ich das tiefste Mitleid mit ihm hatte. Ich wollte nur
Ruhe, um mich selbst wiederzufinden. Er verlangte alle Bilder
von mir, die er mir statt Schmuck geschenkt, ich gab sie, er
verlangte eigentlich alles, was mir in unserem langen Zusammenleben lieb geworden war, ich gab es hin. Mir wurde statt
dessen eine Rente ausgesetzt, ich war einverstanden. Mein Advokat schüttelte den Kopf und wollte mich zur Vernunft bringen, ich lehnte alles ab und war mit allem, was P. C. tat, einverstanden. Der Tag kam, an dem wir uns bei dem Anwalt
zur Unterschrift versammeln sollten. Wir saßen alle um einen
Tisch, plötzlich, vor der Unterzeichnung, erhob sich Paul, murmelte eine Entschuldigung und verließ das Zimmer. Gleich
darauf fiel ein Schuß im Nebenzimmer. Hatte ich nicht schon
öfters solche Selbstmordversuche um ganz geringe Dinge erlebt?
Ich stürzte ins Nebenzimmer und fand Paul am Boden liegend
und mir entgegenrufend: »Nun bleibst du aber bei mir!!« Der
Schuß, abgegeben an eine verhältnismäßig harmlose Stelle, war
an einer Rippe entlanggeglitten und in die Wirbelsäule gegangen. Er wurde sofort in ein Krankenhaus geschafft, wohin ich
ihn begleitete und nur nach vierundzwanzig Stunden verließ,

um mich umzukleiden. Ich mußte meinen Kopf neben seinen auf das Kissen legen, und er fing an, mich für alles um Verzeihung zu bitten. Er rief die Krankenschwester und erzählte ihr, wie gut ich immer zu ihm gewesen. Ich versprach, ihn nie mehr, nie mehr zu verlassen. Während einer kurzen Zeit, in der ich vor Erschöpfung, halb auf seinem Bett liegend, eingeschlafen war, ging er hinüber. Was nun geschah, war wie ein wüster Traum, an den ich mich gar nicht mehr recht erinnern kann: an das Begräbnis, von dem mich die Verwandten ausschließen wollten, an die Habgier, mit der man in meiner verlassenen Wohnung alles an sich riß und wo mein Anwalt nur mein persönliches und einwandfrei erworbenes Eigentum rettete: alles verschwamm. Als ich mit der Zeit zu mir kam, grüßten mich auf der Straße meine Bekannten nicht mehr; die Zeitungen hatten Kübel von Schmutzwasser über mich gegossen. Ich ging nicht mehr auf die Straße. Ludwig Katzenellenbogen, den ich ein Jahr zuvor mit seiner Frau als Gast bei mir in Holland sah, versuchte mich zu trösten. Ich bin heute überzeugt davon, daß ich zu jener Zeit nicht mehr normal war. Ich ging schließlich auch in eine Anstalt nach Dresden, nachdem mein Anwalt meine Rente im Einvernehmen mit den Erben in eine Abfindung verwandelt hatte.

Nun hatte ich aber kurz vor der Katastrophe einen Vertrag mit einem Impresario für eine lange Gastspielreise unterzeichnet. Die Schauspieler waren schon verpflichtet und rechneten damit, ich konnte sie nicht im Stiche lassen. Außerdem hofften die wenigen Menschen, die mir noch geblieben, darauf, daß diese Ablenkung gut für mich sei. Ich ließ mich also durch Deutschland, Holland, die Schweiz und Österreich schleppen, aber ich wußte nicht, in welcher Stadt ich gerade war. Erfolg und Einnahmen für den Impresario waren großartig, aber ich selbst merkte nichts davon. Zurückgekommen, engagierte mich Barnowsky zu einer Reprise von »Franziska«, mir war alles gleichgültig. Immer wieder legte ich mir die Frage vor, ob ich nicht doch, trotz allem, bei Paul hätte ausharren sollen, und immer wieder mußte ich mir sagen, daß ich es in dem Augenblick nicht gekonnt hätte. Wir hatten uns auch sonst mit den Jahren auseinandergelebt; denn war er einst mein Lehrer gewesen, dem ich alles verdankte, was ich geworden bin, so störten mich nun bei einer neuen Aufgabe seine Ruhelosigkeit und sein Bestreben, bis zum Letzten zu gehen. Ich hatte mit der Zeit erfahren, daß man das Letzte nur ahnen lassen dürfte und konnte nicht mehr auf ihn hören. Ich mußte mich von ihm lösen und tat es ungern, denn ich sah, wie er meinen anderen Weg nicht verstehen konnte. Meine besten Leistungen, meine größten Erfolge hatte ich, wenn ich auf Gastspielreisen, frei von seinem Einfluß, eine Rolle schuf. Ich verbarg es vor ihm, weil ich nicht den Mut hatte, offen zu sagen, daß er, dem ich alles verdankte, nicht mehr mein Lehrer sein konnte. Aber jetzt, wo er von mir geschieden war, stand ich unselbständig da und wollte jeden Augenblick zu ihm eilen und um Rat fragen und entdeckte, daß er stumm für mich geworden war. Es war ein schlimmes und bitteres Erwachen. Ich übernahm nach »Franziska« noch eine Rolle in Shaws »Haus Herzenstod«, ein Stück, das nicht sehr gefiel. Dann lud mich meine Freundin Regin nach der Schweiz ein, und langsam fand ich wieder zu einem fast normalen Leben zurück.

1927/31

Piscator und der Krach an den Börsen

In der ersten Zeit nach Pauls Tod, als ich mich mit nichts beschäftigen konnte, teilnahmslos in einem Hotel herumsaß und mit keinem Menschen sprechen wollte, kam mir der Gedanke, eine völlig fremde Person an mich heranzuziehen, mit der ich über gleichgültige Dinge sprechen konnte. Ich bat, mir eine Engländerin zu nennen, die bereit sei, einige Stunden in der Woche zu mir zu kommen. Vielleicht würde dies mich von den ewig um das furchtbare Ereignis kreisenden Gedanken ablenken. Eines Tages erschien eine junge Frau in sehr bescheidener Kleidung. Unter einem blonden, wilden Haarschopf sahen mich ein paar große, blaugrüne, klare Augen ziemlich abweisend an. Mürrisch nannte sie mir den Namen eines Bekannten, der sie geschickt, und mürrisch erklärte sie sich bereit, mir Stunden zu geben. Meine Kenntnisse der englischen Sprache waren damals nicht sehr fest, wie ich überhaupt kein Talent für Sprachen habe, sehr zu meinem Bedauern. So gut es ging, führte ich ein Gespräch mit ihr, fühlte aber immer stärker ihre abweisende Haltung. Ihre mehr als einfache Kleidung zeigte, daß sie genötigt war, Stunden zu geben, und schließlich war sie ja auch zu diesem Zweck bei mir erschienen. So ließ ich mich nicht schrecken und verabredete Zeit und Bedingungen. Gerade die Mühe, die ich mir geben mußte, um im Verlauf der Zeit dieses trotzige Geschöpf freundlicher gegen mich zu stimmen, übte eine wohltätige Wirkung auf mich aus. Langsam erkannte ich, welch wertvollen Menschen ich durch Zufall langsam eroberte. Es war Agnes Smedley, die später eine der bedeutendsten Journalistinnen in China wurde und deren Bücher interessante Dokumente darstellen. Wir befanden uns schließlich in herzlicher Freundschaft. Ich ging mit ihr auf einige Wochen nach Salzburg und verschaffte ihr dann die Möglichkeit, an der Berliner Universität zu studieren, obwohl sie eigentlich dazu nicht die notwendigen Vorstudien hatte. Bitterste Armut in ihrer Kindheit hatte sie daran gehindert, aber ihr scharfer Geist konnte alle Hindernisse in dieser Beziehung überwinden. Ich konnte auch behilflich sein, ihren ersten Roman, »Eine Frau allein«, an die Frankfurter Zeitung zu bringen, wonach er in fast alle Sprachen übersetzt wurde. Das Leben trennte uns, sie sah im Fernen Osten ihre Tätigkeit, aber nach langer Zeit sandte sie mir vor einigen Jahren, kurz vor ihrem Tode, ihr Bild und ein Buch, als amerikanische Freunde von ihr mich in Zagreb aufsuchten. Die Zeit mit ihr wird mir unvergeßlich bleiben, sie war für mich ein reicher Gewinn.

Im Jahre 1927 sah ich im Staatstheater eine Aufführung von Schillers »Die Räuber« und lernte dabei einen für mich neuen Mann kennen, Erwin Piscator. Seine Regie gefiel mir so sehr, daß ich seine persönliche Bekanntschaft suchte. Er erzählte mir von seinen Plänen, die mich so fesselten, daß ich mich entschloß, ihm das Geld für ein Theater zu verschaffen. Ich gab ihm vierhunderttausend Goldmark, und er mietete das »Theater am Nollendorfplatz«, eines der größten Theater in Berlin. Es wurde mit »Hoppla, wir leben!« von Ernst Toller am 3. September 1927 eröffnet. Erst in der folgenden Aufführung übernahm ich eine Rolle, und zwar die Zarin in dem Stück »Rasputin«. Piscators Begabung ist unbestreitbar, er war der erste, der nach Max Reinhardt neue Wege in der Inszenierung ging. Er versuchte, den Film mit der Sprechbühne zu verbinden und kam dabei zu erstaunlichen Resultaten. Auch als er Pallenberg in der epischen Satire »Die Abenteuer des braven Soldaten Schwejk« am laufenden Band marschieren ließ und Landschaften und künstliche Menschen an ihm vorbeizogen, gab es eine Wirkung, die neu und fesselnd war. In »Konjunktur« von Leo

Lania verkörperte ich die südamerikanische Erdölagentin, als Partner hatte ich Kurt Bois, während in »Rasputin« Wegener und Erwin Kalser an meiner Seite standen, nicht zu vergessen der zu früh verstorbene Alexander Granach als Lenin. Aber alle diese Einrichtungen kosteten so viel Geld, daß es mit dem Eintrittsgeld des zahlreich hinströmenden Publikums des großen Hauses nicht gedeckt werden konnte. Nach kurzem Bestehen mußte das Theater schließen. Der Tumult in der Presse über die Aufführungen war ungeheuer. Die heftigsten Angriffe hagelten auf das Unternehmen herab. Der Kaiser ließ aus Doorn seinen Einspruch geltend machen gegen mein Erscheinen in »Rasputin«. Ich hatte mich nun wieder einmal in die Nesseln gesetzt. Daß hier etwas ganz Neues auf der Bühne gezeigt wurde, verschwand, und nur die »kommunistische Propaganda« blieb. In Karikaturen und saftigen Angriffen tobte man sich gegen mich aus, und um mich zu zerstreuen, schrieb ich einen Roman. Obwohl die Personen darin reine Erfindung waren und nicht existierten, hielt man es hartnäckig für meine Lebensgeschichte. Nun kann ich ja nicht leugnen, daß ich, was die Empfindungen der Hauptfigur, einer Schauspielerin, betraf, viel aus meinen Erfahrungen schöpfte, aber alle anderen Begebnisse sind freie Phantasie. Auch hier ging ein wahrer Hagel von Schmähungen über mich nieder. Die Arbeit an der Piscator-Bühne brachte mich mit Bert Brecht, Leo Lania, Egon Erwin Kisch und Ilja Ehrenburg in Verbindung, und alle hatten wir unter den Angriffen der Presse zu leiden. Ich vergrub mich nun ganz in meine Bücher.

Indessen hatten sich die Nationalsozialisten schon zu mächtigen Verbänden zusammengeschlossen, die unter allerlei harmlosen Namen Gelände- und Waffenübungen abhielten. Aber auch die Kommunisten, die sich 1920 organisiert hatten, aber eine sehr schwache Partei bildeten, waren erstarkt. Schon kam es zu Anrempeleien zwischen beiden Gruppen. Immer aber nahm man noch Hitler nicht ernst, man lächelte und meinte, er solle sich nur austoben, dann verschwände dieser Unsinn am raschesten. Der Generaldirektor der Deutschen Bank, Herr von Strauß, stellte ihnen sogar seine Burg Schlitz zur Verfügung, bald darauf der Zufluchtsort für diejenigen, denen der Boden zu heiß wurde.

Ludwig Katzenellenbogen war mein treuer Freund geblieben, durch ihn wußte ich manches über die Großbanken, denen man Hitler als Retter vor der bolschewistischen Gefahr pries. Die kurzfristigen Anleihen hatten eine falsche Blüte hervorgerufen, und nun begann es an der Börse leise zu kriseln.

Leider war aber das Geschwätz über mich und L. K. so groß geworden, daß ich beschloß, mich ganz von ihm zurückzuziehen. Zu diesem Zweck ging ich wieder nach Wien und spielte im »Brief« von Somerset Maugham. In Wien war mir besonders das Haus der Hofrätin Zuckerkandel lieb und interessant, doch wurde ich leider auch in der aristokratischen Gesellschaft Wiens, bei der Fürstin Fugger, dem Grafen Kinsky und anderen herumgereicht, bis es mir zu dumm wurde. Ich floh auf eine lange Gastspielreise und nahm anschließend Aufenthalt bei meiner Freundin Regin in Luzern. Im Herbst kam L. K. zu einer Unterredung wieder zu mir und eröffnete mir, daß er sich scheiden lassen wolle, um mich zu heiraten. Er bat mich, mit ihm und seiner Schwester zu verreisen, um über die Sache nachdenken und sie besprechen zu können. Ich zweifelte sehr, daß seine Frau dazu die Einwilligung geben würde, obwohl er mir schon vor Jahren erzählt hatte, daß sie sich ganz auseinandergelebt hätten. Aber ich war so einsam geworden und so ruhebedürftig, hatte keine Freude mehr an meinen Rollen, daß ich vorerst einmal in die Reise mit seiner verheirateten Schwester willigte, die sehr für die Scheidung eintrat. Wir fuhren nach St. Jean de Luz in Südfrankreich und machten herrliche Ausflüge. Trotzdem hielt es mich dort nicht lange, und ich trennte mich von L. K., der seine Scheidung nun einleiten wollte. Um ihn aber auf keine Weise in diesem Entschluß zu beeinflussen, wollte ich wieder nach Luzern, mußte aber erfahren, daß Regin und ihr Mann im Begriff standen, wieder nach New York zu reisen. Ich entschloß mich überstürzt, ihrer Aufforderung folgend, mitzureisen, und war drei Tage später auf dem Wege nach Paris, das der Treffpunkt sein sollte. Nach einer ungemein stürmischen Fahrt bezogen wir wieder unser Appartement im Ritz.

Der große, allgemein bekannte Zirkus Barnum und Baily war im Besitz Mr. Ringlings, der, deutscher Abkunft, als Bauernsohn mit seinen Brüdern auf den Dörfern spielte. Sie hatten sich mit der Zeit einen Esel, einen Clown und schließlich ein Pferd angeschafft, und als sie für dieses Tier eine Wiese zur Weide kauften, fanden sie Petroleum. Wie im Märchen fing es armselig an und endete mit ungeheurem Reichtum. Dieser Mr. Ringling hatte sich nun in Florida angekauft und ein Museum bauen lassen, für das er mit L. B. schon jahrelang Bilder suchte. Jetzt sollten die Bilder im Museum aufgehängt werden, und ich war mit eingeladen, in Sarasota, Florida, zu wohnen. Das reizte mich natürlich sehr und gern nahm ich die Einladung an. Wir verlebten noch das Weihnachtsfest in New York mit und bestiegen dann den Privatwaggon Mr. Ringlings. Das Wohnhaus von Herrn und Frau Ringling war eine Nachbildung des Dogenpalastes in Venedig. Natürlich nicht so groß, dafür aber um eine Wurlitzer-Orgel herumgebaut, deren Pfeifen man überall in den Ecken entdeckte. Die Gastzimmer, jedes selbstverständlich mit eigenem Bad und in einer anderen Farbe, waren reizend eingerichtet. Dagegen hatte ich für die Einrichtung der Wohnräume kein Verständnis. Ein Saal, in dem man nach den Mahlzeiten saß, war nur in Rot und Gold gehalten. Das Speisezimmer hatte Sessel, die mit einem Leder bezogen waren, das von Hellgrün langsam in Rosa überging. In der Halle stand erhöht die Wurlitzer-Orgel, auf der mit Walzen gespielt wurde. Mit allem versöhnte aber eine Marmorterrasse in ungeheuren Dimensionen, die auf das Meer blicken ließ. Hie und da ragten Holzpalisaden aus dem Wasser, auf denen Pelikane saßen. In der Nähe lag ein Stall, nicht mit Hühnern, o nein, mit Riesenschildkröten, die für Suppe und Ragout gehalten wurden. Tag und Nacht stand eines der Autos zur Verfügung. Im Park trugen die Bäume Orangen, Zitronen und Grapefruit. In einem Teil des Parks entdeckte ich eines Tages ein wüstes Stückchen Erde, das Mrs. Ringling als ihren German-Garden bezeichnete, aber in diesem German-Garden konnte ich mit aller Mühe keine Blume, nur Unkraut finden. Mrs. Ringling war eine schwerkranke Frau, die außerdem darunter litt, daß man sie plötzlich eines Tages vollständig zu boykottieren begann. Ihre Nägel begannen dunkler zu scheinen, und dunkle Flecken verunstalteten ihr Gesicht: Zeichen der verpönten Negerabstammung. Obwohl es in ihrer Familie keinen ähnlichen Fall gab, zog sich die Gesellschaft von ihr zurück. Die bedauernswerte Frau ist später an Leberkrebs gestorben, und damit fanden die dunklen Flecken ihre Erklärung.

Das Museum sah noch trostlos aus. Der Bau, wieder nach einem italienischen Vorbild, war zwar vollendet und mit Geschmack ausgeführt, aber die Bilder lagen noch in Kisten, und die Skulpturen standen im Garten umher, was bei einigen sehr komisch wirkte. Während L. B. fleißig arbeitete und Mrs. Ringling fast immer in ihrem Zimmer lag, konnten Regin und ich umherstrolchen, soviel wir wollten. Manchmal fuhren wir mit L. B. auf den Golfplatz, wo die Caddies lustige Negerlein waren, es aber auch leider giftige Schlangen gab.

Dann erhielt ich ein Telegramm von L. K., daß die Scheidung ausgesprochen sei und er mich im Februar in Paris erwarte. Unsere Zusammenkunft in Paris war nur kurz, da die Börse in Berlin ein häßliches Gesicht zeigte.

Ludig Katzenellenbogen war der Generaldirektor eines großen Konzerns. Die Brauereien Schultheiss-Patzenhofer und die Ostwerke bildeten eine Vereinigung, die einen Wert von zweihundertfünfzig Millionen repräsentierte. Er persönlich besaß einen großen Teil der Aktien. Sein ganzes Vermögen steckte in diesem Unternehmen, das neben den genannten Firmen noch Zement-, Glas- und andere Fabriken umschloß. Neben ihm, gleichgestellt, arbeitete Herr Sobernheim, der Bruder des Direk-

tors der Commerzbank, an der L. K. auch beteiligt war. Dieses
Riesenunternehmen erforderte Arbeit, und so gönnte sich L. K.
nur wenige und kurze Ferien und steckte von morgens neun
Uhr, mit einer zweistündigen Mittagspause, oft bis spät abends
im Büro.

Ich ließ ihn allein nach Berlin fahren, denn dort herrschte eine
ungewöhnliche Kälte. Da ich aus einem beinahe tropischen
Klima kam, wollte ich mich erst an das weniger rauhe in Frank-
reich gewöhnen. Ich machte mich auf den Weg nach Cannes.
Es gefiel mir nicht, auch hier war es kalt, und überall stieß ich
auf Leute, denen ich nicht begegnen wollte. Ich war sehr allein
und einsam und sehnte mich nach Paul, der mit mir über diese
Leute gelacht hätte. In den Cafés hingen ältere jugendliche
Damen zerflossen in den Armen von schönen Gigolos, einige
kannte ich gut, sie konnten nicht verstehen, warum ich keinen
Gefallen an dem Treiben hatte. Sie beneideten mich um meine
Unabhängigkeit, denn L. K. hatte mein Geld so vorteilhaft
angelegt, daß ich mir jeden Luxus leisten konnte, ohne einem
Menschen Dank sagen zu müssen. Aber ich hätte gern auf alles
verzichtet, wenn ich damit Paul hätte wieder lebendig machen
können.

Mein Aufenthalt verlängerte sich unfreiwillig durch einen
Schneesturm, der die Verbindung mit Paris unterbrach. Endlich
aber erreichte ich wieder Berlin. Meine Wohnung hatte ich mir
sehr hübsch eingerichtet. In einem Zimmer stellte ich ein Aqua-
rium auf mit Innenbeleuchtung und Heizung, und so saß ich
stundenlang und sah den farbigen Fischchen zu, die sich augenscheinlich wohl fühlten. Im Vorraum stand ein Vivarium mit
drei Alligatoren, die aber nur dumm und böse herumglotzten.
Zwei Siamkatzen und ein reizender Hund hätten mir viel
Freude gemacht, wenn Paul dagewesen wäre. L. K. liebte Tiere
nicht sonderlich. Mein Papagei redete mit mir, aber wo war
Paul Cassirer, den er manchmal rief!

Ich spielte wieder in einem Stück »Die Flucht« von Blume, mit
Alexander Granach, aber ich war schlecht, ich wollte nicht

STAATS-  THEATER

SCHAUSPIELHAUS AM GENDARMENMARKT

Donnerstag, den 28. März 1929, abends 23 (11) Uhr

Albert Steinrück

Gedächtnisfeier
Gedenkworte gesprochen von HEINRICH MANN

Einmalige Aufführung

„DER MARQUIS VON KEITH"

Schauspiel in 5 Akten von FRANK WEDEKIND
Unter Leitung von LEOPOLD JESSNER

Konsul Casimir	Werner Krauss
Hermann, sein Sohn	Carola Neher
Der Marquis von Keith	Heinrich George
Ernst Scholz	Lothar Müthel
Molly Griesinger	Eleonore v. Mendelssohn
Anna, verw. Gräfin Werdenfels	Tilla Durieux
Saranieff, Kunstmaler	Jakob Tiedtke
Zamrjaki, Komponist	Conrad Veidt
Sommernau, Literat	Max Pallenberg
Raspe, Kriminalkommissar	Max Hansen
Ostermeier, Bierbrauereibes.	Hermann Vallentin
Krenzl, Baumeister	Otto Wallburg
Grandauer, Restaurateur	Albert Florath
Frau Ostermeier	Gisela Werbezirk
Frau Krenzl	Rosa Valetti
Freifrau v. Rosenkron	Mady Christians
Freifrau v. Totleben	Maria Bard
Sascha	Elisabeth Bergner

Ein Dienstmädchen	Fritzi Massary
Simba	Käthe Dorsch
Metzgerknechte	Alexander Granach / Fritz Kortner / Victor Schwannecke / Paul Wegener
Packträger	Rudolf Forster / Kurt Gerron / Veit Harlan / Paul Bildt
Dienstmänner	Hans Brausewetter / Walter Janssen / Eduard v. Winterstein
Bäckerweiber	Trude Hesterberg / Tilly Wedekind
Kellner	Hans Albers / Ernst Deutsch / Kurt Goetz

Gäste des Marquis v. Keith:
Roma Bahn, Sibylle Binder, Marlene Dietrich, Gertrud Eysoldt, Käthe Haak, Else Heims, Leopoldine Konstantin, Maria Koppenhöfer, Hilde Körber, Till Klokow, Lina Lossen, Lucie Mannheim, Renate Müller, Martha Maria Newes, Asta Nielsen, Maria Paudler, Henny Porten, Hannah Ralph, Frieda Richard, Dagny Servaes, Agnes Straub, Erika von Thellmann, Irene Triesch, Elsa Wagner, Ida Wüst, Alfred Abel, Ferdinand von Alten, Alfred Braun, Julius Falkenstein, Walter Franck, Max Güllstorff, Paul Gratz, Fritz Kampers, Arthur Kraußneck, Otto Laubinger, Hans Leibelt, Theodor Loos, H. C. Müller, Paul Otto, Johannes Riemann, Albert Patry, Dr. Max Pohl, Emil Rameau, Heinrich Schnitzler, Heinrich Schroth, Ernst Stahl-Nachbaur, Herrmann Thimig, Hans Wassmann, Mathias Wiemann, Wolfgang Zilzer.

Hilfsinspizient: Karlheinz Martin   Bühnenbild: Emil Pirchan   Bühnenmusik: Weintraubs Synkopaters
Bühneninspektor: Karl Rupprecht   Souffleuse: Marg. Krüger   Bühnenmeister: Franz Kaiser

Nach dem dritten Akt findet eine Gesellschaftspause von 45 Minuten statt.
Die Gemälde Albert Steinrücks sind im Islandsaal ausgestellt.

EHRENAUSSCHUSS:

Dr. h. c. Georg Graf von Arco, Kultusminister Professor Dr. Becker, Landtagspräsident Bartels, Victor Barnowsky, Professor Georg Bernhard, Oberbürgermeister Böß, Professor Albert Einstein, Jakob Goldschmidt, Direktor Herbert Gutmann, Victor Hahn, Intendant Gustav Hartung, Generalintendant Professor Leopold Jeßner, Generaldirektor Ludwig Katzenellenbogen, Dr. Paul Kempner, Dr. Robert Klein, Generaldirektor Ludwig Klitzsch, Hans Lachmann-Mosse, Generalkonsul Eugen Landau, Professor Max Liebermann, Reichstagspräsident Paul Löbe, Präsident Franz von Mendelssohn, Direktor Heinrich Nest, Professor Max Reinhardt, Professor Dr. Eugen Robert, Professor Edwin Scharff, Werner F. von Siemens, Generaldirektor Dr. Walter Sobernheim, Direktor Emil Georg von Stauß, Dr. Franz Ullstein, Generalmusikdirektor Professor Bruno Walter, Präsident Karl Wallauer, Dr. Erich Wiens, Theodor Wolff, Arthur Wolff.

ARBEITSAUSSCHUSS:

Erich Burger, August Dörschel, Norbert Falk, Alfred Fischer, Albert Florath, Heinrich George, Prof. Leopold Jeßner, Werner Krauss, Dr. Kurt Pinthus, Dr. Günther Stark, Hermann Vallentin, Richard Wilde, Dr. Fritz Wendhausen.

Preise der Plätze: Parkett u. I. Rang 60 Mk., II. Rang 40 Mk., III. Rang 20 Mk., Galerie 10 Mk.

mehr. Wir beschlossen, uns in England trauen zu lassen. Ich traf in London einen alten Freund, Baron Studnitz, der mir half, die Zeit zu vertreiben während der vierzehn Tage, die ich dort sein mußte, um getraut werden zu können. Wir besuchten Theater, und er machte mich mit einigen Familien bekannt. Was mich an einer neuen Umgebung immer interessierte, waren die Menschen, die Art, wie sie lebten und wohnten. An eines aber konnte ich mich schwer gewöhnen: die Heizung in den Wohnungen. Der Kamin ist wohl sehr hübsch anzusehen, aber im Gebrauch wenig erfreulich, denn während man vorn brät, wird der Rücken zu Eis.

Am 28. Februar 1930 wurde ich mit Lutz Katzenellenbogen getraut. Als Trauzeugen fungierten Baron Studnitz und der Attaché der deutschen Gesandtschaft, Graf Bernstorf. Wir erzählten niemandem von unserer Trauung. Ich begann eine Wohnung einzurichten, denn das Haus in der Bendlerstraße am Tiergarten, das Lutz mit seiner Familie bewohnt hatte, verblieb der Frau. Die Einrichtung unserer Wohnung, die ich ganz modern haben wollte, nahm meine ganze Zeit in Anspruch. Auch ein Grundstück hatte L. K. gekauft, in Wannsee auf dem Golfplatz, und einen Bungalow darauf gebaut und eingerichtet. Ich hatte nun also, was ich mir ersehnte: Ruhe und Sicherheit, ein Heim voll der schönsten Dinge und der Bilder, die mir aus der Erbschaft belassen waren, samt den Bildern, die Lutz mitbrachte. Die Hälfte seiner Sammlung verblieb seiner früheren Frau.

Es zeigte sich, daß ich die Ruhe, die ich mir erhoffte, nicht fand. Erstens brachte es die prekäre Finanzlage mit sich, daß L. K. überaus nervös wurde, obgleich er es zu Hause möglichst verbarg. Dann aber mußte ich wieder einmal große Gesellschaften geben und diesmal für Leute, die mir herzlich langweilig, ja sogar unsympathisch waren. Diese Bankdirektoren und ihre Frauen hatten andere Gesprächsstoffe, als ich sie gewohnt war. Nur mit Mühe vermochte ich zuzuhören, wenn man sich über Kleider unterhielt oder unsere modernen Bilder

»erklärt« haben wollte. Lieber wäre ich Wäsche waschen gegangen als zu den Einladungen in die reichen Häuser dieser Menschen. Ich war wieder einmal nahe daran fortzulaufen und zögerte nur, weil ich mich schämte, nach so kurzer Ehe, die soviel Staub aufgewirbelt hatte, die Segel zu streichen.

In den Straßen erblickte man jetzt oft Braunhemden, die in wohlformierten Trupps mit verbissenen Gesichtern vorbeizogen. Ich wußte, daß nicht nur rheinische Industrielle, sondern auch Berliner Banken und Konzerne Hitler Geld zufließen ließen, und keiner erkannte die Gefahr.

Im Grunde genommen war es kein Wunder, wenn die verzweifelten Menschen sich von Hitlers Fata Morgana betören ließen. Überall, wohin man blickte, gab es Elend und Hunger. Berlins Straßen standen voller Arbeitsloser und Bettler, die Jugend verkam. — Ludwig Katzenellenbogen begann von der Schulbank weg in der Spritfabrik seines Vaters und war mit sechsundzwanzig Jahren bereits ihr alleiniger Chef. Aus der Provinz übersiedelte er nach Berlin, und schon vor Kriegsausbruch war sein Name in der Branche bekannt. Während und nach dem Kriege gründete er Sprit- und Zementfabriken, Glas- und Maschinenwerke, Mühlen, Hefefabriken und schloß alle diese Unternehmen unter dem Namen »Ostwerke« zusammen. Der alten Bierbrauerei Schultheiss-Patzenhofer ging es, wie allen Brauereien, dank der Rohstoffknappheit schlecht. L. K. trat nun an diese Firma mit Fusionsanträgen heran und wurde willkommen geheißen. Der Generaldirektor der Brauerei, Dr. Sobernheim, war mit L. K. sowohl in den »Ostwerken« als auch in der Brauerei gleichgestellt, aber er hörte nur mit halbem Ohr hin, wenn L. K. von seinen Transaktionen sprach. Auf Katzenellenbogen lag allein die Last der Verantwortung, als die Aktien zu sinken begannen. Die großen Banken saßen zwar im Aufsichtsrat, aber keinem der Herren fiel es ein, sich wirklich um die Lage des Unternehmens zu kümmern. Es wurden Stützungsmanöver mit dem Aufkauf der eigenen Aktien durchgeführt, die Bestimmungen, die dies verbieten, waren schon lange vor Brüning für alle Konzerne nur ein Fetzen Papier. L. K. gründete auswärtige Gesellschaften, um von hier aus das wankende Gebäude zu stützen, und in dem festen Glauben, daß die Börsenpapiere sich wieder heben würden. Eines Tages trat er auch an mich heran, die ich mein Geld in einer Schweizer Bank angelegt hatte. Unter einem Vorwand verlangte er von mir die Verfügung darüber, die ich ihm natürlich gab, denn ich ahnte noch nichts von der desperaten Lage des Konzerns. Es war auch ein Unglück, daß L. K. in dem Direktor der Danatbank, Jakob Goldschmidt, einen gleichgesinnten Optimisten traf, der zu weiteren Stützungsaktionen riet und sie auch teilweise finanzierte. Endlich, als die Lage ganz schlimm wurde, eröffnete L. K. sich Herrn von Strauß, dem Direktor der Deutschen Bank, der ebenfalls im Vorstand saß, aber an keinem Stützungsgeschäft wie die anderen Banken teilgenommen hatte. Nun war aber auch er in seinem Bankgehaben kein reiner Engel, wie es nachher der Prozeß zeigte, besonders bei dem Prospekt des Schultheiss-Ostwerke-Konzerns war er mit verwickelt. Schließlich kam es in der Aufsichtsratsitzung zu einer heftigen Auseinandersetzung, bei der der eine den anderen beschuldigte. Dieser Skandal gelangte in die Presse, und L. K. wurde wegen Bilanzfälschung, Prospektbetrug und Untreue verhaftet.

Der Zusammenbruch

Sofort nach der stürmischen Sitzung des Aufsichtsrates hatten wir Besprechungen mit unserem Anwalt, Dr. Asch, der gleich die Befürchtung aussprach, daß eine Verhaftung erfolgen könnte. Heute hat man sich an Verhaftungen sozusagen gewöhnt, aber damals war es eine unausdenkbare Schande. Ich schlug vor, zu fliehen und außer Landes zu gehen, mußte aber hören, daß nur Portugal und Monaco nicht auslieferten. L. K. wollte von einer Flucht nichts wissen, denn er fühlte sich nicht schuldig. Wir nahmen noch einen Anwalt, Dr. Dix. Die Besprechungen dauerten oft bis zum Morgen, ohne irgendein Resultat zu bringen. Noch ein Anwalt wurde hinzugezogen, der berühmte Dr. Alsberg, der L. K. nicht schuldig fand. Die Presse bestürmte das Haus, die Familie saß händeringend herum und brach in Klagen und Vorwürfe aus. Ich bewunderte L. K.s Ruhe in diesem Hexentanz. Die Presse, besonders die rechtsstehende, fiel mit bösen Worten über ihn her. Ich lief zu den Chefredakteuren der Zeitungen und bat, man möge wenigstens warten, bis Klarheit geschaffen sei. Man nahm mich liebenswürdig auf, aber versprach nichts. Ich lief zu den Banken, obwohl ich doch gar nichts von Geldmanipulationen verstand, aber ich wollte eine Frist gewinnen in der törichten Hoffnung, daß sich vielleicht doch ein Ausweg zeigte. L. K. übergab sein ganzes Hab und Gut einem Treuhänder, und die Anwälte wollten mich bereden, das gleiche zu tun. Ich aber erkannte sofort, daß es mir dann unmöglich gemacht würde, Bilder oder Schmuck zu verkaufen, um die Anwälte zu bezahlen, und weigerte mich hartnäckig. Wie recht L. K. hatte, als er nicht fliehen wollte, erkannte ich, als man mir beim Konzern riet, ihn dazu zu veranlassen; sie hätten dann sicher bequem die ganze Schuld auf den Flüchtling schieben können.

Am 28. Oktober 1931 wurde L. K. zum Staatsanwalt gerufen und kam nicht mehr zurück. Ich setzte alles in Bewegung, denn man sagte mir, er könne durch eine Kaution freigelassen werden. Die 100 000 Reichsmark bekam ich zusammen und wanderte mit Dr. Asch ins Gefängnis, um ihn freizubekommen. In den düsteren Gängen des Polizeigefängnisses am Alexanderplatz wartete ich nun von morgens zehn Uhr bis nachmittags um sechs Uhr, bevor ich ihn freibekam. Dazwischen erfuhr ich vom Anwalt, daß eine ungenannte Stelle ihn nicht freigeben wollte. Auch wurde ich schließlich zum Staatsanwalt gerufen, der mich fragte, ob L. K. nicht die Absicht habe, zu fliehen. Ich erklärte ihm, daß er das schon längst hätte tun können, aber daß er sich energisch geweigert hätte. Schließlich ließ er mich auf ein Kruzifix schwören, daß ich ihm nicht dazu verhelfen wolle. Als ich ihn endlich nach Hause gebracht hatte, wurde ich ans Telefon gerufen, und jemand teilte mir mit, daß L. K. in ein paar Tagen wieder verhaftet werden würde. Er hatte sich sofort mit einem heftigen Gallenanfall niedergelegt. Ich setzte ihn ins Auto und fuhr in die Städtische Klinik, dessen Chef Geheimrat Sauerbruch nun war. Dieser steckte L. K. sogleich in ein Krankenbett. Er war außerordentlich freundschaftlich zu mir und versprach zu tun, was in seiner Macht stünde, um den völlig gebrochenen Menschen vor der neuerlichen Verhaftung zu bewahren. Etwas beruhigter kehrte ich nach Hause zurück, um jedoch hier zu erfahren, daß man inzwischen alle meine Möbel, einer angeblichen Steuerschuld von vier Millionen wegen, gepfändet hatte. Ich war darauf durch den Anwalt bereits vorbereitet gewesen und hatte in den Nächten Hauswäsche, Silber und Bilder weggeschafft. Den nächsten Tag ging die Pfändung in Wannsee in unserem Bungalow los. Obwohl ich für Steuerschulden meines Mannes nicht pfändbar war, riet man mir, der Sache einstweilen nichts entgegenzusetzen. Bei L. K. in der Klinik brachte die Pflegerin einen Radiohörer am Kopfende an, um den Kranken zu zerstreuen; ich nahm den Hörer, um ihn auszuprobieren und hörte gerade, wie die Forderung der neuerlichen Verhaftung von der Staatsanwaltschaft gestellt wurde. Selbstverständlich riß ich unter einem Vorwand den Hörer wieder von der Wand und stürzte zu Sauerbruch. Leider konnte er die neuerliche Verhaftung nur ein paar Tage hinausschieben. Es ließ sich nicht vermeiden, daß man es schließlich L. K. mitteilen mußte. Er war darüber so verzweifelt, daß er mich bat, ihm Gift zu verschaffen, um sich das Leben zu nehmen. Vollständig am Ende meiner Kräfte versprach ich, mit ihm aus dem Leben zu gehen, das mir wirklich nicht mehr lebenswert erschien. Es ist nicht so leicht, sich Gift zu verschaffen, aber ich fand einen Arzt, der genug Mitleid mit mir hatte und es mir gab. Ein gewiß ungewöhnlicher Fall. Der Arzt kannte mich jedoch genau und fand meinen Entschluß, wenn auch nach langem Widerstreben, begreiflich. Als ich in das Krankenhaus zurückkehrte, fand ich bereits einen Detektiv vor der Tür des Zimmers sitzen. Am nächsten Morgen sollte L. K. wieder eingeliefert werden. Sauerbruch erlaubte mir, gegen die Anstaltsregeln, die Nacht bei L. K. zu verbringen, schien aber zu ahnen, daß ich etwas vorhabe, denn er warnte mich vor übereilten Entschlüssen und sprach wirklich warm und freundschaftlich mit mir. Trotzdem war ich innerlich fest entschlossen, denn ich hatte wahrhaftig genug, fühlte keine Kraft mehr, die kommenden Kämpfe durchzustehen. Mit Mühe entfernte ich die Krankenschwester und fragte nun, ob er bereit sei. Da verließ ihn der Mut oder richtiger, neuer Lebensmut ließ ihn den Entschluß fassen, den Kampf mit dem Gericht auf sich zu nehmen, um seine Unschuld, an die er fest glaubte, zu beweisen. Trotz starker Schlafmittel, die man uns beiden gegeben, taten wir kein Auge zu und erwogen immer wieder die Situation und das Für und Wider. Am Morgen begleiteten Dr. Asch und ich ihn zum Landgericht I., das er monatelang nicht verlassen sollte.

Zu Hause erwartete mich wieder der Pfändungsbeamte, der auf die letzten Dinge den Kuckuck klebte und mir einen an sich wertlosen Ring, den ich seit meiner Mädchenzeit getragen hatte, vom Finger zog. Dieser wertlose Ring war der letzte Tropfen, der noch fehlte. Die Familie stürmte mit tausend Fragen auf mich los, die ich bei bestem Willen nicht beantworten konnte. Die Anwälte trafen sich zu Konferenzen in meiner Wohnung, und vor allem mußte Geld beschafft werden, um den täglichen Haushalt aufrechtzuerhalten, denn mein Hauspersonal konnte ich nicht von einem Tag zum anderen entlassen. Wenn sie auch alle ohne Lohn bleiben wollten, essen mußten sie. Plötzlich war aber kein Pfennig mehr im Haus. Wie ich es schaffte, weiß ich nicht mehr, aber ich konnte irgend etwas verkaufen und steckte das Geld in meine Bibliothek, damit der Pfändungsbeamte es nicht fand, der sich immer wieder einstellte. Ich wurde jetzt auch noch für die wiederholten Kosten der Pfändung gepfändet, und wenn es nicht so bitter ernst gewesen wäre, hätte man darüber lachen können. Dann stand auch die Frage vor mir, wie ich die Honorare für die Anwälte beschaffen sollte. An der Familie hatte ich keine Hilfe, sie war selbst von dem Sturz der Aktien, in denen fast ihr ganzes Vermögen lag, betroffen. Einige von ihnen benahmen sich mir gegenüber gut, aber andere überschütteten mich mit Vorwürfen, die unberechtigt waren, denn unser Leben war in keiner Weise extravagant gewesen, schon gar nicht, wenn man das Vermögen L. K.s in Betracht zog, das allerdings jetzt verschwunden war. Keinesfalls aber spielten unsere Ausgaben eine Rolle gegenüber der Schuldenlast des Konzerns. Ich fing nun an, meine Bilder zu verkaufen, um die Anwälte für den Anfang zu befriedigen. Jede Woche einmal hatte ich das Recht, L. K. zu besuchen. Stundenlang saß ich wartend zwischen Dieben und Angehörigen von Verbrechern, um auf den Aufruf meiner Nummer zu warten. Das Gespräch konnte nur über einen großen Tisch geführt werden, an dessen beiden Enden wir saßen, in der Mitte ein Polizist. Die Hand durfte man sich nicht geben. L. K.s Haltung bei meinen Besuchen war bewundernswert. Nie hörte ich eine Klage oder ein Wort der Ungeduld. Er arbeitete mit den Anwälten, wie sie mir erzählten, mit der gleichen Ruhe. Die Gespräche im Wartezimmer unter den Angehörigen der Verhafteten waren teilweise eine Komödie, denn jeder erzählte dem anderen seinen Fall, und oft waren die Lügen so durchsichtig, daß man sie bei den ersten Worten merkte. Meinen alten Humor für solche Szenen vermochte ich aber doch nicht aufzubringen, dazu waren die Sorgen zu groß. Es ist selbstverständlich, daß mich nun fast alle Freunde oder vielmehr, die, die so genannt sein wollten, nicht mehr kannten. Aber zur Verbitterung hatte ich keinen Grund, denn alle, die kein Geld hatten, hielten zu mir und trachteten mir zu helfen.

Der Tag der ersten Verhandlung kam heran, und L. K. bat mich, dabeizusein. Die Verhandlungen wurden im großen Schwurgerichtssaal unter großem Zulauf geführt. Am 9. Februar fingen sie an und dauerten bis zum 18. März, bei fast täglichen Sitzungen. Die Materie war so schwierig, daß zahllose Sachverständige hinzugezogen wurden. L. K. mußte sich meistens selbst verteidigen, weil niemand von seinen Verteidigern das Aktienrecht so beherrschte wie er. Die Zeitungen brachten Auszüge seiner Reden; er blieb immer äußerlich ruhig und gefaßt. Bei den Schlußreden ging Dr. Dix auf die politischen Hintergründe dieses Prozesses los, und der Staatsanwalt erhob dagegen keinen Einspruch. Das Urteil lautete: Drei Monate Gefängnis, die mit der Untersuchungshaft verbüßt waren, und zehntausend Mark Geldstrafe. Für L. K. vernichtend, für die Größe der Anschuldigungen und die Größe des Objekts lächerlich klein. Der größte Teil der Anklage mußte zurückgenommen werden.

Nun kam er nach Haus als gebrochener Mann. Meine Pfändungen wurden aufgehoben, denn sie beruhten auf einem »Irrtum«. Mir blieben einige Mühlenaktien, ein Grundstück und ein Gut in Freienhagen, auf das sich aber der jüngste Bruder mit zahlreicher Familie geflüchtet hatte. Davon konnten die Anwälte nicht bezahlt werden, so verkaufte ich wieder Bilder und meinen Schmuck. Um L. K. etwas aus seiner Lethargie zu reißen, nahm ich das Angebot an, in »Maria Stuart« von Schiller die Elisabeth zu spielen. Agnes Straub war meine Partnerin. Als ich wieder nach all den Aufregungen auf der Bühne stand und das erste Wort sprach, klang mir meine Stimme wie die Stimme einer fremden Frau. Aber die Presse war voll des Lobes für mich, was mich sehr wundernahm.

Wir mußten nun in erster Linie aus der großen Wohnung heraus und unser Hauspersonal entlassen. Da das Wohnhaus auf dem Gut wieder nur eine Last gewesen wäre, die ich nicht gesonnen war, auf mich zu nehmen, und auch voller Menschen steckte, zogen wir in das Pförtnerhaus. Eines der Hausmädchen ging mit uns und war mit bescheidenem Lohn zufrieden. Eine Hilfe aber mußte ich haben, denn nun hieß es für mich, schleunigst Geld zu verdienen. Der Direktor, der mich schon früher für Gastspiele engagiert hatte, tauchte wieder auf, und wir begannen eine umfangreiche Reise durch ganz Deutschland. Mein Auto hatte ich mit einem ganz kleinen Wagen vertauscht, denn das Gut Freienhagen lag hinter Oranienburg, eine Autostunde von Berlin entfernt und mit der Bahn zu umständlich zu erreichen, wenn ich zu den Proben nach Berlin mußte. Wir kamen bei dieser Tournee in Städte, wo man bereits den Antisemitismus und die feindliche Einstellung gegen mich zu merken bekam. Allerdings spielte ich immer ahnungslos, denn von den eingegangenen Drohbriefen erfuhr ich erst nach der Vorstellung. Zu gleicher Zeit zog auch Moissi durch das Land und wurde in ein paar Städten ausgepfiffen, weil man ihn und Bernard Shaw, dessen Stück er spielte, für Juden hielt. Mir blieb dies zwar erspart, dafür konnte ich ein paarmal überhaupt nicht auftreten. Mein Stück war »Der Schatten«, und damit zogen wir auch nach Berlin und hatten einen großen Erfolg. Diese Stadt war groß genug, um nur das Publikum ins Theater zu ziehen, das mich noch gerne sah.

Dr. Alsberg, unser Verteidiger, hatte schon ein erfolgreiches Stück geschrieben, und nun lag ein zweites vor, für dessen Hauptrollen Albert Bassermann und ich vorgesehen wurden. Durch den Kurfürstendamm zogen Horden brüllender Menschen, die im Chor: »Juden raus!« und ähnliches schrien. Man erzählte sich bereits von Fällen, wo Juden geprügelt worden waren. Unsere Premiere ging jedoch ohne Störung mit großem Erfolg vonstatten.

Plötzlich verbreitete sich das Gerücht, die Kommunisten hätten den Reichstag angezündet, und in allen Teilen der Stadt gab es blutige Prügeleien. Wenn wir abends nach der Vorstellung nach Hause fuhren, begegneten wir meist marschierenden Braunhemden.

Das Wetter war schlecht geworden, daß wir beschlossen, uns ein Zimmer im Hotel Esplanade zu nehmen, um nicht den weiten Weg nach dem Gut Freienhagen in der Nacht machen zu müssen. Auf diesem Weg kamen wir an einem mit hohen Mauern geschützten Gebäude vorbei, an dessen Tür ein Posten stand. Daß dies das erste Konzentrationslager war, davon hatten wir keine Ahnung. Also zogen wir wieder nach Berlin, denn L. K. wurde in Freienhagen schon von der Polizei belästigt, und fingen an, uns eine kleine Wohnung zu suchen. Inzwischen hatte Hitler die Regierung übernommen.

Am 31. März spielten wir wie alle Tage. Für den nächsten Tag, den 1. April, hatte die Regierung einen Juden-Boykott-Tag angekündigt. Nach dem ersten Akt stürzte der Direktor auf uns zu und erzählte, daß eine Demonstration geplant sei für die Vorstellung des nächsten Abends. Er beschloß, nicht mehr spielen zu lassen und gab mir den dringenden Rat, mit meinem Mann abzureisen, denn nach mir und der »Jüdin Else Schiff-Bassermann« (Bassermanns Frau) habe man sich besonders erkundigt. Die Vorstellung schloß um einviertel vor elf, um elf ging der Zug über Dresden nach Prag. Ich mußte weiter auf der Bühne stehen und schickte darum eine Kollegin, die schon frei war, zu L. K. ins Hotel, um zwei Handkoffer mit dem Nötigsten zu packen. Zum Glück befand sich der Bahnhof ganz in der Nähe des Theaters, und fünf Minuten vor Abgang konnte ich den Zug erreichen. Ich fand ihn voll besetzt von flüchtenden Personen, darunter viele bekannte Namen: die Direktoren Bernauer und Meinhard, die seit Jahren eines der großen Theater leiteten, den feinen Essayisten Polgar, den Chefredakteur des »Berliner Tageblattes«, Theodor Wolff, prominente Rechtsanwälte, Schriftsteller und Maler. Ein Aufatmen der Erleichterung ging durch den Zug, als er sich in Bewegung setzte. Mit zwei Handkoffern und den erlaubten zweihundert Mark pro Person zogen wir ins Ungewisse. Die meisten Flüchtlinge gedachten nur über den Boykott-Tag fernzubleiben, sie glaubten, hinterher würde sich alles wieder beruhigen. Ich war nicht so optimistisch. Kurz vor Dresden hielt plötzlich der Zug auf einer kleinen Station und Hilfspolizisten polterten ins Abteil und fragten in scharfem Ton: »Konfession??« Wer nicht befriedigend Auskunft geben konnte, oder wem man nicht glaubte, wurde aus dem Zug gezerrt. Zu uns kam die Kontrolle zweimal. Ich bezeichnete mich lächelnd als katholisch und L. K., der protestantisch getauft war, verlor äußerlich nicht seine Ruhe. Wieso sie an meinem Namen keinen Anstoß nahmen, begreife ich noch heute nicht. Jedenfalls verblieben wir mit einem kleinen Rest im Zug, während auf der Station verzweifelte Menschen zurückblieben. Als der Zug wieder fuhr, herrschte tödliches Schweigen. Erst als wir längst die tschechoslowakische Grenze hinter uns hatten, lösten sich unsere Zungen. Viele zogen mit uns ins Hotel Esplanade in Prag, aber ich wußte, daß die zweihundert Mark nicht lange vorhalten konnten. Ich wandte mich an die Eltern von Ernst Deutsch, der in Berlin spielte und als Tscheche noch nichts zu fürchten hatte, und schlug ihnen vor, mir Geld zu leihen, das ich in Berlin ersetzen könnte. Sie halfen mir bereitwillig, aber auch diese Summe konnte nicht lange vorhalten, selbst wenn wir das teure Hotel mit einer billigen Pension vertauschten. Deshalb ging ich sofort auf den Vorschlag unseres Direktors ein,

der mir von Berlin aus telefonierte und mich wieder zurück-
rief. Wir sollten noch einige Abende spielen und dann mit dem
ganzen Ensemble ins Ausland gehen. Es wurde mir schwer,
L. K. allein zu lassen, aber für ihn war es unmöglich, die
Grenze noch einmal zu überschreiten. In Berlin ließ man uns
ganz unbehelligt, denn die Verfolgung war in diesen ersten
Tagen noch nicht so organisiert. Dann ging es in die Schweiz.
Es gelang mir, vorher noch wichtige Verfügungen über das
Wenige, das uns verblieben, zu treffen, aber manche Mitglieder
der Familie, denen ich riet, Deutschland sofort zu verlassen,
sprachen empört von »Fahnenflucht«. Im Augenblick waren
allerdings die Juden noch nicht so gefährdet, wenn es auch am
Boykott-Tag böse ausgesehen hatte. Aber nun war wieder Ruhe
eingetreten. Man trennt sich nicht leicht von seinem Hab und
Gut und ist bereit, das Gewohnte zu verlassen. Ich hörte immer
wieder die Worte: »Ich habe mir nichts zuschulden kommen
lassen, ich bin ein Deutscher und bleibe im Land.« Wie viele
haben dieses Vertrauen auf ihre Zugehörigkeit zum Deutschen
Reich im Lager und in den Gaskammern büßen müssen.
Mit unserer Truppe verließ auch der Autor des Stückes, Doktor Alsberg, das Land. Er hat sich wenige Monate später in
Zürich erschossen. Er war der berühmteste Anwalt in Deutschland. Aber im Ausland sah er für sich kein Fortkommen, und
sein Blick in die Zukunft war klarer als der der meisten, die
im Lande verharrten. Regin und ihr Mann nahmen L. K. in
ihr Haus, während ich Tag für Tag in einer anderen Stadt
der Schweiz auf der Bühne stand. Endlich war die Saison zu
Ende. Ich hatte etwas Geld verdient, und da L. B. verreisen
mußte, verließen wir Luzern und gingen nach Ascona am Lago
Maggiore im Tessin. Übrigens hatten dort Emil Ludwig und
Erich Maria Remarque ihre schönen Besitzungen; Maler und
Schriftsteller zog die reizende Landschaft an.
Wir suchten uns ein winziges Häuschen zur Miete. Inzwischen
versuchten wir, alles in Deutschland zu verkaufen, und ließen
uns Geld schicken. Es kam zwischen den Blättern harmloser

Kataloge, in Büchern und anderen unscheinbaren Dingen an, jedesmal mit Bangen erwartet, denn jede dieser Sendungen war ein Wagnis. Natürlich hieß es sich aufs äußerste einschränken. In Ascona machte ich einige Bekanntschaften, die ich bis heute nicht aus den Augen verloren habe. Darunter befindet sich auch Viktoria Wolf, die erfolgreiche Schriftstellerin, die heute in Hollywood lebt und deren Novellen oft in der Basler Zeitung erscheinen. Besonders sie hat mir in späteren Jahren viel geholfen.

Unser deutscher Paß war abgelaufen, und einen neuen Paß stellte man uns nur in Aussicht, wenn wir ihn uns in Berlin holten. Das konnten wir nicht wagen nach den Erkundigungen, die wir einzogen. Also hieß es, sich eine andere Nationalität zu verschaffen. Das kostete viel Geld, aber schließlich wurden wir Bürger von Honduras. Ich glaubte nicht recht an die Wirksamkeit dieses Passes. Um ihn zu erproben, fuhr ich im Auto eine Freundin über die naheliegende italienische Grenze. Mir klopfte das Herz, als man mir mein Dokument aus den Händen nahm, aber siehe da, es ging alles glatt, und ich konnte L. K. beruhigen, der aufgeregt zu Hause gewartet hatte. Wir waren nun also Honduraner und machten uns wenigstens auf der Landkarte mit unserer neuen Heimat vertraut.

Im Herbst reiste ich, wieder mit dem unvermeidlichen »Schatten«, durch die Schweiz, Holland, Elsaß und nach Skandinavien. Ich mußte bisweilen das Flugzeug benutzen, um Deutschland nicht zu berühren. Die Aufnahme beim Theaterpublikum war fast überall günstig, nur in Karlsbad und Marienbad spielten wir vor leeren Häusern. Theodor Lessing war kurz zuvor ermordet worden, die internationalen Gäste reisten ab, und die Einwohner zeigten sich als Freunde der Nazis. Weiter ging es dann mit »Konflikt« und in der alten Berliner Besetzung nach Wien und durch ganz Österreich, auch nach Zagreb und Belgrad. Darauf folgte Schillers »Don Carlos«. Die Besetzung war glänzend, nur waren wir alle, mit Ausnahme von Bassermann, etwas zu alt für die Rollen. Moissi — Marquis Posa, Basser-

Die
Chinesische
Mauer *(Frisch),*
Theater am
Kurfürsten-
damm Berlin
1955,
Regie Oscar
Fritz Schuh.

Die Höhlenbewohner *(Saroyan), Landestheater Darmstadt 1956, Regie G. R. Sellner.*

Antigone *(Anouilh), BR-Fernsehen, als Amme, München 1958, Regie Franz Josef Wildt.*

mann — König Philipp, Ernst Deutsch — Don Carlos, ich die Eboli. Und abermals ging es durch die Schweiz, Österreich, Tschechoslowakei nach Zagreb und Belgrad. Todmüde kehrte ich nach Ascona zurück. Ich hatte auf der Reise gespart, wo ich konnte.

Noch weitere Flüchtlinge aus Deutschland waren eingetroffen, so der Justizminister Heine, der Preußische Ministerpräsident Braun, diese nicht aus rassischen Gründen, sie waren Sozialdemokraten. Auch sie saßen ohne Geldmittel da und sahen trübe in die Zukunft. Heine wurde von den Quäkern unterstützt. Braun besaß immerhin ein kleines Häuschen in der Schweiz, das er nun vermietete. Sehr erschwerend war, daß die Schweiz den Emigranten eine Erwerbstätigkeit verbot.

Gegen L. K. hatte man einen Steckbrief erlassen. Nach langen Verhandlungen kam es dazu, daß man uns die Aufenthaltserlaubnis verweigerte. Ich dürfe bleiben, erklärte man mir, aber er müsse die Schweiz verlassen. L. K. hatte jugoslawische Aktien gekauft, deren Zinsen man in diesem Land mit günstiger Berechnung verzehren konnte. Zagreb war außerdem die Stadt, in der der Vater meiner Mutter die Schule besucht hatte. Bei meinen dortigen Gastspielen gefiel mir die reizende Stadt ungemein, und so redete ich ihm zu, unsere Zelte vorläufig dort aufzuschlagen.

1934/38

Hotel und abermals Flucht

Am ersten Tag der Reise kam mir zum erstenmal zum Bewußtsein, daß ich nun neben L. K. saß, den ich doch eigentlich Jahre vorher hatte verlassen wollen. Wie redeten mir Freunde zu, als er noch im Gefängnis saß, meine wertvollen Bilder zu nehmen und allein wegzugehen. Jetzt war ein großer Teil der Bilder verkauft: bei Erich Maria Remarque hing der »Bahnübergang« von van Gogh an der Wand. Ich konnte L. K. nicht mehr verlassen, er war zerbrochen und brauchte einen Menschen. Mein Traum von Ruhe und vom Ende aller Kämpfe war zerstoben, die Kämpfe fingen nun erst recht an. Wir mußten auf irgendeine Weise Geld verdienen, denn unser kleines Kapital würde bald zerschmolzen sein. Die Nacht brachten wir in Verona zu. Ich fühlte keine Lust, am Morgen in der Stadt zu den mir so gut bekannten Sehenswürdigkeiten zu wandern. Alles war grau für mich, denn Paul fehlte an meiner Seite. Alles, alles war grau! Der »Gatamelata« von Donatello in Padua schien mit einem Schleier bedeckt zu sein, hatte ich ihn nicht früher ganz anders erblickt? ... In Triest lagen drei kleine Kriegsschiffe, man sprach von Krieg, aber daß Max Pallenberg, der unvergleichliche Komiker, mit dem Flugzeug abgestürzt war, schien mir wichtiger und erschütterte mich sehr. An den Grenzen wurde L. K. jedesmal totenblaß, ich mußte alles allein erledigen, er war nicht dazu fähig, so schlecht stand es mit seinen Nerven. Wir konnten natürlich nicht in einem teuren Hotel in Zagreb bleiben, und da es L. K. in der Stadt gut gefiel, wollten wir uns um eine andere Unterkunft bemühen. Bekannte aus Ascona, der Architekt Zdenko von Strizic und seine Frau, waren uns in jeder Weise behilflich. So fanden wir endlich eine möblierte Wohnung, deren Besitzer zu Studienzwecken nach Wien ging. Frieda traf ein, und wir begannen uns einzurichten.

Aus Deutschland kam die Nachricht, daß Steuern zu bezahlen seien. Man drohte wieder einmal mit Pfändung meiner letzten Kisten, die Bücher enthielten. Irgendwie wurde es geregelt, aber zum Aufatmen kamen wir noch nicht. Die Tage gingen hin, immer bedrückt von der Sorge, wie es weitergehen solle. L. K. mußte etwas unternehmen, bevor unser kleines Kapital endgültig verschwunden war. Wir sparten, wo wir konnten, und zählten uns die Zigaretten ab, die wir rauchen durften, ohne unser Budget zu überschreiten. Auf einer Reise traf L. K. einen Herrn Krenter, der ihm ein Geschäft vorschlug, und zwar den Bau von Autobussen, die man hier sehr brauchte. Die Beteiligung wurde perfekt, wir atmeten auf.

Am 9. Oktober 1934 wurden König Alexander von Jugoslawien und der französische Außenminister Barthou in Marseille ermordet. Ganz Jugoslawien geriet in große Unruhe; in allen Ländern sprach man von Krieg. In Kroatien war der Bauernführer Maček in aller Munde; sogar die kleinen Kinder grüßten mit »Živio Maček«, es wurde viel von ihm erhofft, denn den Bauern ging es schlecht. Sie waren so arm, daß eine Schachtel Streichhölzer für sie unerschwinglich blieb. Die Nahrungsmittel waren zwar unglaublich billig, gegessen wurde gut und reichlich, aber sonst war das Land sehr arm. Die österreichische Monarchie hatte den Straßenbau vernachlässigt; aber auch das neue Königreich tat nichts, um Abhilfe zu schaffen. Die Steuern flossen in die Taschen einiger Minister in Belgrad, die sich große Konten im Ausland anlegten. Den Reichtum der alten aristokratischen Familien schmälerte eine Bodenreform, die aber, schien es, keinem zugute kam. Nun hoffte das Volk auf Maček. Die Mitglieder einer nationalen Partei waren ins Ausland, nach Italien und Ungarn, geflohen, man schrieb die Ermordung des Königs dieser Partei zu.

Zagreb liegt zwischen grünen Bergen. In der Oberstadt, dem

ältesten Teil, stehen die entzückenden kleinen Palais der alten Familien. Der Marktplatz bietet ein farbiges Bild mit den Bäuerinnen, die in weißen, rotbestickten Trachten unter bunten Schirmen ihre Waren feilhalten. Mitten auf dem Hauptplatz, der bis zwölf Uhr Marktplatz ist, stand das Denkmal von Banus Jelačic, der eine etwas zweideutige Rolle für das Land in den vierziger Jahren spielte. Immerhin schaffte er die Leibeigenschaft ab.

Wie lachte ich, als ich zum erstenmal etwa sechzig Truthähne paarweise über den Marktplatz hippeln sah, um artig, wie Pensionsfräuleins, in einer Seitenstraße zu verschwinden; sie waren für England bestimmt. Seit Olmütz hatte ich nicht mehr in einer kleinen Stadt gelebt und mich vor einem Daueraufenthalt gefürchtet. Nun lernte ich sie lieben mit ihren freundlichen, heiteren Einwohnern, mit dem bißchen Klatsch und dem Getue um kleine, nichtige Dinge, aber auch mit ihrem großen und tiefen Verständnis für Musik. Die Bauern trugen ihre Lieder in einer besonderen Art vor, wie ich sie nie zuvor kennengelernt hatte. Das waren für mich völlig fremde Weisen, die aus den kleinen Kneipen tönten, wenn man nachts durch die Straßen ging oder an den Abenden außerhalb der Stadt im Grünen saß. — Die Oper verfügte über ausgezeichnete Sänger, allerdings konnten wir uns das Vergnügen, sie zu hören, nur selten leisten. In der Oper war es auch, daß ich durch Zufall die Gräfin Zlata Lubienski kennenlernte, die sich nachher als eine »richtige« Verwandte entpuppte. Diese Verwandtschaft ging allerdings bis auf meinen Großvater und ihren Großonkel, den Bischof Strossmayer, zurück. Sein Denkmal steht auf der schönsten und breitesten Straße der Stadt, und seine Persönlichkeit ist kaum mit wenigen Worten zu beschreiben. Er besaß 1869 die Kühnheit, sich zu widersetzen, als der Papst seine Unfehlbarkeit erklären wollte, und nur, um nicht eine Spaltung der katholischen Kirche zu provozieren, gab er endlich nach. Der Papst hat es ihm nie vergessen, und so wurde einer der bedeutendsten Männer der Kirche in Jugoslawien niemals Kardinal. Auch Kaiser Franz

Joseph war ihm nicht wohlgesinnt, denn er vertrat energisch die kargen Rechte der Kroaten. Strossmayer verwandte seine reichen Einkünfte für die Stadt. Er gründete die Universität und die jugoslawische Akademie der Kunst und Wissenschaft und eine Bildergalerie, für die er in Italien Bilder sammelte. Ferner ließ er zahlreiche junge Leute auf seine Kosten studieren und die Kathedrale in Djakovo, seinem Bischofssitz, von Malern der Nazarenerschule ausmalen. Er war ein romantischer Kirchenfürst. Auf seinem Gut sah man nur weiße Tiere: Rinder, Hühner, Hunde, Pfauen, Pferde — alle weiß. Sein Lipizzaner-Vierergespann lenkte er selbst. Er liebte die Bärenjagd, schöne Frauen und hätte so wohl am besten in die Renaissance gepaßt.

Er war aber auch der erste, der den Gedanken eines Zusammenschlusses der Südslawen propagierte.

Ich ahnte damals in der Oper nicht, daß diese Bekanntschaft zu einer Freundschaft werden sollte, die sich mit jedem Jahr vertiefte. Ihr habe ich es zu verdanken, daß ich nicht eines Tages in einem Winkel verhungerte. Zlata Lubienski lebte mit zwei Kindern in bescheidenen Verhältnissen, ihr schönes Geburtshaus, in dem ich meine Erinnerungen schrieb, erbte sie nach dem Tode ihrer Mutter. Sie und ihre Freundin, Ivana Fischer, Ivica genannt, haben mir in den schlimmsten Tagen treu zur Seite gestanden.

Von Deutschland aus wurden wir nicht in Ruhe gelassen, in den Zeitungen tauchte wieder einmal mein Name auf, ja, es wurde mir berichtet, daß mein Bild an den Mauern klebe, im Zusammenhang mit anderen unerwünschten Personen. Eine Steuerforderung erreichte uns, die wir in Berlin begleichen wollten, aber die man von uns hier forderte. Das verlangte, daß ich auf das Deutsche Konsulat ging. Mit welchen Gefühlen ich es nach einer schlaflosen Nacht betrat, kann man sich leicht vorstellen. Der zuständige Beamte, der obendrein Göring hieß, sollte mir bescheinigen, daß wir nicht genug Geld hatten, um die Bezahlung von hier aus vorzunehmen. Wie konnte ich dies glaubhaft machen? Aber, o Wunder, Herr Göring empfing mich freundlich und — glaubte mir.

Unsere gemietete, möblierte Wohnung mußte dem Eigentümer wieder zurückgegeben werden, und wir entschlossen uns, nach Abbazia zu gehen, wo auch der Teilhaber des Autobus-Unternehmens wohnte. Wir fanden eine hübsche, leerstehende Wohnung und ließen nun meine Bücher und ein paar Möbel aus Deutschland kommen. Es war wie ein Wunder: alles klappte, und wir besaßen nun wieder eine Wohnung. Im Sommer 1936 bekam ich die Einladung, als Lehrerin an das Mozarteum nach Salzburg zu kommen, wo mich ein entfernter Verwandter, der Bühnenbildner und Professor der Wiener Akademie, Emil Pirchan, erwartete. Mit ihm und Viktoria Wolf, die den Sommer auch in Salzburg verbrachte, hatte ich in meiner freien Zeit oft vergnügte Stunden.

Vorher aber kam eine gewaltige Veränderung in unsere geschäftlichen Angelegenheiten. Das Auto-Unternehmen ging pleite, das von L. K. investierte Geld war fast ganz verloren. Ich reiste daher nach Paris, um eines meiner Bilder zu verkaufen, was zum Glück gelang. Als ich mit Geld nach Hause kam, teilte mir L. K. mit, daß er sich an einem Hotel beteiligt habe. Es war ein großes, aber gänzlich verwahrlostes Hotel, eine Wanzenburg. Ich arbeitete von früh bis abends, um die Räume nach meinem Geschmack zu gestalten, nachdem es gründlich gereinigt worden war. Zudem hatte ich heftige Kämpfe mit unseren Teilhabern zu bestehen, denen mein Geschmack gründlich mißfiel. Es wurde, auch nach Ansicht der zahllosen Gäste, die bald eintrafen, aber wunderbar, obwohl uns nur geringe Mittel zur Verfügung standen. Im Gegensatz zu den übrigen Hotels in Abbazia sah es in den Farben lustig und modern aus und lockte dadurch Gäste an. Außerdem hatte es sich herumgesprochen, daß ich daran beteiligt war, und so kamen viele Berliner und Deutsche aus anderen Städten. Sein Name, »Hotel Cristallo«, war jetzt durch die weiße Front mit ihren dunkelblauen Loggien und Fensterkreuzen gerechtfertigt. Die Etagen waren abwechselnd in kräftigem Gelb oder Blau gehalten und die Zimmer mit lustigem Chintz geschmückt. Später kam noch eine elegante Bar hinzu. Allerdings sah der Präfekt es mit Mißvergnügen, daß wir viele jüdische Gäste hatten.

So sah unsere Zukunft ganz erfreulich aus. Ich tat, was ich konnte, um die Gäste zu unterhalten. Das Hotel hatte einhundertsechs Betten und war meistens voll besetzt. Man möge daraus ermessen, wie ich zu arbeiten hatte. Was sich gelegentlich im Hotel abspielte, könnte am besten in einem Lustspiel geschildert werden. Gäste, von denen man es nicht vermutete, stapelten in ihren Schränken kleine Untersätze, auch Löffel und sogar Klosettpapierrollen, um sie mitzunehmen. Die Hausdame kannte das schon, revidierte von Zeit zu Zeit die Schränke und nahm die Dinge, die dem Hotel gehörten, einfach heraus. Liebesaffären, Eifersuchtsszenen, sogar ein versuchter Selbstmord brachten allerlei Aufregung. Das vom Hotel verabreichte Essen war vorzüglich. Wenn ein Gang des Menüs einem Gast nicht behagte, konnte er sich eine andere Speise bestellen. Nun gab es Leute, die von diesem Recht Gebrauch machten, obendrein aber die ihnen nicht behagende Speise trotzdem fraßen, obwohl das Essen in reichlichen Mengen gereicht wurde. Ich habe diese Erfahrungen gerade bei Menschen mit großem Geldbeutel gemacht. Natürlich war das Hotel auch für das Wetter verantwortlich. Dazu mußte ich stundenlang langweiligen Gesprächen zuhören, kurz, ich lernte eine neue Seite der menschlichen Rasse, den Hotelgast, kennen.

Als ich nach Salzburg fuhr, hatte ich Erholung nötig und wollte mich auch in meinem Beruf wieder ein wenig in Erinnerung bringen. Für den Herbst kam ein Engagement zu einer Gastspielreise zustande, dieses Mal mit »Gespenster« von Ibsen. Ernst Deutsch spielte den Oswald. Wir gaben unsere Vorstellung erst in Wien, dann ging es nach Budapest, in die Tschechoslowakei und die Schweiz. Weihnachten verlebte ich in Ascona mit Viktoria Wolf. Dieses Nest hat die Eigenschaft, daß man sich immer wieder danach sehnt, es zu besuchen. Im Februar

nahm ich ein Angebot nach Prag an, um dort die Elisabeth in
»Maria Stuart« und die »Lady Macbeth« zu spielen und in dem
Stück eines Prager Autors, »Die Gluckhenne«. Darauf folgte
aufs neue der Dienst im Hotel in Abbazia.

Als der Saisonbetrieb stiller wurde, reisten wir nach Budapest,
denn L. K.s Ischiasbeschwerden verlangten eine Badekur. Von
dort wurde ich per Telegramm nach Wien beordert, wo man
mir die Wassilissa in Gorkis »Nachtasyl« zudachte. Bassermann
gab den Luka.

In Wien befand sich die Bevölkerung in nervöser Stimmung.
Sehr erstaunt war ich, als meine alten Bekannten sich für das
Regime in Deutschland begeisterten und unbedingt für den Anschluß waren, von dem sie sich ein Aufblühen der österreichischen Wirtschaft erhofften. Stundenlang redete ich auf sie ein,
um ihnen klarzumachen, daß dieses Regime ihnen nur einen
trügerischen Wohlstand bringen könnte.

Nach dem langen Gastspiel und einem kurzen Aufenthalt in
Zagreb fuhr ich nach Prag, um in dem erschütternden Stück von
Karel Čapek, »Die Mutter«, aufzutreten. Nach der ersten Vorstellung umringten mich weinende Frauen und umarmten mich,
so sehr gab das Stück die augenblickliche Stimmung wieder.
Furcht vor einem drohenden Unheil befiel alle. Am Radio sitzend, hörte ich in der Wohnung des Chefredakteurs der »Prager
Zeitung« und seiner jungen Frau Hitlers Einzug in Wien und
die letzte Rede Schuschniggs. Wir zitterten vor Aufregung, und
meine Freunde erklärten, das sei ihr Tod, denn ihre Zeitung
hatte eine feindliche Haltung gegenüber Hitler eingenommen.
Sie erkannten früher als die meisten, daß der Eroberer sich nicht
mit Österreich begnügen würde. Als ihre Ahnung sich erfüllte,
schieden beide aus dem Leben.

Meine Rückreise nach Abbazia war nun schwierig geworden,
denn über Österreich konnte ich meinen Weg nicht mehr nehmen. Das war im März. Mitte April sagte Hitler seinen Besuch
bei Mussolini an. Zlata Lubienski weilte gerade in Abbazia zu
Besuch bei uns. Durch sie erfuhren wir, daß auch hier die Be-

hörden anfingen, Juden einzusperren. Da gab es nur eines: sofortige Flucht. Während meiner Abwesenheit bei den Gastspielen hatte man L. K. den Paß abgenommen, unter dem Vorwand, ihn prüfen zu müssen. Da er vollkommen in Ordnung war, kam er zurück, aber es war zu befürchten, daß auch L. K. ins Gefängnis kommen würde. Wir hatten zudem mit unserem gutgehenden Hotel zu viel Neid erweckt.

Nun hieß es aufs neue, rasch die Koffer packen. Die vor Entsetzen erstarrte Zlata half uns. Zeitig in der Frühe brachen wir mit unserem kleinen Wagen auf und fuhren in hastigem Tempo ohne jeden Aufenthalt und ohne einen Bissen zu essen nach Chiasso an die Schweizer Grenze. Die Italiener ließen uns stundenlang auf die Erledigung der Paßkontrolle warten, und ich bebte vor Angst, daß man uns die Ausreise verweigern würde. Endlich konnten wir, halbtot vor Aufregung, weiter. Die Schweiz machte keine Schwierigkeiten. In Lugano nahmen wir den ersten Bissen zu uns. In der Nacht trafen wir glücklich in Ascona ein.

Damals fing ich an, L. K. zuzureden, nach Amerika zu gehen. Dazu brauchten wir aber Geld, und unser Geld steckte im Hotel. Ich begann mit den Teilhabern zu verhandeln, die als Arier und Italiener im Vorteil waren. Nach Hitlers Besuch bei Mussolini ließen die Behörden die inhaftierten Juden wieder frei, und ich reiste allein nach Abbazia, um die Wohnung aufzulösen.

Wieder in Ascona, fand ich einen gänzlich niedergedrückten L. K. vor, der eine Reise nach Amerika ablehnte und jetzt Ruhe haben wollte. Von Ascona aus ging es nach Paris, wo Ernst Deutsch mit einem Impresario ein deutsches Gastspiel mit »Gespenster« verabredet hatte. Wir traten in einem kleinen Theaterchen am Montmartre auf, aber es war kein Erfolg.

Der Landweg nach Zagreb war uns nun versperrt. In Italien, Deutschland oder Österreich gab es für uns keine Durchfahrt, also setzten wir uns in ein Flugzeug und flogen nach Prag, das noch nicht besetzt war, und von da flogen wir nach Zagreb.

1938/41

Belgrad

Unsere Habseligkeiten hatte ich nach Zagreb dirigiert. Zlata hatte nach dem Tode der Mutter das Haus umgebaut und in einzelne Wohnungen aufgeteilt. Eine dieser Wohnungen, bestehend aus zwei Zimmern, Küche und Bad, bot sie uns an. Mit ihrer und Ivicas Hilfe schufen wir uns ein neues Heim. Ich kochte auch, kehrte, wischte Staub und ging auf den Markt. Meinem Beruf konnte ich nicht mehr nachgehen, denn die Länder, in denen ich sonst gespielt, waren besetzt, und außerdem war Jugoslawien von ihnen eingeschlossen.

Das Haus, in dem ich heute noch meine Wohnung habe, ist auf drei Seiten von einem Park umgeben. Auf der einen Seite ist eine Schlucht, durch die ein schmaler Weg führt. Auf der Höhe jenseits der Schlucht stehen Baumriesen, die im Herbst in allen Schattierungen des Goldes prangen. Hier beschlossen wir, das Weitere abzuwarten. Neben uns hatte sich ein jüdisches Ehepaar niedergelassen, das in der Musikwelt eine Rolle spielte. Unten wohnte Zlata mit erwachsenem Sohn und Tochter. Im Sommer reisten wir mit ihnen nach dem herrlichen Dubrovnik, wohl eine der schönsten Städte Jugoslawiens. Unser Hotel lag außerhalb der Stadt, sehr romantisch an den Felsen geklebt, direkt am Meer, und wurde von einem englischen Ehepaar geführt, der Mann Jude, die Frau Schottin. Die einfachen Zimmerchen, das bescheidene Essen wurden ausgeglichen durch die liebenswürdige Art dieses Paares. Eines Tages erschienen einige Frauen in Dirndlkleidern, was sich hier etwas sonderbar ausnahm. Und hier, angesichts des glitzernden Wassers, angesichts der schönen, alten Stadt, deren Häuser in der Hitze rötlich glühten, angesichts der schwarzen, schweigsamen Insel in der Ferne, fingen diese Frauen Streit mit dem Kellner an, wollten ihn belehren und stellten ihm in Aussicht, daß er bald deutsche Fixigkeit beigebracht bekommen würde. Unser Wirt zog sich blaß und schweigend in sein Büro zurück, aber seine Frau, die resolute Schottin, warf die Dirndeln hinaus. Sie zogen schimpfend ab, bald würde man wiederkommen, um Ordnung zu schaffen. Mir stand das Herz still. Sollte es schon so weit sein? Wir befanden uns im Jahre 1939! Ich fing wieder an, von Amerika zu reden, aber L. K. wehrte ab, sein Optimismus verbannte alle schwarzen Gedanken. Von Dubrovnik machten wir einen Ausflug nach der Insel Šipan, wohin uns der Maler Graf Schaffgotsch, ein politischer Emigrant, und seine Frau dringend eingeladen hatten.

Von Viktoria Wolf erhielt ich eine Einladung, sie in Nizza zu besuchen. Man gab mir ohne Schwierigkeiten das italienische und französische Visum und ich fuhr ab. Leider hatte ich mir, vielleicht auf Šipan, ein Furunkel geholt, und da ich davon zum erstenmal in meinem Leben befallen war, wußte ich nicht, mich zu behandeln. Auch wollte ich Viktoria nicht damit behelligen, aber es wurde so schlimm, daß ich in eine Klinik mußte. Dadurch wurde mir auch dieser Ausflug verleidet. In Nizza traf ich eine Menge Emigranten, darunter den ehemaligen Chefredakteur des »Berliner Tageblattes«, Theodor Wolff, der hierher geflüchtet war. Er, wie die anderen, glaubten sich hier sicher. Aber am 22. August schloß Rußland mit Deutschland einen Nichtangriffspakt. Die Bestürzung war groß. Die französischen Reservisten wurden eingezogen, und die Amerikaner bekamen den Rat, abzureisen. L. K. befand sich in der Schweiz, wo er seine frühere Frau und seine Kinder traf. Er rief mich an, wußte aber auch keinen Rat. Endlich, am 27. August, entschloß ich mich, abzureisen und nahm schweren Abschied auch vom Ehepaar Theodor Wolff. Er schalt mich meiner Verzagtheit wegen, aber der Arme wurde später in ein Lager geschleppt, wo er elend umkam.

Ich war noch immer nicht fieberfrei, und die Fahrt durch das brodelnde Land, im überfüllten Zug, dann durch die Schweiz, die mobilisierte, war nicht schön. In Lausanne traf ich L. K. Wir getrauten uns jetzt nicht weiter und zogen in eine kleine Pension, außerhalb der Stadt. Am 3. September erklärte England den Krieg und am selben Tag auch Frankreich. Wir hatten nicht den Mut, in dieser aufregenden Zeit nach Hause zu fahren und besorgten uns eine Schweizer Aufenthaltsbewilligung für drei Monate. Im Oktober traten wir die Rückreise nach Zagreb an. In der folgenden Zeit bemühte ich mich vergebens, L. K. zur Abreise nach Amerika zu bewegen. Ich versuchte es mit guten und mit bösen Worten, aber er setzte meinem Drängen seinen ewig gleichbleibenden Optimismus entgegen.

Die Vorzeichen der Hitlerinvasion in Jugoslawien machten sich bemerkbar. Eine antisemitische Welle lief durch das Land, aber wie überall, so auch hier, hielten sich die Juden für sicher. Sie waren pünktliche und dazu große Steuerzahler, sie waren genau so ehrlich oder unehrlich wie ihre arischen Berufskollegen. Sie fingen, genau wie seinerzeit in Deutschland, an, ihre zukünftigen Henker mit Geld zu unterstützen, um sich eine gute Behandlung zu sichern. Die Ustascha-Bewegung nahm immer größere Dimensionen an, und genauso wuchs meine Angst. Wir hatten schon vor einiger Zeit von Lutz' geschiedener Frau Estella ein Telegramm bekommen mit der Aufforderung, nach Cuba zu kommen, weil dort die Einreise leichter sei. Ein paar deutsche jüdische Bekannte, die Lutz zufällig getroffen, taten alles, um in verschiedenen Staaten eine Einreisebewilligung zu bekommen, aber er blieb bei seinem untätigen Optimismus. Endlich hatte ich ihn so weit, daß er den amerikanischen Konsul aufsuchte. Aber das führte zu völliger Entmutigung, denn dieser gute Konsul war unwillig, unhöflich. Die Durchreise durch Italien war für Juden schon gesperrt, wir konnten also nur über Griechenland und die Türkei fahren. Alle diese Visa waren sehr schwer und umständlich zu bekommen. Von Estella hatten wir inzwischen die Nachricht erhalten, daß unsere Kaution gestellt

sei und die Überfahrt bezahlt würde, in dem Augenblick, wo
sie das Telegramm erhielten, daß unsere Pässe in Ordnung seien.
Ich machte mich also mit Zlata auf und fuhr nach Belgrad, wo
sie Bekannte hatte, die vielleicht helfen konnten. Der Mann war
Marschall beim Prinzen Paul und die Frau Hofdame bei der
Prinzessin. Sie versprachen uns Hilfe beim griechischen Konsulat, aber dennoch erreichte ich nichts. Während wir dort waren,
am 27. März 1941, kam der Putsch, der Regierungssturz. Jugoslawien hatte sich geweigert, den Durchzug für die deutschen
Truppen freizugeben. Auf den Straßen herrschte nichts als Jubel. Automobile, an denen Menschentrauben hingen, durchzogen
die Stadt, Kommunisten und Demokraten umarmten sich auf
den Straßen. Ich befand mich in einer Hochstimmung, denn ich
freute mich, daß endlich ein Land den Mut hatte, Hitler ein
»Nein« entgegenzusetzen.

Unverrichteter Dinge kehrten wir zurück und fanden Zagreb
düster und still, — eine Enttäuschung nach dem Jubel in Belgrad! Mir schien es jetzt die höchste Zeit, das Land zu verlassen. Das englische Visum wurde mir nach dem türkischen Visum
in Aussicht gestellt. Das türkische Konsulat machte es vom englischen Visum abhängig. Der griechische Konsul aber wollte
erst die vorhergenannten in unserem Paß sehen, kurz, wir wurden wie Billardbälle hin und her gestoßen. Ich packte ein. Obwohl ich nur das Notwendigste mitnehmen wollte und alles andere bei Zlata ließ, kam eine unwahrscheinliche Menge Koffer
zusammen, denn nun ging es um eine endgültige Auswanderung, wer weiß auf wie lange. Wieder begleitete uns Zlata auf
unserem Weg nach Belgrad. Das türkische Visum wurde erteilt,
aber das griechische nicht. Die hohen Bekannten wußten jetzt
nach dem Sturz der Regierung selbst nicht aus noch ein und
zeigten sich unseren Sorgen gegenüber kühl. Man vertröstete uns
von einem Tag zum anderen. Mit stumpfer Müdigkeit schritt
ich durch die frühlingsheißen Straßen, begleitet vom schweigen-
den Lutz und von Zlata, die sich die rührendste Mühe gab,
meine Sorgen zu zerstreuen. Die Situation wurde immer be-

drohlicher, und so beschlossen wir, nach Skoplje zu fahren. Vor unserer Abreise trafen wir unseren früheren Geschäftsfreund Krenter, der sich eine Einreise nach Palästina gesichert hatte. Er brachte uns einen jungen Mann, der nach Erhalt einer beträchtlichen Geldsumme versprach, täglich am griechischen Konsulat seine Verbindungen, die er zu besitzen behauptete, spielen zu lassen.

Abends ging unser Zug nach Skoplje. Der Bahnhof glich einem Heerlager. Städter, Bauern, Soldaten, alles wirr durcheinander, ein Getümmel von desparaten Menschen, Berge von Koffern, Kisten, Bündeln, Säcken. Als der Zug einfuhr, war er so voll von Menschen, daß ich nur durch das Fenster hinein konnte, was dank meiner turnerischen Geschicklichkeit gelang. Lutz hatte sich Krenter angeschlossen, der für sich und seine Familie Schlafwagenplätze besaß. Die Reise bis Skoplje war eine Qual, denn ich wußte nicht einmal, ob Lutz mitgekommen war. In dem überfüllten Zug gab es keine Möglichkeit, es zu erfahren. Als ich am Morgen in Skoplje ausstieg, tauchte er jedoch wieder auf.

Das Hotel war mehr als einfach und das Essen schmutzig. Aber das Schlimmste war, daß man uns auf dem dortigen Konsulat erklärte, daß eine Einreisebewilligung nach Griechenland nur in Belgrad erteilt werden könne; also wieder warten, warten! Im Hotel befand sich ein ungarischer Journalist, der deutsch und etwas jugoslawisch sprach und der uns bei unseren täglichen Anrufen in Belgrad behilflich war. In der übrigen Zeit stolperten wir stumpf in den Straßen umher, einmal fiel ich über einen Stein, und als Lutz mir beim Aufstehen behilflich war, sah ich erschreckt in ein totenbleiches Gesicht. Er stöhnte: »Wenn du mich verläßt, wenn dir etwas geschieht, bin ich verloren.« Diese Worte höre ich noch immer, wenn ich jetzt an ihn denke.

Endlich kam ein Anruf aus Belgrad, das Visum sei da, und man möge sofort die Pässe schicken. Ich hielt es für ausgeschlossen, unsere Pässe der Post anzuvertrauen. Es gab nur eins: sich selbst auf die Bahn zu setzen und das Visum zu holen. Dazu erklärte ich mich bereit, konnte abends Skoplje verlassen, am Morgen in Belgrad eintreffen, das Visum eintragen lassen und mit dem Abendzug wieder nach Skoplje zurückfahren. Als ich diesen Entschluß faßte, war es Freitagabend, ich wollte also Sonntag in der Frühe wieder in Skoplje sein.

Überall im Ort wurden die Fenster mit dunklem Papier bespannt, alle Arten von Fuhrwerken mit Familien und Koffern beladen, fuhren hastig durch die Straßen, die Stimmung war gedrückt. Abends bestieg ich einen völlig finsteren Zug und wartete drei Stunden, bis er abfuhr. Einmal war ich nahe daran, hinauszuspringen und mein Vorhaben aufzugeben, und wer weiß, wie mein Schicksal sich gestaltet hätte, wenn ich diesem Impuls gefolgt wäre. Vielleicht hätte ich das Leben meines Mannes damit gerettet, denn er blieb nun, zwar mit allen Koffern, meinem wertvollen Schmuck und allem Geld, zurück, aber ohne Paß, denn diesen hatte ich mit mir genommen. Statt am Sonnabendmorgen kamen wir um halb zehn abends in Belgrad an. Das war fatal, denn erstens verlor ich Zeit und zweitens hatte ich keine Nachtsachen mit, sondern nur eine ganz kleine Tasche mit etwas Geld und Waschzeug. Im Hotel »Srpski Kralj« mußte ich, wie vorgeschrieben, meinen Paß dem Portier abgeben, nahm mir ein Zimmer und legte mich todmüde ins Bett. Am 6. April, Sonntag, wachte ich um sechs Uhr auf und fing nervös an, mich anzuziehen. Mitten in dieser Tätigkeit begannen Sirenen zu heulen, und ich hörte das Geräusch eines nahen Flugzeuges. Schon vernahm ich ein eigentümliches Krachen und Splittern. Ruhe, nur Ruhe! sagte ich mir; vor allem fertig anziehen. Dann verließ ich mein Zimmer. Die Sirenen heulten pausenlos, ebenso die Flugzeuge, und es krachte aus der Luft herab. Unten in der Halle traf ich auf verschreckte Gäste. Ein Herr schrie den Portier an und übergab ihm einen riesengroßen Schrankkoffer mit den Worten: »Ich übergebe Ihnen diesen Koffer und mache Sie für alles verantwortlich.« Eine Dame im dünnen, durchsichtigen Nachthemd raste die Treppe herunter, schrie auf, lief zum Spiegel, puderte sich die Nase und färbte sich die Lippen. Ein junger Mann, den ich von Abbazia her kannte, kam mit bloßen Füßen und Pyjama auf mich zu, in den Armen sieben Hüte tragend, und fragte mich aufgeregt, ob er Socken anziehn solle. Engländer bemühten sich, ein Auto zu bekommen, mit der Ruhe, die ihrer Rasse eigen ist, und ich ging zum Portier, der endlich den wütenden Besitzer des Schrankkoffers abgeschüttelt hatte, und verlangte meinen Paß. Er ist im Konsulat, war die Antwort.

Das Bombardement hatte aufgehört, das Polizeigebäude war nicht weit, so schickte ich einen Mann hin, um nach meinem Paß zu fragen. Es war für mich das Wichtigste, ein Dokument in der Hand zu haben. Inzwischen schloß ich mich einem älteren, ruhigen Ehepaar an, das in den Speisesaal ging, und meinte, man solle zuerst frühstücken, um Kräfte zu sammeln. Aber der Kellner brachte nur eine Portion für die beiden, und so trank ich ein Glas Wasser und steckte mir drei Brötchen in die Tasche. Mein Bote kam zurück und berichtete, das Polizeigebäude sei demoliert, man trage gerade Tote und Verwundete heraus. Was nun? Ich dachte mir, eine Kriegserklärung liegt nicht vor, das Bombardement wird nur ein Schreckschuß gewesen sein, um die Regierung an den Verhandlungstisch zu bringen. Also werde ich auf die Straße gehen, zum amerikanischen Konsulat, vielleicht kann man mir da helfen, oder einen Rat geben. Es war ein weiter Weg. Nur wenige Menschen traf ich auf der Straße. Hier und da nur eine blutüberströmte Gestalt und so viele Glassplitter, daß man ihnen nicht ausweichen konnte, und so feine, daß der Wind die Splitterchen durch die Luft jagte und sie zwischen meinen Zähnen knirschten. Da kamen sie wieder, diese Unheilsvögel, und ich lief in ein Haustor hinein. Nach dem Angriff konnte ich weiter und erreichte endlich das Konsulat. Drei Treppen hinauf, aber alles war ausgeflogen. Zurück ins Hotel. Dort traf ich nur mehr das halbe Gebäude an, denn eine Brandbombe hatte es gleich beim ersten Angriff getroffen, ohne daß wir es bemerkten. Das Feuer hatte nun bereits die obere Hälfte erfaßt. Was nun? — Da erinnerte ich mich an den

Zaren-Mutter in dem Film Anastasia, *1958, Regie Falk Harnack.*

Die Stühle *(Ionesco), mit Peter Lühr, Münchner Kammerspiele 1958, Regie Hans Schweikart.*

Philemon und Baucis *(Ahlsen), Städtische Bühnen Essen 1958,*
mit Alfred Hansen.

Im Kreidegarten, *mit Hela Gerber, Berlin 1961.*

Jüngling, mit dem wir jetzt täglich wegen des griechischen Visums telefoniert hatten; seine Adresse war mir bekannt, das Haus lag zum Glück ziemlich nahe beim Hotel. Gerade als von neuem der Höllenlärm losging, schlüpfte ich in das gesuchte Haus und traf ihn mit seinen Eltern und der Schwester im Zimmerchen des Portiers sitzend. Man nahm mich sehr freundlich auf, und wir beschlossen, miteinander in den Keller zu gehen, wo sich nun auch die übrigen Bewohner des vier Stock hohen Gebäudes versammelten. Der Keller lag nur halb unter der Erde und hatte ein kleines Fenster in Straßenhöhe. Dort standen die Menschen nun herum, und je nach Temperament weinten die einen leise, zitterten und stöhnten die anderen, aber im ganzen hielt sich alles recht tapfer, hauptsächlich wohl, weil jedem Menschen dieser Überfall überraschend und zu unverständlich gekommen war. Außer der mir bekannten Familie hatte sich noch ein junges Ehepaar zu unserer Gruppe gesellt. Wir fingen bereits an, aufzuatmen und Scherzworte zu wechseln, als **das Bombardement aufs neue begann. Vor unserem Fenster** schlug eine Bombe auf das Straßenpflaster und drückte die Fensterwand ein.

Nun muß ich wirklich der Menschen lobend gedenken, die eilig, aber diszipliniert durch den Eingang drängten. Wir standen nun draußen und wußten nicht, was anfangen, bis wir uns der Schutzgräben in der Nähe erinnerten. Wir rannten los und suchten darin Deckung. Aber da zeigte es sich, daß es nur Splittergräben waren, mit Brettern von oben bedeckt, die also keinen Schutz gegen Bomben boten. Also wieder hinaus. Unsere Gruppe hatte sich um einen Herrn mit einem Holzbein und seine Frau vergrößert. Die beiden boten uns ihre Wohnung an, die im Parterre gelegen war. Gut, auf zur Wohnung. Unter Krachen und Stuka-Geheul erreichten wir sie. Nach einer Stunde beschlossen wir aber doch, einen sichereren Ort aufzusuchen, und ich erinnerte mich, auf meinem Weg zum Konsulat eine Bank gesehen zu haben, in die Menschen hineinflüchteten. Ausgezeichnet! Wieder auf die Straße. Zum Glück lag die Bank

nicht allzuweit entfernt, und das Bombardement setzte von Zeit
zu Zeit für eine Viertelstunde aus. Im Bankgebäude wurden
wir durch Soldaten hinunter in die Räume geführt, wo die
unterirdischen Safes eingebaut waren. Ungefähr zweihundert
Menschen hatten sich hier bereits eingefunden. Die Luft war
furchtbar, denn der Raum hatte nur eine elektrische Lüftungsanlage, und die Elektrizität der Stadt funktionierte nicht mehr.
Die Lüftungsanlage mit Handbetrieb war unzureichend. Etwas
erhöht befand sich eine Wache, die die Menschen auf die Straße
trieb, wenn eine Pause im Bombardement entstand, damit wieder etwas Luft in die Räume käme. So saßen wir vom Nachmittag bis zum nächsten Vormittag. Fast niemand hatte etwas
zum Essen oder zum Trinken bei sich. Ich besaß nur meine drei
Brötchen. Von Zeit zu Zeit eroberte jemand einen Krug mit
Wasser, oder einer brachte ein paar Flaschen Schnaps, aber was
war das für so viele Menschen. Endlich erklärte ich, ich hätte
genug von dieser Rattenfalle, ich könne es hier nicht mehr aushalten und fand meine Bekannten der gleichen Meinung. Auch
die Soldaten redeten uns allen zu, die Stadt zu verlassen und
sich lieber in den Vororten aufzuhalten. Wir liefen, so rasch es
ging, durch die Straßen, an toten Menschen, Pferden, Hunden
vorbei, wir liefen durch die Vororte, krochen bei einem Angriff
in ein kleines Haus, liefen aufs Feld, liefen weg von den Bahn-
gleisen, liefen und liefen ohne Aufenthalt acht Stunden, bis
wir vor einem winzigen Haus standen. Dort trugen die Füße
nicht weiter. In diesem Häuschen hatten sich schon in zwei kleinen Zimmern einige Vertriebene zusammengefunden. In einem
Zimmer, in dem sich ein kleiner Kochherd befand, war Stroh
aufgeschüttet, und darauf sanken wir völlig erschöpft nieder
und merkten erst jetzt, daß wir schon seit langer Zeit nichts gegessen hatten. So fielen wir über das her, was uns die guten
Leute abgeben konnten. Inzwischen kamen noch mehr Flüchtlinge. Am Morgen erwachten wir zerschlagen und fanden die
Erde mit hohem Schnee bedeckt. Das warme Frühlingswetter
war einer unfreundlichen Winterkälte gewichen. Niemand war

dafür ausgerüstet, wir froren erbärmlich und drängten uns um den Kochherd, auf dem ein frugales Mahl bereitet wurde. Immer noch flogen Flugzeuge in Richtung Belgrad. Ich wollte auf jeden Fall Skoplje erreichen und hatte nur den Gedanken an Lutz, der ohne Paß dasaß und mich brauchte, sich wohl auch um mich sorgte. Daß der Süden Serbiens bereits von den Bulgaren besetzt war, davon hatte ich natürlich keine Ahnung. Wieder kam die Nacht, und da ich nun nicht mehr so müde war, peinigten mich die zahllosen riesengroßen Flöhe, die ich in meiner Erschöpfung die Nacht vorher gar nicht gespürt hatte.

An diesem Abend waren noch zwei weibliche Wesen ins Haus getaumelt. Sie sprachen französisch und machten viel Lärm. Am Morgen besah ich sie mir: eine große, schlanke, sportliche Blonde mit einem prallgefüllten Rucksack und eine kleine, runde Schwarze mit einem Koffer. Im Unglück wird man rasch miteinander bekannt, und so erfuhr ich, daß sie nach Nisch wollten. Das war auch meine Richtung, während mein Jüngling mit Familie und das junge Ehepaar zurück nach Belgrad strebten, weil das Bombardement etwas nachgelassen hatte. Wir drei Frauen beschlossen also, nach der Bahnstation zu wandern und machten uns durch den tiefen Schnee auf den Weg. Kaum waren wir am Bahnhof angelangt, kreisten Flieger über uns, und wir mußten uns in einen Obstgarten flüchten und in den Schnee werfen. Mit nassen Kleidern erreichten wir endlich einen Zug. Entsetzt sahen wir, daß unser Waggon an einen Militärtransport gehängt wurde, der für die Flieger ein gewünschtes Ziel sein konnte. Aber endlich erreichten wir doch den Knotenpunkt Velika Plana, wo alles den Zug verlassen mußte.

Inzwischen hatte ich an meinen neuen Gefährtinnen eine sonderbare Entdeckung gemacht. Alle zwei bis drei Stunden zogen sie die Röcke hoch und machten sich Morphiumeinspritzungen. Sie erzählten mir auch ganz treuherzig, daß sie das schon seit langem zu tun pflegten. Die eine seit ihrem achtzehnten Jahr; sie besaß sogar einen polizeilichen Schein, auf dem sie bei den Apothekern Morphium ausgehändigt bekam. Die andere war dieser Leidenschaft erst seit drei Jahren ergeben, sie habe einen schwachen Magen und deshalb sei sie des Morphiums bedürftig. Angela, die Blonde und Lili, die Dicke, waren deshalb meistens nicht ganz auf Erden. Wenn sie gerade gespritzt hatten, waren sie munter, guter Laune und scherten sich den Deubel um ihre Umgebung. Als wir in Velika Plana stundenlang auf einen Zug nach Nisch zu warten hatten, flatterten sie in die Stadt und kauften allerlei für sich und auch für mich — ein Paar Schuhe und Strümpfe, denn ich war bis auf die Knochen durchnäßt, und meine Strümpfe hingen in Fetzen. Diese Einkäufe gingen mit großem Stimmaufwand auf französisch vor sich, so daß wir die Aufmerksamkeit der Menschen auf uns zogen. Deutsch wollten sie nicht sprechen in dieser politisch gefährlichen Situation, taten es dann doch, beschimpften sich, sprachen dann wieder französisch und so fort.

Nach Mitternacht, als immer noch kein Zug gekommen war, trat ein Soldat auf uns zu und hieß uns mitgehen. Angela und Lili waren österreichische Jüdinnen, die Scheinehen mit Serben eingegangen waren, deshalb Pässe und einige Sprachbrocken im Besitz hatten. Ich aber war der Sprache nur wenig kundig und hatte nicht ein einziges Ausweispapier. Wir wurden nun in eine Kaserne an der Bahn geführt, wo uns gefährliche Gestalten in Uniform und voller Ausrüstung umringten, und »Spionka« zuriefen und vor uns ausspuckten. Während Angela und Lili zum Verhör geführt wurden, fuchtelte einer mit der Maschinenpistole vor meinem Gesicht herum und redete serbisch auf mich ein. Drinnen beim Potpukovnik (Oberstleutnant) hörte ich meine Gefährtinnen schreien, und plötzlich klatschte es; darauf flogen sie weinend heraus und erzählten, man habe sie geohrfeigt. Das kann ja gut werden, sagte ich mir und stand ruhig wie ein Indianer am Marterpfahl vor meinem wilden Pistolenbesitzer. Dann wurde ich hineingeführt. Mit meinen paar Worten versuchte ich, begreiflich zu machen, daß mein Paß verbrannt sei, zeigte den hondurenischen Paß meines Mannes, sprach langsam und ohne jede Aufregung und siehe da, der

Potpukovnik war recht manierlich zu mir. Vielleicht war es meine Ruhe, vielleicht auch der hondurenische Paß meines Mannes, obgleich ich sicher bin, daß der gute Mann keine Ahnung hatte, wo dieses Land liegt. Daraufhin wurden wir in eine Kammer gesperrt, wo sich Angela und Lili gleich mit einer Spritze labten und mir auch eine anboten. Wenn ich nicht eine so unüberwindliche Abneigung gegen Morphium gehabt hätte, weiß Gott, in diesem Moment wäre ich zu verführen gewesen. Die beiden waren der festen Überzeugung, wir würden am Morgen erschossen werden, und auch ich fand unsere Lage ziemlich hoffnungslos. Es war nämlich am Tage vorher von Frauen ein Attentat ausgeführt worden; Näheres hatten wir darüber nicht erfahren, aber man schien uns in Verdacht zu haben.

Als meine beiden österreichischen Serbinnen eingeschlafen waren, fing ich an, mich ernsthaft darauf vorzubereiten, vom Leben Abschied zu nehmen.

Ich legte einen Holzklotz unter meinen Kopf und schlief ein. Zu meiner Schande muß ich gestehen, daß ich so fest und so lange schlief, bis wir von den Soldaten geweckt wurden. Angela und Lili hatten sich noch mehrmals nachts mit der Spritze gelabt und waren sonderbarerweise beleidigt über meine Schlafversunkenheit. Das dauerte aber nur so lange, bis wir unter Bewachung zu dem höchst primitiven W. C. gebracht wurden. Bei unserem gestrengen Potpukovnik erwartete uns eine Überraschung in Gestalt seiner sehr hübschen und eleganten Tochter, die ausgezeichnet französisch sprach. Er schien in der Nacht wohl von einem schlechten Gewissen geplagt worden zu sein. Seine Tochter war ein liebenswürdiger und guter Dolmetsch, und siehe da, plötzlich sprach er auch ganz gut deutsch. Kurz, unsere Unterredung endete sehr freundschaftlich, nachdem er sich auch bei Angela und Lili für seine Heftigkeit am vorangegangenen Tage entschuldigte. Nun redete er uns zu, nicht weiterzufahren, denn es sei ungewiß, ob überhaupt und bis wohin Züge gehen würden. Er versprach uns ein Zimmer im Dorf und gab uns einen Soldaten mit.

Der führte uns in ein kleines Häuschen und entriß dem widerwilligen Besitzer eine Stube, in der ein Bett mit Strohsack, ein Sessel, ein Tisch, und, o Wonne, ein eiserner Ofen stand. Als der Eigentümer sah, daß wir zahlen wollten, wurde er gleich sehr geschäftig und holte uns mit erhelltem Gesicht Holz für den Ofen und warmes Wasser. Seit Tagen konnte ich mich zum erstenmal waschen und meine Wäsche reinigen. Auch meine Gefährtinnen unterzogen sich einer Reinigungsprozedur, und dann ließen wir uns Brot und Speck, Käse und Sliwowitz wohlschmecken, alles besorgt durch unseren Wirt.

So verging der Tag recht friedlich bis zum Nachmittag. Die Sonne schien. Wir gingen ein paar Schritte von unserem Hause weg und sahen Truppen eilig vorbeimarschieren. Da wurden wir wieder von einem Soldaten als verdächtig aufgegriffen und im Eilschritt an den Truppen vorbei durch Schlamm und Schnee zu dem Offizier an der Spitze geschleift. Neuerliches Ausfragen, aber zum Glück sprach der junge Offizier ein treffliches Französisch, und so wurden wir nach Hause geschickt. Die ganze Nacht marschierte es an unserem Fenster vorbei, und als wir am Morgen hinaussahen, kamen wir gerade zurecht, um zu sehen, wie man Kanonen mit Ochsen weiterbeförderte.

Spät am Vormittag erschien unser Wirt und verlangte, daß wir sein Haus verließen, denn die Deutschen nahten. Wir packten rasch unsere Habseligkeiten, Lili ergriff wieder den Koffer, Angela schulterte ihren Rucksack, ich nahm meine kleine Tasche und meine Reserveschuhe, und so standen wir und wußten nicht wohin. Unser Wirt hatte uns geraten, in die Berge zu gehen und deutete mit der Hand in eine weglose Richtung. So krabbelten wir keuchend querfeldein, die weichen Ackerschollen klebten an unseren Schuhen. Weiter ging es jetzt auf einer steinigen Straße. Eine Stunde, zwei Stunden, und meine kleine Tasche wurde schwer wie ein Bleiklotz. Da zeigte sich plötzlich eine hohe Gestalt in serbischer Bauerntracht, die auf uns zukam und uns ansprach. Angela, die Sprachkundigste, schilderte ihm mühsam unsere verzweifelte Lage. Er bot uns sein Haus an,

Nahrung und Sicherheit. Der Bauer Miloš Simic übernahm es, uns in die Berge zu führen. Aufwärts ging es nun, sorgsam behütet von unserem Retter, der sich als vollendeter Gentleman zeigte. Mit graziöser Würde, jeder Zoll ein großer Herr, schritt er voran, beladen mit Koffer und Rucksack, und sogar meine kleine Tasche wurde mir abgenommen. Ach, ich fühlte in diesem Augenblick, daß ich nicht mehr jung war. Diese Strapazen ermüdeten mich sehr, wenn ich es auch so wenig wie möglich merken ließ. Als ich schon dachte, am Ende aller Kräfte zu sein, erblickten wir sein Häuschen, einsam auf einer Höhe, inmitten von Feldern und Weingärten. Seine Frau groß, schlank und ernst, seine Tochter etwas rundlicher geraten, bewillkommten uns, als seien wir ein erwarteter Besuch.

So waren wir also in Smedjerovka angelangt. Gegenüber dem Häuschen stand ein zweites, noch kleineres mit zwei Zimmern, in das wir einquartiert wurden. Das eine Zimmer war eine Art Vorratsraum, im anderen standen zwei Betten mit Strohsäcken und bunten Decken und vielen, vielen Flöhen, einige Stühle und ein Ofen. Uns war dieser Raum augenblicklich lieber als das beste Hotel.

Bei diesen freundlichen, würdevollen Leuten lebten wir nun, konnten uns Essen kaufen und kochen, unser Zimmer heizen, unsere Wäsche waschen und auf den Kanonendonner hören, der von weit unten zu uns heraufkam.

Wir feierten Ostern mit den guten Leuten und gingen mit ihnen in die eine halbe Stunde entfernte pravoslawische Kirche. Hier inmitten der andächtigen Bauern fiel zum erstenmal der eiserne Reif von mir, und ich fing erbärmlich zu weinen an. Wo war Lutz? Hatte er sich retten können? Was stand mir noch bevor? Was sollte ich tun, hier inmitten eines Volkes, dessen Sprache ich kaum verstand, geschweige denn sprechen konnte? Wie lange würde noch mein weniges Geld reichen? Und wenn es zu Ende war, was dann?

Meine zwei Morphiumdamen waren sich unserer Situation dank ihrer seligen Räusche nicht ganz bewußt. Bis jetzt hatte ich verstanden, aus meiner schwierigen Lage das Beste zu machen, aber klar besehen, war meine Situation trostlos. Klagen und Weinen aber hilft nur, wenn man von Menschen umgeben ist, die vielleicht helfen könnten; hier aber hatte es keinen Sinn. Also begann ich mich in den folgenden Tagen zu erkundigen, ob man nach Belgrad zurückfahren könnte. Von Skoplje und Umgebung wußte ich, daß es unnütz wäre, dorthin zu fahren, denn das ganze Land war bereits besetzt. Endlich erfuhren wir, daß die Züge nach Belgrad verkehrten, und so nahmen wir von unseren guten Wirten herzlichen Abschied. Herr Simic setzte uns auf seinen Ochsenwagen und kutschierte uns nach Velika Plana zurück. Wir hatten oben alles bezahlt, und sie waren nicht zu kurz gekommen, aber was wir nicht bezahlen konnten, war der Takt und die vornehme Güte dieser einfachen Bauern.

In Velika Plana herrschte vollständige Verwirrung. Man konnte uns nicht sagen, ob wir einen Erlaubnisschein brauchten, um den Zug zu benutzen, und wie wir an ihn gelangen konnten.

Gerade fuhr ein Zug, besetzt mit deutschen Soldaten, ein. Kein Platz für Zivil. Ich aber schlängelte mich an einen Waggon und bat die blutjungen Krieger, doch Mitleid mit drei Frauen zu haben, und siehe da, sie ließen uns einsteigen und machten uns sogar Sitzplätze frei. Die Reden, die geführt wurden, brachte mir die Zeit 1914—1918 zurück. Dieselbe Meinung über die Engländer, die man bald zu einem Frieden zwingen würde, von den Russen, die feig und untüchtig seien; die Franzosen waren nicht der Mühe wert, erwähnt zu werden. Alles schon gehört, alles schon gesprochen von den geopferten Vätern dieser neuen Opfer. Endlich erreichten wir Belgrad. Angela hatte dort eine hübsche Wohnung zurückgelassen und lud mich ein, bei ihr zu wohnen, bis ich meine Entschlüsse gefaßt haben würde. Der Bahnhof war nur noch ein Trümmerhaufen. In den Straßen sahen wir verwüstete Häuser und hie und da Leute mit gelben Sternen — Juden, die man auch hier zum Tragen dieses Abzeichens gezwungen hatte. Wir kamen endlich an eine Straßenecke, von der aus man Angelas Haus sehen sollte. Da lehnte sie sich plötzlich an eine Hausmauer, und Lili stieß einen Schrei aus — das Gebäude, in dem sie gewohnt hatten und in dem all ihre Habe geblieben, war zerstört, und nur ein paar Mauerreste standen noch traurig da.

Es war später Nachmittag, und eine Verordnung bedrohte jeden, der sich nach sieben Uhr auf der Straße zeigte, mit Erschießung. Nach langen Beratungen und einer aufmunternden Spritze — in einem Haustor — führte uns Angela in die Wohnung einer griechischen Familie, die sie kannte, die wir aber nicht mehr antrafen. Das Hausmädchen teilte uns mit, ihre Herrschaft sei geflohen, aber wir könnten ruhig in den Zimmern übernachten. Die Wohnung war eiskalt, denn sämtliche Fenster fanden wir zertrümmert vor, und die eisernen Rolläden hingen schief und krumm in die Luft hinaus und klapperten im Wind. Wir entdeckten Bademäntel und zogen sie über unsere Kleider, um uns zu wärmen, und legten uns zu dreien in das Ehebett, und der eisige Wind strich über uns hin.

Am Morgen überdachte ich meine Lage. Skoplje war verloren. In Belgrad hatte ich keinen Bekannten. Mein Geld, das damals nur für einen Tag Aufenthalt bemessen war, ging zur Neige. Von Lili und Angela wollte ich mich möglichst bald trennen, denn, obwohl ich ihnen auch heute noch dankbar bin für ihre Kameradschaft und obwohl ich weiß, daß ich ganz allein eine noch viel kläglichere Rolle gespielt hätte, so waren doch die unaufhörlichen Szenen der beiden kaum mehr zu ertragen. Bald lagen sie sich zärtlich in den Armen, bald beschimpften sie sich wie betrunkene Fuhrleute, und meist waren sie in den unpassendsten Augenblicken laut und zänkisch. Beide stammten aus guter Familie, das konnte ich durch gemeinsame Bekannte, die wir entdeckten, feststellen. Aber das Morphium hatte sie außerhalb aller realen Zu- und Umstände gesetzt. Es blieb also nur ein Weg für mich, und der führte nach Zagreb zurück zu meiner lieben Zlata. Der Gedanke an das schöne Haus und seine Menschen erwärmte mir das Herz: der Aufenthalt dort erschien mir wie ein Paradies. Mit Mühe konnte ich ausfindig machen, daß man für einen bestimmten Zug Fahrkarten bekommen könnte, aber eine dicke, lange Schlange stand bereits vor der Tür des Büros, wo die Karten verteilt wurden. Um halb zehn stellte ich mich dazu und war bald von Neuankommenden eingekeilt. So stand ich Stunde um Stunde und wälzte in meinem Kopf die Frage, was ich antworten sollte, wenn man einen Ausweis von mir forderte. Außer Lutzens Paß besaß ich nur ein unbenutztes Paßfoto von mir und eine Visitenkarte, das war reichlich wenig. Ohne einen Bissen, ohne einen Schluck Wasser stand ich gepreßt bis sechs Uhr nachmittags in dieser Menschenschlange. Dazu standen wir auf den Resten verkohlter Häuser, und von Zeit zu Zeit umwehten uns Rauchschwaden, die zum Husten reizten. Zwanzig Leute waren etwa noch vor mir und etwa zweihundert hinter mir, da schloß man die Bude. Ich taumelte so rasch es ging in unsere »Wohnung«. Auch Lili und Angela hatten ihre Wege umsonst getan, aber wenigstens einige Eßwaren mitgebracht. Zehn Minuten vor sieben Uhr stürmte eine Horde ungarischer Soldaten in die Wohnung, von denen einer das deutsche Wort »raus« kannte und es reichlich benutzte. Alles Bitten und Hinweisen auf das Ausgehverbot nach sieben Uhr nutzte nichts. Es kam immer nur die eine Antwort: »Raus!« Also wieder einmal rasch alles eingepackt und auf die Straße, — vier Minuten vor sieben! »Um die Ecke ist der jüdische Verein«, schrie Angela und rannte los, wir hinterdrein. Gerade als es sieben schlug, schlüpften wir durch die Tür des Gebäudes, die man schon zertrümmert hatte. Verzweifelte Augen starrten uns an, als wir durch den menschengefüllten Hof gingen. Schlechte Luft, Kinderweinen, Gemurmel in allerlei Sprachen. Angela fischte sich die Hausbesorgerin heraus, und mit Bestechung gelang es uns, für diese Nacht ihre Küche zu mieten, um nicht in den überfüllten Zimmern mit den anderen beisammensein zu müssen. Die Küche starrte vor Schmutz; sie war so klein, daß der Steinboden uns gerade nur Platz ließ, um zu dreien nebeneinander zu liegen. Der Kopf stieß an den Sparherd und die Füße an einen Schrank.

Durch unsere Straße pfiffen die ganze Nacht Maschinengewehrkugeln, Schreien und Gebrüll scholl herauf. Jeden Augenblick erwartete ich, man würde das notdürftig verschlossene Tor aufbrechen und alle abholen. Zum erstenmal verlor ich meine bis dahin mühsam bewahrte Ruhe. Ich zitterte am ganzen Körper, und meine Zähne schlugen wie Kastagnetten aufeinander. Die Nacht in Velika Plana vor unserer vermeintlichen Erschießung war nicht so schlimm gewesen wie hier, in dem Gedanken, von einer rohen antisemitischen Menge herumgestoßen zu werden. Ich schwor mir zu, dies sollte meine letzte Nacht in Belgrad sein.

Der nächste Morgen sah mich auf dem Wege zum amerikanischen Konsulat, um mir ein Ausweispapier irgendwelcher Art zu erkämpfen. Natürlich konnte man mir nicht helfen, denn ich hatte gar keine Dokumente dafür, daß unsere Überfahrt nach USA, bis auf das verdammte griechische Visum, geregelt war. Immerhin gab man mir den Rat, mich an das türkische Konsulat zu wenden, das sein Visum bereits in unsere Pässe eingetragen hatte. Dort fand ich einen Zagreber reichen Juden, der früher türkischer Konsul in Zagreb gewesen war, den ich kannte und der sich nun unter den Halbmond geflüchtet hatte. Er benahm sich außerordentlich hilfreich, und so bekam ich sofort ein amtliches Papier, tüchtig bestempelt und mit meinem Paßfoto versehen. Als ich von den gelben Sternen erzählte, die ich zu meinem Erstaunen und meiner Entrüstung gestern zum erstenmal gesehen hatte, bekam ich plötzlich einen Weinkrampf, den ich zwar sofort unterdrückte, der mir aber die Kehle so zuschnürte, daß ich kaum mehr ein Wort sprechen konnte. Herr Milan Marič tröstete mich und fragte, ob ich genug Geld habe, und als ich ihm meinen kläglichen Kassenbestand zeigte, füllte er ihn auf. Ich dankte ihm von ganzem Herzen und suchte mit neuem Mut meine Schicksalsgenossin auf, die ich in einem neuen Logis vorfand, das schauerlich war und in dem kein Platz für mich gewesen wäre. So nahm ich Abschied von ihnen und ging auf gut Glück zur Fähre an der Donau, mit der man nach Semlin gelangte. Von hier aus sollte der Zug nach Zagreb abfahren. Zu meinem Erstaunen ging alles glatt.

Kaum hatte der Zug die für mich historische Stadt verlassen, als er wieder hielt und Soldaten durch die Wagen stürzten, um die männlichen Fahrgäste zu identifizieren. Unsere Mitinsassen wurden sichtlich bleich und steinern bei dieser Revision.

Jeder, der der jugoslawischen Armee angehört hatte, wurde sofort verhaftet und eingesperrt. Noch einige Male hielt der Zug aus dem gleichen Grunde, und ich beugte mich aus dem Fenster, um Zeichen zu geben, falls man sich erneut unserem Kupee nähern sollte. Ich sah, daß man Leute heraushole und abführte, aber wir blieben bis Zagreb verschont. Am Bahnhof, am frühen Morgen, hatten wir stundenlang zu warten, bis man uns gestattete, ihn zu verlassen. Dann eilte ich durch die bekannten Straßen, deren Bild sich aber verändert hatte. Überall die deutsche Uniform, überall das Hakenkreuz. Wie würde ich Zlata antreffen, ja, würde ich sie überhaupt finden? Da sah ich schon das Haus, da war der Garten, aber als ich den Hof betrat, griff es mir eiskalt ans Herz, denn alles stand voller deutscher Wagen, an denen deutsche Soldaten herumarbeiteten. Aus! dachte ich. Da flog mein Blick zum Küchenfenster, und ich sah die bekannten Gesichter der Mädchen, die gerade das Mittagessen auftragen wollten. Ich stürzte ins Haus, öffnete die Tür zum Speisezimmer und erblickte den großen Tisch, an dem Zlata mit Tochter, Sohn und Schwiegersohn saß. Sie starrten mich alle wie ein Wunder an. Zlata sprang auf und schloß mich in ihre Arme. Ich hatte nur ein Gefühl: gerettet!

Sie hatten mich schon in Gedanken durch die Türkei und Persien begleitet, und so war ich ihnen wie ein Geist erschienen.

Nur langsam wurde ich wieder ein normaler Mensch, nur langsam könnte ich erzählen, was ich alles erlebte; aber die Gegenwart ließ mir nicht viel Zeit, auszuruhen, denn man hatte inzwischen in aller Eile meine kleine Wohnung ausgeräumt, und nun wurde das verlassene Zimmer der verheirateten Tochter Vlasta für mich mit meinen Möbeln eingerichtet. Wie Ameisen

zog die ganze Familie auf der Treppe hin und her, und als es
Abend wurde, konnte ich mich schon in meinem Zimmer schlafen legen. Bücher, Bilder, Bronzen, alles hatte man für mich
geordnet und aufgestellt, um es so schön wie möglich zu machen.
Die folgenden Tage beschäftigten wir uns mit der Frage, ob
mich die deutschen Behörden in Ruhe lassen würden. Um keine
Komplikationen hervorzurufen, beschlossen wir, zu sagen, daß
ich beinahe die Gewißheit hätte, Lutz Katzenellenbogen sei in
Skoplje durch eine Bombe getroffen worden, ich sei also Witwe.
Mit Hilfe von Zlatas Beziehungen und Garantien ließ man mich
in Ruhe, und da ich noch einen alten hondurenischen Paß fand
und ihn in der Schweiz bestätigt bekam, hatte ich endlich auch
ein gültiges Ausweispapier.
Die Faust in der Tasche geballt, erlebten wir nun die Zeit der
Herrschaft der Nazis und der Ustaschen.

Unterirdischer Kampf und Befreiung

Wer waren nun eigentlich diese für das Ausland etwas mysteriösen Ustaschen? Es verlohnt sich, auf die Entstehung dieser Formationen etwas einzugehen.

Am 28. Juni 1928 wurde im Parlament der Bauernführer Stjepan Radić und sein Neffe, Pavle Radić, erschossen. Den darauf entstandenen Wirrnissen setzte der König Alexander am 6. Januar 1929 eine scharfe Diktatur entgegen, worauf der Führer der Rechtspartei, Dr. Ante Pavelić, nach Italien emigrierte. Die Italiener nahmen diese Flüchtlinge freundlich auf, standen sie doch den faschistischen Ansichten des Duce nahe. Dr. Pavelić organisierte in Italien eine faschistische Widerstandsbewegung, die auch in Ungarn ihre Zweigstelle eröffnete, sie nannte sich Ustascha, das heißt »Rebellen«. Sie legten Zeitbomben in Waggons, die vom Ausland nach Konstantinopel fuhren, und so eingestellt waren, daß sie im Inneren Jugoslawiens explodierten und harmlose Reisende in Stücke rissen. Die Ustascha bildeten systematisch Terrorgruppen auf »Schulen« aus, deren größte sich in Ungarn auf der Janka Puszta, unweit der jugoslawischen Grenze, befand. Hier in dieser idyllischen harmlosen Landschaft übten auch die Attentäter von Marseille. Nach einigen kleineren Attentaten folgte die Ermordung König Alexanders und des Außenministers von Frankreich Barthou am 9. Oktober 1934. Um ganz sicher zu gehen, schickte man Dido Kvaternik, Sohn des ehemaligen österreichischen Oberstleutnant Kvaternik und seiner jüdischen Frau, geborenen Frank, nach Deutschland zu Himmler, um dort die Methoden der Nazis und auch die Behandlung der Juden zu studieren. Der Advokat Dr. Viadko Maček war der Nachfolger von Stjepan Radić, dem ermordeten Begründer der Bauernpartei, war sein Mitarbeiter gewesen und übernahm nach dessen Tod die Führung. Da die Bevölkerung des Landes hauptsächlich aus Bauern besteht, so war Mačeks Partei die stärkste. Er hatte unter König Alexander lange Zeit im Gefängnis verbracht, weil er sich gegen die Korruption, die in der Umgebung des Königs bestand, auflehnte. Diese Korruption war allerdings unbeschreiblich. Alles Geld, das man aus Kroatien durch Steuern und Abgaben zog, verschwand in einem unersättlichen Schlund. Daher kam es, daß das Heer bei Ausbruch des Krieges in einem beispiellosen Zustand war; daß Kanonen von Ochsen gezogen werden mußten, daß Soldaten wehrlos fielen, weil entweder keine Munition zur Stelle war oder sie nicht zu den Gewehren paßte. Das Geld für dieses Kriegsmaterial lag in den Safes von jugoslawischen führenden Persönlichkeiten in Amerika, in der Schweiz und in Schweden. Die Revisoren bekamen den Mund gestopft. Korruption rechts und links, oben und unten. Deshalb hatten die Ustascha, als sie am 10. April 1941 von Italien aus bei Nacht ins Land schlich, leichtes Spiel.

Die Nazis waren die ersten, die kamen, und der Teil der Menge, der in allen Ländern bei solchen Gelegenheiten sich gleich verhält, jubelte ihnen zu. Der bessere Teil der Bevölkerung stand hinter verschlossenen Türen und Fenstern mit geballten Fäusten. Das Haupt der Ustaschapartei, Herr Ante Pavelić, war nicht an der Spitze seiner Getreuen zu sehen. Die Deutschen verhandelten zuerst mit Dr. Maček, dem Haupt der kräftigsten Partei, und hielten Pavelić in Ogulin zurück. Seine Schuldigkeit hatte dieser in Marseille getan, und seine Anhängerschaft in Jugoslawien war nur klein. Mit Maček kam es zu keinem Ergebnis, also brachte man ihn ins Lager nach Jasenovac und, nach seiner Erkrankung, auf sein Gut Kupinec, denn man brauchte ihn als Gegenspieler von Pavelić. Obwohl Maček sich nicht dazu verstand, mit den Eroberern zu arbeiten, blieb er inaktiv und hat dadurch seiner Partei, die nicht aufhörte, auf ihn zu blicken, nur geschadet. Die Bauern blieben vorerst ohne jede Führung. Acht Tage nach dem Einzug der Nazis traf Ante Pavelić bei Nacht und Nebel recht ruhmlos in Zagreb ein. Im Grunde war er nur ein Gefangener und durfte nur innerpolitisch, und auch das nur bis zu einem gewissen Grade, disponieren.

Das Notwendigste für das Wohlergehen des Volkes schien in der Errichtung von Lagern zu bestehen. Sie wurden gleich in den ersten Tagen unter der sachverständigen Leitung des Kvaternik-Sohnes gegründet. Zuerst kamen natürlich die Juden hinein.

Die Ustascha, die in Italien nicht gerade glänzend gelebt hatten, sollten nun belohnt werden. Was lag näher, als jüdische Häuser und Villen zu requirieren? Man drang in diese Häuser ein und ließ den Bewohnern zehn Minuten, wenn es gut ging, eine Stunde, Zeit, mit einem Handkoffer ihr Eigentum zu verlassen. Wenn die Klagen der Entrechteten zu lästig fielen, stopfte man sie ins Lager. Da gab es das Lager in Jasenovac, das furchtbare Lager am steinigen Velebit; ferner Jadovno, wo man, nachdem sechs Insassen das Glück hatten, entfliehen zu können, tausende junge Männer im Alter von 16—18 Jahren erschoß. Da war die Insel Pag mit ihren Salinen, in denen die Leute verdursteten, da war Stara Gradiška, Lepoglava und andere. Über die Behandlung in diesen Lagern ist kein Wort zu verlieren, man hatte ja in Deutschland gelernt. Für die noch verschonten Juden war der gelbe Stern vorgeschrieben.

Dann wandte man sich den Pravoslawen zu. Die Serben gehören der pravoslawischen Kirche an, die etwa der russischen Kirche entspricht. Es gibt aber auch unter der kroatischen Bevölkerung und namentlich in vielen Dörfern pravoslawische Gläubige, und da die Serben sich nicht ergeben hatten wie die Kroaten, wurden sie als Feinde behandelt. Die Ustascha überfielen die Bauern in ihren Häusern, auf dem Feld oder wo sie sie trafen. Sie verfuhren mit ihnen wie wir mit Schaudern in Grimmelshausens Simplizissimus gelesen haben. Wo so eine Horde gehaust hatte, blieb nichts Lebendiges übrig, nur verkohlte Balken und rauch-

Als Marie Bornemann in Langusten *(Denger), Tournee 1961,
Regie Joachim Fontheim.*

Die Irre von Chaillot *(Giraudoux), als Aurelie, Städtische Bühnen Münster, 1964,
Regie Alfred Erich Sistig.*

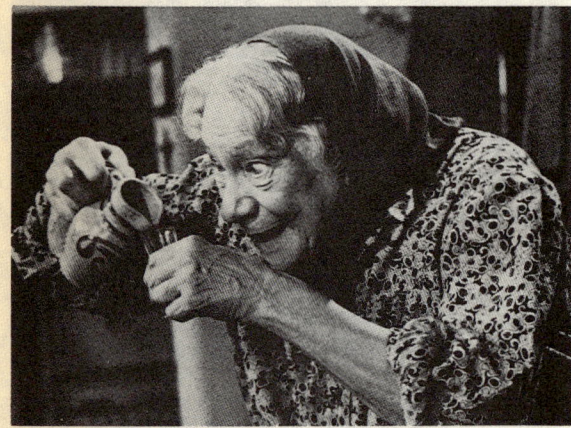

Das Fäßchen
(*Maupassant*),
Fernsehspiel
1962

geschwärzte Mauern zeigten an, wo ein Dorf gestanden hatte. Manchmal vereinfachte man das Verfahren und trieb die Einwohner in die Kirche und zündete sie an. Kleine Kinder teilten dasselbe Schicksal, eventuell warf man sie in einen Keller, und wenn sie Glück hatten, wurden sie halbverhungert gefunden. Es ist verständlich, daß alle diese Zustände eine Gegenströmung schufen. Die kräftigen unter den Bewohnern der Dörfer flüchteten in die Wälder, die schwarz, geheimnisvoll und drohend das Land durchziehen. Sie fanden sich zuerst in Serbien zusammen und scharten sich um den Führer Draža Mihajlović. Seine Anhänger nannte man Četnici, doch stellte es sich bald heraus, daß hier ein falsches Spiel gespielt wurde; sie fingen an, mit den Nazis zu paktieren. Draža Mihajlović wurde nach der Befreiung hingerichtet.

Hier in Kroatien lebten die Aufständischen sozusagen unter unseren Augen; wir wußten ziemlich genau Bescheid. Zuerst waren es nur kleine, elende Häuflein, die Schutz in den Wäldern suchten, nur jeder fünfte ungefähr hatte eine Waffe, fiel er im Kampf, nahm der nächste sie auf die Schulter. Aber nicht nur Männer verkrochen sich in den unwegsamen, oft auch versumpften Gebieten, auch Frauen nahmen die unvorstellbaren Strapazen auf sich. Selbst Kinder, die treffliche Pfadfinder und Spione abgaben, stießen zu diesem revolutionierenden Heer, das mit jedem Tag anwuchs.

In den Reihen der Partisanen trafen sich Männer und Frauen der verschiedensten Stände und Berufe, der Bauer ging mit dem Professor, der Geistliche mit dem Arbeiter und Dichter. Langsam übernahm die kommunistische Partei die Führung. An der Spitze marschierte ein Mann, dessen Name flüsternd von Mund zu Mund ging und dem alles bedingungslos folgte: Tito.

Die Engländer, die sich zuerst für die serbischen Freiheitskämpfer interessierten, erkannten mit der Zeit deren falsches Spiel. Churchill sandte einen Offizier zu den Partisanen, um sich orientieren zu lassen. Die Nachrichten, die er überbrachte, bestimmten die Engländer nun, den jugoslawischen Partisanen zu helfen. Die Russen dagegen, die mit vielen Worten wenig boten, wurden von Tito bald durchschaut. Aber noch war die verbindende Idee, der Kampf gegen den Faschismus, zu stark, als daß an einen Bruch zu denken war.

Inzwischen begann es sich auch in Zagreb zu regen. Nicht allein, daß die Arbeiter und die Intelligenz sich auf komplizierten, gefährlichen und heimlichen Wegen zu den illegalen Kämpfern gesellten, sie brachten zumindest Waffen, Munition, Medikamente in den Wald. Für Nahrung sorgten die Bauern soweit sie konnten, hatte doch fast jede Familie Angehörige draußen. Unter den Augen der Besatzung kamen und gingen die Kuriere. Wurden diese gefangen, starben sie unter grausamster Folter, war Ersatz gleich zur Stelle.

Die Städter spalteten sich in zwei Teile. Diejenigen, die es mit dem Feind hielten, genossen allerlei Vorzüge, sie bekamen einträgliche Stellen und wurden zu Festen eingeladen. Die anderen führten ein Leben voller Angst und Aufregungen. Sie lagen nachts zitternd in den Betten, horchten, ob eines der vorbeirollenden Autos vor dem Hause anhalten würde. Aber am Morgen führten sie wieder ihre Aufträge aus und strichen mit harmloser Miene durch die Straßen, um ihre Verbündeten zu treffen. Sie sahen sich stündlich vor der Gefahr, entdeckt zu werden, und wußten, daß auf jede ihrer Handlungen Gefängnis, Folter und der Tod durch Erhängen stand.

Die Eroberer machten sich in den gestohlenen Villen breit, ihre Frauen trugen die Pelze der Verjagten, und bei dem deutschen Gesandten, SS-Obergruppenführer Siegfried Kasche (in Kroatien geadelt), gab es ein Fest nach dem anderen. Doch die Intellektuellen standen fast alle auf der Seite der Partisanen. So ging der greise Dichter Nazor in den Wald, ebenso der siebzigjährige Monsignore Rittig.

Das war der Rahmen, in dem wir unser kleines Schicksal zu steuern versuchten.

In unserem Haus hatten wir jedes Zimmer besetzt. In unserer Wohnung fand sich noch Zlatas Mann ein, von dem sie seit

zwanzig Jahren geschieden war. Er besaß in Slowenien ein kleines Gut, und da die Nazis gegen die Slowenen eine feindliche
Haltung zeigten, kam er für einige Zeit in ein Lager. Daraus
entlassen, wußte er nicht aus noch ein und kam nun zu uns.
Außerdem war eine alte Freundin des Hauses, Tildi Schimato-
vitsch, anwesend, die sich hier von ihrer ermüdenden Tätigkeit
als französische Lehrerin einer Schule in Baden bei Wien erholen
wollte. Oben hausten ein jüdisches Ehepaar und eine Französin
mit ihrem Mann. Wir konnten also ohne Furcht das verbotene
Radio abhören, das uns aber keine tröstlichen Nachrichten vermittelte. Die Bevölkerung war nicht antisemitisch eingestellt.
In früheren Jahren hatte L. K. und mich von Zeit zu Zeit Alfred Schulte besucht, der einst mit den Schultheiss-Patzenhofer-
Ostwerken in Verbindung gestanden hatte. Dieser tauchte plötzlich bei mir auf und erzählte mir, daß L. K., in Saloniki von
der Gestapo gefangengenommen, sich nun in Berlin im Gefängnis befinde. Alfred Schulte, zu jeder Hilfe bereit, konnte mir
nicht viel versprechen, denn jeder Arier, der sich für Juden
einsetzte, konnte einer strengen Bestrafung sicher sein. Also
hatte ich alle Opfer umsonst gebracht, und L. K. befand sich
in den Klauen der Nazis. Ich setzte mich nun mit aller Vorsicht
mit seinen Verwandten, die sich in der Schweiz befanden, in
Verbindung. Aber auch sie konnten nichts für ihn tun. In die
Räume meiner alten Wohnung zog ein Ehepaar ein, durch das
wir Verbindung zu den Partisanen bekamen. Wir zahlten allerdings schon seit dem Anfang der Bewegung einen Beitrag für
die »Rote Hilfe«. Meine Einstellung zu all diesen Dingen ist
schwer zu schildern. Einesteils hing ich mit ganzer Liebe an
Deutschland, in dem ich die größte und bedeutendste Zeit meines Lebens verbrachte, andererseits haßte ich die Nazis. Mir
wurde es nicht leicht, eine feindliche Haltung gegen ein Land
einzunehmen, dem ich soviel verdankte. Waren das aber die
Deutschen, die ich liebte? War es nicht eine Horde verblendeter
Irrer? Dieser innere Kampf war schwer, sehr schwer, aber
schließlich trat ich der Untergrundbewegung bei. Wir arbeiteten

in kleinen Gruppen, eigentlich kannten wir nur wenige Menschen und die nur unter Decknamen. Wir erhielten Medikamente, die wir verstecken mußten, bis der Kurier kam, um sie abzuholen; wir empfingen Dokumente, die wir in versiegelten Flaschen in unserem Garten vergruben. Dieses Geschäft besorgte ich. Zlatas Mann starb nach kurzem Aufenthalt bei uns, sein Herz hatte die Aufregung nicht ertragen. Ich hatte eine Kaninchenzucht angelegt, um uns etwas Fleisch zu verschaffen, das fast nicht zu kaufen war, und bewegte mich viel im Freien, so konnte es nicht auffallen, wenn ich im Garten arbeitete. Bei Morgengrauen grub ich mit einer Kinderschaufel und den Händen die Flaschen ein. Auf unserem Hof befanden sich dauernd deutsche Soldaten, und auch den Nachbarn mißtrauten wir. Obwohl wir uns von jeder Geselligkeit möglichst fernhielten, besuchten wir hie und da die Familie G., deren männliches Oberhaupt nicht nur musikliebend, sondern auch ein ausgezeichneter Pianist war. Hier lernte ich einen Herrn H. O. kennen, der bei der deutschen Gesandtschaft sich mit Kulturangelegenheiten beschäftigte. Wenn mir auch die Verbindung mit der Gesandtschaft unsympathisch erschien, so gefiel mir sein freies, offenes Wesen. Im Laufe der Gespräche begann ich, ein wenig seine Gesinnung zu erforschen, indem ich von dem verpönten Dichter Heinrich Heine schwärmte, und als er mir zustimmte, wußte ich, daß dies der Mann sein könnte, den ich suchte. Seinem Privatberuf nach war er Verleger. Noch einem zweiten Deutschen begegnete ich an diesem Abend, der ebenfalls Verlagsleiter war und nun als Offizier in Zagreb stationiert, Herrn H. W., mit dem ich auch heute noch in Freundschaft verbunden bin. H. O. bezog nun bei uns zwei Zimmer, und wir hatten es nicht zu bereuen. Denn jeder mußte einen Deutschen in sein Haus nehmen. So sehr wir uns auch Mühe gaben, unsere illegale Tätigkeit zu verschleiern, ließ es sich doch nicht vermeiden, daß ein aufmerksamer Beobachter hie und da etwas davon zu spüren bekam. Er aber drückte nicht nur die Augen zu, im Laufe der Zeit erwies sich seine Anwesenheit als ein Schutz für uns.

Als wir uns näher kamen und Vertrauen faßten, entpuppte er sich als Gegner des Regimes. Manche gefährliche Schriften lagen für einige Zeit unter seinen Hemden im Schrank verborgen, und mancher Kurier verbarg sich in seinem Zimmer. Leider schöpfte man gegen Ende des Krieges Verdacht und schickte ihn, der eines Herzleidens wegen bis dahin davon befreit war, an die Front nach Frankfurt a. O. Mit ihm besprach ich die Möglichkeiten, um L. K. im Berliner Gefängnis zu helfen, ja, ich erwog sogar eine Rückkehr. Doch nach seinen Erkundigungen stellte man als erste Bedingung meine Scheidung, die dann natürlich jede Hilfe vereitelt hätte.

Die Herren der deutschen Regierung kamen meistens mit einem kleinen Handkoffer an; verließen sie die Stadt, folgte ihnen ein Waggon voll von Möbeln, Bildern, Silberzeug und was ihnen sonst noch begehrenswert erschienen war. An manchen Tagen hingen in den Straßen, in denen die Schulkinder ihren Weg nehmen mußten, aufgehängte Patrioten, die zur Abschreckung eine Weile hängen blieben.

Aber auch die nicht kämpfende Bevölkerung stand nicht zurück. Viele reiche Industrielle gaben heimlich Geld, und die Kasse für die »Rote Hilfe«, mit Millionenbeträgen, siedelte in unser Schlafzimmer über. Kleider, Wäsche, alles was zu entbehren war, nahm den Weg in den Wald. Ich strickte Socken und Mützen, nähte Pantoffeln und verdiente mir damit Geld, um Zlata nicht zu sehr zu belasten. Die Kaninchenzucht stieg auf siebzig Tiere, die jeden Tag zweimal gefüttert werden mußten und deren Ställchen peinlich sauber gehalten wurden. Das nahm in aller Frühe zwei Stunden und nachmittags wieder zwei Stunden in Anspruch. Dazu hatten wir nun ein Mädchen, und mein Zimmer und noch zwei Räume mußten täglich aufgeräumt und gesäubert werden. Ich hatte also nicht viel Zeit, um trüben Gedanken nachzugehen. Dazu kam ich völlig ohne Garderobe in Zagreb an. Ich fand nur einige alte Reste, die ich mir zurechtschneiderte. Zlatas Bibliothek in Verbindung mit der meinen, die ich gerettet hatte, umfaßte mehrere tausend Bücher. Manchmal versammelte sich ein Kreis von Freunden, denen ich vorlesen durfte und die mir dafür dankbar waren. So vergingen die Tage voller Arbeit und Aufregungen. Um den Mitarbeitern Nachrichten zu übermitteln, mußte man ruhig durch die Straßen schlendern, bis man den Partner dann fand.

Die Nachricht wurde mit ein paar Blumen überreicht, deren Stiele mit Staniol umwickelt waren, das den Befehl enthielt. Die Verabredungen mußten pünktlich eingehalten werden, und ging der andere grußlos vorbei, war ein Beobachter zu fürchten. Die Begegnung wurde wiederholt, so lange, bis ein Gruß erfolgte. Fehlte der Beteiligte, mußte seine Verhaftung vorliegen und man begann zu zittern, denn die Folter erpreßte oft Namen, was weitere Verhaftungen nach sich zog.

In H. O.s 1944 verlassene Zimmer zog ein Hauptbannführer der Hitlerjugend ein. Er hatte seinen Dienst jahrelang als Flieger geleistet, war aber ein überzeugter Anhänger Hitlers. Sein elendes Aussehen war nur mit dem elenden Zustand seiner Wäsche und Strümpfe zu vergleichen. In Deutschland wartete eine ausgebombte, aus Ostpreußen verjagte Frau auf ihn mit fünf Kindern. Wir wußten durch die englischen Sendungen, wie es in Jugoslawien aussah, und daß der Stern des »Tausendjährigen Reiches« im Sinken war. Nun bemühten wir uns, doppelt vorsichtig zu sein, um nicht in letzter Minute gefangen zu werden. Ich hörte mir die Versicherungen G. S.s ruhig an, der von der V III, der letzten Geheimwaffe, den Endsieg erhoffte. Ich flickte ihm sogar die Wäsche und die Strümpfe und wunderte mich nur über die Blindheit der Eroberer. Seine Aufgabe bestand darin, in Zagreb eine Hitlerjugend zu schaffen, stieß aber zu seiner Verwunderung immerwährend auf Hindernisse. Seine fünf Kinder taten mir leid, und ich versuchte, ihm zuzureden, Urlaub zu nehmen, aber er wollte darauf nicht hören, im Gegenteil, er versuchte, in die SS einzutreten.

Die Partisanen zogen sich immer enger um Zagreb zusammen. Nun wuchs die Nervosität in der Stadt. — Eines Tages sah ich in unserem Garten eine Anzahl Soldaten erscheinen, geführt von einem Major. Zlata verschwand in solchen Fällen und überließ es mir, mit den Deutschen zu verhandeln. In sehr höflichem Ton erklärte er mir, daß er beabsichtige, in unserem Garten Maschinengewehre einzubauen, das hieß also für uns, bei einem Gefecht mit einbezogen zu werden. Ich begleitete sie, als sie die Plätze aussuchten, wo die fünf Maschinengewehre eingebaut werden sollten. Zu meinem Entsetzen wählte er unter anderem gerade den Platz, wo ich die Flaschen mit dem verhängnisvollen Inhalt meistens verscharrte. Ich war nahe daran, in Ohnmacht zu fallen, faßte mich aber rasch und lächelte ihn freundlich an. Ich erklärte ihm, daß dieser Platz am Abhang hinter dem Haus, wo die Erde leicht ins Rutschen kam, ungünstig sei. Ein Sprung in der Mauer ließ meine Worte glaubhaft erscheinen, und so wurde ein anderer Platz bestimmt.

Im Radio hörten wir vom Tode Hitlers und Goebbels'. Die Partisanen zogen einen undurchdringlichen Gürtel um Zagreb, der 2. Mai war herangekommen. Unser Mieter war entrüstet, daß er in dem Haus, wo er die Ustascha-Jugend zu formieren gedachte, keinen Menschen mehr vorfand. Am 5. Mai brachte er mir eine Uniformjacke mit der Bitte, ihm die SS-Zeichen auf die Achsel zu nähen. Die Nacht war voll vom fernen Kanonendonner, durch die Straßen zogen Kolonnen von deutschen Militärtransporten. Am Sonntag, dem 6., stürzte G. S. in unser Zimmer, um Abschied zu nehmen. Er packte Koffer und Rucksack. Er trug seine SS-Uniform und viele Waffen. Ein Auto führte ihn zum Gebäude der deutschen Gesandtschaft, vor dem schon eine Reihe Wagen wartete; dort rief er nach mehr Waffen und Handgranaten, als ob er den Sieg allein erkämpfen wollte. Dem noch verbliebenen Büropersonal hatte man bis dahin noch kein Wort über den endgültigen Zusammenbruch verraten. Da sie meist ziemlich abgeschlossen in ihrem Kreis lebten und das Anhören ausländischer Sendungen streng verboten war, ahnten sie wohl die Situation, besaßen aber keine volle Klarheit. Nun plötzlich fuhr SA-Obergruppenführer Siegfried Kasche mit seiner Frau nach Österreich, und die Nazi-Herrlichkeit hatte ein Ende.

Wir saßen bebend vor Aufregung und warteten, warteten. Am Dienstag, den 8. Mai, gegen zehn Uhr, schienen die Straßen wie ausgestorben, dumpfe Stille lag über der Stadt. Unser Radio, ständig angestellt, schwieg. Gegen zwei Uhr erfuhren wir, daß die Partisanen bereits am Jelačićplatz, dem Herzen der Stadt, angekommen seien. Um vier Uhr sahen wir sie über und über mit Staub bedeckt, durch unsere Straße schleichen. Sie gingen in Abständen und im Gänsemarsch vorsichtig an den Häusern entlang und musterten mißtrauisch die Fenster. Unglaublich müde sahen sie aus. Einige von ihnen schlüpften durch unser großes Haustor und bald darauf hörten wir sie an unsere Veranda, die rückwärts am Hause liegt, klopfen. Wir öffneten, sie fragten nur kurz, ob Deutsche hier seien, wir verneinten und boten ihnen Essen an. Sie baten nur um Wasser, denn ihr Befehl lautete, nichts anzunehmen. Die Radiostation wurde nach heftigem Kampf erobert, und die ersten Meldungen von der Befreiung der Stadt kamen durch. Wir steckten die Fahnen raus und fielen uns weinend um den Hals.

Im Jahre 1944 kam über die Schweiz die traurige Nachricht, daß L. K. in Berlin gestorben sei. Näheres darüber und über seine Gefangennahme war mir bis heute unmöglich zu erfahren, nur daß er im Jüdischen Krankenhaus starb. So haben alle meine Mühen es nicht vermocht, dieses Leben zu retten, er mußte einsam zugrunde gehen.

Ausklang

Von dem Alpdruck waren wir nun befreit, jetzt hieß es, sich wieder ein normales Leben aufzubauen. Während der Besetzung lernte ich einen jungen Mann kennen, der an der Akademie Französisch lehrte und aus seinen Schülern eine Truppe bildete, mit der er französische Stücke privat aufführte. Er hatte viel gesehen und mit großem Geschmack Molière und andere französische Klassiker einstudiert. Nun richtete er sich ein Kasperle-Theater ein, und ich machte ihm die Kostüme für die Puppen. Nach der Befreiung vergrößerte er dieses Theater und gab Vorstellungen in einem Saal. Das Ministerium interessierte sich für die Aufführungen und wollte sie zu einer staatlichen Institution machen. Mir wurde angeboten, meine Tätigkeit in der Form einer festen Anstellung fortzusetzen. Das Kasperle-Theater hatte sich etwas gewandelt, man machte jetzt ziemlich große Puppen. Der rechte ausgestreckte Arm hält die Puppe, deren Kopf die Hand bewegte. Die linke Hand hat eine andere Aufgabe, sie hält und dirigiert zwei Stäbe, an denen die Arme der Puppe befestigt sind nach Art der javanischen Schatten-Puppen. Mit der Zeit baute man einen ziemlich großen Saal nur für dieses Theater aus, an dem sich Werkstätten für Dekorationen anschließen. Im Anfang aber war alles noch sehr primitiv, und die Räume, in denen ich verpflichtet war, sieben Stunden täglich zu arbeiten, und zwar von sieben bis vierzehn Uhr, waren vollkommen ungenügend. In einem kleinen Raum saß ich mit meiner Helferin im Winter neben einem glühenden Ofen auf der einen Seite und einer Türe auf der anderen, die sich auf den Hof öffnete. Im Sommer litten wir unter der Hitze im engen Raum. Außerdem arbeitete mit uns noch ein Mann, der die Köpfe, die aus Papiermaché bestehen, kaschierte. Im Nebenraum, dessen Tür sich nicht schließen ließ, befand sich eine elektrische Säge; dort stand der Tischler mit Gehilfen für die Anfertigung der Dekorationen.

Der Zudrang nach der Stadt war sehr groß, denn auch aus den zerstörten Gegenden kamen Familien, die Wohnung suchten. Mehrere Familien mußten sich meistens mit einer Wohnung begnügen, und kein Zimmer war frei. Daher konnte man lange unseren Klagen nach besseren Räumen kein Gehör geben. Dazu kam auch, daß Vlado Habunek, der Begründer des Theaters, ausschied. Ein Mann aus Bosnien, der nicht viel verstand, der die Puppen nur als Krampusse bezeichnete, wurde Direktor. Ich arbeitete unter diesen Umständen nur mit Aufbietung meiner ganzen Willenskraft. Die Bezahlung war aber ganz gut, natürlich durfte ich sie nicht mit meinen früheren Einkünften vergleichen. Aber mein Leben hatte sich von Grund auf verändert, so daß ich gar nicht auf den Gedanken kam, zu vergleichen. Wir bekamen später auch einen neuen Direktor, der Liebe und Lust zu der Sache hatte, und auch die Frage des Raumes wurde gelöst. An das richtige Theater konnte ich nicht denken, und ich wollte es auch nicht, denn ich dachte, diese Zeit meines Lebens sei abgeschlossen.

Große Schwierigkeiten machte mir mein Paß. Honduras hatte mir schon über das gestattete Maß hinaus meinen Paß verlängert und verlangte nun die Einreise. So mußte ich mir ein anderes »Vaterland« suchen. Ich wählte Jugoslawien, das Land, das mich aufgenommen und mir Obdach gegeben und das ich lieben gelernt hatte. Aber der neue Paß nützte mir zunächst nichts. Das Mißtrauen anderer Länder war gegen Jugoslawien noch so groß, daß eine Reise außerhalb der Grenzen eine Unmöglichkeit blieb. Die kroatische Sprache wiederum war nicht so leicht zu erlernen, um mir den Zugang zum Theater zu ermöglichen. Also blieb ich bei meinen Puppen, die mir schließlich auch Freude machten. Der neue Regisseur Rabatan steckte voller guter Einfälle, und da er ehemals Regisseur am hiesigen Stadttheater gewesen war, bekamen die Aufführungen Schwung. Wir führten Märchen und Volkssagen auf, die er reizend umdichtete. Vor einer »Premiere« saß ich oft bis in die Nacht hinein, um alles fertigzubringen. Da waren alle Arten von Tieren zu machen, dazu Räuber, Ritter, Prinzen, Bauern und alles, was zum Märchen-Ensemble gehört. Ich bemühte mich, stilgerechte Kostüme der jeweiligen Zeit anzufertigen, hatte daran meinen Spaß und schöpfte aus meinen Kenntnissen. Schließlich konnte ich auch zu Hause arbeiten, was für mich eine große Erleichterung bedeutete. Unsere große Wohnung war bei der Wohnungsnot natürlich auch gefährdet, doch hatte Zlata angefangen, alle unsere Kunstwerke wieder aufzustellen und aufzuhängen. Wir luden junge Künstler und Studenten ein, unsere Schätze zu besichtigen. Dies beobachtete die Stadt mit sehr freundlichen Augen, und so erschien eines Tages eine Kommission, die nach Besichtigung die Zimmer zur öffentlichen Sammlung erklärte, die nicht auseinandergerissen werden dürfe. Wir setzten nun den Sonntagvormittag als Besuchstag fest. Zahllose Studenten kamen, um sich die alten, schönen Bilder und Kunstwerke, die Ausgrabungen entstammten, anzusehen, die Zlata besitzt, und die Entwürfe von Barlach und die Bilder von Chagall, Paul Klee, Slevogt, Kißling. Die Holzfiguren der Osterinsel, Neuguinea, Neu-Irland, die ich noch gerettet hatte, eine Sammlung von Kunstmappen, Kunstbüchern und andere Werke, standen den Besuchern jederzeit zur Verfügung. So kam es, daß wir stets von einem Kreis junger und alter interessierter Leute umgeben waren und unser Leben nicht einförmig genannt werden konnte.

Seit wieder Fremde das Land besuchten, hörte man bei uns an manchen Tagen kroatisch, englisch, französisch und deutsch durcheinander reden, und auch die Fremden erfreuten sich an dem, was wir zu bieten hatten.

Nach langer Trennung konnte ich wieder meine Freundin Regin besuchen, die mich einlud, einige Zeit bei ihr in Luzern zu

verbringen. Es war sehr schön, einen »Weißtdunochmenschen«
zu sprechen. Dieser Besuch führte mich wieder in meinen alten
Beruf. Der Teilhaber der Agentur Vogel in München, Herr
Baumgärtel, schrieb mir reizende Briefe und machte mir Mut,
wieder anzufangen. Nachdem er mich in Zürich getroffen und
gesehen hatte, daß ich nicht ein verschrumpeltes, altes Weiblein
geworden war, vermittelte er mir ein Auftreten in Berlin bei
Direktor Barlog. Auf der ersten Probe war ich so befangen,
daß ich das Gefühl hatte, fünf Füße und sieben Hände nicht
unterbringen zu können. Ich spielte die Anath in Christopher
Frys »Der Erstgeborene«. Das Stück gefiel nicht, und obwohl
mich Publikum und Presse gut behandelten, weiß ich, daß ich
keine Meisterleistung bot. Bei meiner zweiten Rolle bei Direktor Dr. Nestriepke ging es schon besser, und ich war mit mir
selbst zufriedener. Eine große Freude bereitete es mir, alte
Freunde und Bekannte wiederzusehen, von denen viele nicht
einmal wußten, daß ich noch lebte. Der beste »Weißtdunochmensch« aber ist meine liebe Helene Lutt, die unseren Kreis
in der Viktoriastraße genau kannte. Barlach, Slevogt, Liebermann, August Gaul, alle sind nicht mehr, und nur ihre Werke
sprechen noch von ihnen. Wegener, Bassermann, Moissi und
viele, viele andere haben Lücken in der Theaterwelt hinterlassen, höchstens in alten Filmen kann ich ihre vertrauten Gestalten noch sehen. Außer Hedwig Wangel, Lucie Höflich und
Gertrud Eysoldt lebt keiner der ganz alten Garde, die sich um
Max Reinhardt begeistert scharte, als er anfing, seine wundervollen Inszenierungen zu schaffen.

Wenn ich nun als alte Frau alle diese Gestalten, die ich in
diesem Buch vorbeiziehen ließ, und die vielen, die ich nicht
aufzählte, überschaue, kommt es mir wie ein Märchen vor, und
wenn ich nicht meine Tagebücher besäße, würde ich es mir
selbst nicht glauben, daß ein Menschenleben soviel fassen konnte.
Es ist nun Spätherbst in meinem Leben, aber mit Dankbarkeit
nehme ich jede frohe Stunde auf und genieße die Tage, die mir
noch geschenkt sind. Ein Nachmittag mit meinem Freund

Alfred Schulte ist mir genau so schön, vielleicht noch schöner, als es eines der Feste früher war. Ich danke dem Schicksal, daß es mich so reich an Erleben gemacht hat, und hoffe, daß es in irgendeiner Form ein Wiedersehen gibt mit denen, die ich schmerzlich vermisse. Vielen Stürmen mußte ich standhalten, aber der Endakkord ist ruhig und harmonisch, und darüber bin ich froh.

Kehre ich aus der großen Stadt Berlin nach dem kleinen Zagreb zurück, so finde ich meine Bilder, meine Bücher und vor allem Zlata, die mir jeden Wunsch von den Augen abliest, dann nicken mir die alten Bäume zu: du brauchst nicht zu fürchten, daß dein Alter einsam ist.

Die Jahre
1952 - 1971

nacherzählt
von
Joachim Werner Preuß

Zauberkreis, *1963, München.*

Atriden (*Hauptmann*), *Theater am Kurfürstendamm, 1962, Regie Erwin Piscator.*

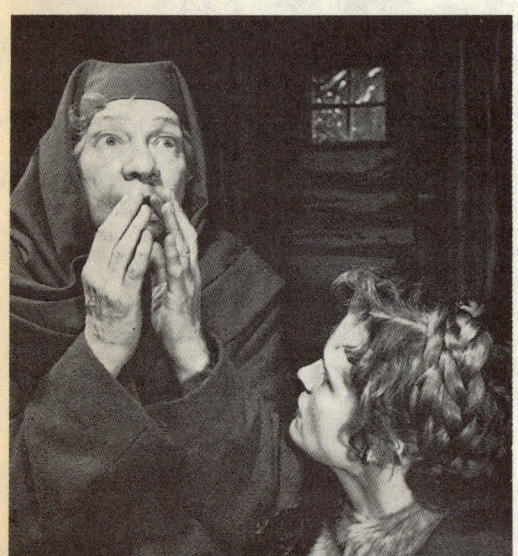

Babuschka (*Schmidt-Barrien*), *Kammerspiele Bremen 1955.*

Am 21. Februar 1971 verstarb Tilla Durieux, 90 Jahre alt. Sie verstarb am 100. Geburtstag des Mannes, der sie geformt hatte, geprägt hatte, dem sie trotz allem, was einst geschehen war im Verlauf seelischer Zerrüttung, innigst verbunden geblieben war. »Er ist immer bei mir. Manchmal hole ich mir bei ihm sogar Rat.« Gibt es eine Transzendenz? Tilla Durieux war davon überzeugt.

Kurz vor ihrem neunzigsten Geburtstag ließ sich Tilla Durieux überreden, ihren bis 1952 datierten Memoiren »Eine Tür steht offen« eine Fortsetzung folgen zu lassen. Doch es sollte eher ein Fazit sein, weniger Darstellung von Begegnungen, Erfahrungen, Ereignissen. Sie wollte mit dem Nachtrag noch vermitteln, was sie nicht erst in letzten Lebensjahren, aber doch dann ganz besonders beschäftigte. Der Mensch, vor allem der Mensch, der Schauspieler ist, was ist das eigentlich für ein Wesen? Schon früh hatte sie sich diesem Thema zugewandt. Seit 1914 hielt sie Vorträge und schrieb sie Artikel über den Schauspieler, über die Schauspielerin insbesondere, den Beruf wesentlich aus einer »Berufung« heraus erklärend. Mimisch-sprachliche Begabung, ein nicht gerade abstoßendes Äußeres und das Erlernen von Theatergrundregeln, so unabdingbar ihr das auch war für das Eindringen in Schauspieler-Kunst, vieles ließe sich so erreichen, doch nicht die absolute Grenzüberschreitung. Dazu sei die Gnade der Berufung vonnöten. Diese sei die letztendliche Voraussetzung dafür, daß die Schwelle überschritten werden könnte, jedoch nicht oft, der Mensch würde sonst daran frühzeitig zugrundegehen. Diese Gnade ist auch Pein. Tilla Durieux sprach von den Getriebenen. Sie empfand sich selbst als eine Getriebene. Viel davon klingt schon davon an, ja ist eigentlicher Inhalt von *Spielen und Träumen*. Sie fühlte sich von sich selber angesprochen, sie spürte, wie sie wieder in sich hineinhörte. Sie lauschte konzentrierter wieder auf das, was sie nun schon fast neunzig Jahre trieb, sie wollte es jetzt deutlicher erklären, wollte Auskünfte vertiefen, — doch die Zeit verrann, und was sie wollte, war so schwierig.

Erste Notizen gleich nach dem neunzigsten Geburtstag hielten den Selbstansprüchen nicht stand, sie wurden vernichtet. Starke Schmerzen im rechten Arm, Durchblutungsstörungen, ließen sie den Versuch unternehmen, Tonbänder zu besprechen. »Und nun bin ich 90 Jahre. Neunzig Jahre! ... nach all dem Schweren! ... Neunzig Jahre! ...«

Aus dem Ich wird das Du: »Was willst du noch erzählen ...? ... schreiben? ... Hast Triumphe gefeiert, bist unglücklich geworden, sehr glücklich, sehr unglücklich ..., alles, was man überhaupt nur sein kann, bist du gewesen. Hast eigentlich von allem irgendetwas abbekommen: vom Schönen, vom Reichen, vom Armen und vom Unterdrücktsein. Und von allem ist in dir etwas aufbewahrt.« Tilla Durieux brach ab. Sie, der Technik sonst so aufgeschlossen wie allen Entwicklungen überhaupt, stand im Kampf mit der Aufnahmetechnik eines Magnetofon-Geräts, mit der Anonymität des Maschinellen, die sie als Abwehr empfand. Doch noch gab sie nicht auf. Das Tonband lief wieder, als sie »Spielen und Träumen« zur Hand nahm, diesen fast 50 Jahre alten Text. »Alles stand wieder vor mir: wie das am Anfang war, wie mir war, als ich das schrieb ... Und vor mir steht wieder die Zeit, 1944/45, als ich noch einmal über mich schrieb, über meine Begegnungen und Schicksale. Und nun? — ja, was ist das eigentlich, was mich da immer trieb ...? Ich konnte das nie erfassen. Ich hab' mir oft Mühe gegeben, darüber nachzudenken, was ist denn eigentlich in mir? ... Was ist denn das für ein Mensch, der in mir steckt und mich Dinge tun und sagen heißt? das und das nicht ...? so daß ich nicht weiß, warum ich etwas tat oder nicht tat ...? aber es trieb mich. Es trieb mich ja immer ... zum Guten, zum Bösen, ja, das auch ... Was hieß mich, auf der Straße nach rechts zu gehen, wenn ich doch eigentlich nach links wollte? ... Warum ist das im Menschen, daß er irgend etwas tun *muß,* was er doch gar nicht will? Aber er tut's! Warum?? Wo steckt der Grund? Was ist das, was in einem steckt, das lange ruht, bis man es plötzlich spürt?... Mit dieser Frage habe ich mich schon oft beschäftigt. Wie viele Seelen hat man denn eigentlich?... Das lastet auf allen. Aber vielleicht haben wir Schauspieler es doch viel leichter. Wir Schauspieler können sagen, was in uns ist, in uns vorgeht. Wir schlüpfen in Rollen, sprechen uns darin aus, entladen das Böse und das Gute, das in uns wie in jedem im Widerstreit, im ständigen Kampf liegt. Aber nur wenigen wird's bewußt, selbst wenigen Schauspielern. Wer es fühlt, der leidet, furchtbar manchmal. Aber wer das in seinen Rollen sagen kann, durch seine Rollen, ich glaube, nur der ist ein richtiger Schauspieler. ...Das möchte ich erklären. Vielleicht kann ich es am Ende dieses Buches, wenn ich überhaupt dieses Buch schreiben kann...«

Tilla Durieux wollte von Menschen und Schicksalen vor allem erzählen, die ihren langen Lebensweg gekreuzt hatten oder für einige Zeit begleitet hatten. Schicksalsfragen wollte sie ansprechen. Ihr war seit langem unbehaglich geworden. »Es ist gar keine schöne Sache, wenn um einen herum alles wegstirbt.« Kein zusammenhängendes Buch sollte es mehr werden. Nur eine Ansammlung von Kapiteln. »Mal aus diesem Leben, mal aus jenem. Mal aus meinem wirklichen Leben, mal aus dem, was ich geträumt habe.« Und sie griff zurück auf ihre Kindheit, auf die Zwiegespräche mit der Birke, auf innere Stimmen, auf Träume während früher Krankheiten, auf Handlungen aus einem Unterbewußtsein heraus, sie sprach von der Erblindung ihrer Schwester, — aber es blieben nur Ansätze, Fragmente, das Tonband bricht bald ab.

Dieses Buch kann nicht mehr geschrieben werden, auch nicht annäherungsweise. Denn Tilla Durieux hat sich keinem, auch einem Vertrauten nicht, restlos aufgeschlossen. Es blieb da immer noch ein Rest, ein entscheidender Rest.

Es bleibt auch noch ein weiterer Rest für diese letzten achtzehn der ersten neunzig Lebensjahre. »Dem Mimen flicht die

Nachwelt keine Kränze« —, daß daran noch immer etwas Wahres ist, darf Schauspielern, Regisseuren und Intendanten ins Beschwerdebuch geschrieben werden, wenige ausgenommen. ... Wir sind ja alle so beschäftigt ...!

»Ich merke nicht, daß ich berühmt bin. Ich lebe sehr einsam«, schrieb Tilla Durieux im Jahre 1970 in einem Brief, ein gutes halbes Jahr später wurde sie neunzig. Sie konnte noch einmal Hof halten, sie, die Doyenne, die älteste aktive deutsche Schauspielerin. Die am meisten und höchsten Geehrte auch. Man zögert, fragt sich, ob das Würdigungs-Klischee zutreffe: ungekrönte Königin. Doch es trifft wohl, wenn schon in einem weiteren, umfassenderen Sinne als sonst gemeint.

Die Ehrungen sind unermeßlich: Bundesverdienstkreuz I. Klasse und großes Bundesverdienstkreuz; Ehrenmitgliedschaft in der Deutschen Akademie der Darstellenden Künste, Hamburg (später Frankfurt); Ordentliches Mitglied der Abteilung Darstellende Künste der Akademie der Künste, Berlin (West); Filmband in Gold »für Verdienste im und um den deutschen Film«; Bundes-Filmpreis; Ernennung zur Berliner Staatsschauspielerin; Ehrenmitgliedschaften Freie Volksbühne Berlin, Städtische Bühnen Münster, Staatsschauspiel Berlin-West (Schiller- und Schloßparktheater), Staatstheater Wiesbaden, Deutsches Theater Berlin-Ost; Ernst-Reuter-Plakette in Silber (Berlins höchste Auszeichnung), Medaille »Age and Art« des Art Council Kalkutta; Offizier des »Ordens der akademischen Palmen« (höchste französische Auszeichnung für kulturelle Verdienste); Titular-Professor (Nordrhein-Westfalen) — Ehrungen, Ehrungen, Ehrungen ... ein volles Maß nicht nur an Anerkennung, auch an Verehrung bekundend, Verehrung, die — ist zu sagen: natürlich? — Distanz bedeutete, zumindest doch einschloß.

Tilla Durieux — ein Schauspieler-Leben, das sich nährt aus inneren Spannungen, sich aber auch ständig stößt an den Spannungsfeldern. Das Gewordensein im Clinch mit dem eigentlichen Sein. Durch Schauspielerruhm, aber mehr noch durch die

Ehe mit Paul Cassirer (»Ihm verdanke ich eigentlich alles, was ich bin und wurde«) auch zur Gesellschafts-Protagonistin geworden, zur Repräsentanz also verpflichtet. Hofhaltung im Salon, Kunst-Gespräche, auf der anderen Seite nie geleugnete Sehnsucht nach der Begegnung mit dem Individuum. Vom Salon blieb kaum mehr als oberflächliche Erinnerung. Detaillierte Schilderungen gab Tilla Durieux hingegen z. B. von jenen Gesprächen, die sie mit Barlach führte, als er bei Cassirers wohnte im oberen Stockwerk, wohin sie eilte, wann immer sie konnte. Schauspielerruhm der epochalen Protagonistin, gefeiert wie kaum eine andere und wieder fast ausschließlich vom gesellschaftlich etablierten Publikum, kein Zweifel kommt auf, daß auch das Erfüllung von Träumen war. Aber dahinter lebte einmal mehr die Sehnsucht nach engerem Kontakt. Nicht zuletzt auch nach anderen Kontakten. Die Versuche, Repräsentations-Barrieren, Barrieren gesellschaftlicher Konventionen zu durchbrechen, entsprechen der Sehnsucht, trennende Rampen des Gesellschaftstheaters zu überwinden. In die Berliner Hasenheide etwa zu fahren, dort bei Veranstaltungen mit Menschen zusammenzutreffen, mit ihnen zu sprechen. Bei einer solchen Gelegenheit lernte sie auch Rosa Luxemburg kennen. Ein weiteres Moment im Spannungsfeld zwischen Gewordensein und Sein. Die gewordene Millionärsfrau, die künstlerisch und gesellschaftlich Arrivierte, traf in der Hasenheide und anderswo auf die soziale Unsicherheit der eigenen Vergangenheit, der sie sich immer bewußt war. Denn diese Erinnerungen waren nie verdrängt. Auch das gehört zu ihrem Sein. Das Sein, das in sich schon gespalten ist in *Träumen und Spielen,* — der Titel ihrer ersten Selbstauskunft ist im Rückblick umzukehren. Das Sein, das ist der Hang zum Gespräch mit dem Selbst, das Gefühl, im Ich noch ein unerklärbares Du suchen zu müssen; es ist auch die Selbsterfahrung in der Reflektion von Umwelt, bei der Lektüre, bei der Beobachtung von Politik, beim Gespräch im kleinen Kreise. Das Sein ist jedoch auch die Flucht, das, was Tilla Durieux selbst die »Abenteuerlust« genannt hat, das Hervortauchen aus sich selbst und neuerliche Eintauchen in Schicksale und Psychen, in Rollen also.

Nichts hat sich daran geändert. Es blieb beim Clinch des Gewordenseins mit dem Sein. Die neuerlich zugewachsene Repräsentations-Stellung schirmte ab, das Sein aber lebte nur zu einem Teil davon. Es brauchte diesen Rahmen, diese Gesellschafts- und Theater-Huldigung, empfand Bestätigung, doch es litt an der Erkenntnis, wie wenig Platz da noch blieb für das andere, für menschliche Zuneigungen. Ja, für Freundschaft und Liebe. Tilla Durieux empfing Ehrungen mit trauriger Freude. Sie sonnte sich wieder im Theater-Applaus seit diesem vorletzten Schicksalsjahr 1952, genoß ihn, kostete ihn aus, registrierte ihn jeweils mit einer gewissen Genugtuung noch in ihren Notizbüchern, doch sehr viel breiteren Raum nehmen dort die Anmerkungen über einzelne Begegnungen ein. Diese Kurznotizen zu kennen, verpflichtet zur Befolgung einer Entscheidung. Sie ist Auflage geworden. Auf das angekündigte Buch angesprochen, erklärte Tilla Durieux kurz vor dem neunzigsten Geburtstag: » ... die Personen, die sich gegen mich schoflig benommen haben, die mich manchmal tief verletzten, die erwähne ich nicht. Nein. Was sagt Heine: nicht gedacht soll seiner werden. Nein — wozu? ...«

Im Leben der Tilla Durieux, besonders im Alter, scheint es immer nur ein Entweder — Oder gegeben zu haben. Die eigene Einschätzung formulierte sie im Bekenntnis-Satz: »Mich haben die Menschen geliebt oder gehaßt.« Und sie selbst? Sympathien und Antipathien waren auch ihr nicht fremd. Doch Haß? Wen sie nicht mochte, der war ihr zu gleichgültig, als daß sie ihn hätte hassen können. Sie hatte — nicht nur, doch vor allem nach der Cassirer-Ehe — »viel zu schlucken«, sie wußte, daß sie leicht verletzlich war. Nach dem neunzigsten Geburtstag zog es sie, Bilanz zu machen, mancherlei zurückzunehmen oder doch wenigstens zu überprüfen. Da schrieb sie so manchen Brief. Doch nicht immer kam Antwort. 1953, bei einem Münchner Rundfunk-Interview, sprach Tilla Durieux schon davon, daß man viel vergessen, viel übersehen müßte. Ihre Devise ist nicht von jedermann übernommen worden ...

Gibt es einen Menschen, dem Tilla Durieux jemals ihr Herz voll und ganz geöffnet hätte? Vermutlich nicht. Sie sparte viel noch aus vor ihrer engsten Vertrauten des letzten Jahrzehnts, vor der Schauspielerin und Theater-Pädagogin Erika Dannhoff. Es gab da immer noch einen privaten Bereich. Und man kann den Ärger verstehen, wenn unter abenteuerlichsten Überschriften Vorfälle aus ihrem ja nicht unbewegten Leben der Cassirer-Ehe schauerlich zusammengeschustert in Groschen-Gazetten erschienen, so Ende der Fünfziger-Jahre eine Artikelserie *Liebe, Rauschgift und Pistolen — Berliner Tragödien im Rampenlicht.* Der Journalist, der sie verfaßte, konnte von Glück sagen, daß er den Mut nicht aufgebracht hatte, die reißerischen Artikel mit seinem Namen zu zeichnen. Tilla Durieux war zutiefst verletzt. Was dazu führte, daß sie immer weniger von dem erzählte, was in Klatsch und Tratsch umgemünzt werden könnte.

Wie oft wehrte sie Fragen ab, »so interessant bin ich ja gar nicht«. Natürlich wußte sie, daß sie, zumal als Inkarnation einer großen Epoche, durchaus »interessant« war. Doch die vielen Enttäuschungen in diesem Leben ließen sie immer mehr in sich abkapseln, ja, sie schien gerade dann am einsamsten, wenn sie öffentlich zur Huldigung und Feier ausgestellt wurde. Gewiß, sie hätte nie daran gedacht, sich dem zu entziehen, sie genoß es, zog Lebenskraft daraus. Doch auch da wieder die Spannung zwischen Sein und Gewordensein. Alles Öffentliche, also auch das Theater zeigte sich von ihrer Huld und Gunst bestimmt. Da herrschte sie als Fürstin, gnädig oder ungnädig, wie es gerade kam. Es war für sie und für andere schwer, sich davon zu lösen. Im Stillen aber sehnte sie sich danach, wenn schon keine Volksschauspielerin zu sein, so doch volkstümlich. Zumindest als Mensch, nicht als »Lebendes Denkmal« nur aus der Entfernung betrachtet zu werden. »Ich bin so gern unter die Leit«, sagte sie. (Manchmal, ganz privat, fiel sie in das Wienerische zurück.)

Gewiß, nur allzu gern nahm sie respektvolle Huldigung an, doch sie war sich bewußt, wieviel das Berühmtsein verschüttet, nicht zuletzt auch kritische Urteile. Von einem Gespräch wird berichtet, in dem die Äußerung fiel: »... Wenn man alt wird, ist plötzlich alles, was man tut, fabelhaft. Man wird auf ein Piedestal gestellt. Die Leute vergessen, daß es da oben sehr langweilig ist. Man steht völlig isoliert herum und muß berühmt sein!«

Wie ein Labsal war es ihr, wenn die Einsamkeit der Ehrungen durchbrochen wurde durch Briefe und Postkarten von Theaterbesuchern, von jungen und alten. Solche Post wurde gehegt, besonders dann, wenn nicht Autogrammwünsche die Freude trübten. Aber reagierte Tilla Durieux entsprechend? Konnte sie es? Da ist eine Anmerkung noch in Erinnerung: »Ich freue mich wie ein Kind. Ich bin dann ganz glücklich. Aber ich weiß immer nicht, wie ich mich bedanken soll!« — 1970: »Ich lebe sehr einsam.«

Sicher ist in diesem Satz keine Wehleidigkeit, kein Selbstmitleid. Ihre Einsamkeit war zum Teil selbst bewirkt, und sie wußte es. Sie, die Wienerin und ›gelernte‹ Berlinerin hätte wohl, dazu aufgefordert, mit Selbstgenuß den Alt-Berliner Possenautor zitiert: Ein Berliner wird nie unangenehm. Wenn er aber unangenehm wird, wird er richtig unangenehm. Die Alt-Berliner Possenautoren haben viel von Wiener Vorlagen übernommen. Verwandtschaftliches ist nicht rein zufällig. Auch Tilla Durieux konnte schon recht ablehnend sein. *Konnte.* Sie konnte aber auch ganz anders. Weit jüngeren Kollegen gegenüber vor allem, besonders jungen Kolleginnen. Maria Körber erinnert sich nicht nur, wie Tilla Durieux ihr half, die Antigone von Anouilh im Fernsehen zu gestalten, Tilla Durieux war nicht nur Amme in ihrer Rolle, Maria Körber erinnert sich auch an eine Vorstellungs-Serie im Berliner Hebbeltheater. Die Direktion hatte Tilla Durieux das Konversationszimmer als Garderobe einrichten lassen. Und dort bewirtete sie. Getränke und kalte Platten waren reichlich vorhanden. Über junge Schauspielerinnen sagte Tilla

Durieux einmal, ihre Haltung ihnen gegenüber sei davon bestimmt, daß sie wisse, wie es sei, wenn man von den älteren Arrivierten gedrückt werde. Sie habe Gertrud Eysoldt nie vergessen. Also betrachtete sie den Nachwuchs mit Aufmerksamkeit, die Kritik einschloß, weil sie Kritik auch für sich akzeptierte, ja forderte. Billige Lobhudelei war ihr in jeder Beziehung zuwider. Inge Langen, die Münchner Schauspielerin, gibt zum Beispiel diese Auskunft:

»Ich erinnere mich sehr genau an meine erste Begegnung mit Tilla. Es war im Fernsehen in Köln auf den Proben zu Strindbergs ›Traumspiel‹. Marta Vogel, unsere gemeinsame Agentin und Freundin, hatte uns schon auf einander vorbereitet. Sie hatte mir viel von Tilla erzählt, aber als ich nun vor ihr stand, war ich doch verblüfft. Soviel Herzlichkeit, soviel Spontaneität und dieses sofort zum Kern der Dinge Vorstoßen hatte ich nicht erwartet. Was mir selten passiert: ich empfand sofort restlose Zuneigung. . . . Tilla war eine gute Lehrmeisterin. Sie kritisierte sehr freundschaftlich, aber schonungslos. Das war wunderbar, man konnte sich auf ihr unbestechliches Urteil verlassen. Wenn sie unzufrieden war, hatte sie eine herrliche Art, durch einen hindurch zu schauen, und wenn man dann bohrte ›Tilla, sag doch!‹, brummte sie herum, bis sie schließlich mit hoher knurxiger Stimme präzise formulierte, woran es haperte. Man sah sich von ihrem scharfen Verstand unter die Lupe genommen, und sie legte mit Sicherheit ihren Finger auf jede wunde Stelle. Sie lobte selten, aber wenn sie lobte, dann wanderte man tagelang auf Wolken. . . . Während der Aufzeichnung von ›Traumspiel‹ hat sie viele Stunden vor dem Monitor im Atelier gesessen, um mich zu korrigieren, hat viel durch mich hindurch gesehen, viel mit mir geknurxt, — ich war ihr so dankbar dafür. Aber an einem der letzten Tage geschah es dann, der sehr schwere Schluß war gerade aufgenommen worden, daß sie kerzengerade auf mich zukam, mich ansah, — bis zum heutigen Tage spüre ich ihren Röntgenblick —, und lobte, leidenschaftlich lobte, wie sie eben auch leidenschaftlich ablehnen konnte.«

Hier fällt eine Passage aus einem (vermutlich dem letzten) Interview ein, es wurde kurz vor dem neunzigsten Geburtstag aufgenommen. Die Zeitschrift *Die Deutsche Bühne* veröffentlichte es im April 1971. Da erzählte Tilla Durieux von jener sehr oft deutlichen Kritik, die ihr von Paul Cassirer widerfuhr, und nicht nur von ihm. »Mit Schmeicheleien hat mich ohnehin niemand aus meinem berühmten Kreis verwöhnt. Da hat kein Mensch gesagt: Gott wie bist du gut! Aber wenn der Maler Slevogt nach einer Premiere zu mir sagte: das war gut — na, das war wie ein Orden für mich! Aber dadurch bin ich eben nie größenwahnsinnig geworden.«

Tilla Durieux setzte fort, wie ihr selbst einst begegnet worden war. Was manchen und manche erschreckte und verschreckte. Zu denen, die es freudig annahmen, gehört auch Maria Wimmer. Sie hat es oft bekannt, wie sie bei der Berliner Traumspiel-Inszenierung 1955, in der Tilla Durieux die Pförtnerin gab und Maria Wimmer die Indra-Tochter, sehr bald spürte, welchen Anteil die Fünfundsiebzigjährige an den jungen Schauspielern nahm, nicht zuletzt an ihr, so daß sich ein freundschaftlicher Kontakt schnell anbahnte. Später, so berichtet Maria Wimmer, habe sie oft den Weg zu Tilla Durieux gesucht, wenn sie in einer Rolle Schwierigkeiten hatte.

Die Tür zu Tilla Durieux war immer geöffnet, sofern da jemand kam, an dem sie Interesse gefunden hatte. Sei es, daß er ihr »menschlich nett« erschien, vor allem: zuverlässig, sei es, daß er sich als informiert erwies über irgend ein Wissensgebiet, dem sie in Neugier zugetan war. Fachjargon war ihr allerdings verhaßt. Man mußte erklären können. Wehe, man konnte es nicht auf Anhieb. Dann wurde Tilla Durieux erst ungeduldig, schließlich ungnädig. Auch dann fühlte sie sich bestätigt in ihrer Generalisierung: man helfe sich am besten selbst.

Der schon in der Kindheit vorhandene Hang, sich selbst genug zu sein, kam im Alter verstärkt zurück. Daher auch die Seltenheit von Gesprächen über persönliche Belange. Von Schwierigkeiten dieser oder jener Art erfahren selbst Vertraute manchmal nur durch Zufall. Denn Tilla Durieux tat sie ab wie ihre Schmerzen. Das Alter hatte Tribut gefordert: Arthrosis deformans. Doch sie, die des nachts oft nur drei, vier Stunden Schlaf fand, sagte: »Ich überspiele die körperlichen Mängel des Alters mit Lächeln.« Sie überspielte auch ihre Sehnsucht nach Menschen, nach Umgang. 1965 schrieb sie ins Notizbuch den Schopenhauer-Satz: Wer nicht die Einsamkeit liebt, liebt auch nicht die Freiheit. Es kann nicht eingewendet werden, daß sie nicht ohne Generationskritik gelegentlich von den Briefen junger Leute berichtete, die bekannten, sie hätten sich geschämt. Ihnen wären Unterlassungssünden klar geworden. Solche Briefe kamen nach *Langusten*, dem Monodram von Fred Denger. In Hunderten von Theatervorstellungen und in einer Fernsehaufzeichnung gab Tilla Durieux dieser alten Frau Gestalt, wischte die Sentimentalitäten aus dem Text, spielte gleichsam den Modellfall ihrer Schauspielkunst, die Filterung einer Rolle durch eigenes Schicksal, durch Assoziationen persönlicher Art. Aus einem Gebrauchs-, einem Rollen-Stück war ein Erlebnis geworden. Ein Erlebnis in doppelter Sinngebung. Da ist die Putzfrau Marie Bornemann am Geburtstag einsam, nicht einmal ihr Sohn meldet sich. Und dessen Vater, der eine andere geheiratet hatte, den sie, die Frau Bornemann, das Fräulein Mutter von einst, per Zufall traf, wobei der reduzierte Zustand ihres ehemaligen Freundes sie einerseits jammerte, ihr andererseits Genugtuung schenkte, zumal er glaubte, aus ihr wäre mehr geworden als eben nur eine Putzfrau in einem Delikatessenladen, dieser Mann kommt auch nicht. Dabei hatte sie ihn eingeladen, hatte sogar eine Languste aus dem Laden mitgehen heißen, um aufzutrumpfen. Nun also sitzt sie da in ihrer Einsamkeit mit der Languste, das Gewissen drückt, sie hadert mit ihrem Gott, zumal der ihr auch gerade die einzige Freundin genommen hat. Keine Weißt-du-noch-Menschen, kein Besuch.

Eine Studie über das vereinsamte Alter. Es fehlen auch hier die Zeugen eines Lebens, die ›Weißt-du-noch-Menschen‹, wie sie Tilla Durieux nannte.

»Wenn ich nun als alte Frau alle diese Gestalten, die ich in meinem Buch vorbeiziehen ließ, und die vielen, die ich nicht aufzählte, überschaue, kommt es mir wie ein Märchen vor, und wenn ich nicht meine Tagebücher besäße, würde ich mir selbst nicht glauben, daß ein Menschenleben so viel fassen konnte.« Und zuvor schon die resümierenden Sätze: »Barlach, Slevogt, Liebermann, August Gaul, alle sind nicht mehr, und nur ihre Werke sprechen noch von ihnen. Wegener, Bassermann, Moissi und viele, viele andere haben Lücken in der Theaterwelt hinterlassen, höchstens in alten Filmen kann ich ihre vertrauten Gestalten noch sehen. Außer Hedwig Wangel, Lucie Höflich und Gertrud Eysoldt lebt keiner der ganz alten Garde, die sich um Max Reinhardt begeistert scharte, als er anfing, seine wundervollen Inszenierungen zu schaffen.«

Das sind Sätze, die nach 1952 in Jugoslawien geschrieben wurden, wohin sie bis ins Jahr 1955 immer wieder zurückkehrte. Es war ja nicht einfach, wieder in Deutschland Fuß zu fassen. Der Kontakt war abgebrochen, selbst unter ›Weißt-du-noch-Menschen‹. Wie sehr, bezeugt die Erwähnung Gertrud Eysoldts, die bereits 1950 verstorben war. Aber natürlich, das Verhältnis zwischen Gertrud Eysoldt und Tilla Durieux war nach den Ereignissen um die *Salomé,* Tilla Durieux hat sie ja plastisch geschildert, nicht so, daß sie beide engeren Kontakt angestrebt hätten. Übersehen wir auch nicht jenen Satz, der so symptomatisch die Jahre nach Kriegsende beleuchtet. Tilla Durieux schrieb von ihren ersten Berlin-Besuchen nach 1952: »Eine große Freude bereitete es mir, alte Freunde und Bekannte wiederzusehen, von denen viele nicht einmal wußten, daß ich noch lebte.«

Heute, zwei Jahrzehnte später, ist kaum noch zu fassen, welchen Hintergrund dieser Satz hat, diese Anmerkung, daß Tilla Durieux als verschollen galt. Zwar sind Details fixierbar, doch Verbindungsglieder fehlen. Viele Zeugen sind verstorben, andere können sich an Zusammenhänge und einzelne Vorgänge nicht mehr erinnern. Dann auch die Zeit selbst. Jeder hatte die eigene Existenz neu aufzubauen und abzusichern, jeder war fast ausgefüllt damit, sich mit dem Neuen, das auf ihn zukam, auseinanderzusetzen, Anschluß zu suchen und zu finden. Vielfache Not kam hinzu. Es mangelte also an Zeit und an Geld. Aber auch an Informationen.

Es gilt, weiter zurückzublenden. Bis ins Jahr 1946. Wer konnte sich beispielsweise Schweizer Zeitungen halten? Selbst Zeitungsverlage und sogar Nachrichtenagenturen hatten noch nicht einmal alle nötigen Kontakte und vermutlich auch andere Sorgen und Informations-Interessen, als daß sie wenigstens registriert hätten, daß am 26. März 1946 vom Stadttheater Luzern ein von Tilla Durieux geschriebenes Stück mit dem Titel *Zagreb 1945* uraufgeführt wurde. Der Text ist erst jetzt wiedergefunden worden im Reiss-Bühnenvertrieb, Basel, der nach der Luzerner Premiere die Aufführungsrechte übernahm. Doch das Stück wurde nicht weiter gespielt und geriet in Vergessenheit. Was vielleicht folgender Schweizer Rezensenten-Satz von 1946 erklärte: ».. der Zeitpunkt für eine Aufführung (ist) nicht sehr glücklich ... : wir sind diesem Geschehen entweder noch zu nahe oder bereits zu fern.« Es blieb bei den rund 30 Vorstellungen in Luzern und bei ziemlich umfassender Beachtung in Schweizer Zeitungen. Durch frühere Gastspiele war Tilla Durieux auch dort noch in Erinnerung, und nun war ein Stück gekommen, das Tilla Durieux aus eigenem Erleben mit in der Figur einer älteren weitgereisten Schriftstellerin autobiographischen Zügen geschrieben hatte. Sie erzählt eine Geschichte aus den Umbruchstagen in Zagreb. Noch sind die Deutschen da, doch in den Wäldern sammeln sich bereits die Partisanen. Russen, Amerikaner und Engländer stehen schon weit in Deutschland. Die Zagreber Bevölkerung weiß es, doch darf sie davon nichts wissen. Alles Lüge, Hetze. SS-Offizieren gehen die Sprüche vom deutschen Endsieg offenbar noch gut von den Lippen. Einer wohnt im Hause der Ruza von Janovic und deren Töchtern. Die jüngere, Nada, ist die Geliebte des Deutschen, die andere, Boza, arbeitet heimlich für die Partisanen; ebenso eine

Tante im benachbarten Hause, die Schriftstellerin — hier das Vergraben von Partisanen-Post, das Verbergen und Pflegen von Flüchtlingen und ehemaligen Gestapo-Häftlingen, dort das Vergraben von Schmuck und Silber. Tilla Durieux hat diese Geschehnisse, die damit verbundenen Gefährdungen, die Nervenbelastungen, die Hausdurchsuchungen, die persönlichen Verflechtungen, Unsicherheiten und Krisen, die überstürzte Abreise der NS-Gewaltigen, die Einnahme der Stadt durch die Partisanen-Armee in diesem Stück als Schicksals-Schilderung Gestalt werden lassen. Ein Echo davon findet sich in ihren Memoiren, ein Hinweis auf dieses Stück allerdings nicht. Wären da nicht geschilderte Vorgänge identisch, man könnte den Verdacht haben, hier hätte sich jemand den Namen angemaßt. Aber Tilla Durieux hat später von diesem Stück erzählt, auch das Programmheft sorgsam gehütet und ebenso Kritiken aus Schweizer Zeitungen. In diesen heißt es etwa: »... es wirkt erfrischend unegozentrisch, ist getragen von einem gesunden Glauben an die tatkräftige Menschenliebe und an den Sieg der Freiheit ... In natürlichem und temperamentvollem Dialog schildert sie mit offenkundigem Bühneninstinkt ganz realistisch, durchsetzt mit feiner Ironie, eine Handvoll Menschen, die mit klopfendem Herzen vom 27. April bis zum 8. Mai 1945 die politischen Ereignisse in Zagreb mitmachten ... Sie heroisiert ... nicht, wie sie auch aus den Andersgesinnten keine Ungeheuer gemacht hat. Mit Humor und menschlicher Nachsicht, immer eine sozial denkende Realistin, wird sie zur kräftigen Chronistin einer Zeit, die voll dramatischer Spannungen war.« — »Es herrscht meist ein leichter, amüsanter, ja gemütlicher Konversationston in dem Dreiakter, welcher als Gegensatz zu dem ernsten, erregenden Geschehen unterhaltend empfunden werden mag.«

Das sind Zitate aus den Basler Nachrichten und der Zürcher Zeitung. Mal mit mehr, mal mit weniger Zurückhaltung wurde dieses Stück von der Schweizer Presse insgesamt beifällig aufgenommen. Bei der Premiere gab es im Stadttheater von Luzern »anhaltenden Applaus des vollbesetzten Hauses«, wie das

Luzerner Tageblatt informierte, und das Ereignis, hier der Uraufführung eines Stücks der berühmten Schauspielerin Tilla Durieux beigewohnt zu haben, fand sogar Resonanz in Wiener Zeitungen. Nur eben nicht in deutschen. Charakteristisch für die Zeit so bald nach der Änderung der Verhältnisse ist aber wohl auch, daß sich selbst die Freundin in Luzern, Regine Böhler, an Stück und Aufführung heute, 1971, nicht mehr erinnern kann. Allerdings stand sie und steht sie dem Theater nicht allzu nah. Ihr Mann war Kunsthändler, mit Paul Cassirer bekannt, und von daher, also aus alten Berliner Zeiten, der Kontakt auch zu Tilla Durieux. Da wurden noch in Kriegsjahren Briefe gewechselt und die Verbindung gleich nach 1945 wieder aufgenommen. Und auch Lebensmittelpakete wurden in die Zagreber Not geschickt. Aber wie kam das Stück, an das sich Frau Böhler nicht zu erinnern vermag, nach Luzern? Merkwürdig die Situation. Noch ein anderer Bekannter lebte in Luzern. Tilla Durieux kannte ihn von Prag her: den Luzerner Theaterdirektor Dr. Eger. Er soll ihre Adresse gekannt und bald nach dem Kriegsende mit ihr auch korrespondiert haben. So habe er auch das Stück bekommen und es dann nach der Premiere an den Reiss-Verlag gegeben. Sah der inzwischen verstorbene Dr. Eger keine Möglichkeit, Tilla Durieux an sein Theater zu holen? Gewiß, in Luzern gab es damals noch kein ganzjähriges Ensemble, es wurde nicht das ganze Jahr über gespielt. Aber vielleicht hätte Tilla Durieux der Weg nach Zürich offengestanden? Doch Tilla Durieux konnte nicht einmal die Luzerner Aufführung in der Inszenierung von Paul Schill sehen. Die Basler Nachrichten kommentierten: »Eigentlich hatte sie die Absicht, die Rolle der ergrauten Reiseschriftstellerin ... persönlich zu spielen. Aber trotz wohlwollender Einstellung der eidgenössischen Behörden erhielt sie als paßlose Deutsche keine Durchreise-Bewilligung durch die verschieden besetzten Staaten.«
Gewiß, sie erwarb dann bald, da kein anderer Ausweg war, die jugoslawische Staatsangehörigkeit, doch das änderte nicht viel. »Das Mißtrauen anderer Länder war gegen Jugoslawien noch

so groß, daß eine Reise außerhalb der Grenzen eine Unmöglichkeit blieb«, schrieb Tilla Durieux. Und sie erinnerte sich auch, daß sie in diesen Jahren endgültig aufgab, über das Puppenspiel hinaus an das ›richtige Theater‹ zu denken, »ich dachte, diese Zeit meines Lebens sei abgeschlossen«. Diese Haltung ist immerhin mehrfach bestätigt und auch aus manchen verläßlichen Informationen abzuleiten, so daß man skeptisch sein darf gegenüber jenem Teil des Zeitungskommentars, der das Gastieren in Luzern betrifft. Was aber an der Sach-, sprich Visa-Situation der Zeit nichts ändert.

Die Gesamtumstände und die Durieux-Selbstauskunft gilt es zu berücksichtigen, will man das Folgende aus der Distanz von nun zwei Jahrzehnten noch nachvollziehen können, zum Beispiel auch, daß Tilla Durieux davon in ihren Erinnerungen nichts berichtet hat.

1951 fährt ein deutscher Filmtrupp durch Jugoslawien. Es geht um die Vorbereitungen einer Gemeinschaftsproduktion, zu der Tito eingeladen hat. Das Projekt wird zwar nicht realisiert, doch die Filmleute bringen die Nachricht mit, daß sie auf die in Zagreb lebende Tilla Durieux hingewiesen worden sind. Der deutsche Zeitungsleser bekommt davon Nachricht erst im Oktober 1952 durch einen *Zeit*-Artikel im Zusammenhang mit Tilla Durieux' erstem Berliner Auftreten bei Boleslaw Barlog. Tilla Durieux selbst erfährt davon sogar offenbar erst 1965, als man ihr diesen Artikel zeigte, eine anders behauptende Aussage im Zeitungsbericht dementierte sie.

Ebenfalls 1951 kommt der Wiener Kritiker Oskar Maurus Fontana nach Zagreb. Kroatische Freunde haben eine Überraschung für ihn bereit: sie führen ihn zu Tilla Durieux. Über die Begegnung berichtet Fontana, der mit Tilla Durieux noch 1938 in Wien gesprochen hatte, in der Münchner Neuen Zeitung am 22. Dezember 1951. »Sie ist im Wesen und in der Art die gleiche geblieben. Ihre hohe, schlanke Gestalt hat das kultiviert Geschmeidige und rassig Noble von früher. Ihr Gesicht mit den vorspringenden Backenknochen und den hellen wachen

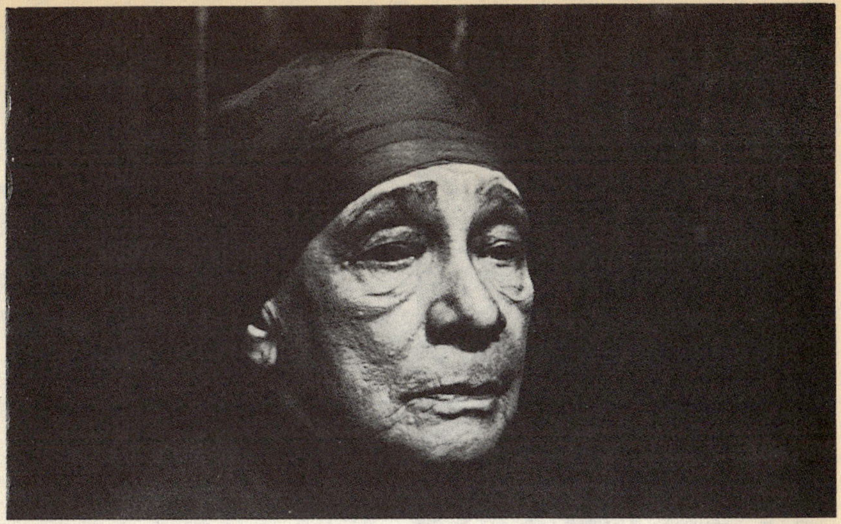

Ein Traumspiel *(Strindberg), Hamburger Schauspielhaus 1963.*

Logierbesuch *(Ryton),*
Berliner Theater 1964.

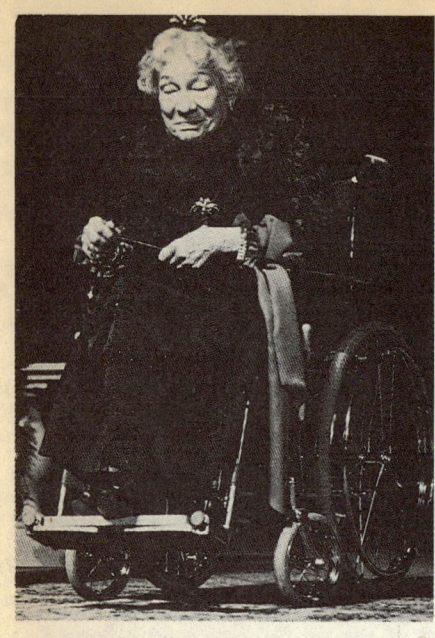

Einladung ins Schloß
(*Anouilh*), *Städtische Bühnen, Münster 1964.*

Haben *(Hay)*,
*Volksbühne
Berlin 1966.*

Augen vibriert wie eh und je von inneren Spannungen, nur ist es jetzt von dichten schneeweißen Haaren umrahmt, was ihr etwas Milderes und Verzeihendes gibt.«

Die deutschen Theater scheinen darauf nicht reagiert zu haben. Ein Grund mag gewesen sein, daß Oscar Maurus Fontana offensichtlich nicht den Eindruck gewonnen hatte, Tilla Durieux dränge auf Rückkehr. »Ich frage, ob sie nicht noch einmal auf die Bühne zurück möchte. Da wird sie, die Lebensfrische und Lebenstapfere, auf einmal skeptisch. Man kann das, was einmal war, nicht fortsetzen, meint sie, und wer in dieser schweren Zeit ein Nest gefunden hat, soll es nicht leichtfertig aufgeben.« Dennoch: genügte damals — 1951 — selbst ein Artikel in der renommierten Neuen Zeitung nicht, um aufmerksam zu machen, um Interesse zu wecken? Oder war diese nun vermittelte Äußerung einer von mehreren Gründen, daß Tilla Durieux von Deutschland aus nicht zur Rückkehr bewogen wurde?

Viele Emigranten, die in den fünfziger Jahren diesen Schritt unternahmen, wußten und wissen zu berichten, wie schwer sie es hatten, wieder an die Theater zu kommen. Doch wie makaber, man möchte es fast als Erinnerungsirrtum abtun, wenn nicht die Detail-Schilderung so präzis wäre: Helmut Käutner will im Frühjahr 1953, als er nach Jugoslawien fuhr, um Drehbuch und Produktion des Films *Die letzte Brücke* vorzubereiten, erst dort beim monatelangen Aufenthalt gehört haben, daß Tilla Durieux in Zagreb lebte. »Mit großer Mühe fand ich ihre Adresse, besuchte sie ... und überredete sie, in der *Letzten Brücke* mitzuspielen. ... Ich schrieb den Teil des Drehbuches, in dem sie vorkam, im Hinblick auf diese Besetzung um ...« 1953, — da hatte Tilla Durieux längst schon wieder auf Brettern eines deutschen Theaters gestanden. Was allerdings Helmut Käutner nicht unbedingt gewußt haben mußte. Er lebte seinerzeit in München. Doch erzählte sie ihm nichts davon? Berichtete Tilla Durieux ihm nicht wenigstens vom Besuch Fontanas, der sie ja immerhin als erster ausfindig gemacht hatte? Käutner sagt nein, ist heute überrascht von der Anfrage, war bislang der Meinung, *er* hätte Tilla Durieux wiedergefunden. Warum erzählte Tilla Durieux nie dem einen vom anderen? Die Frage muß offen bleiben. Niemand stellte sie, als eine Antwort noch möglich gewesen wäre. Und Aufzeichnungen aus dieser Zeit sind nicht gefunden worden. In den Notizbüchern, normalen Taschenkalendern, klafft die Lücke zwischen 1939 und 1953. Die letzte Eintragung ist vom Oktober 1939, doch sie steht unter dem Datum des 31. Dezember: »Heute am 23. Oktober schreibe ich: Was wird am 31. Dezember sein.« Wie es da und später Tilla Durieux erging, erfahren wir nur verdichtet aus den Memoiren. Vom 23. Oktober 1939 meldet nur noch das Notizbuch: »Papier aus anderem Leben geordnet. War ich das einmal?!« Tilla Durieux hatte Abschied genommen.

1952 bewirkte die Luzerner Freundin die besuchsweise Einreise-Genehmigung bei den Schweizer Behörden. Sie hatte das für Tilla Durieux unerschwingliche Reisegeld aufgebracht und die Fahrkarten nach Zagreb geschickt. So war sie im Sommer in die Schweiz gekommen, war, da sie kaum etwas besaß, eingekleidet worden, zum Teil mit Hilfe von Freundinnen der Luzerner Gastgeberin. Vom Besuch erfuhr die Münchner Schauspieler-Agentur Vogel. In den Memoiren ist das erwähnt, obschon nicht, wie Tilla Durieux den Abgesandten überzeugte, daß sie nicht »ein verschrumpeltes, altes Weiblein geworden« war. Der Freundlich-Skeptische, dem bewußt war, daß Tilla Durieux seit über 13 Jahren nicht mehr auf einer Bühne gestanden hatte, wurde nicht allein durch ihre Erscheinung überzeugt, sondern vor allem auch dadurch, daß Tilla Durieux kurzerhand einen Zeitungsartikel auswendig lernte. Verheimlicht blieb allerdings, daß Tilla Durieux auch in Zagreb zur ständigen Gedächtnis-Schulung Gedichte und Zeitungs-Kolumnen memoriert hat, an neue Rollentexte kam sie ja nicht heran. Verschmitzt lächelte sie später, wenn sie davon erzählte.

Bei diesem ersten Besuch in der Schweiz sah sie sich übrigens eine Puppenspiel-Aufführung an, wohl um Anregungen nach Zagreb

mitzubringen. Sie war ja ganz und gar eine Puppenspielerin geworden. Im Keller des Muraltenguts spielte Wilhelm Zimmermann mit seinen Marionetten, die Tilla Durieux' Interesse geweckt hatten. Bei der Vorstellung, die sie besuchte, traf sie auf den Schweizer Kritiker Eric Munk. Er erkannte sie und zog sie ins Gespräch, woraus später auch eine private Bekanntschaft werden sollte. Aber weder dann noch zuvor erzählte sie ihm, auch ihm nicht, daß sie eigentlich durch Fontana schon ›entdeckt‹, vermutlich, weil sie nicht wußte, daß Fontana darüber publiziert hatte. So informierte nun Munk über sein Zusammentreffen mit Tilla Durieux in der Basler Nationalzeitung, wähnend, er hätte das Prae gehabt, das sich aber doch in Wahrheit nur auf den Schweizer Besuch, auf die erste Ausreise beziehen konnte. »In den einst so eindrucksvollen Zügen hat sich kaum eine Wandlung vollzogen. Unter Tausenden hätte man sie wiedererkannt«, meldet er am 26. August 1952 und ist heute noch davon überzeugt, daß sein Artikel das erste Nachkriegs-Engagement für Tilla Durieux bei Barlog in Berlin bewirkte, zumal Tilla Durieux in späteren Begegnungen dieser Meinung auch nie widersprochen habe. Noch Mitte der sechziger Jahre publizierte Eric Munk: »Als die große Künstlerin vor einem Jahrzehnt aus Zagreb . . . zu Besuch nach Zürich und Luzern kam, bedurfte es nur eines Artikels des Unterzeichneten in einer weitverbreiteten Basler Tageszeitung, daß sich der Berliner Intendant Barlog an die Unvergessene wandte, um sie wieder dem deutschsprachigen Theaterleben zurückzugewinnen.«
Gedrucktes ist still. Tilla Durieux' Memoiren-Hinweis auf die Wirksamkeit der Münchner Agentur Vogel (bestätigt auch inzwischen durch Auskünfte des Berliner Schiller- und Schloßparktheaters) wurde hier genauso übersehen wie etwa des Shaw-Übersetzers Siegfried Trebitsch Memoiren-Absatz zu *Pygmalion*. Bis heute schreibt sich der Irrtum fort, Tilla Durieux sei die Ur-Eliza gewesen. Trebitsch notiert 1951 in der *Chronik eines Lebens*: »... war mir klar geworden, daß diese Welturaufführung unbedingt in meiner Vaterstadt, und zwar

am Burgtheater, stattfinden mußte. . . . Und so kam es zu der glanzvollen, spannungsreichen Oktober-Premiere . . . Die (Berliner)-Premiere folgte der des Burgtheaters, die Barnowsky (Direktor des Berliner Lessingtheaters) ungeduldig abwarten mußte, so rasch es die Umstände und die nötigen Proben erlaubten.« Und ähnlich schrieb sich auch das einmal publizierte Mißverständnis fort, Tilla Durieux sei in Zagreb Leiterin einer Puppenspielbühne gewesen. Konnte *die Durieux*, wenn sie von ihren Puppen erzählte, nur als Entwerferin, ja als Schneiderin gedacht werden? Man macht sich ein Bild vom Menschen. Eines Tages sollte sie wieder die Zu-Verehrende sein, die aber viel lieber in der Weinstube bis oft in die tiefe Nacht plaudern wollte; gleich zu Beginn der Fünfziger war sie schon die Vertreterin einer Theater-Epoche von Reinhardt und Brahm bis zu Jessner und Piscator, der respektvolle Huldigung gebührte, der große Star, der noch in Erinnerung war. Wer wollte da sagen, *eine Durieux* säße in reduzierten Verhältnissen als Näherin? Im jugoslawischen Paß aber stand es amtlich, Beruf: Schneiderin. Ja, eines Tages, ziemlich am Ende ihrer ersten neunzig Jahre, wird sie erläutern: ». . . vom Direktor des Puppentheaters wie ein Schuhfetzen behandelt.«

Das Mißverständnis scheint aber nun wirklich der Munk-Artikel ausgelöst zu haben. Obwohl da noch korrekt formuliert wurde, doch eben interpretierbar. »Die gescheiten Augen blitzen auf, wenn sie von ihrer letzten Leidenschaft, dem Puppentheater, zu erzählen beginnt. Sie hat von der Bühne Abschied genommen und widmet sich nun den Marionetten . . .« Drei Tage darauf erschien im Berliner *Volksblatt* unter dem Stichwort »Wußten Sie schon, daß . . .« die Notiz: ». . . Tilla Durieux, die kürzlich ihr 50. Bühnenjubiläum feiern konnte, in Zagreb ein — Marionettentheater leitet?« (Marionetten waren es übrigens nicht, sondern große Stab-Puppen).

Munks Artikel dürfte es auch gewesen sein, der zwar nicht Boleslaw Barlog, so doch die Münchner Agentur alarmierte. Noch während dieses ersten Besuchs in der Schweiz kam der

erste Brief, dann auch gleich das ›Examen‹. Die Stunde war
günstig, wenn auch Eile geboten war. Barlog wollte im Berliner Schloßparktheater zu den Festwochen im Herbst Christopher Frys *Erstgeborenen* zur deutschen Erstaufführung bringen mit Ernst Deutsch als Moses. Doch wen hatte er für die
Rolle der Anath im Ensemble, für die alte Pharaonen-Tochter,
die in ihrer Jugend den späteren Propheten Moses als Wickel-
kind im Schilf fand? Elsa Wagner, die gerade ihren 71. Geburtstag gefeiert hatte, wäre sicherlich nicht eine ideale Besetzung
gewesen. Außerdem war sie für Jürgen Fehlings *Maria Stuart*
eingesetzt, Premiere am 27. September. *Der Erstgeborene* sollte
nur drei Tage später herauskommen. — Die Dorsch? Käthe
Dorsch, mit 62 zu jung, hätte sich nicht nur recht schwer getan
an Fry-Versen, für sie brauchte es auch größere Partien. Zudem
wollte sie nicht zu oft spielen. In dieser Spielzeit reichten ihr die
Aufgaben, im Repertoire schon die Mutter Wolffen und in Vorbereitung Bruckners *Elisabeth von England*. — Schließlich war
noch unter den älteren Lucie Höflich, 69, aber hätte sie die
Anath spielen können? Vermutlich nicht. Ganz abgesehen davon, daß sie im August Premiere hatte, *Die Weber,* von Barlog inszeniert, daß sie überdies für *Verma* zu Beginn des nächsten Jahres vorgesehen war und gesundheitlich schon nicht mehr
gänzlich auf dem Posten war.

Wie aber kam es zu Tilla Durieux' Gesinnungswandel? Die
ersten Theaterbesuche in Zürich mögen es gewesen sein, da
spielten 1952 immerhin noch alte Bekannte, so Therese Giehse,
Ernst Ginsberg, Kurt Horwitz, Erwin Kalser, zu denen Tilla
Durieux aber offenbar keinen Kontakt aufnahm, so weit war
sie innerlich noch nicht; und dann dürfte es wohl auch der Ehrgeiz gewesen sein, es einem Schauspiel-Agenten zu zeigen. Sie
dachte also wieder an ein come back. Und in Berlin war für sie,
die 72jährige, die Chance für diesen Neubeginn, zumal Boleslaw Barlog sich einigen Effekt daraus versprechen konnte, sie
und Ernst Deutsch, die zuletzt gemeinsam Emigrations-Theater
gespielt hatten, zusammenzubringen. Auf die Anfrage der

Münchner Agentur reagierte Barlog sofort positiv, Tilla Durieux fuhr nach Zagreb zurück, bekam auch die neuerliche Genehmigung zur zeitlich befristeten Ausreise. Am 12. September konnten Berlins Zeitungen melden, daß Tilla Durieux zurückkehren werde, doch da flog sie auch schon über München in Tempelhof ein. 19 Jahre nach ihrer Emigration.

Gleich ist das Interesse wieder geweckt. Größere Artikel, alte Theaterzeiten heraufbeschwörend, werden publiziert, eine Begrüßung nimmt im Titel die Memoiren gleichsam voraus, »Eine Tür ging jetzt auf« ist sie überschrieben; im Schloßparktheater ist schnell aus Paul Wegeners Nachlaß eine Durieux-Plastik von Barlach aufgestellt worden; Journalisten eilen zum Flughafen, um einen Blick auf die Zurückkehrende zu werfen. Zu viel mehr reicht es nicht, denn Barlog nimmt seine Erwerbung in Beschlag, überläßt die Journalisten einem Begrüßungstrunk. Doch dann schaffen es die Journalisten doch. Sie sitzen der Angekommenen für kurze Zeit gegenüber. Sie berichtet über ihr Leben in Jugoslawien und macht Eindruck, sie, die »vitale Siebzigerin, die grau-weißen Löckchen um den Kopf wirbelnd, bedeutend jünger wirkend im sportlichen Tweed-Kostüm«, mit der offenen weißen Bluse, der Nelke am Jacken-Revers. Eine schlank und geschmeidig gebliebene Tilla Durieux, in den Gesichtszügen weicher als vor 19 Jahren, heiter und würdig zugleich. Daß sich schon die späteren Knie-Malaisen ankündigten, blieb noch unbekannt.

Tilla Durieux mußte und wollte sparsam sein. Die Gage war gut, aber nicht hoch. Doch sie war ja nicht mehr verwöhnt. In Jugoslawien brachte sie, um dem Näherinnen-Salär aufzuhelfen, selbstgestrickte Strümpfe und Pulswärmer auf den Markt, was allerdings erst viel später verraten wurde. In Berlin blieb nun von der Gage etwas übrig, obschon Tilla Durieux mit nur fünf Mark, die auch einzig nur erlaubt waren, eingetroffen war und sich mit Nötigstem versehen mußte. Was sie erübrigen konnte, ging in Zagreber Wunschlisten auf, in Paketen. Die Proben zu Frys *Erstgeborenem* waren für sie äußerst hart.

Tilla Durieux empfand plötzlich Komplexe, die sie mit aufgedrehter Heiterkeit zu überspielen trachtete. Sie mußte sich eingestehen, daß ihr der Text nicht haften bleiben wollte. Vor allem »auf der ersten Probe war ich so befangen, daß ich das Gefühl hatte, fünf Füße und sieben Hände nicht unterbringen zu können.« Umso erstaunter, doch auch umso glücklicher war sie, als ihr Publikum und Presse dann die auch in der Premiere merkbaren Unsicherheiten so freundlich nachsahen, zumal sie festzustellen glaubte, daß die Masse des Publikums sie gar nicht mehr kannte. Doch weder Stück noch Inszenierung gefielen.

Bald nach der Premiere stellte sie sich einzelnen Interviews. Sie nutzte sie, um Barlog Dank zu sagen. »Alles wurde mir leicht gemacht durch ihn, er ist so liebenswürdig.« Das ist echt, keine Schauspielerei. Noch drei Jahre später, als man ihr zum 75. Geburtstag in Berlin allerlei Nützliches und Duftendes schenkte, fand sie selbst für ihr Notizbuch Worte der Rührung und des stillen Dankes. Zum Bild der Tilla Durieux gehört aber auch, daß sie 1970 auf die Frage nach einer Schlüsselfigur des Neuanfangs antwortete: niemand eigentlich. »Nein, ich mußte mich allein bewegen, Stufe für Stufe wieder. Langsam, langsam.« Boleslaw Barlog hatte nie wieder eine Aufgabe für sie gefunden, also erwähnte sie ihn nicht mehr. Sie war zwar bei ihm Ensemble-Ehrenmitglied geworden, doch sie lebte von und für Rollen. Doch haben die Erfahrungen, die Schwierigkeiten ihrer Rückkehr-Existenz tiefe Spuren hinterlassen. So vor allem im Hang, mit der Jugend Gespräche zu führen, so allgemein in ihrer gesellschaftlich und politisch anteilnehmenden Haltung. Dazu ist auch die wieder engere Anlehnung an den Deutschen Soroptimisten-Club und seinen Berliner Zweig, zu dessen frühesten Mitgliedern nach der Gründung 1930 sie gehörte, zu zählen. Ende der fünfziger Jahre nahm Tilla Durieux wieder Kontakt auf zu dieser logenähnlichen Vereinigung für Damen mit ethisch-moralischen Arbeitszielen: »die Stellung der Frau in Beruf und Gesellschaft zu fördern, die Bereitschaft zum Dienst am anderen und das mitmenschliche Verständnis wach-

zuhalten, zur internationalen Verständigung beizutragen.« Und
so gehört zum Bild der Tilla Durieux auch, daß sie finanziell
noch später heimkehrenden Kollegen half, wenn es nötig
schien.

Die ersten Interviews des Jahres 1952 benutzte Tilla Durieux
auch zu dem, was man heute Image-Pflege nennt. Die wirkliche
Not, vor allem die seelische, wurde kaschiert. Angebote nach
Wien, frühere auch schon nach Berlin, hätte sie ausgeschlagen,
erklärte sie, doch »jetzt haben mich die bösen Buben gelockt,
und da bin ich gekommen«. Aber sie sprach immerhin auch von
ihrer Berlin-Sehnsucht, die sie daheim in Zagreb oft alte Stadt-
pläne vornehmen ließ, um so mit dem Zeigefinger wenigstens
durch vertraute Straßen gehen zu können.

Dankbar erwies sie sich auch gegenüber ihrer Wahlheimat. Nicht
nur, daß sie betonte, wie zufrieden und glücklich sie in Zagreb
doch geworden wäre, sie erzählte auch viel über dieses Land,
»wo der Unterschied zwischen Luxus und Armut abgeschafft
worden ist, wo es gerecht zugeht. Keine Arbeitslosigkeit ist da.
Es ist irgend etwas Neues zu spüren, aus dem sich vielleicht
etwas sehr Gutes herauskristallisieren wird.« Am letzten Tag
ihres ersten Berlin-Aufenthaltes stellte sie sich für eine Veran-
staltung der Jugoslawischen Militärmission zur Verfügung. Sie
las Szenen aus der *Dubrovnik-Trilogie,* der dramatisierten
Geschichte einer alten dalmatinischen Stadt, und eine Novelle
Die Insel der Karyatiden. Auch das gehörte zur Imagepflege.
Wie — in anderer Richtung —, daß sie zuvor schon sich mit
Lesungen an einem Abend zur Förderung des Deutsch-Engli-
schen Theaterklubs beteiligte.

Als der Abschied kam, hatte sie Hoffnung auf einen weiteren
Vertrag. Ein Stück, in dem sie mitwirken sollte, war allerdings
noch nicht bekannt. Viele Dramen hätte sie zwar gelesen, erzählte sie, doch nur wenige könnten überhaupt in Betracht kommen. Tilla Durieux, die Angst empfunden hatte vor dem ersten
Wiederauftreten nach so langer Zeit, zumal sie sich selbst kein
Urteil mehr zutrauen mochte, hatte schnell ihr kritisches Gewis-

sen wenigstens halbwegs wieder geweckt. Auf sich selbst bezogen und auf andere. Ihr Resumee nach der Durchsicht von etwa 20 Bühnen-Texten: »Es ist ein Manko, daß sich die Autoren so wenig darum kümmern, was der Schauspieler, was das Theater braucht. Sie haben vor allem erst einmal eine Botschaft. Das aber reicht nicht.«

Am 2. April war sie wieder zurück, um für Graham Greenes *Verschlossene Räume* im Theater am Kurfürstendamm, dem damaligen Volksbühnenhaus, zu probieren, von Gert Omar Leutner inszeniert mit Marion Degler, Ursula Höflich, Malte Jaeger und anderen. Es wurde ein großer Publikumserfolg, doch die Kritik haderte. Was allerdings Tilla Durieux nicht traf. Im tagebuchartigen Notizbuch ist nachdrücklich registriert: »Ich bin gut weggekommen.« Der Kritiker Walther Karsch erläuterte noch Jahre später: »Als beinahe einzige aller Darsteller der mit reißerischen Effekten geladenen Figuren Greenes zeichnete sie den Menschen.« Nicht nur erhielt sie einen weiteren Vertrag für das Theater am Kurfürstendamm zum Ende des Jahres, sondern sie bekam auch Gewißheit, daß die Absprachen mit Helmut Käutner für den Film *Die letzte Brücke* verbindlich waren.

Sie wurde wieder ihrer selbst sicherer. Während der Theaterproben-Zeit ging sie abends fast regelmäßig in Theater- oder Kino-Vorstellungen, traf und besuchte nun die verbliebenen ›Weißtdunochmenschen‹, so Käthe Dorsch, so den Kritiker Herbert Ihering, der als Chefdramaturg am Deutschen Theater amtierte, wo einst Tilla Durieux unter Reinhardt spielte. Jetzt erst fand sie auch den Mut, in das zerbombte Stadtviertel ihrer ehemaligen Wohnung zu fahren, zum Tiergarten. Im Juni flog sie zurück nach Zagreb. Der letzte Absatz in ihrem Memoiren-Band wird lauten: »Kehre ich aus der großen Stadt Berlin nach dem kleinen Zagreb zurück, so finde ich meine Bilder, meine Bücher und vor allem Zlata, die mir jeden Wunsch von den Augen abliest, dann nicken mir die alten Bäume zu: du brauchst nicht zu fürchten, daß dein Alter einsam ist.«

Drei Monate später verließ sie Zagreb schon wieder, wenngleich sie diesmal in Jugoslawien blieb. Käutner begann seine *Letzte Brücke,* jenen Film, der international Aufsehen erregte. Tilla Durieux spielt eine jugoslawische Bäuerin, Mutter eines als Partisan gefallenen Sohnes. Seine Stiefel sind ihr heilig wie Reliquien. Doch sie schenkt sie zum Versöhnungszeichen einer deutschen Krankenschwester, im Film Maria Schell. Helmut Käutner erinnert sich heute: »Tilla arbeitete mit einer verblüffenden Frische und großem Einsatz unter den schwierigen Bedingungen der dortigen Dreharbeiten. Ihre Szene ist einer der Höhepunkte des Films. Ihr Gesicht war wie die Landschaft eines verwundeten Volkes.« Ein neues Medium für die Durieux. In der Frühzeit des Films stand sie nur zwei oder dreimal vor der Kamera. Sie mochte die damaligen Stoffe nicht und der Film nicht ihr Gesicht, das wenig später Maler und Bildhauer faszinieren sollte. Man versteht Tilla Durieux' Notizbuch-Anmerkung der Selbsteinschätzung ohne Umschweife: »Käutner gibt sich Mühe. Ich blöd.« Es gibt ein Foto von den Dreharbeiten. Die Durieux direkt unter der Kamera sitzend, Spiel und Regisseur fast ›fressend‹ beobachtend. Sie wollte es in den Griff bekommen, sie wollte auch dieses Medium Film meistern. Und sie schaffte es, legte hier den Grundstein nicht nur für einen späteren Bundesfilmpreis, sondern zunächst einmal für die so *unaussprechlich* sprechende Wirksamkeit in diesem Film. Nicht nur Käutner urteilt so. Die Filmpresse entdeckte dieses Gesicht, diese Gestaltung auch für sich. Eine neue Zukunft kündigte sich an auch auf diesem Felde. Ein Versprechen, das eingelöst wurde, *Die Stärkere, Anastasia, Auferstehung, Labyrinth, Morgen wirst du um mich weinen* und einige mehr bis hin zum Bundesfilmpreis für *Verdammt zur Sünde* (Die Festung) neben Martin Held.

Doch zunächst war wieder das Theater an der Reihe. Im Berliner Volksbühnen-Theater am Kurfürstendamm die Großmutter in Büchners *Woyzeck* und die Madame Pernelle in Molières *Tartuffe,* für einen Abend inszeniert von Oscar Fritz

Schuh, dem künstlerischen Leiter des Volksbühnenhauses. Zwei völlig verschiedene Rollen in einer ungewöhnlichen Programm-Zusammenstellung. Auf das Ergreifende das Satyrspiel. Erschütternd einfach sprach Tilla Durieux das Märchen vom Kind, das keinen Vater, keine Mutter hat (wie später, 1965, auch noch einmal auf der Schallplatte), dann die Verwandlung in eine andere Großmutter, in die schrullige, aufgeputzte Madame Pernelle. Die Entscheidung war — zumindest innerlich — endgültig gefallen. Noch mußte und wollte Tilla Durieux nach jeder Rollen-Verpflichtung wieder nach Zagreb zurück. Aber nicht nur war sie mit den eigenen Leistungen schon zufriedener, auch die Schauspieler-Natur war aus der Verdrängung auferstanden. Tilla Durieux bekannte wieder: »Es gibt nichts Schöneres, als immer wieder ein anderes Leben anzuziehen.« Der Applaus des Publikums war neuerlich ein Elixier, und dankbar registrierte sie auch die Anerkennung durch die Kritik, die überall auch durchschimmernde nachsichtige Fürsorge, da bemerkt wurde, wie eine Könnerin von einst um die zweite Laufbahn kämpfte, sich vorantastend, von Mal zu Mal ihrer alten Mittel sich bewußter werdend, die sie zugleich zu filtern suchte durch neues Empfinden und neue Ausstrahlung. Tilla Durieux war weicher, gütiger als sich je einer hätte vorstellen können. Tilla Durieux empfand selbst die langsame Vervollkommnung der neu Lernenden, die Anschluß suchte an ein Theater des Nachkriegs, das den Schrei meidet, ihn verstummen ließ, das zwischen den Zeilen liest.

Noch während der Dreharbeiten zur *Letzten Brücke* war sie nur halb entschlossen, ihr Memoiren-Manuskript einem Verleger anzubieten. Helmut Käutner riet ihr zu. Kennzeichnend aber für die innere Haltung im September 1953 ist, daß sie im Titel den Blick noch zurückwenden wollte: *Bilderbuch meines Lebens.* Als sie im Dezember nach Berlin kam, brachte sie die Aufzeichnungen mit. Walter Kahnert, Inhaber des Herbig-Verlages, den sie gelegentlich kennengelernt hatte, zeigte sich neugierig. Er hatte begonnen, einen kleinen Kreis von Kultur-

interessierten, von Schriftstellern, Kritikern und Kulturpoliti-
kern um sich zu sammeln, in Abständen den Gedankenaustausch
zu pflegen. Daraus sollte dann der vermutlich letzte Berliner
literarische Salon werden. Tilla Durieux hatte Kahnert erzählt,
daß sie in ihren Lebensaufzeichnungen versucht hätte, nicht nur
sich selbst als Werdende und dann als Protagonistin einer
Theater- und Gesellschaftsepoche zu porträtieren, sondern die
Strömungen, die Hochs und Tiefs der Epoche zusammen mit
den Exponenten dieser Jahrzehnte nachzuzeichnen. Dieses
Manuskript wollte Kahnert kennenlernen. Auf einem privaten
Tonband ist seine Stimme zu hören: »Das war eine große Überraschung. Zögernd, bescheiden, fast unsicher kam sie zu mir.
Ihr Selbstvertrauen schien in diesem Augenblick sehr gering.
Und dann die Überraschung, nichts eigentlich mußte umgear-
beitet werden.«

Doppelte Erinnerungen wurden beschworen durch ein Rollenangebot von Dr. Kurt Raeck, dem Direktor des Berliner
Renaissancetheaters. Er hatte Tilla Durieux mit ihrem Mann
Ludwig Katzenellenbogen 1933 warnen können, nachdem ihm
›gesteckt‹ worden war, daß ein Nazi-Stoßtrupp auf Tilla
Durieux' letztes Berliner Gastspiel angesetzt worden war. Dr.
Raeck hatte die Durieux, Katzenellenbogen, die Bassermanns
und die anderen Ensemble-Mitglieder noch bis zum Bahnhof
gebracht, bis an jenen Zug, der als Emigranten-Zug zweifel-
haften Ruhm erlangt hat. Auch Ernst Deutsch benutzte ihn.
Nun, 20 Jahre danach, bot Dr. Raeck Tilla Durieux die Mrs.
Higgins in *Pygmalion* an. Mit mehr als nur üblicher innerer
Anteilnahme beobachtete sie nun die Eliza des Jahres 54, Gun-
del Thormann. Nicht nur ein Menschenalter trennten sie, auch
40 Jahre Theatergeschichte.

Nicht erst bei dieser Erfahrung wurde ihr bewußt, wie nötig
auch für sie wieder eine Ensemble-Zugehörigkeit wäre. Schon
während des letzten Aufenthalts in Jugoslawien hatte sie Briefe
an Wolfgang Langhoff, den Intendanten des Deutschen Theaters in Ostberlin, und an den Leiter des Westberliner Staats-

schauspiels, Boleslaw Barlog, geschrieben. Die Antworten waren freundlich, doch letztlich unverbindlich. Es waren ja neue Altersprotagonisten herangereift, und die Rollen für Siebzigerinnen waren spärlich. Sie wußte es, machte sich nichts vor. Ihr war klar, daß sie das Rüstzeug für die wenigen passenden ganz großen Rollen noch nicht wieder vollständig beisammen hatte, daß aber andererseits auch wieder die Kraft der eigenen Persönlichkeit kleinere Rollen ensemblesprengend gefährden mußte. Gerade deshalb wollte sie in ein Ensemble eingegliedert werden, wollte vor allem hier das eigene Bewußtsein zumindest etwas angleichen. Das Regie-Theater machte ihr Schwierigkeiten. Sie war gewohnt, mit dem vollständig gelernten Text und Rollen-Anlage auf der ersten Probe zu erscheinen. Änderungen waren also beschwerlich, umso mehr, als sie immer wieder neue Partner fand, neuen Kontakt suchen mußte. Auch die Regisseure waren immer andere. Es gab in dieser Zeit kaum noch ein Interview oder Gespräch, in denen sie nicht das Bild Max Reinhardts immer stärker beschwor, der anders als seine Nachkommen, wie Tilla Durieux erklärte, aus dem schauspielerischen Material heraus entwickelte. Noch im hohen Alter fand sie böse Worte für Regisseure, von denen sie meinte, sie suchten Schauspieler nur einer Inszenierungsidee zuliebe *umzustülpen*.

Als sie im Sommer 1954 nach Zagreb zurückfuhr, war sie innerlich überzeugt, daß die Pendelei eines Tages aufhören würde. Schwierigkeiten in Zagreb taten dazu ein übriges. Zlata vor allem, aber auch die anderen Vertrauten dort spürten die eingetretene Entfremdung, empfanden, daß das andere Leben von Tilla Durieux wieder Besitz ergriffen hatte. Die Risse konnten auch Pakete und Mitbringsel, oft Nötigstes darunter, nicht verdecken. Tilla Durieux' Aufenthalte waren auch nur noch knapp bemessen im jugoslawischen Refugium, das sie noch in den Memoiren, die im folgenden Herbst erschienen, als Alterstrost kennzeichnete. Schon im Oktober war sie wieder in Berlin. Diesmal nicht, um Theater zu spielen, sondern um den Start des Buches zu unterstützen. Sie las daraus einzelne Kapitel in öffentlichen Veranstaltungen und im Rundfunk. Das sollte sich noch bis weit ins Jahr 1955 hineinziehen, da Tilla Durieux mit diesem Buch eine ausgedehnte Vortragstournee unternahm durch die wichtigsten Städte Norddeutschlands mit Ausflügen bis nach Nordrhein-Westfalen und ins Hessische. Wo sie hinkam, war der Andrang stark, wurde sie gefeiert. Als die ›große alte Dame‹ des deutschen Theaters wurde sie vorgestellt, auf ihren Altersgram und die Altersversöhnlichkeit in der *Letzten Brücke* wurde verwiesen, und sie überraschte dann ihre Zuhörer durch Verschmitztheit und Vitalität. Aus ihrem Prosabericht wurden Szenen des Lebens. Nicht zuletzt auch durch die Improvisationen, wenn sie das Buch beiseite legte und ins Plaudern geriet. Sie las und erzählte, heißt es in einem Bericht, »mit der lächelnden Weisheit der Darüberstehenden«. Doch das war Schein. Die Gegenwart zehrte von der Vergangenheit, der nicht zu entrinnen war. Im Januar 1955 war Tilla Durieux bei der Bremer Barlach-Feier unter den Kronzeugen. In der Kunsthalle sah sie die Bilder jener Maler, die einst in der Berliner Viktoriastraße aus- und eingegangen waren, die zu den Freunden gezählt hatten. Da kamen die Erinnerungen allzu stark auf sie zu. Tränen rannen. Der Saaldiener eilte zu ihr, fragend, ob ihr nicht wohl wäre. Tilla Durieux erzählte davon später einem Journalisten.

Zunächst hielt es sie in Bremen. Zum ersten Male nach dem Kriege betrat sie Bühnenbretter außerhalb Berlins, ahnungslos, daß sie in den folgenden 15 Jahren vor allem eine Berlinerin auf Reisen sein würde. Es ist zugleich ein Sprung nach vorn, allerdings wohl auch eine Entscheidung für die Zukunft ihres zweiten Theaterlebens. In Berlin war der Antrag auf Neu-Einbürgerung als Deutsche gestellt, Bremen bot die erste tragende Rolle. Tilla Durieux hatte sich nicht nur für endgültige Rückkehr entschieden, sondern auch, da nirgends ein lohnendes Ensemble-Unterkommen möglich schien, für die Tilla Durieux a. G., für die Existenz als gastierende Protagonistin.

Die Babuschka in Heinrich Schmidt-Barriens, des Bremer Literatur-Preisträgers gleichnamigem Schauspiel war der Auftakt. Ein düsteres Zwischenbereich-Stück. Babuschka liebt und haßt ihre Tochter, sie ist von Gefühlen besessen, dämonisch beschwört sie am Ende den Untergang des Tochter-Verführers. Tilla Durieux spielte diese Rolle mit der stumpfen, dumpfen Wucht, die einem Paul Wegener eigen war, mit dem sie ja einst schon verglichen worden war. »Der Abend gehört ganz Tilla Durieux«, meldeten Kritiker, und das Publikum war hingerissen. Bremen feierte ein Theatererlebnis.

Oscar Fritz Schuh hatte in Tilla Durieux verwandtes Theaterempfinden gefunden. Er rief sie wieder zurück nach Berlin. Zunächst für die Pförtnerin in Strindbergs *Traumspiel* mit Maria Wimmer und Leopold Rudolf. Friedrich Luft, der Kritiker, sprach von der »hehren Qualvision des Alters«. Schuh gab Tilla Durieux gleich auch einen Vertrag für Max Frischs Neubearbeitung der *Chinesischen Mauer.* Da war die Rolle der alten Mutter Olan wie geschrieben für die Durieux, die leidend Diktatur und Krieg anklagende Mutter. Zwischen diesen beiden Berliner Rollen lag die Spanne eines halben Jahres, doch keine Ruhepause. Das Theaterleben hatte von Tilla Durieux wieder ganz und gar Besitz ergriffen. Berlin war wieder wie einst der Motor der Vitalität. Einem Reporter erklärte sie: »Frankfurt, Köln, Hamburg? Was sind diese Städte gegen Berlin?! Und Wien? Wien ist tot, ist beim süßen Mädel und Grinzing stehengeblieben. Es ist die scharfe, harte Luft Berlins, die frisch und geschmeidig, also gesund erhält.« Sie, die politisch immer engagierte, meinte damit auch das zwiegespaltene Politikum, das sie so nicht akzeptieren wollte, aber zu dem sie gehörte. Die inzwischen erfolgte Einbürgerung hatte sie wieder zur Deutschen werden lassen, nun suchte sie eine Wohnung, um auch ganz wieder zuhause zu sein. Noch immer wohnte sie bei Freunden, doch es war sogar für sie leichter, Rollen-Verträge zu bekommen als eine eigene Wohnung.

Tilla Durieux gastierte am Hessischen Staatstheater Wiesbaden in einigen Vorstellungen als Traumspiel-Pförtnerin und gab dann ein längeres Rollen-Gastspiel in Bremen als Ur-Oma Muret in Sarments *Ihr 106. Geburtstag*. Eine auf äußerlichen Komödianten-Effekten basierende Inszenierung fand in Tilla Durieux ihren schauspielerischen Angelpunkt. »Prachtvoll im Derben, virtuos in der trocken gezielten Pointe, ergötzlich altfrauenverschmitzt und in jeder Falte des Gesichts die unnachahmliche Mischung einer vom lebenserfahrenen Spott geläuterten Wehmut«, lautete eine Beobachter-Schilderung.

Wenn etwas Zeit übrig blieb, fuhr Tilla Durieux immer wieder nach Zagreb. Nun allerdings nur noch zu Besuch. Das Ehrenzeichen der jugoslawischen Partisanen, das ihr nach dem Kriege verliehen worden war, hielt ihr die Türen offen. Die Türen auch zu ihrem letzten, einst geretteten Besitz, zu den Plastiken und Bildern, die sie nach 1945 der jugoslawischen Obhut hatte überlassen müssen. Zurückbekommen hat sie diese Werte nicht mehr. Selbst die politische Diplomatie scheiterte, auch einem persönlichen Gespräch zwischen Marschall Tito und dem damaligen Bundesaußenminister Willy Brandt war kein Erfolg beschieden. Dennoch hoffte Tilla Durieux bis zum Schluß, daran könnte sich noch etwas ändern. Sie wollte, wenn dies ein Weg gewesen wäre, die Sammlung der Stadt Berlin schenken, vielleicht für eine Altersrente, wenn sie eines Tages nicht mehr hätte spielen können, — nur wiedersehen wollte Tilla Durieux die letzten wertvollen Erinnerungsstücke aus ihrem ›anderen Leben‹. Als sie die Nachricht bekam, daß aus dem zur öffentlichen Sammlung erklärten Zagreber Besitz ein Bild Paul Klees verschwunden war (es soll inzwischen gefunden und wieder aufgehängt worden sein), traf es wie ein Schicksalsschlag. Doch das ist ein chronologisch weiter Vorgriff. Damals, Mitte der fünfziger Jahre, waren es nicht nur die Werte von Zagreb, sondern auch die Menschen dort, die schwere Jahre mit ihr geteilt hatten. Trotz des Auseinanderlebens waren es auch diese Menschen, die sie auf Jahre noch nach Zagreb zogen. Tilla

Ist es so — wie es Ihnen scheint *(Pirandello), Tribüne, 1966* Berlin.

In dem selben Stück mit Erika Dannhoff.

In dem Film Verdammt zur Sünde, *mit Martin Held.*

Ganze Tage in den
Bäumen *(Duras)*, Mün-
ster 1967.

Durieux wußte, daß sie wieder zu einem Leben für und mit dem Theater gehörte, aber Zagreb war auch ein Stück Heimat geworden und kein geringes Stück. Zagreber Impressionen sind noch aus dieser Zeit, 1955, in einem Feuilleton von Tilla Durieux erhalten.

»Gospon Vadalma läßt auf der Straße seine Holzschneidemaschine erklingen. Das ist die Herbstmusik der Stadt Zagreb. Die großen Holzklötze werden vor den Häusern abgeladen und von Gospon Vadalma in Würfel zersägt. Man heizt hier mit Holz und nur ungern mit Kohlen. Zu früh in diesem Jahr höre ich dieses Lied, es kann doch nicht schon Herbst sein?! — Ich sitze auf der Veranda, die wie ein Nest von den riesigen Säulen alter Bäume umgeben ist, von denen große Büschel wilder Reben hängen. Vorne fällt der Garten tief hinab bis zum Sofienput, dann steigt wieder ein Hügel auf, dick mit Baumriesen bewachsen. Morgennebel umgeben sie, ungewöhnlich für diese Jahreszeit, silberne Schleier, die aus der Tiefe quellen. — Womit haben wir den Himmel erzürnt, daß er uns die Sonne mißgönnt und sie nur bläßlich scheinen läßt? — Das Männlein im Wetterhäuschen steht frech vor der Türe, das Weiblein zeigt sich selten. Meine gute Laune aber lasse ich mir nicht verderben.

Schräg hinter mir steht die Nähmaschine, an der ich jahrelang viele Tages- und Nachtstunden sitzen mußte, um die Arbeit zu leisten, zu der ich durch Vertrag verpflichtet war. Wie oft gingen mir bei dem leisen Surren meiner braven Freundin die Gedanken durch den Kopf, ob ich wohl jemals Berlin wiedersehen würde? In Wien kam mein Körper zur Welt, an einem Tag, wo mit Kanonen und Glockenschlag der 50. Geburtstag des Kaisers Franz Josef gefeiert wurde. Berlin gab mir das geistige Erwachen. Wien schenkte mir meine Heiterkeit, Berlin Ausdauer und eisernes Wollen.

Nie, dachte ich, würde ich wieder auf der Bühne stehen und meine Stimme im weiten Raum hören. Nie wieder Berlin sehen. ›Surr, surr‹, sagte meine brave Freundin, ich nahm es für ›nein, nein!‹ Meine Katze Patsi sitzt auf meinem Schoß und sieht mich plötzlich mit großen Augen forschend an. Sie hat recht, ganz im hintersten Winkel meines Herzens glomm noch ein Fünkchen Hoffnung. Und Patsi legt sich wieder befriedigt schnurrend zurecht. Was ich nicht mehr zu hoffen wagte, es wurde doch wahr: Ich kam wieder nach Berlin, ich konnte wieder auf der Bühne stehen, mit nahezu 75 Jahren. Wie kann mich da der Nebel oder das Wettermännlein vergrämen?

Meine Freunde hier fragen mich, ob ich den Unterschied zwischen Zagreb und Berlin nicht schwer empfinde. Im Grunde ist ja jede große Stadt in zahlreiche Kleinstädte geteilt. Wie ich früher in Berlin, Viktoriastraße 35, von den übrigen Bewohnern dieser Gegend fast alles wußte, so guckt man sich hier in die Töpfe. Gehe ich hier unsere Straße lang, sieht Fizl Raverta oder Bozena Begovic aus dem Fenster. Sie fragen, wie lange ich bleiben werde, wie es in Deutschland war, was, wie und wann ich wieder spiele. Wenn ich in Berlin meiner Wohnung gegenüber in das appetitliche Geschäft von Frau Tuscher gehe, dann wird sie mich fragen, wie es in Jugoslawien war und wann, wie und wo ich wieder auftrete. In Zagreb wünsche ich meine deutschen Freunde herbei und in Berlin die aus Jugoslawien.

Schön, herrlich schön ist hier im Sommer die Küste, aber ich sehne mich nicht fort aus diesem Haus im Grünen. Die Zimmer sind voll mit Büchern und Bildern, Barlach, Gaul, Sintenis, Chagall, Klee, Slevogt, ich kann nicht alles aufzählen. Da stehen die kleinen Männer der Osterinsel, die ägyptische Dame Henit, Priesterin der Hathor, der Tanagrareiter — alles Schätze, die ich einst noch retten konnte. Ich wühle in Mappen und Büchern, die heute Seltenheiten geworden sind. Dann kommt Ivica Fiser, meine Freundin, und erzählt so schön aufregende Geschichten vom Theater und Ehe- und Familiendramen. Der Tag vergeht viel zu rasch, und abends kommt Irene de Cock und wir legen Patiencen und mogeln dabei, und in unser Ge-

lächter kommt Zlata und bringt Slivovic und türkischen Kaffee.
Lord Pipsi und Patsi, die Katzen, dehnen sich schnurrend auf
weichen Kissen, bis es — reichlich spät — Zeit wird, schlafen
zu gehen, dann schreiten sie würdevoll voraus.
Aber ganz früh, so wie jetzt, bin ich wieder auf und höre den
Vögeln zu und lache über die frechen Amseln. Später kommt
unser Hausgeist Ivanka mit ›Dobro jutro gospodja, molim
frustuck je gotov!‹ Der Duft des frischgebrannten Kaffees lockt
und die roten Tomaten und die grellgrünen Paprika zum But-
terbrot sehen so fröhlich aus. Man flüstert mir zu, daß es zu
Mittag ›Djuvedje‹ gäbe, ein Gericht aus Reis, Fleischwürfel,
grüner Paprika und Tomaten. Ich liebe es besonders. Und bald
bin ich wieder in meinem geliebten Berlin und die Proben fangen an. Berlin, ich liebe dich.
Das Leben ist herrlich.«

Als dieses Zagreber Feuilleton die Leser erreichte, war Tilla
Durieux schon wieder in Berlin. Ein besonderer Anlaß ließ
sie so früh schon anreisen: Walter Kahnert, vom Verleger zum
Freund geworden, wie Tilla Durieux nicht müde wurde zu
sagen, bereitete ihr zum 75. Geburtstag eine große Feier.
Damen und Herren aus Kultur und Politik strömten zum Empfang. Die Zeitungen brachten Durieux-Porträts. Die Geburts-
tagspost von Bekannten und Unbekannten war kaum zu übersehen. Tilla Durieux konnte nicht anders, als sich über die Zeitungen mit einer öffentlichen Adresse zu bedanken.
Die Rollenangebote mehrten sich. Zu den Berliner Festwochen
kam Schuhs Inszenierung der *Chinesischen Mauer* heraus, ab
März 1956 war Tilla Durieux für gleich zwei Aufführungen
am Wiener Josefstädter Theater. Erst *Lukretia* von Giraudoux
mit Ilse Steppat, Aglaja Schmid, Grete Zimmer, Kurt Heintel,
Heinz Drache, Erik Frey, Tilla Durieux gab die Kupplerin
Barbette (»Rolle klein, man kann aber was draus machen«),
dann Garcia Lorcas *Bernarda Albas Haus*, hier die Durieux
als Maria Josefa neben Helene Thimig. Beide Inszenierungen,

von Rudolf Steinboeck und von Lothar Müthel besorgt, fanden allerdings nur wenig Gegenliebe. Es folgten Wiederaufnahmeproben im Berliner Theater am Kurfürstendamm für ein Ensemble-Gastspiel mit der *Chinesischen Mauer* bei den Recklinghauser Festspielen, Aufnahmen für den Film *Anastasia,* und dann begann der zweite große Treck, zu dem sich die Memoiren-Vortragstournee zwei Jahre zuvor vergleichsweise nur wie eine Vorübung ausmacht. Tilla Durieux spielte an der Landesbühne Hannover die Marulja in Leopold Ahlsens *Philemon und Baukis.* Wieder begegnete sie fast identischem Schicksal. Die Fabel von der Unzertrennlichkeit ist übertragen auf die Schicksalszeit des letzten Krieges. »Ihre harte, breit gedehnte Stimme wettert, spottet, stichelt und gewinnt eine herrische Gewalt, wenn sie den verderbten und verblendeten Mannsbildern einfache Wahrheiten um die Ohren schlägt«, schrieb Friedrich Rasche in der Hannoverschen Presse, und Hannes Schmidt ergänzte in der Neuen Ruhr-Zeitung: »So wild sie ihr Dasein, ihren Mann verteidigt, so elementar ihr Temperament aus ihr zuckend immer wieder hervorbricht, so still klärt sich alle Wirrnis in ihren Zügen, sobald sie stumm nachzudenken beginnt über das, was sie weiß ... am Ende ihrer Gedanken steht immer ein Lächeln ... Rolle und Person (wuchsen) ununterscheidbar ineinander ...« Es begann die Landesbühnen-Wanderschaft. Kaum ein Tag am selben Ort, zwischendurch immer wieder für eine oder zwei Vorstellungen zurück nach Hannover. 20 Tage Proben, 19 Abstecher mit je einer Vorstellung, anfangs, am Ende und zwischendurch 19 Aufführungen in Hannover. In den 44 Tagen des Engagements nur acht spielfreie Tage, doch Tilla Durieux nutzte noch einige, um in Bremen im selben Stück zu gastieren. Sie war geradezu selig, sie blühte auf, zumal sie sich mit dem Ensemble ausgezeichnet verstand. Sie war in Wien kränklich gewesen, Fieber hatte sie ins Bett gezwungen, die Arthritis machte sich nun auch schon stärker bemerkbar, es war fast, als ob Tilla Durieux erproben wollte, was sie ihrem Körper noch zumuten konnte. Das

Ensemble bewunderte sie, hatte zuvor Befürchtungen gehabt, ob man die Strapazen einer Landesbühne noch einer nunmehr 75jährigen zumuten sollte und könnte und war nun von dieser Energie-Leistung überrumpelt. Sie hatten auch einen Star erwartet und entdeckten die Kollegin, die sich mit Witzchen und Plaudereien Gefolgschaft schuf. Zurückgekehrt nach Berlin sagte sie: »Wissen Sie, ich hatte Angst zu rosten. Im vorigen Jahr spielte ich ja nun wirklich nicht allzu viel, und so mußte ich mir wohl etwas Ausgleich schaffen. Und — im Vertrauen gesagt — aber weitersag'n können's natürlich!, ich hatt doch nix als ich zurückkam. Da ist dann, ich meine finanziell, kein allzu gutes Jahr schon ein schlechtes. Und vergessen Sie nicht, ich suche ja noch immer eine Wohnung.«

Wohnungen waren knapp wie eh und je, und die Wohnungssuche mußte sie zur Zeit Freunden überlassen. Sie hatte keine zwei Wochen Aufenthalt, der zudem im Zeichen auch persönlicher Betroffenheit und Besorgnis stand wegen der Ereignisse in Ungarn. Dann fuhr sie schon wieder an das Landestheater Darmstadt. Gustav Rudolf Sellner hatte ihr eine Traumrolle angeboten. Eine Königin in Anführungsstrichen, eine gealterte Bühnenfürstin in der deutschen Erstaufführung von William Saroyans *Die Höhlenbewohner*. Der Abend war ein Triumph für die Durieux, weit über den eigentlichen Anlaß hinausgehend. Das alte Schauspielerpaar, das losgelöst von jeder Realität in einem leeren, zerfallenen Theater seinen Visionen nachgeht, der Rückerinnerungstraum von gespielten Rollen, gab Gelegenheit, das eigene Komödianten-Resumee zu ziehen. Die Arbeit in Darmstadt geriet zu einem Lern- und Lehrunterricht. Hier galt es in langer Probenzeit Nuancen auszupinseln. Auszuprobieren, was an alten Stilmitteln noch möglich war, was nicht. Die Darmstädter Ensemblekräfte heranzuführen an die impressionistische, hier bewußt durch nicht allzu viel Gegenwärtiges gefilterte Darstellungsweise der Durieux, die wiederum von sich aus um Annäherung bemüht sein mußte, um dieses feine Saroyan-Gespinst aus Schein und Sein, dieses Gewebe des Bekenntnisses nicht zu zerreißen: »Worin besteht das Geheimnis des Theaters? Das Geheimnis der Welt? — Liebe ist das große Geheimnis — Liebe mit ihren Geschwistern — Lachen, Singen, Tanzen, Behutsamkeit, Wohltätigkeit des Herzens... Die Großen haben sich die Bretter erstürmt und gesagt, da ist Liebe, schaut nur, Liebe! — Sie haben mit einer Lüge begonnen. Was sie sagten, war Lüge und das wußten sie. Und sie sagten es. Das ist Liebe. Schaut nur, Liebe. — Sie logen wieder, sie logen, unermüdlich von neuem und die Lüge wurde geringer... bis es keine Lüge mehr gab. Es war die Wahrheit. — Und da draußen... kannten sie die Wahrheit, lernten begreifen, daß das Liebe ist. Da ist immer Liebe. — Oh, und Haß auch. — Hundertmal mehr Haß als Liebe und hundertmal wirklicher. Die großen Männer und Frauen des Theaters, die um das Geheimnis wußten, sagten: Ja, das ist Haß. Und mehr Haß als Liebe. — Und dann sagten sie: Da ist auch Liebe. Für uns... ist Haß auch Liebe. — Haß ist Liebe? Wie kann das sein? Das ist das Unbegreifliche. Das Gesetz.«

So spricht, leise, langsam, manchmal flüsternd, die »Königin«. Eine unwirklich wirkliche Gestalt. »Was für eine Rolle für den Gast und den Triumph des Abends, für Tilla Durieux!«, bekannte der Kritiker Georg Hensel. »Die ›Königin‹: eine Schauspielerin, zu alt, um noch zu spielen, doch die Erinnerung an ihre früheren Königinnen-Rollen in jeder Geste, jedem Wort. Tilla Durieux war dies vollkommen: kraft der Tatsache, daß sie eben nicht zu alt zum Spielen ist.

Atemberaubend das Spiel ihrer Hände: die Gebärden der Heroine, die Bewußtheit der alten ›Schauspielerin‹, die jetzt eben ›spielt‹, doch damit zugleich den beseelten Ausdruck ihrer gegenwärtigen Existenz gibt. Als alte Frau lebt sie ganz aus ihren alten Rollen: ›Schauspielerin‹ (als Lebensausdruck im Stück) und ›Schauspielerin‹ (in dieser Rolle) sind miteinander identisch. Sie steht in jeder Sekunde auf beiden Bühnen zugleich: in New York City und in der Orangerie.

Eigensinn und Weisheit des Alters; Starrsinn des Alters und alterslose Tapferkeit; der fiebrige Glanz der Krankheit und die Klarheit der seelisch völlig Gesunden; der verklärte Blick zurück in die Vergangenheit und der realistische Blick für die Notwendigkeiten der Gegenwart; der Komödiantenstolz auf gespielte, vorgeschriebene Rollen und die Größe einer Frau, die entschlossen ist, die Größe ihrer Rolle ins Leben umzusetzen, und sich die Freiheit des Handelns selbst vorschreibt — ein Doppelspiel der Gegensätze in vollendeter Einheit.«

Mit Ovationen für Tilla Durieux und ihren Partner Willy Leyrer endete der Premierenabend und noch so manche Vorstellung danach. Doch kein Weg führte später wieder einmal in Sellners Darmstädter Orangerie, die zu den wichtigsten und interessantesten Theaterstätten der Zeit gehörte. Auch Darmstadt hatte unter Gustav Rudolf Sellner kaum jemals passende Aufgaben. Vor allem, hier wurde ja dramaturgisches Regietheater gemacht. Tilla Durieux ist Kontrapunkt: »Ich lasse mir ungern das Tempo markieren.« Nur für diese eine Rolle konnte sie in Darmstadt Lehrerin sein, Modell auch für das Gestische und die Tönungen. Sonst nicht, genauer: selten. Dann nämlich, wenn es um ähnliche Rollen ging, die aber Darmstadt nicht mehr ins Konzept paßten. So stand Tilla Durieux drei Jahre danach unter Hans Lietzaus Regie vor den Fernsehkameras für *Vergessene Gesichter*, Fernsehspiel von Walter Jens. Die *vergessenen Gesichter* sind die von Schauspielern, von Altersheim-Insassen. ›Königinnen‹ und ›Könige‹ also. Nicht nur in Tilla Durieux, doch besonders in ihr formuliert sich gegenüber einem der mit Willen ausgestatteten Regisseure der jüngeren Generation und zugleich auch gegenüber einem zum Unterspielen zwingenden Medium eine Schauspielerin, die — obschon um Jahre später — auf die Frage, ob sie leicht Regieanweisungen übernehmen könnte, antwortete: »O nein, das fällt mir schwer. Wissen Sie, ich bin eine Tänzerin. Man sagt immer von mir, ich sei eine intellektuelle Schauspielerin. Das stimmt nicht. Der Mensch, den ich darstelle, kriecht beim Lesen des Textes in mich

hinein. Ich gestalte ihn aus mir heraus, nicht vom Kopf her.«
Und das so eroberte Terrain pflegte sie mit Temperament zu
verteidigen, zumal bei einer Rolle wie hier, die Empfindungen
geradezu auslösen mußte, Empfindungen auch, in denen sie sich
dem Regisseur überlegen wußte. Aber ein Regisseur mit ›Konzeption‹ hatte es immer schwer mit ihr. Also war die Fernseharbeit zu den *Vergessenen Gesichtern* ziemlich spannungsgeladen, im Rückblick allerdings auch von boshafter Fröhlichkeit
oder von fröhlicher Boshaftigkeit, wie man will. Tilla Durieux
hatte den Kampf nicht ohne Anerkennung geführt. »Fürchterliche Proben. Schwieriger Lietzau, doch gut.« Wie immer, so
auch hier: Können und Persönlichkeiten wurden akzeptiert,
manchesmal unter Qualen allerdings.

Sie beklagte später mehrfach gerade den Persönlichkeits-Mangel
des deutschen Theaters. Sie war sich sicher, daß sie in einer
Zeit geformt worden war, wo sich nur (oder sagen wir vorsichtiger fast nur) Persönlichkeiten durchzusetzen vermochten.
Danach taxierte sie im privaten wie im beruflichen Bereich.
Wie oft schüttelte Tilla Durieux im Gespräch den Kopf und
machte spitze Bemerkungen, wenn sie erlebt hatte, daß Kollegen (»Kollegen??! Ha, daß i nich lach!«) von sich aus nichts
einem Regisseur anzubieten hatten, wenn sie Kommandos »wie
die Hündchen« befolgten, sich überhaupt keine Gedanken machten als allenfalls die, wie man am schnellsten sich entpersönlichen könnte; zur »Moduliermasse möchtens werden«, nur um
dem Regisseur dienlich zu sein. Giftiger und galliger konnte
sie eigentlich nur werden, wenn sie auf »Industrie-Schauspieler«
zu sprechen kam, auf jene, die nicht einmal bereit scheinen,
sich auf einen Regisseur zu konzentrieren. Sie meinte jene
Schauspieler, die Filme synchronisieren, die Film- und Funkaufnahmen machen noch während der letzten zwei Wochen vor
einer Premiere oder bis zur letzten Minute vor einer Vorstellung. Sie reagierte mit Verve, aber auch mit Trauer, kamen
solche und ähnliche Themen auf. Der Zustand der Bühne, wie
sie ihn sah, traf sie. Vor dem Neunzigsten wurde sie zum Bei-

spiel auf das ›Unterspielen‹ angesprochen. »Ach, das ›Wegspielen‹, ich seh' es manchmal auch im Fernsehen, das ist zuviel. So ist es nun wieder nicht. Oft ist es garniert mit ›nicht
können‹. Vor allem: die Leute können nicht sprechen, es nutzt
mir nichts, wenn einer außergewöhnlich natürlich ist und dann
(demonstrativ unverständliches Murmeln) ... ich versteh' kein
Wort, das geht nicht, man muß sich doch verständlich machen.«
Und dann war das Gespräch 1970 auch bald wieder — wenigstens kurz — beim vergleichenden Blick zurück: Wer hätte
heute mehr Erfolg? Reinhardt oder Brahm? »Heute? Brahm,
er war der ehrlichere!« Und Reinhardt hätte den *Goldenen
Schuß* inszeniert? »So ist es! Ja, Sie haben ganz recht: oder
eine Wild-West-Story.« Und gleich war Tilla Durieux, die in
letzten Interviews das Blatt viel weniger vor den Mund nahm
als zuvor, bei ihrem Gespräch mit Olaf Leitner auch wieder
bei ihrem Lieblingsthema: Schauspieler und Regisseur. »Und
dann kommt der Regisseur und biegt ihn um, der Schauspieler
kann gar nicht zeigen, was er kann.«
Tilla Durieux verlangte den persönlichkeitsgeprägten Einsatz
aller Beteiligten. Und absolute Präzision. Für Tilla Durieux
hieß das sogar, einem Theater ohne Souffleur zu huldigen.
Beim Alleingang in *Langusten,* als ein Theaterdirektor die
Normal-Stütze, eine Souffleuse, engagiert hatte, ohne Tilla
Durieux zuvor zu verständigen, zahlte sie die Souffleuse aus
der eigenen Gage aus und übergab den Scheck, aus Angst zu
verletzen, zusammen mit einem großen Kasten Konfekt. Die
konstante Absetzung der Texthilfe rächte sich allerdings in letzten Jahren, weil sie eben nie auf's Hinhören trainiert hatte.
Da passierte es nämlich doch, daß es Tilla Durieux am Text
haperte. Und die Souffleuse konnte ihr keine Hilfe sein. Kollegen hielten den Atem an, wenn sie ins Schwimmen geriet,
doch hatten dann Hochachtung umso mehr, wenn die Vorstellung und also die Gefährdung vorbei war. Denn nicht nur die
Bühnen-Souveränität eines fast über siebzig Jahre reichenden
Theaterlebens bewährte sich auch in diesen Momenten, son

dern eben doch auch ein Präzisionsmechanismus. »Ich lerne meine Rolle visuell, mein Gedächtnis behält die Stelle, wo der Satz aufhört.« Und so geschah auch hier noch das, was einem Außenstehenden ein Wunder sein muß (aber auch manchem Partner das war): das Stichwort kam, nur der Text davor, ja der war mehr von der Durieux denn von Autors Gnaden. Umso ernster nahm sie es mit dem Prinzip, auch schon gespielte Rollen noch einmal wie unbekannte zu lernen, wenn sie neuerlich zu geben waren, und sei die Zeit dazwischen auch nur kurz. Das wurde ihr sogar schon bald nach der Rückkehr gleichsam zum Schicksal. Ihr Theaterspiel bestand immer mehr aus dem Gastieren mit bestimmten Rollen an verschiedenen Theatern wie weiland die Virtuosen des 19. Jahrhunderts es taten und wie auch Tilla Durieux selbst schon einmal in der Krisenzeit des deutschen Theaters in den späten Zwanzigern und ersten Dreißigern. Mancherlei läßt sich daran auch über den Zustand der deutschen Bühne in den letzten Jahrzehnten ablesen, zunächst natürlich eine gewisse Uniformität der Spielpläne (was kein absoluter Nachteil ist), aber auch der Mangel an Stücken für die gealterten, doch noch vitalen Protagonisten. Daraus resultierend wiederum auch die Schwierigkeit, eine Ensemble-Bindung zu finden. Einfacher war es nur für jene Schauspieler, die nicht das tausendjährige Reich außerhalb zu überstehen hatten. Das sei ohne Wertung angemerkt, nur als Tatsachenbestand. Das Theater hat eben wirklich nicht nach 1945 bei 1933 oder den sicher wichtigeren Zwanzigern angeknüpft, von ganz wenigen Ausnahmen abgesehen, die sich aber bald überlebten. Entscheidend war die Assimilation mit dem erregend Neuen des Auslands, die eingangs der fünfziger Jahre schon fast beendet war und von den ›Spät-Heimkehrern‹ nicht einfach übersprungen werden konnte. Die Daheim-Gebliebenen mußten im Vorteil sein, nicht nur, weil sie Ensemble-Positionen bereits innehatten. Den anderen blieb vor allem das Gastieren.

So kam die ›Königin‹ der *Höhlenbewohner* in den nächsten

Jahren auch nach Nürnberg-Fürth, die Marulja in *Philemon und Baukis* nach Bremen, Wiesbaden (Maifestspiele) und Essen, die Großmutter in Büchners *Woyzeck* zu den Ruhrfestspielen nach Recklinghausen und nach Köln, dann auch gleich ins Fernsehen, die Pförtnerin im *Traumspiel* und die Olan der *Chinesischen Mauer* holte sich Oscar Fritz Schuh noch einmal nach Hamburg, die Pförtnerin borgte sich auch das Fernsehen aus, ebenso das Staatstheater Wiesbaden, *Ihr 106. Geburtstag* gab es mit der Durieux nach Bremen noch in Hannover an der Landesbühne, in Berlin und im Fernsehen . . ., diese Liste ist nicht einmal ganz vollständig. Doch die Austrocknung sieht — genauer betrachtet — schlimmer aus, als die Realität wirklich ist, zumindest wenn man das Theater nicht isoliert betrachten will. Lohnende Aufgaben bescherte der Film, ebenso das Fernsehen und das Hörspiel der Rundfunkhäuser. Manchmal auch das Theater, hier lohnend in dem Sinne, daß neue Bereiche auszumessen waren. Dazu gehören 1958 Ionescos *Die Stühle* im Werkraum der Münchner Kammerspiele mit Peter Lühr in der Inszenierung Hans Schweikarts.

Hier war Tilla Durieux ganz und gar neugierig und ganz und gar dabei. Neugierig und dabei war sie immer, wie auch der Essener Generalintendant Dr. Schumacher gelegentlich berichtete (»Da sitzt sie schon lange vor Probenbeginn in der Nähe ihres Auftritts wachen Auges und doch ganz in sich versunken. Dann schreitet sie die Szene ab, ordnet und handhabt erfühlend und wägend die Requisiten, macht sich mit den Türen, den Stühlen und Tischen vertraut und wartet stumm und unendlich geduldig bis zu ihrer Szene«), doch in München war das alles um ein Vielfaches potenziert. Mit Feuereifer war sie dabei. Zumal hier zugleich auch eine der ersten Werkstattbühnen zu eröffnen war. Geprobt und gespielt werden mußte damals im Münchner Werkraumtheater noch unter den allerbescheidensten Verhältnissen, in der noch unveränderten Tischlerei nämlich.

Inzwischen hat sich ja auch dort das Wohlstands-Image aufgeprägt, doch damals, 1958, war es noch echte Werkstatt. Und ein Autor des internationalen Theaters, dem Tilla Durieux noch nicht begegnet war. Aber stand zu erwarten, daß Tilla Durieux diesen Bereich voll ausmessen würde, könnte? Ionesco!? Wohl nicht. Obwohl Schweikart sicher nicht nur mit der immensen Vitalität der fast Achtzigjährigen gerechnet haben dürfte, die er ein Jahr zuvor noch beim eigenen Fernsehspiel *Nebel* erfahren hatte (wo zugleich auch Wiedersehen zu feiern war, denn Schweikart hatte mit Tilla Durieux bei ersten Wiener Emigrations-Gastspielen mitgewirkt), Schweikart mochte sich auch einiges versprochen haben von der an Grotesk-Grenzen stoßenden Kauzigkeit, die Tilla Durieux manchmal schon zur Wirksamkeit verholfen hatte. Aber die Aufführung wurde dann doch nicht die ›tragische Farce‹; das Zusammenspiel zweier Grotesk-Exzentriker, das Hans Lietzau viele Jahre danach bis fast ins Ballettöse steigern sollte, dieses Zusammenspiel scheiterte dann doch aus zwei Gründen: die sich steigernde Motorik konnte fast nur allein von Peter Lühr ausgehen, die Beweglichkeit, das Tempo der Durieux hatte seine Grenzen. Und: Ionescos Greise müssen gleichsam alt-alterslos sein. Tilla Durieux' Leibhaftigkeit stand dem entgegen. Und damit ihre Sinnhaftigkeit, diese selbst noch im Filigran gestisch-mimischer Mittel. Aber es hätte nicht Schweikart am Regie-Pult gesessen, wenn er nicht verstanden hätte, die darstellerischen Mittel der Durieux zu einem Echo bei Peter Lühr, dem viel jüngeren, werden zu lassen. Nur daß eben Lühr einen Stil zu spielen vermag, Tilla Durieux nie einem Stil zu unterwerfen war. In der ersten Theater-Karriere so wenig wie in der zweiten. Sie konnte immer nur so gestalten, wie sie selbst empfand, insofern also eine Natur-Darstellerin, wennschon sie sich Stil-Momenten bediente, also in zwei Richtungen filterte. Kurzum, es wurde eine lohnende Eröffnungsvorstellung der Werkraumbühne. Ionesco, der zur Premiere kam, wird mit der Anmerkung kolportiert, es sei grandios gewesen, was er da erlebt habe, ein herrlicher Schauspieler-Abend sei es gewesen, ein schönes Stück

auch, nur: von Ionesco sei es nicht. Dem entsprechen auch die Rezensionen, so die von Walter Panofsky in der Süddeutschen Zeitung: »Schweikart ... mochte spüren, daß die Farce vom Publikum völlig mißverstanden war. Das mag an der Durieux gelegen haben, an dieser herrlichen Schauspielerin mit dem nicht von Runzeln, sondern von Runen gezeichneten Urmüttergesicht. Von ihr ging eine solche Faszination aus, daß man geneigt war, auch den banalsten Vorgang als Symbol hinzunehmen. Die Durieux, seit Reinhardts Tagen gewohnt, sich völlig mit ihrer Rolle zu identifizieren, vermochte sich nicht für einen bloßen surrealen Jux herzugeben. Es wäre wider ihre Natur gegangen. Und so spielte sie Strindberg, einzigartig, unvergeßlich. Wenn Monsieur Ionesco noch eine Weile in unserer Erinnerung weiterleben wird, dann nur durch sie. Schweikart und auch Peter Lühr (Der Alte) waren allzusehr in den Sog ihrer großen Persönlichkeit geraten — wie das Publikum.«
Dennoch: Schweikart schwärmt (wenn er überhaupt so etwas kann) heute noch von der Probenarbeit. Sie gehört zu den intensivsten, an die er sich erinnern kann, und zu den amüsantesten, weil Tilla Durieux ständig von Assoziationen heimgesucht wurde und Geschichten und Geschichtchen zum Besten gab, die ihr beim Ionesco-Text einfielen, Erinnerungen aus ihrem reichen Leben. Da galt es übrigens zu unterscheiden. Kenner Tilla Durieux' merkten sofort, ob ihr die Arbeit Spaß machte oder nicht. Die gute Laune erwies sich immer daran, daß ihr Geschichten einfielen, die sie in diesem Kreise noch nicht erzählt hatte, die sie auch in ihren Memoiren allenfalls nur angedeutet hatte. War sie hingegen ungnädig, geschah das Gegenteil von dem.
Eine andere nicht uninteressante Aufgabe stellte sich noch ein Jahr zuvor, als sie sich zum zweiten Mal an der Landesbühne Hannover der Abstecher-Verpflichtung hingab. Diesmal mit dem Drama des Österreichers Harald Zusanek *Die Straße nach Cavarcere*. Sie spielt die Anna Caducci, die mit seherischen Kräften ausgestattet ist, die vorausgesagt hat, daß die Flut-

katastrophe von Cavarcere auch ins eigene Städtchen kommen werde. Das Stück erzählt die Folgen, wie Ordnung und Moral an Egoismus und Todesangst zerbrechen, wie die zuvor überheblich Unbekümmerten über Anna Caducci herfallen und dem Hexenwahn verfallen sind. Ein Melo-Drama voller Lyrismen trotz seiner Psychologisierungen. Tilla Durieux fand zu einer dominierenden Größe, erspielte sich jene Transzendenz bei aller Leibhaftigkeit, die schon ihre Traumspiel-Pförtnerin prägte. Und wieder fühlte man sich daran erinnert, daß sie sagte, sie könne eigentlich nichts spielen, was sie nicht empfinde, was sie nicht in sich entdecken könnte. So waren alle Gestalten Gestaltungen von Durieux' Gnaden, indem sie diese kaum anders spielen konnte als in Identifikation. Daran ist zu denken, wenn Tilla Durieux in dieser Zeit noch einmal versucht, einen festen Platz in einem Ensemble zu finden und dazu auch mit Helene Weigel Kontakt aufnimmt, der Brecht-Witwe und Chefin im alten Theater am Schiffbauerdamm, dem jetzigen Berliner Ensemble. Von daher kam sogar ein paraphierter Vertrag als Angebot, doch nicht nur wurde Tilla Durieux darin zugesichert, sie hätte nach Vollendung des 60. Lebensjahres Rentenanspruch (woraus die fast Achtzigjährige erkennen konnte, wie wenig hier an die Person gedacht worden war), die stille Voraussetzung dieser Paragraphen-Texte war aber auch, daß der Wohnsitz in Ostberlin genommen würde. Schon deshalb fand die Vertragsunterzeichnung nicht statt. Denn Tilla Durieux lebte auch jetzt wieder bewußt, das heißt politisch bewußt, sie verfolgte und kommentierte in Gesprächen die Entwicklung mit einer Aufmerksamkeit, die frappierend war in diesem Lebensalter, die sie im Laufe der Jahre immer näher der SPD bringen sollte, bis sie voll und ganz im Lager Willy Brandts stand, zu ihm und Gattin Rut auch privaten Kontakt fand und so eigentlich logischerweise an die Spitze jener Kulturschaffenden-Delegation gestellt wurde, die 1965 dem Kanzler-Kandidaten Willy Brandt eine von mehr als 100 Künstlern und Schriftstellern unterzeichnete Denkschrift überreichte, in der Kriterien zur Kulturpolitik in Deutschland aufgestellt wurden, darunter vier Grundsatzforderungen: die Einsetzung eines paritätisch zusammengestellten Fachgremiums, »um kulturelle Aufgaben — soweit sie Theater, Film und Fernsehen betreffen — künftig durch Koordinierung besser lösen zu können; die Schaffung eines Gesetzes, das die Erteilung von Schauspielunterricht von überprüfbaren Qualifikationen abhängig macht; eine gesetzliche Altersversorgung, die das Existenzminimum garantiert unabhängig davon, welche Summen vom einzelnen Künstler eingezahlt werden konnten; schließlich die Schaffung eines neuen Filmgesetzes, wonach Film zukünftig nicht nach wirtschaftlichen Erfolgen, sondern nach künstlerischen Qualitäten gefördert werden sollten.

Die Anfrage im Berliner Ensemble (zumal nach Brechts Tod) war wohl von vornherein eine Art von Selbstbetrug, obwohl verständlich aus der gegebenen Situation heraus. Die Identifikationsschauspielerin wäre am Schiffbauerdamm-Theater kaum denkbar gewesen. Aber war von ihr nicht einst gesagt worden, ihr Gehirn wäre der »Lokomotivführer ihres Seins«? Darauf Tilla Durieux: »Natürlich benutze ich auch meinen Kopf. Natürlich denke ich auch nach. Trottel, nein, also Trottel kann ich nicht spielen. Da ist mein Kopf im Wege.« Gebraucht hat sie ihn allerdings im Verlauf der sechziger Jahre auf Bühnen nicht allzusehr. »Die Dichter haben kaum jemals auch nur davon geträumt, daß einmal auch eine Achtzigjährige bei ihnen nach Rollenfleisch suchen würde. Wie sollen dann die Konfektionäre diese Phantasie aufbringen? Was es da im Raritäten-Angebot gibt, ja das habe ich wohl alles schon gespielt, da wird kaum noch viel Neues zu erwarten sein. Obwohl ich wirklich nicht wählerisch bin. Ich meine, nicht allzu wählerisch. Ein bißchen darf ich wohl noch Ansprüche stellen. Aber eigentlich ist es doch so, nur mit einem Hund spiele ich nicht zusammen auf einer Bühne. Sonst aber..., nun ja, Spaß, Spaß muß ich an der Rolle haben. Sie muß mich irgendwie interessieren. Spaß, das ist wichtig.« Ein Gespräch dieses Inhalts ist noch in der Erinnerung, auch, wie Tilla Durieux dann noch hinzufügte mit bissigem Humor: »Mit einem Hund, wissen Sie, nein, nein, nein, diese Konkurrenz!« Sie seufzte und ergänzte weiter: » ... aber was mir auch ohne Hund so alles angeboten wird, ist meist schrecklich öd. Sie sehen, ich bin schließlich doch noch recht wählerisch.« Und sie zeigte auf Stapel von gelesenen Stükken, die sie nicht akzeptiert hatte. So kurz vor ihrem 85. Geburtstag.

Die Berliner Ehe-Bühnen Hebbel- und Berliner Theater, das Hebbeltheater unter der Direktion von Rudolf Külüs, das Berliner Theater unter der seiner Ehefrau, der Schauspielerin Hela Gerber, die lange treuesten Durieux-Verehrer unter Berlins Theatergewaltigen mit so mancher Konfektions-Rolle für die Durieux, wollten ihr auch zum 85. Geburtstag wieder eine Premiere bereiten. Aber die Stücke..., — bis es wieder eine Hellseherin wurde in einem so auch betitelten Stück. Die zweite Hellseherin in Nachfolge der Anna Caducci. Doch Nachfolge? Dies war eine Hellseherin, im Rang zwar hoch, doch der Machart nach eher von der Kaffee-Satz-Kategorie. Dabei hat der Autor ein gewisses Renomee, André Roussin, verläßlich eigentlich als Verfasser unterhaltsamer, manchmal auch spritziger Boulevard-Ware. Doch hier nun mitnichten, hier ein ›Schmarren‹ zum Ehrentag der Durieux, wie der Berliner »Abend«-Kritiker Heinz Ritter befand — und kaum anders reagierten die Kollegen —, doch, notierte Ritter im Rezensenten-Gleichklang weiter, doch »wie Tilla Durieux das Hexen-Einmaleins einer Königin der Wahrsagerinnen vorführt, das ist — als Kunstfertigkeit — erstaunlich. Nach anfänglicher Unsicherheit ist sie ganz da. Sie zeigt Energie und Witz, Mütterlichkeit und Engagement. Sie spielt virtuos auf der Klaviatur der heiteren und der ernsten Töne. Sie macht mit ihrem gebrochenen Organ auch noch die unglaublichsten Dialoge glaubhaft. Sie übersteht bewundernswert den mühseligen Parforceritt über den umständlichen Text. Sie vergoldet mit ihrem Alters-Charme selbst das Talmi. ... Der Abend hieß Tilla Durieux. Alles andere

Zwei ahnungslose Engel *(Wakefeld/Ebermayer)*, *Hessisches Staatstheater Wiesbaden 1969, Regie Rolf Müller.*

Mit Herta Schwarz in Zwei ahnungs- lose Engel.

Leocadia *(Anouilh), mit Barbara Freier, Hessisches Staatstheater Wiesbaden 1970, Regie Rolf Müller.*

darf und soll man schnell vergessen«. Wie oft war solches und ähnliches geschrieben und gesagt worden in letzten Jahren bei immer seltener werdenden, immer weniger lohnenden Auftritten. Dem wollte Tilla Durieux auf ihre eigene Art entgegenwirken.

Hatten nicht bald nach 1910 schon die Autoren eigens für sie geschrieben? Erika Dannhoff machte Tilla Durieux auf Janne Furch-Allers aufmerksam, die ihrer Freundin Grethe Weiser im Wort war, ihr ein Stück zu schreiben, und Janne Furch-Allers gehört überdies zur Regie erfolgreicher Film-Autoren. Tilla Durieux machte ihre Bekanntschaft und fand eine Verehrerin. Es dauerte nicht lange, verlangte auch Tilla Durieux ein Stück. »Das für die Weiser kann warten, die lebt länger«, ein grausiger Unfall sollte 1970 dieser These widersprechen. Janne Furch-Allers hatte Tilla Durieux auch Gedichte gezeigt, die sie zutiefst berührten. Sie sprach sie dann auch für eine Schallplatte *Gesänge der Nacht* bewegend einfühlsam in voller Identifizierung. Ein Sonderdruck der Texte ist von Janne Furch-Allers Tilla Durieux gewidmet:

Als ich die *Gesänge der Nacht* schrieb, ahnte ich nicht, daß die große Tilla Durieux sie einmal aus meiner Schublade holen würde.

Nie werde ich den Augenblick vergessen, in dem diese begnadete Künstlerin und wunderbare Frau in ihrem neunzigsten Lebensjahr meine Verse sprach.

Der Geist der großen Toten von John und Robert Kennedy, Martin Luther King, der Friedensdemonstranten von Kent University und der zahllosen namenlosen Opfer eines unseligen Jahrhunderts weht durch den Raum, wenn Tilla's unvergeßliche Stimme mahnt:

›Ihr, die ihr leben dürft ... Ihr, die ihr frei seid ...!‹

Tilla Durieux, die in ihrem Leben durch alle Höllen der Verfolgung gehen mußte, weiß, was es bedeutet, leben zu dürfen — frei zu sein!

Ungebeugt vom Schicksal und beispielgebend für uns alle begann die große Darstellerin den steilen Weg nach oben immer wieder von vorn. Immer wieder, auch mit neunzig Jahren, erreichte sie einen einsamen Gipfel der Kunst.

Darum soll ihr dieses kleine Bändchen in tiefster Verehrung gewidmet sein.

Für's Stück hatte Tilla Durieux sogar schon eine Idee, einen Stoff. Es ist Zufall, auch wenn es anders klingen mag, daß Tilla Durieux um eine Hellseherinnen-Rolle bat. Das Roussin-Stück, dessen Vorbereitungen anliefen, und das sie selbst nicht mochte (»aber was will man machen?!«), hatte trotz der zeitlichen Parallelität nicht einmal Anreger-Funktion. Jahre zuvor hatte Tilla Durieux von diesem Thema schon erzählt, ja sogar eingestanden, sie würde sich, falls sich niemand sonst fände, selbst ans Schreiben machen. Sie sähe alles vor sich. Nicht nur eigene Studien hätte sie in dieser Richtung getrieben, sondern unter sehr merkwürdigen Umständen während eines Urlaubs eine veritable Hellseherin erlebt. Da sei es im Hotel um den Verlust eines roten Portemonnaies gegangen..., was sie erzählte, ist nicht mehr in Erinnerung, auch Janne Furch-Allers nicht. Ihr erging es wie manch anderem vor ihr schon. Auch sie hing an den Lippen, am Gesicht der Durieux, die so plastisch jene Urlaubsbegegnung schilderte und kommentierte, so vieles noch einfügte, Anekdoten, Geschichten von wundersamen Menschen mit noch wundersameren Kräften, von Kriminalfällen, die nicht gelöst werden konnten, denn Kriminelles war da wohl auch noch im Spiele beim Verlust der Geldbörse, kurzum, Tilla Durieux spann ›ihr Thema‹ so weit, daß man glaubte, daraus ließe sich nicht nur *ein* Stück machen, sondern gleich mehrere.

Aber hinterher, beim Nachdenken darüber, reduzierte sich alles auf den banalen Glücksfall, daß das Täschchen wiedergefunden worden war. Man war dem Thema-Rausch einer Schauspielerin verfallen, die Phantastisches phantastisch erzählen konnte. Also kapitulierte auch Janne Furch-Allers vor der Aufgabe. Nur, wie sollte sie den Mut haben, davon Tilla Durieux Kenntnis zu geben? Die Zeit verrann. Weihnachten 1970 kam ein Präsent von Tilla Durieux. Ihr Lieblings-Kugelschreiber war es. Deutlicher konnte keine Mahnung sein. Auch pointierter nicht. Tilla Durieux ließ sich auch zum Thema »Wie sag ich's meinen Kindern« immer etwas einfallen.

Die wenigen wesentlicheren Rollen für Tilla Durieux bekam vor allem westdeutsches Theaterpublikum zu sehen, viele davon in Münster und danach in Wiesbaden bei Intendant Alfred Erich Sistig und seinem Chefdramaturgen Dr. Rainer Antoine. Beide schwenkten die Durieux-Fahne fleißig. Doch die Theaterstadt Berlin verließ sich fast durchweg auf die schwächeren Privattheater und die Gazetten grollten. Was keine Meinungsmache war, sondern Ausdruck allgemeinen Empfindens, datierbar seit etwa 1960. So nutzte denn auch Berlins Star-Kritiker Friedrich Luft, zumal er für sich in Anspruch nahm, einen jeden an Verehrung für Tilla Durieux zu übertreffen, den 85. Geburtstag, dem deutschen Theater wieder etwas ins Stammbuch zu schreiben: ».. . eigentlich ist es ja für das deutsche Theater insgesamt eine Unterlassungssünde und ein Armutszeugnis, wenn es zu einem solch hohen Anlaß diese Frau so ärgerlich belanglos ehrt. Man läßt sie künstlerisch heimatlos. Kein Ensemble hat sie aufgenommen, kein Intendant sie fest an sein Haus (zu Schmuck und Ehre seines Hauses) gebunden. Das Hebbeltheater am Kreuzberg muß, so gut es geht, den hohen Festtag öffentlich richten. Es wird festlich. Aber es bleibt doch etwas traurig und bedenklich, wenn ein Privattheater übernehmen muß, was unsere hochdotierten Staatstheater unterlassen. Mehrere Tropfen Bitternis in das Glück der Stunde.«

Da schwingt recht viel Resignation mit. Jene Resignation, die auch Tilla Durieux längst befallen hatte, zumindest was die Bühnen ihrer Heimatstadt betraf. Sie sehnte sich nach der Gemütlichkeit der eigenen Wohnung und lebte bis ins 88. Lebensjahr zumeist in Hotels; sie sehnte sich nach den wenigen Menschen des täglichen Umgangs und hatte den ständig wechselnden Kontakt zu Bekanntschaften des Augenblicks; sie sehnte sich nach lohnenden Aufgaben und war also mit ihnen von Stadt zu Stadt unterwegs oder fuhr ihnen nach. Mit vollstem Einsatz, das verstand sich für Tilla Durieux von selbst, aber auch fast ausnahmslos so, daß sie in der Konkurrenz der Alters-Protagonisten, deren Seniorin sie immerhin war, sich ›königlich bewährte‹. Gerade wieder vor Friedrich Lufts Klageschrift. In Münster hatte Tilla Durieux die Amy in Eliots *Familientag* gespielt, inszeniert von ihrer Bühnen-Partnerin Elisabeth Flickenschildt. Der kritische Beobachter las die Vorausmeldung bedrückt. Schien es denkbar, daß Tilla Durieux die Kraft der Härte noch hätte, um der Amy, diesem herrischen Familien-Oberhaupt, das nötige Profil zu geben? Und wie würde der sichere Zweikampf auf der Bühne ausgehen zwischen ihr und Elisabeth Flickenschildt, der Amy bei der Erstaufführung durch Gustaf Gründgens? Der Abend zeigte, zu welchen Steigerungen Tilla Durieux noch fähig war. Sie ließ sich das Heft nicht aus der Hand nehmen. Sie hielt der Strahlkraft der Elisabeth Flickenschild stand, es herrschte und beherrschte die alte Lady Amy. Der vorher Skeptische meinte, außer Therese Giehse vielleicht niemand namhaft machen zu können in diesem Augenblick, der dieser Amy schärferes Profil hätte verleihen können. Aber Therese Giehse wäre eine ganz andere Amy gewesen, vielleicht nicht einmal der Rolle angemessen, nur eben von gleicher darstellerischer Potenz und Qualität. Tilla Durieux aber war in jeder Fiber die Verkörperung gleich mehrerer Adelsgeschlechter. Da blieb nur ein Wunsch offen, daß nämlich Inszenierung und Ensemble dem mehr entsprochen hätten. Mit schwächeren und schwachen Kräften stellten sich die Münsteraner immer wieder in den Dienst der guten Sache, wenn auch nicht ohne Eigennutz, da die Rollen-Gastspiele der Durieux auch in Münster dem Publikum rare Erlebnisse bescherten. Doch diese Kraft nicht brach liegen zu lassen, wäre eigentlich die Aufgabe der großen deutschen Theaterstädte gewesen, vor allem natürlich Berlins, wo Tilla Durieux ansässig war und auch bleiben wollte. Doch von den wirklichen Theatergewaltigen ließ sie nur Oscar Fritz Schuh in Hamburg nutznießen, in Berlin fand selbst Erwin Piscator, der engagierte ›Weißtdunochmensch‹, nur Rollen-Brosamen, obschon diese vom reich gedeckten Tisch des Welttheaters.

1965 hatte auch Tilla Durieux die Hoffnung aufgegeben, es könnte sich noch ändern. Mit makabrer Intensität suchte sie nach Gründen, die ihr letztlich zur Selbsttröstung dienten und sich als solche verrieten durch den Eifer, mit dem sie immer wieder vorgebracht wurden. »Es scheint eine ganz merkwürdige, geheimnisvolle Angelegenheit zu sein, denn ich habe jetzt mit mehreren meiner sehr bekannten Kolleginnen gesprochen. Sie alle klagten darüber, daß sie in ihrer Stadt, wo sie wohnen, am allerwenigsten spielen. Was das nun für ein geheimnisvolles Wirken ist, was das überhaupt bedeutet, ob da irgendein merkwürdiges Geheimnis dahinter steckt, das weiß ich nicht. Aber, nun ja, es ist so, man muß es also nehmen wie es ist.« Wer Tilla Durieux näher kannte, weiß, wie sie diese Sätze sprach. Wie sie anfangs, die gefalteten, knochigen, ausdrucksstarken Hände im Satz-Rhythmus bewegte, wie bedeutsam sich der Blick auf den Gesprächspartner richtete, wie die ersten beiden Sätze — von Intervallen knapp durchbrochen — ganz direkt, überzeugungsträchtig auf den Partner einfielen, und wie sich Tilla Durieux dann, vermutlich im großen hohen Sessel, ihrem Lieblingsplatz, zurücklehnte, die Augen schloß, sich selbst zuzuhören schien.

Da mußte man hinhören, hinsehen, um dem wahren Empfinden auf die Spur zu kommen, das sonst immer so leicht verschüttet war durch Bissigkeiten, Bosheiten und Sarkasmus anderen und sich selbst gegenüber, bestrebt, von allem Schicksalhaften Abstand zu haben. Letztlich also auch, es souverän zu registrieren. »Lachen wir schnell, bevor wir weinen müssen«, diesen Schehadé-Satz notierte sie sich, und für sie, die gern lachte, gehörte zum Lachen auch das hämische Anti-Lachen und das ›Nun erst recht‹, ebenso aber auch die Tünche des Galgenhumors. So etwa, wenn sie den zweiten schweren Einbruch in ihr Leben, die Schicksalsjahre der Emigration, ins Positive wendete, damit sie Bekundungen der Anteilnahme unterlaufen konnte. »Ach was«, sagte sie, »das mag ja alles auch so sein. Und sicher möchte ich mein Leben nicht noch einmal leben. Aber denken Sie doch mal daran, was mir alles erspart geblieben ist! Die kritischsten Jahre einer Schauspielerin konnte ich so überbrücken. Mit 53 ging ich, mit 72 fing ich wieder an. Was meinen Sie, was sich in den Jahren dazwischen sonst, also normalerweise, für Umbruchstragödien abspielen. Nein, also, es hatte doch auch viel Gutes!«

Aber war es nicht tatsächlich so, daß sie mit sich und der Welt hätte zufrieden sein müssen? So ehrlich war sie immerhin doch zumindest, daß sie kurz vor dem 85. Geburtstag ganz ohne Kaschier-Absicht eine gezielte Frage still, in sich versunken, mit fast samtener Stimme beantwortete: »Was ich heute habe, ist meinem Alter nicht nur angemessen, sondern es ist erstaunlich viel. Und deshalb bin ich — wirklich, ich muß es sagen — ich bin ja nicht abergläubisch — ich bin einer der glücklichsten Menschen.« Nur bei dem »ich bin ja nicht abergläubisch« — da zuckte es kurz in diesem Urmütter-Gesicht, sie wäre nicht Tilla Durieux gewesen, wenn sie nicht wenigstens noch im knappsten Selbstbekenntnis einen Nebenaspekt mit Unterton-Färbung eingeschleust hätte. Sie wäre auch nicht Tilla Durieux gewesen, wenn dabei im Untergrund nicht doch ein Grollen des Vulkans in ihr spürbar geworden wäre. Da raunzte noch etwas mit, das hätte heißen können: ja, ich bin alt, sehr alt, aber doch eben nicht tot, mein Herz schlägt, und da ich die Durieux bin, schlägt es am besten im Takt, den Rollen brauchen.

Die zwei Gesichter der Durieux, Einsicht und Emotion, An-

nahme und Auflehnung. Da waren immer zwei Gesichter. Sie
saß in der Wohnung, die sie bekommen hatte, zwei Stuben und
Küche und ›hinten heraus‹, wie Büchners ›Woyzeck‹-Großmut-
ter, klein geworden und vorgebeugt, mit den Erfahrungen eines
ganzen Weltgeschehens und gleich mehrerer Generationen, lieb
und bescheiden zwischen Bücherregalen und alten und antiken
Möbeln, umgeben von kleinen Plastiken, Durieux-Zeichnungen
und -Fotos aus längst vergangenen Zeiten an den Wänden, da
saß sie und sagte »ich brauche nichts weiter. Ich bin glücklich
mit dem, was ich jetzt habe.« Sicher war auch das ehrlich. Doch
genau so ehrlich war das Bewußtsein, die Hände nicht in den
Schoß legen zu können, öffentlich wirken zu müssen und Anteil an allem zu haben. Sie hielt Vorträge, beteiligte sich sogar
an Quiz-Veranstaltungen, erschien bei Theater-Premieren als
Zuschauerin, gestrafft, auf ihren Stock gestützt, wie die Urmut-
ter eines Fürsten-Geschlechts, sich ihrer gesellschaftlichen Position wohl bewußt, kaum zu identifizieren mit der Großmutter
zu Hause im Ohrensessel. Sie ließ keine Gelegenheit aus, zu
zeigen, daß sie ›da‹ war. Sei es in repräsentativer Funktion, sei
es auf der Bühne. Mit 82 legte sie auf den Brettern des Berliner
Hebbeltheaters in *Achtzig im Schatten*, einem der üblichen Ge-
brauchsstücke, ein Tänzchen hin, daß der Applaus die Kulissen erzittern ließ. Tilla Durieux zahlte es so und anders Thea-
terleitern heim, daß Ehrfurcht vor dem Alter sich in Befürchtung ummünzte, sie also Rollen lieber etwas Jüngeren übertragen wissen wollten. Wenigstens das Publikum sollte wissen, wie
jung sie doch eigentlich noch war. Daß sie durchaus also auch
»gewichtigere« Rollen sich zutrauen dürfte.
Eine Ausnahme war schon das Bemühen des Tribüne-Direktors
Frank Lothar, der bei Pirandello eine Rolle für Tilla Durieux
gefunden hatte. Das war 1966. Er inszenierte mit der Durieux
Pirandellos *So ist es — wie es Ihnen scheint*, aber der gute Wille
konnte sich bei den schwachen Kräften dieses kleinen Theaters
nicht auszahlen, auch bereits vom Stück her nicht. Es war schon
so: waren es wirklich interessante Aufgaben, dann hatten Ber-

lins kräftigere Theater sie für andere, für etwas jüngere Kolle-
ginnen. Was ihnen nicht immer zugute kam. Außerhalb der
Heimatstadt war die Lage ja etwas anders, besonders in Mün-
ster, später auch Wiesbaden, nachdem Intendant Sistig und sein
Chefdramaturg dorthin übergesiedelt waren. Dort trumpfte
Tilla Durieux nicht allein als Amy in Eliots *Familientag* auf.
Ihr Spielraum war dort weit. Von der Mutter Higgins im
Musical *My fair Lady* bis hin zu den Protagonisten-Rollen des
Welttheaters. Die Triumph-Meldungen — sie wußte es —
stießen auf Skepsis in Berlin. Das ließ sie nicht ruhen. Also
schaffte sie es, mit dem Münsteraner Ensemble zum einmaligen
Gastspiel anzureisen, sich als Aurély, als die *Irre von Chaillot*
zu präsentieren. Es wurde ein Theaterabend, der im Gedächtnis
haften blieb. Diese Irre von Chaillot setzte sich von allen ab,
die man jemals zuvor gesehen hatte. Sie war direkter, deftiger,
mit bissigem Humor ausgestattet. Sie war menschlicher, körper-
licher als alle anderen zuvor. »Die Durieux erspielt etwas, das
eigentlich paradox und unerreichbar scheinen müßte: sie erspielt
einen poetischen Naturalismus. Wie sie es zustande bringt, erblickt man mit Bewunderung und Sympathie«, notierte
Friedrich Luft. Doch es nutzte nichts. Die in Berlin entscheidenden Direktoren waren wohl nicht einmal unter den Zuschauern.
Es half auch nicht ein Berlin-Gastspiel, zu dem Tilla Durieux
mit einer Schweizer Tournee-Truppe kam, nachdem sie die
Rolle zuvor auch schon in Münster gespielt hatte: die Mutter
in *Ganze Tage in den Bäumen* von Marguerite Duras, in Münster sogar bei der deutschen Erstaufführung, während sonst
immer andere in diesen Genuß kamen. Wieder eine Riesenrolle
und schwer, schwer..., neuerlich war nicht zu entscheiden,
was Publikum und Kritik mehr zur Anerkennung brachte, die
körperliche oder die künstlerische Leistung der Durieux, die
in Münster bei der Premiere ›erst‹ 86 Jahre zählte, bei der
Tournee aber schon 87. Ein ›weiblicher Lear‹ auf Duras-Ebene
ist diese Rolle genannt worden, diese Mutter, die am Versagen,
an der Kriminalität des Sohnes innerlich verzweifelt, doch nach

außen deckt, weil er von ihrem eigenen Egoismus geprägt ist. Da waren Unsicherheiten spürbar, aber auch diese noch überzogen von der persönlichen Strahlkraft der Durieux, so daß diese Unsicherheiten auch ebenso gut Momente der Rollengestaltung hätten sein können. Da war aber vor allem in einer leider allzu sehr auf die Durieux zuinszenierten Aufführung mit nicht zureichenden Partnern eine Kraft und eine Intensität zu spüren, daß man aus dem Staunen nicht heraus kam. Man mag gar nicht daran denken, was es für Tilla Durieux bedeutet haben muß, bald zu erleben, daß Elisabeth Bergner in Berlin als *Irre von Chaillot* nicht reussierte, auch, daß kurz vor ihrem Duras-Gastspiel eine Berliner Inszenierung von *Ganze Tage in den Bäumen* mit Grete Mosheim die Protagonistin hatte straucheln lassen. Daß sie aber, um dem Münsteraner Erfolg Nachdruck geben zu können, sich wieder einmal der Tournee hatte verdingen müssen. Auch wenn sie 88jährig noch der Schauspielerin Inge Langen, die sich besorgt äußerte, da die Gesundheit angegriffen war, entgegnete: »Anstrengend? Herrlich war's! Ich kann mir nichts Schöneres denken, als jeden Abend mit einer Rolle, die man gern hat, auf der Bühne zu stehen und jeden Morgen in einer anderen Stadt wach zu werden.« Schon als sie noch ein bißchen jünger war, hatte sie einem Brief anvertraut: »In meiner Jugend habe ich Wandertheater verpaßt, aber jetzt ›genieße‹ ich es.« Die Anführungszeichen sprechen eine eigene Sprache!

Immer wieder, wenn sich überhaupt nichts anderes bot, spielte Tilla Durieux die Putzfrau Bornemann in Dengers *Langusten*, mal hier, mal dort, auf langen Tourneen, an ›traurigen Tagen‹ durfte sie mit diesem Solo auch immer wieder in Berlin die Spielplan-Lücke füllen. Sie liebte diese Rolle, und diese hat sie geradezu begleitet in den letzten elf Jahren seit der Essener Premiere. Tilla Durieux steigerte sich im Verlauf dieser Zeit bis zur restlosen Auslotung. Im Porträt-Buch, daß ihr zum 85. Geburtstag gewidmet worden ist, wurde versucht, das Erlebnis mit Worten nachzuzeichnen. »Zunächst betritt sie bepackt die Bühne, ein Bild der geplagten alten Frau, die sich mühsam ihren Lebensunterhalt als Putzfrau verdienen muß, immer auf den Knien, die Welt nur aus der Vogelperspektive kennend. Wie sie dann die Languste, noch in der Karton-Verpackung, behandelt und betrachtet, eröffnet ein Kaleidoskop von Nuancen in Gesten, Blicken und jenem typischen Selbstgespräch alter Menschen. Dann kommt das Warten auf die Gäste, die Sehnsucht nach den Gesprächspartnern wenigstens an ihrem Geburtstag, nach einem Gruß des Sohnes, das Schwanken zwischen Hoffnung und Verbitterung über das Enttäuschtwerden; wie sie die verschiedenen Entschuldigungsgründe langsam hervorsucht, wie sie nicht nur in Worten, sondern auch im Ausdruck des Gesichts sich immer wieder in ein Nichts auflösen, wie sie quasi sich von Schemen zu plastischen Formen entwickeln und dann wieder in ein Nichts zerfließen, das ist mit impressionistischen Mitteln hingetupft. Nichts wird breit ausgespielt«; der Gesichtsausdruck wechselt zwischen dem kurzen Aufleuchten eines Hoffnungsschimmers (das Gesicht scheint sich zu verjüngen, die Falten zurückzutreten) und der Leere der Vereinsamten, Vergessenen (das Gesicht wird länger, schmaler, obwohl die Falten wieder tiefere Schatten werfen). Die Geschäftigkeit, mit der die aufgelegten Gedecke auf dem Tisch überprüft werden, verbirgt nur oberflächlich die innere Gewißheit, daß es umsonst sein wird, daß alles sinnlos ist. Ihr Blick fällt auf das Kruzifix an der Wand, der Mund wird noch schmaler als gewöhnlich, die Augen blitzen bald böse, bald schelmisch-herausfordernd; die Arme sind ineinander verschränkt, leicht an den Körper gepreßt und, gleichzeitig fast, im Schoß fest ruhend, als ob sich Marie Bornemann selbst Halt geben müßte, weil niemand sonst Stütze ist. Nicht einmal der liebe Gott. Auch ihre Freundin, die einzige, hat er ihr genommen. Das Gesicht ist Unverständnis und Frage, anklagende Frage zugleich. Die Verbitterung scheint zu siegen. Marie Bornemann versteinert, nur der Blick irrt zwischen Uhr, Kruzifix und Languste hin und her, mechanisch, fast ohne jede

Beteiligung, ausdruckslos. Zwischendurch reflektiert sich ein Geräusch, das sie wahrnimmt, in diesen Augen, aber ehe der Reflex das Gesicht erreicht hat, hat sich der Irrtum herausgestellt: niemand kommt. Die Gestalt auf dem Sofa sinkt wieder in sich zusammen, der Blick senkt sich, alles ist Leere in ihr. Aber immer sagt dieses Gesicht doch, daß Marie Bornemann bescheiden wird, daß sie ihr Menschen-Schicksal tragen wird. Vom Wechselspiel der Stimmung, verschieden getönt durch Stimme, Gesten und Gesichtsausdruck, ist das Publikum fasziniert. Tilla Durieux meidet das Laute, das Grelle, das Übertönen, alles wäre in dieser Rolle vorhanden; sie ist leise, dezent, sie unterspielt sogar dort, wo sie ihrem komödiantischen Temperament freien Lauf lassen könnte: bei dem imaginären Dialog mit dem Vater ihres Sohnes. Zuvor, wenn sie wartet, da wetterleuchtet die innere Unruhe nur ab und zu durch ein Zucken der Gesichtsmuskeln, die Unsicherheit zeigt sich in einer fahrigen Bewegung, in einem unprononcierten Laut. So umgeht sie auch das Larmoyante, die Rührseligkeit, das Anbiedern an Gefühle des Publikums. Auf der Bühne steht eine alte Frau in all ihrem Hoffen, Zagen und Sich-Bescheiden in einem Stück, dessen Qualitäten gewiß nicht auf literarischem Gebiet zu suchen sind ...«

Tilla Durieux schlüpfte immer mehr in die Rollen-Haut dieser Marie Bornemann, sie wurde zum Teil ihrer selbst. Aber schon die ersten Aufführungen und die bald folgenden Tourneen durch Österreich, die Schweiz und die Bundesrepublik ließen sie brillieren. Stolz war sie, als sie erfuhr, daß Gustaf Gründgens es sich nicht hatte nehmen lassen, ihr beim Hamburger Gastspiel zuzusehen und zuzuhören. Fast nicht faßbar schien es ihr, daß ein Gründgens ihr für diesen Abend danken wollte. Doch es kam ein Brief, datiert vom 5. November 1962:

»Liebe Tilla Durieux!
Ich sah Sie gestern in ›Langusten‹. Ich bin kein überschwenglicher Mensch, aber hier darf ich meine ehrliche Begeisterung

*nicht in mich hineinfressen. Das war eine ganz herrliche, mit
großem künstlerischen Geschmack und einer bewundernswerten
Selbstdisziplin vorgetragene Leistung.*

*Man ist heutzutage so glücklich, wenn man etwas aus vollem
Herzen bejahen kann — und so glücklich war ich gestern Nachmittag.*

*Und das möchte ich Ihnen mit meinem herzlichen Dank und
meiner aufrichtigen Bewunderung nicht vorenthalten.*

*In herzlicher Verehrung
Ihr
Gustaf Gründgens*

1962. Nicht nur dieses Briefes wegen glaubte Tilla Durieux,
dies könnte ein neuerliches Jahr der Wende sein. Sie durfte im
Theater am Kurfürstendamm, das noch immer Volksbühnenhaus war, die Uraufführungen der Einakter *Dreht Euch nicht
um* und *Gedenktag* des Gerhart-Hauptmann-Preisträgers Hans-
Joachim Haecker spielen, u. a. mit Hilde Körber, das gab Auf-
trieb, auch wenn die Stücke keinen Anklang fanden. Sie durfte
vor allem aber Erwin Piscator als neuen Intendanten der Volksbühne begrüßen. Piscator war ja nicht nur der ›Weißtdunochmensch‹, Piscator war für sie nicht nur der Mann des politischen
engagierten Theaters vom Nollendorfplatz in Berlin, mit dem
sie in streitbarer Freundschaft seit der Mitte der zwanziger
Jahre debattiert hatte, seit sie bei getrennten Engagements 1959
in Hamburg zusammengetroffen waren (»da rauften wir uns
alle Abende«), Piscator wurde für Tilla Durieux 1962 eine
Hoffnung, zumal er vorhatte, ein Ensemble aufzubauen, vom
Ensuite-Spielplan abzugehen. Sie hatte es ihm einmal finanziell
ermöglicht, sein Theater zu machen. Würde er nun nicht es ihr
möglich machen, in einem Ensemble Platz zu finden? Die
Hoffnungen schienen berechtigt, zumal sie gleich in Piscators
erster Inszenierung, Gerhart Hauptmanns *Atriden*, als Peitho
besetzt wurde. Aber so unglücklich schon dieser Auftakt einer
neuen Piscator-Ära ausging, Piscators Ensemble-Pläne blieben

bis zu seinem Tode nur Pläne. Auch im neuen Haus, dem Theater der Freien Volksbühne in der Schaperstraße, das 1963 eröffnet wurde, kam es nicht dazu. Aber die Eröffnungsvorstellung mit Romain Rollands *Robespierre* geschah (fast ist zu sagen: natürlich) mit Tilla Durieux, wenn auch nur in der Rolle einer Bäuerin, die eine einzige Szene hat. Aber was wurde aus dieser Szene! Ein schwächliches geschichtliches Polit-Stück in einer wenig bewegenden Inszenierung, der nur einiger Glanz durch den Robespierre Ernst Ginsbergs zufiel, wurde wichtig, wurde ergreifend mit dieser einen Szene lebendigen Menschen-Theaters, mit der Begegnung zwischen Robespierre und der Bäuerin. Das ganze Leid, die armselige Plackerei, der Galgenhumor und die burschikose abgeklärte Verschmitztheit einer gebückten, doch nicht unterwürfigen naturverhafteten Wissenden kam hier zum Ausdruck. Das war das Ereignis dieser Eröffnungsvorstellung, gehörte auch schon zu jenen Gelegenheiten, die Tilla Durieux auftrumpfen ließen, um es »denen zu zeigen«.

Doch es blieb beim Gastieren, in Berlin und vor allem anderswo. Berlin hatte zum Ausgleich Ehrungen bereit, hohe und höchste. Wobei es allerdings geschehen konnte, daß Tilla Durieux aus den Zeitungen erfuhr, sie wäre zur Staatsschauspielerin ernannt worden. Erst eine Rückfrage brachte die Bestätigung und schließlich ein langes, doch nüchternes Entschuldigungsschreiben des zuständigen Senators Dr. Adolf Arndt.

Wenigstens einmal wollte Tilla Durieux auch von sich aus eine Ehrung vornehmen. Nicht ohne Eigennutz, wie sie erklärte. Selbstironisch ließ sie sich vernehmen: »Ich brauch' ja nicht zu leugnen, daß ich eitel bin. Ja, auch in meinen Jahren noch. Na ja, das ist ja bekannt, daß ich alle Leut', denen ich Geschmack zutrau', bei jeder Gelegenheit frag', welches Kleid ich anziehen soll und ob's nicht ein Anlaß wäre, daß ich mir ein neues machen lassen kann, — das ist immer ein schöner Tag für mich, wenn ich dann so was Neues anziehen kann, aber lassen wir das ...«, Tilla Durieux sprach's und reiste nach

Münster, um dort in *My fair Lady* ihr 65. Bühnenjubiläum zu feiern, dabei die Professoren-Würde des Landes Nordrhein-Westfalen von Kultusminister Holthoff zu empfangen und gleich im Anschluß — in einem ›Aufwasch‹ — selbst zu ehren und zu erläutern, warum sie so merkwürdig von ihrer Eitelkeit gesprochen hatte. Tilla Durieux überraschte das Münsteraner Publikum mit dem Hinweis, daß sie, da es sich ja nicht ewig leben ließe, als eitler Mensch etwas tun müßte, um nicht in Vergessenheit zu geraten. Deshalb habe sie sich entschlossen, den *Tilla-Durieux-Schmuck* zu stiften, der jeweils für zehn Jahre einer »hervorragenden Vertreterin der deutschen Schauspielkunst« verliehen werden soll. Tilla Durieux schritt auch sogleich zur Tat, rief Maria Wimmer auf die Bühne, und nach langen Umhänge-Schwierigkeiten, die vom Publikum mit Lachsalven und Ermunterungsapplaus begleitet wurden, war's geschafft: Maria Wimmer prangte als erste Trägerin im *Tilla-Durieux-Schmuck*, einem Kollier mit 34 in Platin gefaßten grünen Zirkonen.

Nur wenigen billigt man zu, sich durch die Stiftung einer Auszeichnung zu verewigen. Tilla Durieux war die grand old lady des deutschen Theaters geworden, sie durfte es. Einen Gutteil Berechtigung konnte sie sich ableiten auch aus der Laudatio des Nordrhein-Westfälischen Kultusministers Fritz Holthoff, der dem »jüngsten Professor« des Bundeslandes die Aufgeschlossenheit »für Neues und für junge Menschen« hoch anrechnete und schließlich bekundete: »Sie sind ja in einem geistig-sittlichen Klima aufgewachsen, das dem gesamten Bereich der Kultur nicht nur in verstehend-genießender Hingabe, sondern stets auch in aktiver Teilhabe geöffnet war. Kultur war für Sie von Jugend an die Bemühung um Selbst- und Weltverständnis, ein anhaltendes und ernstgenommenes Bemühen, dessen Ergebnis und Frucht Bestandteil Ihrer Rollengestaltung und damit ein Wesensingredienz Ihres künstlerischen Erfolges geworden ist. Sie haben immer zu jenem geistigen Schauspielertyp gehört, der aus der Einsicht in die geistig-kulturelle Situation der eigenen Zeit schafft, auch die von Ihnen gestalteten Rollen sind zu einem Spiegel dieser Zeit geworden. Sie selbst gehörten also zu jenem Bereich des Theaters, wo, wie man wohl sagen darf, Theatergeschichte zur Kulturgeschichte geworden ist.«

Die Schauspielkunst der Tilla Durieux war nie zeitgebunden, sondern von allen Traditionen durchflutet und von der jeweiligen Gegenwart getränkt. So wie sie am Ende auch wieder leben durfte im traditionellen Rahmen, der das Heute umschloß. Noch nach dem 85. Geburtstag konnte sie eine repräsentative Altberliner Wohnung beziehen, ein kleines Schloß fast in einem Mietshaus alter Pracht. Da residierte sie wie ein Wesen aus feudaler Zeit, aber orientierte sich über die Probleme von Heute. Da las sie, da hielten die wenigen Freunde und Bekannten Einkehr, Schauspieler, Schriftsteller, Politiker — und Modeschöpfer. Es war immer ein Empfang. Die Weite der Räume, die antiken Möbel, ein paar Kunstwerke auch, Tilla Durieux inmitten, da glaubte man sich einem Zeremoniell unterworfen, und fand sich dann doch bald in einer gemütlichen Sofa-Ecke in der lockersten Plauderei. Der Empfang trog. Bei Tilla Durieux konnte man nur auf Besuch sein. Auch wenn Getränke und kalte Platten ›wie bei Frau Gräfin‹ vom Hoflieferanten gekommen zu sein schienen. Doch das brauchte nicht zu irritieren. Tilla Durieux hatte immer alles selbst besorgt und nicht etwa im renommierten Delikatessen-Laden. Nein, in aller Frühe konnte man sie durch's Kaufhaus huschen sehen. Tilla Durieux gab es eben immer doppelt: die Tilla Durieux, die Hof hielt, die andere, die trotz ihrer schmerzhaften Arthritis mit beiden Beinen fest im Leben stand.

Es kamen noch andere Beschwerden, der Gesundheitszustand verschlechterte sich seit 1969. Doch Tilla Durieux spielte Theater. Sie wollte erst aufhören, wenn es unter Aufbietung aller Energien nicht mehr ginge. Sie war immer davon überzeugt, daß hier das Ende auch ein endgültiges Ende sein würde. Im Notizbuch mehren sich die Eintragungen »Sehr elend. Wollte schon absagen. Spielte dann doch. Auf der Bühne merke ich

nichts. Hinterher aber umso schlimmer.« Jahre zuvor, bei vielfach auftretendem Fieber, notierte sie: »Was ist mit mir? Ist
das das Ende?« Solche Eintragungen gab es in letzten Jahren
nicht mehr. Umso öfter brachte sie »ihr Sach« in Ordnung.
Gelegentlich sagte sie, »nun ist es langsam genug.« Doch sie
wehrte sich. Sie verlangte von sich und für sich ein erfülltes
Leben noch immer.

Bis in den späten März 1970 hinein spielte Tilla Durieux noch
in Wiesbaden Repertoire in Billetdoux' *Durch die Wolken*, in
Anouilhs *Leocadia* und in der Boulevardkomödie *Zwei
ahnungslose Engel*. Dann wollte sie sich eine kurze Pause gönnen bis zu den Wiesbadener Maifestspielen. Doch diese mußten
ohne Tilla Durieux stattfinden. Injektionen und Medikamente,
die sie sich auch wieder im Frühjahr hatte verabfolgen lassen,
um Schwäche- und Fieberanfälle zu überwinden, um nicht Vorstellungen absagen zu müssen, ebenso ein aufgekommener Verdacht, sie hätte Krebs, ein, wie sich herausstellte, unbegrün-
deter Verdacht, der doch aber seine psychischen Wirkungen
hinterließ, außerdem Nervosität, die sie befallen hatte, weil
Textstörungen aufgetreten waren, — alles kam zusammen, um
ihren Zustand zunächst einmal auf einen Tiefpunkt abfallen
zu lassen, als die Anspannung der Wiesbadener Verpflichtungen
vorüber war. Zwei, drei Interviews blieben für Wochen ihre
einzigen Öffentlichkeitskontakte. »Interviews gebe ich erst nicht
mehr, wenn ich unter der Erde bin«, hatte sie gelegentlich erklärt, »Interviews gehören zu meinem Leben. Leider haben so
viele Journalisten, die mich um ein Interview bitten, so wenig
Ahnung von den Sachen, die sie erfragen sollen.« Tilla Durieux
strahlte vor Glück, wenn es anders war, zollte unter Umständen sogar Anerkennung, wenn schon manchmal auch auf ihre
persönliche Weise: »Was, das wissen Sie? Das freut mich. Sowas
ist selten, daß sich einer darum gekümmert hat. Aber hoffent-
lich wissen Sie auch etwas über das, was heute Bedeutung hat.
Nur so in der Vergangenheit rumwühlen, wissen Sie, ist gar
nicht gut.« Aber Tilla Durieux selbst ließ nie einen Zweifel

Mit Alfred Mendler in Durch die Wolken *(Billetdoux), Hessisches Staatstheater Wiesbaden.*

Tilla Durieux, Ehrenmitglied des Deutschen Theaters in Berlin. Bei den Feierlichkeiten am 4. Oktober 1970.

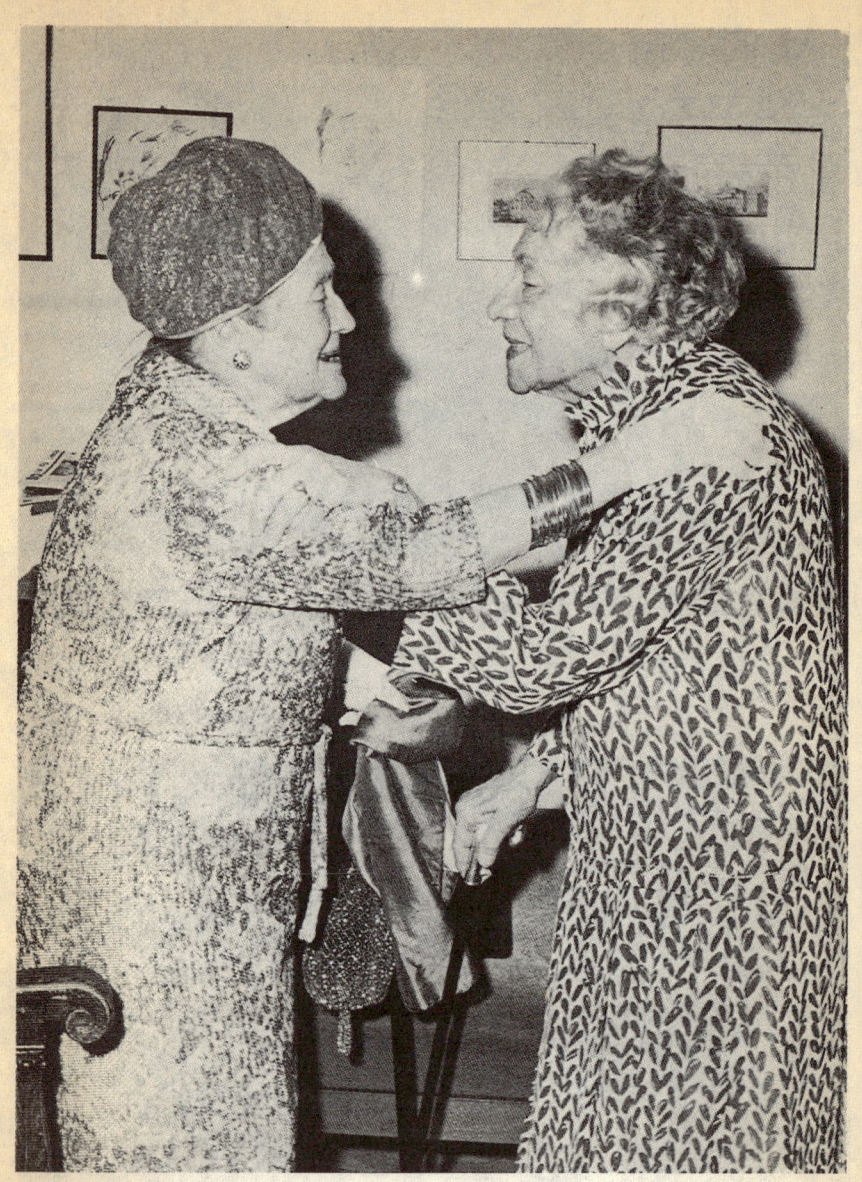

Tilla Durieux an ihrem 90. Geburtstag in ihrer Wohnung in Berlin mit Elsa Wagner.

daran, wie wichtig ihr Vergangenes war. Umso mehr fühlte
sie sich angesprochen, als ihr angetragen wurde, einen Kurzfilm zu drehen über die Entstehung des Renoir-Bildes. Hing
es damit zusammen, daß sie schneller wieder zu Kräften kam,
als man zunächst hoffen durfte? Aber da war ja auch noch ein
anderer Plan zu besprechen. Hela Gerbers Berliner Theater in
der Nürnberger Straße wollte ihr eine Premiere zum 90. Geburtstag bereiten. Die Frage war nur: welches Stück? Die Antwort war nicht leichter zu finden als vor fünf Jahren, als Roussin den Lückenbüßer im Hebbeltheater abgab. Tatsächlich fand
sich auch nichts, was sowohl Tilla Durieux hätte zufrieden-
stellen können als auch in den Unterhaltungs-Spielplan gepaßt
hätte. Doch wie war es mit Anouilhs *Leocadia?* Hatte nicht
Tilla Durieux in Wiesbaden als Herzogin einen großen Erfolg?
Gedacht und festgelegt. Das Berliner Theater wollte eine
eigene, von Paul Vasil besorgte Inszenierung herausbringen,
doch diese brauchte finanzielle Hilfe, der Normal-Etat konnte
den Rollen- und Ausstattungsaufwand nicht verkraften. Direk-
torin Hela Gerber stellte das allerdings zu spät fest. Der dafür zuständige Senats-Subventionstopf war leer. Die Proben,
die schon begonnen hatten, gerieten in die finanzielle Unsicherheit, und Tilla Durieux war davon gleich doppelt belastet, als
Mitwirkende und als eigentlicher Anlaß dieser Aufführung,
konfrontiert überdies mit einem Regisseur, der ihr sicher nicht
allzu gemäß sein konnte, obwohl sie wenige Jahre zuvor noch
dem deutschen Theater gerade vorgehalten hatte, daß es nicht
mehr »das alte komödiantische Theater« wäre. Paul Vasils
Komödiantismus, den er sicherlich hat, ist jedoch von der ver-
spielten Art, die Tilla Durieux' Sache nicht sein konnte. Tilla
Durieux stand die Situation nicht mehr durch. Da war plötzlich wieder diese Schwäche, da war auch der Text wieder dem
Kopf entschwunden, sie bekam Angst. Dem Arzt blieb nur
noch übrig, striktes Auftrittsverbot zu erteilen. Die Inszenierung wurde abgebrochen und damit der Plan aufgegeben, auch
am 90. Geburtstag Tilla Durieux auf der Bühne zu feiern.

Nun begann die Suche nach einem Ersatz. Denn irgendwie sollte doch dieser Tag öffentliche Beachtung finden. So kam es dazu, daß sich das Staatsschauspiel zur Verfügung stellte, ein an sich merkwürdiger Vorgang. In fast genau achtzehn Jahren hatte die immerwährende Intendanz für Tilla Durieux nur eine Aufgabe gehabt, nämlich die Anath in Christopher Frys *Erstgeborenem* 1952 und hatte darüber hinaus nur das Trostpflästerchen der Ensemble-Ehrenmitgliedschaft bereit. Boleslaw Barlog, der Generalintendant, sagte allerdings 1965, er hätte immer nach einem Stück gesucht, in dem er Tilla Durieux zusammen mit der ja nur wenig jüngeren Elsa Wagner herausstellen wollte, aber das hätte sich nicht verwirklichen lassen. Woraus sich leicht folgern ließ, woran jegliches anderes Engagement scheitern mußte. Die Bedingung war, Elsa Wagner, mit Liebe oft als ›Berliner Institution‹ bezeichnet, plus Tilla Durieux in *einem* Stück, allein aber nur Elsa Wagner, das angestammte Ensemble-Mitglied. Nun aber schickte sich das Schillertheater in Zusammenarbeit mit der Akademie der Künste an, die fällige Durieux-Huldigung auszurichten. Doch die eigenen Kreise durften natürlich nicht gestört werden. Also wurde nachgefeiert, am Sonntag nach dem 18. August in einer Matinee. Voll besetzt waren Parkett und Rang, das Publikum erhob sich zu Ehren der Neunzigjährigen, als sie von Boleslaw Barlog ins Theater geleitet wurde. »Offizielle Glückwünsche von Seiten des Hauses gab es allerdings nicht«, registrierte der Berichterstatter der Zeitung ›Der Abend‹, »stattdessen sprach, im Namen des Ensembles, Bernhard Minetti ...« Auch Berlins Regierender Bürgermeister Klaus Schütz huldigte Tilla Durieux in einer Ansprache, doch schon am Geburtstage selbst hatte er ihr im kleinen Kreise ein Ehren-Essen gegeben; die nun öffentliche Verpflichtung zwang zur Wiederholung schon erfolgter Würdigung. Walther Karsch, der Theaterkritiker als Laudator, war in ähnlicher Situation. So dezidiert er die Jubilarin auch porträtierte, ihren Weg durch fast ein Jahrhundert verfolgte, ihr Wirken in der ersten und in der zweiten Theaterlaufbahn vergleichend und gleichermaßen als Hinführung zum Menschen wertete, als Konventionen sprengend in der »Balance zwischen Intellekt und Instinkt«, Walther Karsch konnte auch nur noch einmal markieren, was in jedweder Zeitung in diesen Tagen bereits zu lesen gewesen, was über Rundfunk- und Fernsehsender schon gesagt worden war. Man empfand umso mehr Dank für Nuancierungen in der persönlichen Sicht auf diese unermeßliche Theaterkarriere. Kaum anders erging es den anderen Rednern, so Professor Dr. Kurt Raeck, dem Direktor des Renaissancetheaters, der sich bei Tilla Durieux gleich in doppelter Eigenschaft bedankte: für die Mitwirkung in der Akademie der Künste, vor allem aber für ihre aktive Anteilnahme an der Lessinghochschule, einst schon und dann auch nach der Wiederbegründung. Farbe, Übertrumpfung kam durch Elsa Wagners Glückwunsch-Spontaneität. Sie, die auch schon fast Neunzigjährige, ließ sich gleich mitfeiern, schwang sich auf die Sympathie-Wogen, »dasein muß man, und das sind wir beide: eine Folge unserer Theaterbesessenheit, unseres Fleißes und unserer Liebe!« Und: »Am biblischen Alter zu stehen und noch so auf der Höhe zu sein, das soll uns mal einer nachmachen. Darauf können wir uns was einbilden — und das tun wir auch.« Da kam Jubel, da kam Zustimmung auf. Tilla Durieux zeigte sich gerührt dem Anlaß gemäß und konnte vor allem für sich buchen, daß sie trotz Bühnen-Verbots ihr ›Dasein‹ Generationen überbrückend unter Beweis stellen durfte: sie las »zum Staunen temperamentvoll« aus *Spielen und Träumen*, aus jener Schrift, die sie gerade in diesen Tagen so intensiv wieder beschäftigte, und — davor schon — kam der Kurzfilm *Das Bild*, gestaltet von Heinz Ritter und Thomas Keck, zur Uraufführung. Auf der Textgrundlage der Memoiren erzählt darin Tilla Durieux, die Neunzigjährige, über Tilla Durieux, die Mittdreißigerin, und deren Sitzungen beim greisen Renoir. Die Filmbewertungsstelle befand inzwischen, dieser Film sei künstlerisch besonders wertvoll.

Von auch nicht zu unterschätzendem Wert war aber bei dieser

verspäteten Geburtstags-Ehrung der Besuch aus Wiesbaden. Vom Hessischen Staatstheater, der letzten künstlerischen Heimat Tilla Durieux', wenn sie so etwas überhaupt ihr eigen nennen konnte, kam Intendant Alfred Erich Sistig, den sie zu den Maifestspielen gerade noch notgedrungen im Stich hatte lassen müssen, und brachte ihr ein neues Rollenangebot, die Madame Desmermortes in Anouilhs *Einladung ins Schloß*. Ein derartiges Geschenk war besser als Medizin. Tilla Durieux glaubte wieder Kräfte zu spüren, die ein weiteres Jahrzehnt verhießen. Sie lächelte spitzbübisch, als in Erinnerung gebracht wurde, daß sie beim 85. Geburtstag erklärt hatte, sie müßte nun vorsichtiger sein mit Plänen und Verträgen, sie wolle ja keinen Intendanten dadurch in Schwierigkeiten bringen, daß sie allzu langfristig Verbindlichkeiten einginge; ein knappes Jahr, das wohl, doch mehr wäre nicht fair. Jetzt lächelte sie darüber selbstironisch, meinte, sie wäre eben zu kleinmütig gewesen und stak nun, fünf Jahre danach, voller Pläne. Allerdings hatten sich auch ganz plötzlich völlig neue Perspektiven eröffnet.

Sporadische, flüchtige Kontakte zu Kollegen in Ostberlin hatte es seit längerem gegeben, nicht zuletzt zu Helene Weigel, die ihr im September 1960 geschrieben hatte: »Liebste Tilla Durieux! ... Auch wir würden uns sehr freuen, Sie einmal wieder in unserem Theater sehen zu können. Und es muß auf einem Irrtum Ihrerseits beruhen, daß Ihr Weg zu uns versperrt sei. Sie leben in Westberlin, und da gibt es überhaupt keine Schwierigkeiten. Mit sehr herzlichen Grüßen Ihre Helene Weigel.« Einladungen hatten so gelegentlich immer mal wieder für Tilla Durieux die Mauer durchlässig werden lassen. Doch außer Geburtstagsmeldungen und knappen Hinweisen auch sonst mitunter, daß Tilla Durieux, die einst gefeierte Protagonistin an Max Reinhardts Deutschem Theater, noch aktiv war, erschien in der DDR-Presse kaum jemals eine nähere Information nach den frühen fünfziger Jahren. 1963 aber begann eine Durieux-Renaissance in der DDR. Sogar das Kultusministerium gratulierte zum 85. Geburtstag, und der Ostberliner Henschel-Verlag erwarb um zehn Jahre verspätet die Nachdruckrechte der Memoiren, die dann schnell zum Bestseller avancierten. Zur Übergabe des Exemplars Nummer eins lud der Bühnenklub »Die Möwe« eigens zu einem Empfang im Januar 1966, auf dem wohlgefällig registriert wurde, daß Tilla Durieux so manches Manko an der deutschen, sprich westdeutschen Theater-Landschaft gefunden hatte, »Schauspieler sein, heißt heute, einen Koffer haben und Reisen«, während sie die langen Probenzeiten des Berliner Ensembles als beispielgebend bezeichnete; und noch wohlgefälliger wurde aufgenommen, daß Tilla Durieux die Frage, ob sie nicht auch gern einmal in der DDR gastieren möchte, mit einem klaren »Ja, sehr gern« beantwortete. Ein Jahr später folgte ein weiterer Schritt der Annäherung. Tilla Durieux war zum zweiten Mal Gast im Bühnenklub und gab unter Ausschluß der allgemeinen Öffentlichkeit vor Schauspielern und Schriftstellern ein ›einmaliges Gastspiel‹ als Marie Bornemann in *Langusten*. Danach war dann wieder Gelegenheit zu einem Plauderstündchen mit Kollegen und Kultur-Funktionären. Der Höhepunkt der aufgenommenen Beziehungen ließ aber noch drei Jahre auf sich warten. Pünktlich zum 90. Geburtstag erschien zum Nachmittagsempfang in Tilla Durieux' Westberliner großbürgerlicher Wohnung der seit kurzem amtierende Intendant des Deutschen Theaters, Hanns Anselm Perten, mit 90 roten Rosen und dem Wunsch, Tilla Durieux möge die Ehrenmitgliedschaft auch dieses Ensembles annehmen. Tilla Durieux akzeptierte. Hunderte von Gratulanten, persönlich erschienen oder vertreten durch Blumen, Telegramme und Briefe, hatten ihr nicht so viel bieten können, wie ihr dieser Antrag bedeutete. Dagegen mußte dann notwendigerweise all das verblassen, was im Schillertheater noch zu sagen war, da mögen nur noch die Huldigungsovationen des Publikums wirklichen Stellenwert gehabt haben. Für Tilla Durieux hatte sich ein Kreis geschlossen. Zumindest symbolisch war sie nun zurückgekehrt an das Theater, das ihr Welt-

ruhm eingebracht hatte, an Max Reinhardts Deutsches Theater, dessen Ära sie 65 Jahre zuvor im *Sommernachtstraum* mit eingeläutet hatte. Aber mehr noch, die Ehrenmitglieder-Liste ist klein. Fast ausnahmslos stehen auf der Ehrentafel im oberen Foyer nur unbestritten erlauchte Namen, von Max Reinhardt bis zu Eduard von Winterstein. Welche Genugtuung auch, daß Tilla Durieux' Name nun zu dem von Gertrud Eysoldt trat. Doch war mit der Ehrung nicht auch ein Politikum verbunden? Ja und nein. Auf jeden Fall 1970 ein anderes als es vielleicht noch fünf Jahre, sicher aber doch zehn Jahre früher gewesen wäre. Westberlins Senator für Wissenschaft und Kunst, Professor Dr. Werner Stein, Nachfolger im Amt von Dr. Adolf Arndt und Tilla Durieux seit eineinhalb Jahrzehnten privat und amtlich in Verehrung verbunden, gratulierte, den politischen Aspekt dabei gleich klärend: »Sehr verehrte gnädige Frau! Mit großer Genugtuung habe ich erfahren, daß das Deutsche Theater in Ost-Berlin Ihnen die Ehrenmitgliedschaft verliehen hat. Dazu übermittle ich Ihnen meine herzlichsten Glückwünsche. — Tatsächlich gehört Ihre hohe Kunst dem ganzen deutschsprachigen Theater. Wir in diesem Teil der Stadt haben uns immer bemüht, die Mauer durchlässig zu machen. Bedauerlicherweise haben die Ost-Berliner Theater Einladungen zu unserem Theatertreffen regelmäßig abgelehnt. Es ist besonders zu begrüßen, daß es einer Frau von Ihrer humanitären Gesinnung, der jede menschenfeindliche Haltung fremd ist, gelingt, diese unzeitgemäße Sperrlinie zu überwinden. Ich bin sicher, daß es für Sie eine große Befriedigung ist, in Ihrer Person das Einigende zwischen den Menschen in beiden Teilen Deutschlands sichtbar zu machen. Möge es ein Anfang für eine weitere gute Entwicklung sein. — Mit hochachtungsvollen und herzlichen Grüßen Ihr Werner Stein.«
Keine Ehrung ohne Feierstunde. Aber der erste Versuch am 27. September schlug fehl. Prominenz aus Politik und Kultur wartete samt Publikum im vollbesetzten Deutschen Theater vergeblich. Eine rote Rose blieb auf einem leeren Stuhl. Tilla

Durieux hatte telegrafisch abgesagt, weil wieder der körperliche Zustand die Fahrt und die Anstrengung der Zeremonie nicht ratsam sein ließ. Aber das Telegramm kam zu spät nach Ostberlin. Ein Stadtbahnzug hätte den Weg allerdings in zehn Minuten geschafft. Berlin 1970. Einen Sonntag später war Tilla Durieux wieder bei Kräften, und in einer neuerlich anberaumten Feier konnte Intendant Hanns Anselm Perten die Urkunde verlesen, in der es unter anderem heißt: »Tilla Durieux, die Seniorin deutscher Schauspielkunst, die große Gestalterin unvergessener Figuren, wird in Achtung ihrer demokratischen Haltung gegenüber dem Faschismus und in Würdigung ihrer Leistungen am Deutschen Theater Berlin und ihrer Verdienste um die Entwicklung einer realistischen Schauspielkunst zum Ehrenmitglied des Deutschen Theaters Berlin ernannt.« Die Laudatio hielt das Mitglied des DDR-Staatsrates, Professor Hans Rodenberg. Er tat den letzten Schritt zur theoretischen Vereinnahmung, die nichts kostete, aber Effekt versprach. »Nie haben Sie sich um das Lehrgeld gedrückt, immer haben Sie jeden Kampf, jede Enttäuschung, jede Hoffnung mit Ihrem eigenen Namen Tilla Durieux unterzeichnet. In Ihrem wunderbaren Lebensbuch von der offenen Tür steht der für Sie charakteristische Satz: ›Schwierige Fälle liebte ich allein auszufechten.‹ Sie standen immer für das ein, was Sie taten, weil Sie immer ein tätiger Mensch waren, tätig, um nützlich zu wirken, in welcher Lage auch immer. Die faustische Frage: Was war im Anfang, Sinn, Wort oder Tat — Sie versuchten immer, die Synthese von Sinn, Wort und Tat zu finden und sind mit Ihrem Leben dafür eingestanden ... Wenn Ihnen die politische Mission zugeschrieben wurde, eine Durchlöcherin der sogenannten Mauer zu sein, so ist das doch reichlich zynisch. Ich denke, es ist ein Akt der Freundschaft mit uns, die wohl eher eine persönliche Anerkennung unserer Deutschen Demokratischen Republik ist, weil Sie sehr genau wissen, daß wir höher als alles den Kampf um die Erhaltung des Friedens stellen, die Sicherheit in Europa, die Freundschaft der Völker, das friedliche Zusammenleben gleichberechtigter Staaten, beseelt von der hohen Verantwortung, daß von deutschem Boden nie wieder ein Krieg ausgehen darf ...« Eine Neunzigjährige im geteilten Deutschland —.

Tilla Durieux schloß bald darauf einen Vertrag mit der DEFA, der staatlichen DDR-Filmgesellschaft, für eine Rolle in einer Teil-Verfilmung des Romans *Die Bilder des Zeugen Schattmann* von Peter Edel, in Zeugen-Rückblenden handelnd von einem Nazi-Prozeß mit antiwestdeutschem Zungenschlag vor dem Obersten Gericht der DDR. Drehbeginn sollte anfangs 1971 sein. Im Dezember 1970 überreichte Berlins Regierender Bürgermeister Tilla Durieux das Große Bundesverdienstkreuz. — Eine Neunzigjährige im zweigeteilten Deutschland —.

Ende Januar folgte das letzte öffentliche Auftreten. Bei der Jubelfeier für die nun ebenfalls neunzigjährige Elsa Wagner gratulierte Tilla Durieux im Schillertheater. Wenige Tage darauf stürzte sie in ihrer Wohnung. An den Nachfolgen einer Oberschenkelhalsbruch-Operation verstarb sie am 21. Februar. Über eine Woche hatte sie mit dem Tode gekämpft. Wenige Tage nach der Operation, als alles gut zu gehen schien, hatte sie noch auf der Absendung zweier Telegramme bestanden: man brauche sich in Ostberlin und in Wiesbaden keine Sorgen zu machen, sie würde in der Lage sein, ihre Engagements zu erfüllen.

Tilla Durieux verstarb fünf Monate und drei Tage nach ihren ersten neunzig Jahren. Befragt, woher sie die Kraft gesogen habe für ein solches Leben, antwortete sie: »aus meinem Humor, aus meinem Kampfwillen und aus den Worten von Angelus Silesius ›Mensch werde wesentlich! Denn wenn die Welt vergeht, So fällt der Zufall weg, Das Wesen das besteht‹.«

Davon war auch ihr Gesicht geprägt worden, dieses Gesicht, das wieder, ein halbes Jahrhundert fast nach Barlach, Slevogt, Renoir, junge Maler und Bildhauer angezogen hatte, so Fritz Schweitzer, so Mary Duras, deren Durieux-Büsten in der Prager Nationalgalerie und in der Ostdeutschen Galerie Regensburg aufgestellt sind, so Götz Löpelmann, von dem die Städtischen Bühnen Münster einen Durieux-Kopf erwarben, um ihrem Ehrenmitglied zu huldigen.

Am 1. März fand sich Berlins trauernde Theatergemeinde im Schneegestöber zusammen, um Abschied zu nehmen. Bevor die sterblichen Überreste der Feuerbestattung übergeben wurden, versicherte noch einmal der Regierende Bürgermeister von Berlin, daß Tilla Durieux eine Heimat in den Herzen der Berliner gefunden habe; Maria Wimmer bedankte sich im Namen der Akademie der Künste für dieses aufgeschlossene Leben und zugleich für die hilfreiche Freundschaft, die ihr zuteil geworden war; Staatsschauspieler Martin Held rezitierte auf Wunsch Tilla Durieux' eines ihrer Lieblingsgedichte des österreichischen Lyrikers Richard Beer-Hofmann; Oscar Fritz Schuh zeichnete noch einmal die künstlerische Persönlichkeit, die »Inkarnation mehrerer Theaterepochen, ohne doch jemals einer der wechselnden Moden gefolgt zu sein«; der junge Schauspieler und Regisseur Dieter Aniol berichtete von der Faszination, die von Tilla Durieux ausging, als sie zu einer Begegnung mit Schauspiel-Eleven in die Max-Reinhardt-Schule gekommen war, und wie er am Auftrag scheiterte, Tilla Durieux' Bibliothek zu ordnen, weil die Neunzigjährige ihn ständig in Gespräche über die Theater- und allgemeinen Kultursituationen verwickelte; und dann erklang noch einmal — Tilla Durieux hatte es selbst so festgelegt — die Stimme. Tilla Durieux sprach Janne Furch-Allers Gedicht »Ihr, die ihr leben dürft ...«

Chronologie

Aus dem privaten Bereich werden nur die wichtigsten Daten genannt. —
Die von Tilla Durieux während ihrer bisher 64jährigen Bühnenlaufbahn
gespielten Stücke und Rollen sind Legion. In dieses Verzeichnis konnten
nicht alle aufgenommen werden. Ebenso nicht alle Gastspiele, auch nicht
alle Funk- und Fernseh-Rollen.
Stück-Titel und Rollen werden nur beim ersten Mal genannt. Ausnahmen:
1. wenn die erste Aufführung während eines Gastspiels erfolgte, dann
wird auch die Premiere am Heimatort des Ensembles berücksichtigt; 2. wenn
dieselbe Rolle an verschiedenen Theatern gespielt wurde. Wird ein Stück
so mehrmals genannt, dann erfolgt die Autoren-Angabe nur beim ersten
Mal, sofern Mißverständnisse ausgeschlossen sind (also nicht bei der *Medea*).
Bei Ensemble- und Rollen-Gastspielen sind zumeist nur die ersten gespielten Rollen verzeichnet.

1880	18. August geboren in Wien	
1886	Beginn der Ausbildung zur Pianistin	
1895	Tod des Vaters Wien-Gastspiel Sarah Bernhardts	
1899 bis 1901	Theater-Vorbereitungsschule des Hofschauspielers Karl Arnau, Wien 14. Oktober 1899: erstes öffentl. Auftreten in einer Eleven-Vorstellung 21. Mai 1901: letztes öffentl. Auftreten in einer Eleven-Vorstellung	
1901/02	Olmütz. Kgl. Städt. Theater, 1. Auftreten als Tiroler Knabe in *Der Vogelhändler* (Karl Zeller), Rollen-Debut: 26. September 1901	*Der eingebildete Kranke Molière)*, Belinde — *Cyprienne* (Sardou), Cyprienne — *Fiesco* (Schiller), Bertha — Possenfiguren
1902	Kurtheater Berg bei Stuttgart und Gartentheater Wilhelma, Stuttgart (Sommer-Engagement)	

1902/03	Breslau. Lobe-Theater, Stadttheater, Thalia-Theater	*Die goldene Eva* (Schönthan), Frau Eva — *Der Hüttenbesitzer* (Ohnet), Athenais — *Emilia Galotti* (Lessing), Orsina — *Rosenmontag* (Hartleben), Gertrude — *Goetz von Berlichingen* (Goethe), Georg — *Die Piccolomini* (Schiller), Gräfin Terzky — *Der arme Heinrich* (Hauptmann), Ottegebe — *Die Jüdin von Toledo* (Grillparzer), Esther — *Richard III.* (Shakespeare), Margarete v. Anjou — *Nachtasyl* (Gorki), Anna
1903	Mai: Breslauer Ensemble-Privat-Gastspiel in Posen	*Nachtasyl*, Wassilissa — *Salomé* (Wilde, Salomé — *Hochzeit der Sobeide* (Hofmannsthal), Gülistane
1903/11	Berlin. Max-Reinhardt-Bühnen (Kleines Theater, Neues Theater, Deutsches Theater, Kammerspiele, Zirkus Schumann), Debut: 8. September 1903	*Nachtasyl*, Wassilissa — *Kabale und Liebe* (Schiller), Lady Milford — *Salomé*, Herodias — *Elektra* (Hofmannsthal), Klytemnästra — *So ist das Leben* (Wedekind), Prinzessin Alma — *Früchte der Bildung* (Tolstoi), Betsy — *Ein Zusammenbruch* (Björnson), Valborg = Sonderaufführung für die Neue Freie Volksbühne — *Salomé*, Salomé = alternierend mit Gertrud Eysoldt, weiterhin sonst Herodias
1904	Heirat mit dem Maler Eugen Spiro	*Medea* (Euripides), Chorführerin — *Die Kronprätendenten* (Ibsen), Sigrid — *Der grüne Kakadu* (Schnitzler), Séverine — *Die Neuvermählten* (Björnson), Mathilde *Der Kammersänger* (Wedekind), Helene
1905		*Ein Sommernachtstraum* (Shakespeare), Oberon — *Sanna* (Bahr), Luise — *Rosmersholm* (Ibsen), Rebekka — *Das Käthchen von Heilbronn* (Kleist), Kunigunde
1905	Ensemble-Gastspiel in Wien	*Ein Sommernachtstraum*, Titania, Oberon jetzt Alexander Moissi
1906		*Tartuffe* (Molière), Elmire — *Der Liebeskönig* (Greiner), Isabella — *Mensch und Übermensch* (Shaw), Ann Whitefield

1907		*Das Friedensfest* (Hauptmann), Auguste — *Romeo und Julia* (Shakespeare), Gräfin Capulet — *Gyges und sein Ring* (Hebbel), Rhodope — *Der Marquis von Keith* (Wedekind), Gräfin Werdenfels
1908		*Kimiko* (Gersdorff), Geisha — *Fiesco*, Gräfin Julia — *Der Arzt am Scheidewege* (Shaw), Jennifer -- *Der Graf von Gleichen* (Schmidtbonn), Notburg
1909	Ensemble-Gastspiel in München	*Judith* (Hebbel), Judith — *Gespenster* (Ibsen), Regina *Die Zuflucht* (Nicodemi), Juliette — *Don Carlos* (Schiller), Eboli — *Das Heim* (Mirbeau/Natanson), Baronin
1910	Heirat mit dem Kunsthändler Paul Cassirer	*Der gute König Dagobert* (Rivoire), Königin — *Judith*, Judith — *Herr und Diener* (Fulda), Odatis
	Sondervorstellung d. literar. Ges. »Pan« im Kleinen Theater	*Der Tyrann*, Künstlerin — *Die Unschuldige*, Gabriele — *Varieté*, Leda (= Einakter-Uraufführungen von Heinrich Mann unter dem Titel *Die Bösen*)
	Ensemble-Gastspiel in Wien, Mannheim, Breslau, Köln	*Hamlet* (Shakespeare), Königin
	Ensemble-Gastspiel in München (Musikhalle der Ausstellungen)	*König Oedipus* (Sophokles/Hofmannsthal), Jokaste
	Berlin. Zirkus Schumann	*König Oedipus*, Jokaste
1911	Mai: Beginn der Rollen-Gastspiele, München. Kgl. Hoftheater Literarische Matineen u. Soireen	*Die Königin* (Th. Wolff), Königin — *Spielereien einer Kaiserin* (Dauthendey), Katharina
	Juni: Letztes Auftreten im Reinhardt-Ensemble (Zirkus Schumann)	*Orestie* (Aischylos), Kassandra
	Berlin. Theater i. d. Königgrätzer Straße	*Spielereien einer Kaiserin*, Katharina — *Schauspielerin* (H. Mann), Leonie

1912	Gastspielreisen nach Sankt Petersburg, Wien, Frankfurt
	Rezitationsabend in Breslau
	Berlin. Neues Schauspielhaus am Nollendorfplatz

Judith, Judith — *Gyges und sein Ring*, Rhodope — *Der Turm des Schweigens* (Collijn), Semiramis
Circe (Calderon), Circe

	München. Künstlertheater
	Veröffentlichung: Spielen und Träumen, biogr. Notizen von Tilla Durieux mit Lithographien von Emil Orlik (Drucke der Galerie Flechtheim, Berlin)
	Berlin. Lessing-Theater (Otto Brahm)

Hedda Gabler (Ibsen), Hedda

	Sondervorstellung für die Goethe-Ges. (Lauchstädt)

Gabriel Schillings Flucht (Hauptmann), Hanna Elias

1913	Berlin. Lessing-Theater/ Sozietäts-Theater (Otto Brahm † Nov. 1912) Finanzielle Beteiligung

Die große Liebe (H. Mann), Liane — *Gabriel Schillings Flucht*, Hanna Elias

	München. Künstlertheater

Erdgeist/Büchse der Pandora = geschl. Vorst. (Wedekind), Lulu — *Erdgeist*, Lulu — *Antonius und Cleopatra* (Shakespeare), Cleopatra

	Rollen-Gastspiele in Königsberg, Stuttgart, Frankfurt am Main, München (Volkstheater)
	Berlin. Lessing-Theater

Peer Gynt (Ibsen), Anitra — *Pygmalion* (Shaw), Eliza — *Liliom* (Molnar), Julie

	Rollen-Gastspiele in Schwerin, Stuttgart, Frankfurt am Main, Köln, Hannover, Bremen, Straßburg, Düsseldorf, München, Prag, Zürich

Heimat (Sudermann), Magda — *Narziß* (Brachvogel), Pompadour — *Maria Stuart* (Schiller), Maria Stuart — *Hedda Gabler*, Hedda

1914	Berlin. Lessing-Theater Rollen-Gastspiele in Königsberg, München

Simson (Wedekind), Delila
Mutterschaft (Bracco), Marquise Claudia
Filme: *Die Launen einer Weltdame — Die Verschleierte*

	Krankenschwester in der Anstalt Buch b. Berlin

1915/16	Ehren-Gastspiele Kgl. Schauspielhaus Berlin	*Die Nibelungen* (Hebbel), Kriemhild — *Medea* (Grillparzer), Medea — *Antonius und Cleopatra*, Cleopatra
	Rollen-Gastspiele und literar. Soireen in Breslau, Hannover, Darmstadt, München	
1916/17	Berlin. Kgl. Schauspielhaus (Ensemble-Mitglied)	*Kabale und Liebe*, Lady Milford — *Egmont* (Goethe), Margarethe v. Parma — *Jahrmarkt in Pulsnitz* (Harlan), Charlotte — *Judith*, Judith
	Okt. 1916: Rollengastspiele in Brüssel	
	11. Dezember 1916: Deutsches Opernhaus Berlin (Aufführung zu Ehren Oscar Sauers)	*Die Fledermaus* (Strauß), Parodie-Einlagen, Regie: Max Reinhardt
1917/18		*Die kleinen Verwandten* (Thoma), Babette — *Frau Inger auf Oestrot* (Ibsen), Frau Inger — *Die Karolinger* (Wildenbruch), Judith — *Der deutsche König* (Wildenbruch), Hateburg
1919	München. Nationaltheater (Räte-Republik)	*Judith*, Judith — *Medea* (Grillparzer), Medea — *Totentanz* (Strindberg), Alice — *Spielereien einer Kaiserin*, Katharina
1919/20	Berlin. Lessing-Theater	*Fräulein Julie* (Strindberg), Julie — *Der grüne Kakadu*, Séverine — *Pygmalion*, Eliza — *Die große Liebe*, Liane — *Hölle, Weg, Erde* (Kaiser), Lili
1920	ab März: Berlin. Schauspielhaus am Gendarmenmarkt (Staatstheater/Leopold Jessner) Tod der Mutter ab September: Berlin. Residenztheater	*Der Marquis von Keith*, Gräfin Werdenfels — *Alkestis* (Prechtl), Alkestis *Die Freundin* (Sudermann), Juliane Rother
1921	Berlin. Lessing-Theater	*Wenn wir Toten erwachen* (Ibsen), Irene — *Spielereien einer Kaiserin*, Katharina — *Ein idealer Gatte* (Wilde), Mrs. Chevely

	Februar und Mai parallel:	*Josephslegende* (Keßler/Hofmanns-thal/Strauß), Potiphars Weib
	Berlin. Staatsoper	
	Berlin. Tribüne	*Totentanz*, Alice — *Die Tournee* (Lenormand), Juliette
	Rollen-Gastspiel in Breslau	
		Film: *Der zeugende Tod*
	Berlin. Lessing-Theater	*Die rote Robe* (Brieux), Yanetta
1922	Berlin. Trianon-Theater	*Elga* (Hauptmann), Elga
	Berlin. Residenztheater	*Fedora* (Sardou), Fedora — *Hedda Gabler*, Hedda
	Rollen-Gastspiele in Bres-lau, Hamburg, Hannover, Nürnberg, Stettin, Frank-furt am Main, Wien	*Der Schatten* (Nicodemi), Berta
1923	Berlin. Theater am Kur-fürstendamm	*Der Schatten*, Berta
	Veröffentlichung: F. A. Harta, Tilla Durieux. 12 Steinzeichnungen. Thyrsos-Verlag, Leipzig und Wien	
	Dezember: New York (an-läßlich einer Privat-Reise)	*Der Schatten*, Berta
1925	Wien. Deutsches Volks-theater und dann als Ensemble-Gastspiel	*Franziska* (Wedekind), Franziska
	Berlin, Theater i. d. König-grätzer Straße	
	Juni: Erste (?) Rundfunk-tätigkeit, Berlin	Lesung: *Ballade vom Zuchthaus zu Reading* (Wilde), *Das Märchen von den Händen Gottes* und *Wie der Fingerhut dazu kam, der liebe Gott zu sein* (Rilke)
	Leitung: Alfred Braun	
	Rollen-Gastspiele in Düs-seldorf u. Den Haag	
	Berlin. Theater am Schiff-bauerdamm	*Lady Fanny und die Dienstboten-frage* (Jerome), Fanny
1926	Tod Paul Cassirers	
	Berlin. Theater am Nollen-dorfplatz	*Franziska*, Franziska
1927	Berlin. Renaissance-Theater	*Haus Herzenstod* (Shaw), Hesione
	Tilla Durieux gibt Erwin Piscator Finanzhilfe zur Übernahme eines eigenen Theaters	
	Berlin. Theater am Nollen-dorfplatz (Piscator-Bühne)	*Rasputin* (Tolstoi/Schtschegolew/Piscator), Zarin

	Feier zum 60. Geburtstag von Alfred Kerr im Theater am Nollendorfplatz	Lesung aus *Brahm* von Alfred Kerr
	Gedenkfeier für Maximilian Harden im Deutschen Theater	Lesung des Johannes-Kapitels aus *Köpfe* von Maximilian Harden
1928	Berliner Funkstunde	*Götz von Berlichingen* (Goethe), Adelheid
	Wedekind-Feier der Lessing-Hochschule in den Kammerspielen des Deutschen Theaters	Lesung aus dem Vorwort zu *Über Erotik* von Frank Wedekind
	Berlin. Lessing-Theater (Piscator)	*Konjunktur* (Lania), Frau Barsin
	Wedekind-Matinee im Theater in der Königgrätzer Straße	Lesung aus der Novelle *Das Opferlamm* von Frank Wedekind
	Gastspiele mit eigenem Tournee-Ensemble in Saarbrücken, Halle, Bremen, Kassel, Köln, Düsseldorf, Hannover, Baden-Baden, Stuttgart, Offenbach, Frankfurt am Main	*Der Schatten*, Berta — *Fedora*, Fedora — *Hedda Gabler*, Hedda — u. a.
	Berlin. Schiller-Theater (Jeßner)	*Treibjagd* (Blume), Ogan
	Veröffentlichung: Tilla Durieux, Eine Tür fällt ins Schloß (Roman). Horen-Verlag, Berlin	
1929	28. März: Albert-Steinrück-Gedächtnisfeier im Schauspielhaus am Gendarmenmarkt, Berlin	*Der Marquis von Keith*, Gräfin Werdenfels
		Film: *Die Frau im Mond* (Regie: Fritz Lang)
	Wien. Deutsches Volkstheater	*Hazard* (Akins), Lisa
1930	Heirat mit Ludwig Katzenellenbogen, Generaldirektor von Schultheiß-Patzenhofer († 1943 in NS-Haft)	
1932	Berlin. Lessing-Theater/ Theater der Schauspieler	*Maria Stuart* (Schiller), Elisabeth
1932/33	Rollen-Gastspiele in Den Haag und Luzern	*Der Schatten*, Berta

1933	Berlin. Theater in der Stresemannstraße (Tournee-Ensemble-Gastspiel)	*Konflikt* (Alsberg), Christine Kühne
	Übersiedlung nach Ascona	
	März: Ensemble-Gastspiel in Prag	*Konflikt*, Christine Kühne
	April: Ensemble-Gastspiel in Zürich	*Konflikt*, Christine Kühne
	September/Oktober: Rollen-Gastspiel in Skandinavien	*Der Schatten*, Berta
	Oktober: Wien, Deutsches Volkstheater; Zagreb; Belgrad	*Konflikt* (wie schon in Berlin, Prag und Zürich mit Albert und Else Bassermann)
	Dezember/Januar 1934: Rollen-Gastspiel in Prag	*Don Carlos*, Eboli — *Die Wildente* (Ibsen), Frau Sörbi — *Der Brief* (Maugham), Leslie
	Übersiedlung nach Zagreb	
1934	Rollengastspiele in Zürich und Skandinavien	*Der Brief*, Leslie — *Der Schatten*, Berta
1935/36	Rollengastspiele in Straßburg, Mährisch-Ostrau und Prag	
	Gastspiele in Wien und Budapest mit Ernst Deutsch	*Gespenster* (Ibsen), Frau Alving — *Nachtasyl*, Wassilissa
1936/37	Dozentin am Mozarteum Salzburg	
1937	Rollen-Gastspiel in Prag	*Macbeth* (Shakespeare), Lady Macbeth
1936/38	Hotel-Einrichtung und -Leitung in Abbazia	
1938	Gastspiel mit Ernst Deutsch in Paris	*Gespenster*, Frau Alving
	Rollen-Gastspiel in Wien	*Nachtasyl*, Wassilissa
	Rollen-Gastspiel in Prag	*Die Mutter* (Čapek), Mutter
1941	Verhaftung und Verschleppung von Ludwig Katzenellenbogen nach dem Einmarsch der deutschen Truppen in Jugoslawien	
	Unterstützung der Widerstandsbewegung	
	Beginn der Niederschrift der Lebenserinnerungen	
1945/51	Näherin in einem staatlichen Puppen-Theater	

1946	Urauff. des Dramas *Zagreb 1945* von Tilla Durieux in Luzern (Thema: das Schicksal einer Hausgemeinschaft)	
1951	Erstes Lebenszeichen gelangt nach Deutschland	
1952	12. September: Ankunft in Berlin	
	30. September: Berlin. Schloßparktheater	*Der Erstgeborene* (Fry), Anath
	Rückkehr nach Jugoslawien	
1953	Berlin. Theater am Kurfürstendamm	*Verschlossene Räume* (Greene), Therese — *Tartuffe* (Molière), Madame Pernelle — *Woyzeck* (Büchner), Großmutter
1954	Veröffentlichung: Tilla Durieux, Eine Tür steht offen (Memoiren). F. A. Herbig Verlagsbuchhandlung, Berlin	
	Erste öffentliche Lesung aus den Memoiren in der Urania, Berlin	
	Berlin. Renaissance-Theater	*Pygmalion* (Shaw), Mutter Higgins
		Filme: *Die letzte Brücke* — *Die Stärkere*
1955	Endgültige Rückkehr nach Berlin	
	Bremen. Kammerspiele	*Babuschka* (Schmidt-Barrien), Babuschka
	Berlin. Theater am Kurfürstendamm	*Traumspiel* (Strindberg), Pförtnerin
	Wiesbaden. Hessisches Staatstheater	*Traumspiel*, Pförtnerin
	Bremen. Theater am Goethe-Platz	*Ihr 106. Geburtstag* (Sarment), Ur-Oma Muret
	Berlin. Theater am Kurfürstendamm	*Die Chinesische Mauer* (Frisch), Olan
1956	Wien. Josefstädter Theater	*Für Lucretia* (Giraudoux), Barbette — *Bernarda Albas Haus* (Lorca), Maria Josefa
	Hannover. Landesbühne	*Philemon und Baukis* (Ahlsen), Marulja
	Darmstadt. Landestheater	*Die Höhlenbewohner* (Saroyan), Königin

Filme: *Anastasia — Von allen ge-
liebt — El Hakim*
Fernsehspiele: *Die Schwestern* (du
Frênes), Rose, Bayrischer Rdfk.
— *Gericht bei Nacht* (Fodor), Frau
Harris, Sender Freies Berlin —
Illusionen (Wilhelm), Madame
Chévillard, Südwestfunk — *Nebel*
(Schweikart), Agathe Kimble, Süd-
deutscher Rundfunk — *Ihr 106.
Geburtstag* (Sarment), Ur-Oma
Mouret, Südwestfunk

Hörspiele: *Wie Sand am Meer*
(Bauer), Kindermagd, RIAS Ber-
lin — *Alle die da fallen* (Beckett),
Mrs. Rooney, NDR Hamburg —
Die Brandung vor Setubal (Eich),
Mutter, NDR Hamburg — *Ber-
narda Albas Haus* (Lorca), Maria
Josefa, Bayerischer Rundfunk —
Träumen ist billiger (Geißler),
Alte Frau, WDR Köln
Philemon und Baukis, Marulja

Bremen. Theater am
Goethe-Platz und
Wiesbaden. Maifestspiele
Hannover. Landesbühne

Die Straße nach Cavarcere (Zusanek), Anna Caducci

Nürnberg. Lessingtheater
Veröffentlichung: Tilla
Durieux, Eine Tür steht
offen (Memoiren, gekürzte
Ausgabe), Non-Stop-
Bücherei, Berlin

Die Höhlenbewohner, Königin
Film: *Auferstehung*
Fernsehspiele: *Antigone* (Anouilh),
Amme, Bayerischer Rdfk. — *Ein
Traumspiel* (Strindberg), Pförtne-
rin, NWRV Köln — *Eine fast
mögliche Geschichte* (Savory), Lo-
la Petersham, Hessischer Rdfk.
Hörspiel: *Das Fischmuster* (Tai
Yoko), Dienerin, NDR Hamburg
Das Geheimnis (Greene), Mrs.
Callifer
Die Stühle (Ionesco), Die Alte

Luzern. Stadttheater

München. Kammerspiele
und Ensemble-Gastspiel
Nürnberg
Mönchen-Gladbach. Rat-
haushof und Krefeld.
Rheinlandhalle (Theatrum-
Mundi-Spiele)

Jedermann (Hofmannsthal), Mutter

	Hannover. Landesbühne	*Ihr 106. Geburtstag*, Ur-Oma Muret
	Essen. Städtische Bühnen	*Philemon und Baukis*, Marulja — *Die Stühle*, Die Alte
1959	Ernennung zum Ehrenmitglied der Deutschen Akademie der Darstellenden Künste, Hamburg (jetzt Frankfurt)	Filme: *Labyrinth — Morgen wirst du um mich weinen* Fernsehspiel: *Vergessene Gesichter* (Jens), Claudia, NWRV Hamburg Hörspiele: *Eine Kündigung* (Gaska), Zimmerwirtin, Südwestfunk — *Donnerstag, der 14. November* (Drewitz), Frl. Evelin, Bayerischer Rdfk. — *Das Gutshaus* (Behan), Oma Growl, NDR Hamburg — *Wölfe und Schafe* (Ostrowsky), Meropa, Süddeutscher Rdfk.
	Essen. Städtische Bühnen	*Es regnet in mein Haus* (Willems), Germaine — *Langusten* (Denger), Marie Bornemann
	Deutschland-Tournee	*Langusten*, Marie Bornemann
1960	April: Bundesverdienstkreuz 1. Klasse 18. August: zum 80. Geburtstag, Fernsehsendung »Langusten«	Film: *Als geheilt entlassen* Fernsehspiel: *Langusten* (Denger), Marie Bornemann, NWRV Köln Hörspiel: *Die Aspernbriefe* (Yenkins/James), Juliana, Hessischer Rdfk.
1961	Deutschland-Tournee	*Langusten*, Marie Bornemann
	Recklinghausen. Ruhrfestspiele	*Woyzeck*, Großmutter
	Schallplatten: »Erzähltes Leben« (Dt. Gram.), »Wort und Stimme« (Telef.)	
	Berlin. Berliner Theater	*Der Kreidegarten* (Bagnold), Mrs. Saint Maugham — *Langusten*, Marie Bornemann
	Ernennung zum Ordentlichen Mitglied der Abteilung Darstellende Künste der Akademie der Künste, Berlin (West)	Film: *Barbara* Hörspiele: *Weiße Chrysanthemen* (Aichinger), Generalin, NDR Hamburg — *Die beiden Tabakspfeifen* (Lampel), Erzählerin, NDR Hamburg — *Unterm Birnbaum* (Eich/Fontane), Die alte Jeschke, Bayerischer Rdfk.

1962	Schallplatte: »Geliebte Mutter« (Ariola)
	18. August: Fernseh-Porträt »Tilla Durieux« (ZDF) mit Willy Haas und Robert Müller
	Berlin. Theater am Kurfürstendamm
	Dreht euch nicht um (Haecker), Mirjam — *Gedenktag* (Haecker), Olympia Domenica
	Köln. Bühnen der Stadt Köln
	Woyzeck, Großmutter
	Berlin. Theater am Kurfürstendamm
	Atriden (Hauptmann/Piscator), Peitho
	Berlin. Hebbeltheater
	Achtzig im Schatten (Dane), Sophie Carrell
	Fernsehspiele: *Woyzeck* (Büchner), Großmutter, Südwestfunk — *Nur eine Karaffe* (Bernard), Madame Saussine, WDR Köln
	Hörspiel: *Die Mäuse* (Bentin), Wanda, NDR Hamburg
1963	Berlin. Freie Volksbühne (Eröffnung)
	Robespierre (Rolland), Bäuerin
	Verleihung: Filmband in Gold »für Verdienste im und um den deutschen Film«
	Ernennung zur Berliner Staatsschauspielerin
	Hamburg. Schauspielhaus
	Ein Traumspiel, Pförtnerin
	Fernsehspiel: *Achtzig im Schatten* (Dane), Sophie Carrell, Sender Freies Berlin, Aufzeichnung der Aufführung im Berliner Hebbel-Theater
1964	Münster. Städtische Bühnen und einmaliges Ensemble-Gastspiel während der Berliner Festwochen in der Freien Volksbühne
	Die Irre von Chaillot (Giraudoux), Aurélie
	Berlin. Berliner Theater
	Logierbesuch (Ryton/Barrington), Baronin Schönberg-Baritzka
	Film: *Verdammt zur Sünde (Die Festung)*
	Fernsehspiele: *Die Schneekönigin* (Schwarz), Großmutter, Sender

Freies Berlin — *Haben* (Hay), Rézi, NDR Hamburg
Hörspiel: *Tal der Finsternis* (Auden), Die alte Frau, Bayerischer Rdfk.

1965	Hamburg. Schauspielhaus	*Die Chinesische Mauer*, Olan
	Münster. Städtische Bühnen	*Ein Familientag* (Eliot), Amy — *Langusten*

Fernsehspiele: *Ein Familientag* (Eliot), Amy, WDR Köln, Aufzeichnung der Aufführung in Münster — *Die weißen Wyandotten* (Hansen), Pauline, WDR Köln

Lessing-Hochschule Berlin, Vortrag »Aufgaben des Schauspielers im Theater von heute«
Verleihung: Bundesfilmpreis — Filmband in Gold — für die beste weibliche Nebenrolle in *Verdammt zur Sünde*
15. August: Fernsehsendung »Das Profil« (Tilla Durieux im Gespräch mit Friedrich Luft), Sender Freies Berlin

Veröffentlichung: Joachim Werner Preuß, »Tilla Durieux — Porträt der Schauspielerin, Deutung und Dokumentation«, Rembrandt, Vlg., Berlin
Berlin. Hebbeltheater Ehrenmitgliedschaften der Ensembles Schillertheater Berlin, Freie Volksbühne Berlin, Städt. Bühnen Münster
Schallplatte: »Tilla Durieux — Ausgewählte Szenen« (Dt. Gram.), herausgegeben von Joachim Werner Preuß
Berlin. Hebbeltheater Ensemble-Gastspiele in Westdeutschland
Kleine Tournee

Hörspiel: *Scheherazade* (Waldmann), Betty Blume, SFB/Radio Bremen/SDR

Die Hellseherin (Roussin), Karma

Logierbesuch

Langusten

1966	Veröffentlichung: »Eine Tür steht offen«, Lizenzausgabe Henschel-Verlag, Berlin-Ost	
	Basel. Komödie	*Ihr 106. Geburtstag — Langusten*
	Luzern. Gastspiel	*Ihr 106. Geburtstag — Langusten*
	Münster. Städt. Bühnen	
	Berlin. Freie Volksbühne Trauerfeier für Erwin Piscator, Tilla Durieux liest »Objektives Schauspielen« von E. Piscator (1949)	
	Berlin. Freie Volksbühne	*Haben* (Hay), Rézi
	Bad Hersfeld, Festspiele	*Faust II* (Goethe) Baucis
	Tournee Schweiz/Süddeutschland	*Langusten*
	Berlin. Tribüne	*So ist es — wie es Ihnen scheint* (Pirandello), Signora Frola
1967	Münster. Städt. Bühnen	*Ganze Tage in den Bäumen* (Duras), Mutter — *My Fair Lady* (Lerner/Loewe), Mrs. Higgins
	Verleihung: Titular-Prof. Tilla Durieux stiftet den »Tilla-Durieux-Schmuck« (1. Trägerin: Maria Wimmer)	
	Verleihung: Ernst-Reuter-Plakette in Silber	
	Die Möwe, Künstler-Klub (Berlin-Ost)	*Langusten*
	Große Tournee Schweiz/Deutschland (36 Städte, 86 Vorstellungen), 18. September bis 27. Dezember	*Langusten*
1968	Münster. Städt. Bühnen	*Einladung ins Schloß* (Anouilh), Madame Desmermortes
	Bäder-Tournee Schweiz/Deutschland (29 Vorst.)	*Langusten*
	Verleihung: Preis »Age And Art«, Calcutta Art Society	
	Schweizer Tournee-Ensemble Schweiz/Deutschland (78 Vorstellungen) August — Dezember, in Verbindung damit auch	*Ganze Tage in den Bäumen*
	10 Vorstellungen	*Langusten*

1969 Schallplatte: Tilla Durieux
spricht »Gesänge der
Nacht« von Janne Furch-
Allers (Cornet)
Wiesbaden. Staatstheater
Berlin. Berliner Theater
Veröffentlichung: Aufsatz
»Wie ein blauer Fleck auf
der Leinwand« — Erin-
nerungen an Eugen Spiro
(»Die Welt«, 17. Septem-
ber 1969)
Wiesbaden. Staatstheater

Leocadia (Anouilh), Herzogin
Langusten

Durch die Wolken (Billetdoux),
Claire — *Zwei ahnungslose Engel*
(Ebermayer/Wakefeld), Mary-An-
ne Carter

1970 Film: *Das Bild* (Renoir malt Tilla
Durieux im Eliza-Kostüm)
*Leocadia — Durch die Wolken —
Zwei ahnungslose Engel*

Wiesbaden. Staatstheater

18. August: 90. Geburtstag
Ehrenmitgliedschaft im En-
semble Deutsches Theater
Berlin-Ost
Ehren-Matineen im Schiller-
theater Berlin-West und im
Deutschen Theater Berlin-
Ost
Schallplatte: »Weißt Du
noch . . .«, Tilla Durieux im
Gespräch mit Herbert
Ihering und Rolf Ludwig
(VEB Deutsche Schallplatte
Berlin-Ost)
Großes Bundesverdienst-
kreuz

1971 Januar: Oberschenkelhals-
bruch
21. Februar: Tilla Durieux †
1. März: Trauerfeier

Bildnachweis: Ivan Beek ggü. S. 353 o.; Hermann Claasen ggü. S. 417 u.; Rosemarie Clausen ggü. S. 368 o., 400 o.; Harry Croner ggü. S. 385 o., 401 u., 416 o., 416 u.; Doliwa-Foto ggü. S. 305 u.; Werner Erne ggü. S. 432; Arthur Grimm ggü. S. 352 o.; Heinz Köster ggü. S. 304 u.; Erich O. Krueger ggü. S. 353 u.; Gerda Krueger ggü. S. 400 u.; Pit Ludwig ggü. S. 337 o.; P. G. Neubarth ggü. S. 381; Tanja Schönberg ggü. S. 369; Peter Seng ggü. S. 453 o., 433 u., 448 o.; Sessner-Foto ggü. S. 337 u.; Felicitas Timpe ggü. S. 352 u.; Ruth Wilhelmi ggü. S. 336; Fritz Wolle ggü. S. 385 u.; alle anderen Bilder stellte Tilla Durieux aus ihrem Archiv zur Verfügung. Das Gedicht von Janne Furch-Albers (S. 7) wurde freundlicherweise zur Verfügung gestellt vom Fortuna Verlag, Peter Schaeffers.

Bitte beachten Sie
die folgenden Seiten

Luise Ullrich

Sehnsucht, wohin führst du mich?

Südamerikanisches
Tagebuch 1938

Ullstein Buch 20573

»Was Luise Ullrich während
eines Jahres in Brasilien,
Argentinien, Chile und
Bolivien erlebte, hat sie klug,
ironisch und mit leiser
Wehmut in diesem süd-
amerikanischen Reisebericht
beschrieben.«
                Der Tagesspiegel

ein Ullstein Buch

Adele Sandrock

Geschichten eines Lebens

Gesammelt und neu erzählt
von Jutta Ahlemann

Ullstein Buch 22133

Adele Sandrock, das Urbild
der »Komischen Alten«,
feiert in diesem Buch
Wiederauferstehung. In einer
Fülle herrlicher Anekdoten
und pointierter Geschichten
sowie anhand zahlreicher
Fotos wird das spektakuläre
Auf und Ab eines bewegten
Lebens nachgezeichnet.

ein Ullstein Buch